A Atuação do Estado na Economia como Acionista Minoritário

A Atuação do Estado na Economia como Acionista Minoritário

POSSIBILIDADES E LIMITES

2015

Filipe Machado Guedes

A ATUAÇÃO DO ESTADO NA ECONOMIA COMO ACIONISTA MINORITÁRIO:
POSSIBILIDADES E LIMITES
© Almedina, 2015

AUTOR: Filipe Machado Guedes
DIAGRAMAÇÃO: Almedina
DESIGN DE CAPA: FBA
ISBN: 978-858-49-3045-6

Dados Internacionais de Catalogação na Publicação (CIP)
(Câmara Brasileira do Livro, SP, Brasil)

Guedes, Filipe Machado
A atuação do Estado na economia como acionista
minoritário : possibilidades e limites / Filipe
Machado Guedes. -- São Paulo: Almedina, 2015.
ISBN 978-85-8493-045-6
1. Acionistas minoritários 2. Controle societário
3. Direito público 4. Estado e economia I. Título.

15-05744   CDU-342.2

1.1. Estado: Direito público 342.2

Este livro segue as regras do novo Acordo Ortográfico da Língua Portuguesa (1990).

Todos os direitos reservados. Nenhuma parte deste livro, protegido por copyright, pode ser reproduzida, armazenada ou transmitida de alguma forma ou por algum meio, seja eletrônico ou mecânico, inclusive fotocópia, gravação ou qualquer sistema de armazenagem de informações, sem a permissão expressa e por escrito da editora.

Outubro, 2015

EDITORA: Almedina Brasil
Rua José Maria Lisboa, 860, Conj.131 e 132 | Jardim Paulista | 01423-001 São Paulo | Brasil
editora@almedina.com.br
www.almedina.com.br

Para Taís e para minha avó Neusa (*in memorian*), com amor.

Mais l'État entrepreneur se soucie assez
peu de la pureté des catégories juridiques.

Anémone Cartier-Bresson

AGRADECIMENTOS

Esse livro corresponde, com poucas alterações, à minha dissertação de Mestrado em Direito Público apresentada na Faculdade de Direito da UERJ e defendida em 15 de agosto de 2014.

Nenhuma obra é fruto, somente, do esforço individual de seu autor. Muitas foram as pessoas e instituições que contribuíram para a conclusão desse trabalho, às quais devo minha gratidão.

À Universidade do Estado do Rio de Janeiro (UERJ), por ter me oferecido uma educação pública de excelência desde os tempos de colégio (CAp-UERJ), passando pela graduação e, agora, pelo Mestrado.

Ao Programa de Pós-Graduação em Direito Público, por ter sido tudo aquilo que eu esperava.

Aos meus professores, em especial Paulo Braga Galvão, Patrícia Baptista, Ana Paula de Barcellos, Jane Reis e Luís Roberto Barroso, pelos ensinamentos e pela inspiração.

Ao Professor Alexandre Santos de Aragão, meu orientador, pelo seu incentivo e por sua disponibilidade. Muito desse trabalho é fruto de suas provocações e lições sobre o tema.

Sou especialmente grato aos Professores Gustavo Binenbojm e Mario Engler Pinto Junior, cujas críticas e observações generosas na banca examinadora instigaram provocações interessantes e ajudaram a apurar as páginas que se seguem.

À Sônia Leitão, por sua gentileza e eficiência no suporte administrativo aos mestrandos.

Não poderia deixar de agradecer aos meus colegas de Mestrado da Linha de Pesquisa em Direito Público, com os quais compartilhei as angústias e as alegrias de cursar o Mestrado na UERJ. O companheirismo e amizade de vocês foram essenciais nessa jornada. Pedro Ribeiro, Rodrigo Zambão, Marcelo Ramos, Carina Lellis, Juliana Alvim, Mariana Lessa, Fernanda Lima, Bruno Belsito, Ciro Grynberg, Luís Felipe Sampaio, Leonardo Coelho, Aline Osório, muito obrigado!

Ao BNDES, que me permitiu fazer o curso e cuja atuação em prol do desenvolvimento econômico e social do Brasil também foi fonte de inspiração para essa obra. Sou grato, em especial, aos amigos da Consultoria Jurídica Institucional (COJIN), pela amizade e pela instigante troca de ideias.

Os agradecimentos principais estão reservados à minha família. Aos meus pais, Jackson e Silvia, pelo amor inabalável, pelo exemplo e pelo investimento e confiança nos meus estudos. À minha irmã Débora e ao meu tio Sérgio, pela torcida. À minha avó Neusa, que não conseguiu ver o final desse trabalho, pelo amor e pelas orações, na certeza do nosso reencontro.

À Taís, que me acompanhou em todo o processo, desde a prova de ingresso no mestrado até a conclusão da dissertação, como namorada, noiva e agora esposa, pelo seu amor, pela sua compreensão e pela sua ajuda. Desculpe pelas horas, fins de semana e férias que lhe roubei para que esse projeto se concretizasse. Esse livro também é seu. Te amo cada dia mais!

Por fim, e acima de todos, agradeço ao meu Deus e ao seu filho Jesus Cristo, em quem e para quem são todas as coisas, pela vida e pela salvação, sem as quais nada disso teria sentido.

PREFÁCIO

Foi com muita honra e prazer que recebemos o convite para prefaciar a obra de Filipe Machado Guedes sobre a atuação do Estado na economia como acionista minoritário, o que decorre de dois fatores: de um lado a acuidade de raciocínio e profundidade das pesquisas realizadas pelo autor, aliadas à sistematicidade e linguagem simples que conseguiu empregar; de outro lado, o tema, de crescente importância no Direito e na prática institucional brasileira, mas de raro tratamento doutrinário e escassa disciplina legislativa ou jurisprudencial.

O autor, que conheci nos bancos do mestrado em direito público da Universidade do Estado do Rio de Janeiro, cuja respectiva dissertação, que deu origem a este livro, tive a oportunidade de orientar, foi docente mestrando de Direito Administrativo na mesma instituição e é advogado do Banco Nacional de Desenvolvimento Econômico e Social – BNDES.

Esse conjunto de atividades acadêmicas e profissionais propiciou ao autor uma imersão muito profícua no tema que lhe despertou interesse, inclusive nos vários grupos de pesquisa institucional do qual participou intensamente no curso da pós-graduação, tema este que foi a participação minoritária do Estado em sociedades comerciais, muitas vezes uma participação que, apesar de minoritária em termos de titularidade de ações com direito a voto, é qualificada pela existência de acordos de acionistas e golden shares, que dão ao Estado poderes maiores do que os que decorreriam do número de ações por ele detida.

São as chamadas empresas público-privadas, nomenclatura que adotamos em nosso *Curso de Direito Administrativo*, também denominadas por parte da doutrina de empresas semiestatais (*verbi gratia*, Carlos Ari Sundfeld) ou de empresas participadas (sobretudo na doutrina portuguesa), que representam uma forma diferenciada, afastada dos modelos contratuais de delegação de serviços públicos, de parceria público-privada – PPP: parcerias público-privadas societárias.

Uma série de questões podem advir desse arranjo institucional: Seriam essas sociedades na verdade controladas pelo Estado, devendo-se-lhes então aplicar o regime jurídico das sociedades de economia mista? Com o permissivo da Lei nº 8.666/93 para sociedades poderem ser contratadas sem licitação pelas estatais que as controlam, poderiam servir apenas como uma forma de se substituir o contrato pela formação de uma sociedade, apenas para se obter o resultado almejado, que eram os serviços ou mercadorias do sócio privado sem realizar licitação? No exercício das prerrogativas extraídas das *golden shares* o Estado ou suas estatais devem obedecer o devido processo legal e os princípios da Administração Pública? A escolha do sócio privado deve ser licitada? Que tipos de objetivos, além da atuação empresarial direta do Estado na economia, podem essas participações minoritárias se revestir, como regulatórios ou de fomento?

Essas perguntas e muitas outras até o presente momento estavam sem uma resposta mais sistemática e abrangente na doutrina brasileira. Agora, não mais.

O autor assume, por exemplo, posição doutrinária muito interessante e a nosso ver acertada ao sustentar que nem sempre a participação minoritária do Estado em uma empresa será uma forma de atuação direta do Estado na economia; que muitas vezes essas participações só têm como objetivo o controle (regulação) ou o incentivo (fomento) mais adequado da atividade por ela exercida, comparativamente aos mecanismos tradicionais – exógenos – de regulação ou de fomento. Por exemplo, respectivamente, quando se torna sócio minoritário de uma concessionária de serviço público ou quando se torna sócio minoritário para aportar o capital necessário para incentivar determinada empresa com alta capacidade de inovação.

Nesses casos, explica Filipe Machado Guedes, estaríamos materialmente, apesar do invólucro de atuação empresarial do Estado, diante de uma modalidade de atuação indireta do Estado na economia, seja ela regulatória ou de fomento, o que, longe de ser uma questão bizantina, traz importantes consequências práticas, já que a disciplina constitucional de cada uma destas formas de atuação do Estado em relação à economia é

PREFÁCIO

bastante diversa: a atuação direta propriamente dita do Estado na economia está, por exemplo, em muitas de suas manifestações subordinada às regras do art. 173 da Constituição Federal.

O administrativista também procura identificar requisitos para que a criação de empresas com a participação minoritária do Estado não seja utilizada como mecanismo para se fraudar a licitação para a contratação do serviço ou mercadoria que poderia ser fornecida pelo sócio privado por uma contratação ordinária, bem como para que o sócio privado possa ser legitimamente escolhido sem processo licitatório.

A evolução dos mecanismos de atuação empresarial direta do Estado na economia, em um momento pós-crise financeira de 2008, em que o papel do Estado na economia em diversos países recrudesceu, levou à adoção dessas novas formas empresariais, por vezes utilizadas como forma de salvamento de empresas que até então não possuíam qualquer participação estatal.

Nesse momento aumentou ainda mais, e também no Direito Comparado, a importância e a quantidade empírica das empresas público-privadas, sem que a doutrina, a legislação ou a jurisprudência tenha acompanhado essa evolução, gerando uma situação em que instrumentos econômicos de elevadíssima importância – a participação minoritária do Estado em sociedades comerciais – ficaram sob um vácuo de produção jurídica por um tempo considerável.

É justamente no contexto de preenchimento desse vácuo que se coloca definitivamente a obra de Filipe Machado Guedes, que a partir de agora será de consulta obrigatória para todos os que trabalharem ou se interessarem com o tema das sociedades comerciais nas quais o Estado detenha até a metade das ações com direito a voto, para que essa nova e importante forma de atuação do Estado não fique comprometida nem por desvios de administradores não muito bem intencionados, nem por simples misoneísmos dos órgãos de controle.

Rio de Janeiro, 07 de maio de 2015.

ALEXANDRE SANTOS DE ARAGÃO
Professor-adjunto de Direito Administrativo da UERJ
Doutor em Direito do Estado pela USP

SUMÁRIO

INTRODUÇÃO 17

1. FORMAS DE ATUAÇÃO DO ESTADO NA ECONOMIA 23
  1.1. Atuação estatal na economia: atuação *stricto sensu* e intervenção 23
  1.2. O princípio da livre iniciativa e o princípio da subsidiariedade 26
  1.3. Modalidades de intervenção estatal na economia 35

2. AS PARTICIPAÇÕES SOCIETÁRIAS ESTATAIS 39
  2.1. Histórico 40
  2.2. Conceito 53
  2.3. A função acionista do Estado e a administração das participações estatais 55
  2.4. Classificações das participações 59
  2.4.1. Participações Intencionais vs. Participações Acidentais 59
  2.4.2. Participações Permanentes vs. Participações Não Permanentes 61
  2.4.3. Participações públicas majoritárias 63
  2.4.3.1. As empresas públicas e as sociedades de economia mista 64
  2.4.3.2. Sociedades subsidiárias e controladas 67
  2.4.4. Participações públicas minoritárias 71

3. O ESTADO COMO ACIONISTA MINORITÁRIO 75
  3.1. Estado Empresário 78
  3.1.1. Associação do capital público e privado para o exercício
    de atividade empresarial 85
  3.1.2. Atuação empresarial do Estado como acionista minoritário 89
  3.2. Estado Regulador 98
  3.2.1. O conceito de regulação 98
  3.2.2. A propriedade pública como instrumento de regulação 107
  3.2.3. Participações públicas minoritárias e regulação 113

A ATUAÇÃO DO ESTADO NA ECONOMIA COMO ACIONISTA MINORITÁRIO

3.3. Estado Fomentador 121

3.3.1. Participações públicas minoritárias como instrumento de fomento.... 130

3.4. Estado Investidor 134

4. MECANISMOS SOCIETÁRIOS DE INFLUÊNCIA
DO ACIONISTA MINORITÁRIO 151

4.1. Controle e Influência Societários 152

4.2. Espécies e Classes de Ações 154

4.3. Acordos de Acionistas 159

4.4. *Golden Shares* 162

5. A NATUREZA JURÍDICA DA ATUAÇÃO DO ESTADO NA ECONOMIA
POR MEIO DE PARTICIPAÇÕES SOCIETÁRIAS MINORITÁRIAS 169

5.1. Da necessidade da definição da natureza jurídica 169

5.2. Da distinção entre atuação direta e indireta 171

5.3. A definição da natureza jurídica das participações
societárias minoritárias: o critério da finalidade imediata 176

6. VANTAGENS COMPARATIVAS DA ATUAÇÃO DO ESTADO COMO
ACIONISTA MINORITÁRIO 185

6.1. O Direito como caixa de ferramentas
e as participações públicas minoritárias como técnica 185

6.2. Críticas ao Estado Produtor 187

6.3. Manutenção da propriedade pública e suas vantagens comparativas 192

6.4. Vantagens do uso das participações minoritárias estatais
em comparação às participações majoritárias 202

7. LIMITES DA ATUAÇÃO DO ESTADO
COMO ACIONISTA MINORITÁRIO 205

7.1. Introdução 205

7.2. Participações públicas minoritárias: opção legítima ou burla
ao regime jurídico aplicável às empresas estatais? 207

7.2.1. Controle societário estatal disfarçado 219

7.2.2. Simulação de contratações administrativas 236

7.3. A escolha do sócio privado 244

7.4. O controle do Tribunal de Contas da União 259

CONCLUSÃO 269

REFERÊNCIAS BIBLIOGRÁFICAS 273

INTRODUÇÃO

A narrativa tradicional da evolução da intervenção do Estado na economia expõe que, após ter atingido seu auge nas décadas posteriores à 2ª Guerra Mundial, especialmente por meio da nacionalização e/ou criação de empresas, a presença do Poder Público na propriedade e na direção de atividades econômicas sofreu um decréscimo, à medida que o modelo do Estado do Bem-Estar Social entrou em crise[1].

Nesse contexto, marcado pelas dificuldades financeiras do setor empresarial público, bem como por críticas quanto à sua ineficiência, politização e morosidade, ganhou força o movimento de desestatização, liderado pelos governos liberais de Thatcher no Reino Unido e de Reagan nos Estados Unidos a partir do final da década de 70 e início da década de 80.

Esse fenômeno também foi impulsionado pelo colapso dos regimes socialistas no início dos anos 90, o que contribuiu para aprofundar o consenso político em torno de um modelo neoliberal, defensor do livre-comércio e da inerente superioridade da iniciativa privada na exploração direta de atividades econômicas.

A partir daí, o modelo que pregava a necessidade de reforma do setor público e redefinição do papel estatal na economia como receita para o desenvolvimento econômico espalhou-se por todo mundo, sustentando que o Estado deveria reduzir a sua atuação direta no ordenamento eco-

---

[1] TONINELLI, Pier Angelo. The Rise and Fall of Public Enterprise: the framework. In: TONINELLI, Pier Angelo. (Ed.). *The Rise and Fall of State-Owned Enterprise in the Western World.* Cambridge: Cambridge University Press, 2000, pp. 3-24.

A ATUAÇÃO DO ESTADO NA ECONOMIA COMO ACIONISTA MINORITÁRIO

nômico, deixando o mercado livre para exercer as atividades produtivas e concentrando-se na função regulatória e nos setores tipicamente estatais (defesa nacional, segurança pública e saúde, por exemplo).

No Brasil, o movimento de reforma do Estado inicia-se, de fato, no governo Collor, com a edição da Lei nº 8.031/1990, a qual criou o Programa Nacional de Desestatização, tendo continuidade no governo de Itamar Franco (1992-1994) e intensificando-se nos dois mandatos de Fernando Henrique Cardoso (1995-2002).

Entre 1990 e 2002, 165 empresas estatais (federais, estaduais e municipais) foram privatizadas no país, gerando receitas da ordem de 87 bilhões de dólares. De 2004 em diante, diversas empresas brasileiras abriram o capital na bolsa de valores, atraindo um grande número de investidores (domésticos e estrangeiros) e capitalizando novos atores no mercado. À primeira vista, esses fatos, em linha com o receituário liberal, parecem confirmar a tese de retração da atuação do Poder Público na economia em prol de soluções "de mercado", ou seja, alienação de ativos públicos, abertura ao capital estrangeiro, captação de recursos no mercado de capitais etc[2].

No entanto, essas mudanças não representaram uma verdadeira diminuição da influência do Estado no domínio econômico. Pelo contrário, o poder governamental, de certa forma, fortaleceu-se[3]. A uma, porque, mesmo após a onda de privatizações ocorridas no final do século XX, o Poder Público manteve sob seu controle uma parcela considerável de socie-

[2] LAZZARINI, Sérgio G.. *Capitalismo de Laços*: os donos do Brasil e suas conexões. Rio de Janeiro: Elsevier, 2011, p. 10.

[3] Sobre o caso brasileiro, Lazzarini aponta: "Embora seja inegável o aumento da participação do capital estrangeiro no país e a menor participação direta do governo via estatais, neste capítulo proponho que a capacidade de intervenção do governo não diminuiu e que os principais atores centrais na economia continuam sendo entidades ligadas direta ou indiretamente ao governo, em associação com alguns grupos privados de maior envergadura. Na realidade, de forma até paradoxal, o fenômeno de privatização e a maior inserção global que se seguiu após a década de 1990 no Brasil ajudou a reforçar a influência do governo e de certos grupos domésticos. Essa interpretação distinta emerge quando observamos como mudou (ou como não mudou) o padrão de relações entre diversos proprietários na economia" (Ibidem, pp. 19-20).

INTRODUÇÃO

dades empresárias[4]. A duas, porque o **capitalismo de Estado**[5] reinventou-se, adotando novas técnicas interventivas[6].

Desse modo, no lugar das tradicionais empresas estatais, o governo passou a intervir na economia por meio de participações minoritárias que detém no capital de sociedades privadas[7]. Tais participações, ainda que não tenham o condão de garantir o controle societário ao Estado, possibilitam a consecução de uma série de finalidades públicas. O tema desse livro é precisamente a **atuação do Estado na economia como acionista minoritário**.

É verdade que a propriedade pública de ações ou cotas em empresas privadas não é nenhuma novidade, estando presente desde a criação das primeiras sociedades por ações. Contudo, o uso sistemático desse instrumento como técnica de atuação estatal na economia apresenta um caráter relativamente novo, remontando ao final do século XX e ao início do século XXI.

[4] Estimativas indicam que as empresas estatais compõem, ao menos, 20% do valor total das bolsas de valores de todo o mundo (China Buys Up the World. The Economist. Publicado na edição de 13 de nov. 2012). No início de 2012, as empresas estatais compunham 80% do valor da bolsa de valores chinesa, 62% da russa e 38% da bolsa brasileira. Entre 2003 e 2010, essas companhias foram responsáveis por um terço dos investimentos diretos estrangeiros nos países emergentes (The Visible Hand. The Economist. Publicado na edição de 21-27 de jan. 2012, Special Report, p. 4).

[5] Aldo Musacchio e Sérgio Lazzarini definem capitalismo de Estado como "a influência difundida do governo na economia, seja pela propriedade majoritária ou minoritária de posições acionárias em companhias ou por meio de provisões de créditos subsidiados e/ou outros privilégios para companhias privadas." (MUSACCHIO, Aldo; LAZZARINI, Sérgio G.. *Leviathan in Business*: Varieties of State Capitalism and Their Implications for Economic Performance (30 mai. 2012), pp. 3-4, tradução livre. Disponível em: SSRN: http://ssrn.com/abstract=2070942 or http://dx.doi.org/10.2139/ssrn.2070942. Acesso em junho de 2014).

[6] "Esse caráter cíclico de expansão e contração da intervenção estatal pode ser visto sob uma ampla perspectiva histórica e pode também ser examinado sob o ponto de vista da tendência do papel econômico do Estado transformar-se nos momentos de reversão cíclica. Em cada ciclo temos a introdução de novos modos de intervenção estatal. O Estado expande-se e contrai-se, mas ao fazê-lo também mudam continuamente as formas de sua intervenção na economia" (PEREIRA, Luiz Carlos Bresser. "O caráter cíclico da intervenção estatal". In: *Revista de Economia Política*, vol. 9, nº 3, julho-setembro/1989, pp. 122-123).

[7] Essas participações públicas minoritárias são, em muitos casos, resíduos do processo de privatização. Afinal, como as privatizações foram processos politicamente controversos, o Estado se viu obrigado a manter parcelas do capital de diversas empresas. Cf. BORTOLOTTI, Bernardo e FACCIO, Mara. *Government Control of Privatized Firms*. In: *Review of Financial Studies*, v. 22, 2009, pp. 2907-2939.

Além disso, o tema ganhou força por conta da crise financeira de 2008, a qual desencadeou uma nova onda intervencionista e levou diversos países, mesmo aqueles mais adeptos do livre-mercado, a adquirir participações societárias de empresas privadas como forma de evitar sua falência e as consequências negativas dela advindas[8].

No Brasil, o fenômeno tem previsão expressa na Constituição da República de 1988, a qual prevê, no artigo 37, XX, que "depende de autorização legislativa, em cada caso, a criação de subsidiárias das entidades mencionadas no inciso anterior (autarquias, fundações, empresas públicas e sociedades de economia mista), assim como a participação de qualquer delas em empresa privada". Embora não citados no dispositivo, os entes federativos (União, Estados, Distrito Federal e Municípios) também podem deter, diretamente, participações minoritárias em empresas privadas, exigindo-se, para tanto, autorização legal.

As participações públicas minoritárias têm sido cada vez mais utilizadas pelo Estado brasileiro como técnica de atuação na ordem econômica, prestando-se à exploração direta de atividades econômicas, à regulação do mercado, ao fomento da inciativa privada e à realização de investimentos públicos.

Nesse sentido, nos últimos anos foram realizadas diversas alterações legislativas prevendo a possibilidade de atuação do Estado como sócio minoritário, tais como: a) a Lei nº 9.478/1997, que autoriza a Petrobrás a associar-se a empresas que integrem a indústria do petróleo; b) a Lei nº 11.079/2004, que possibilita a Administração Pública ser sócia da sociedade de propósito específico que irá explorar o objeto da parceria público-pri-

---

[8] Sem negar a importância da crise de 2008 no movimento de aprofundamento da intervenção do Estado na economia, é importante pontuar que muitos eventos e fenômenos anteriores contribuíram para o fortalecimento do capitalismo de Estado, propiciando o aumento da intervenção estatal como acionista minoritário de empresas privadas por meio de instrumentos como bancos de desenvolvimento, fundos soberanos, fundos de pensão e outros veículos de capital público. Nesse sentido, Ian Bremmer aponta como fatores de desenvolvimento do capitalismo de Estado: a) o nacionalismo de recursos exercido pelos países produtores de petróleo com a criação da Organização de Países Exportadores de Petróleo (OPEP); b) a ascensão dos países emergentes na economia mundial, os quais, por conta de uma história de nacionalismo e autoritarismo, nunca aderiram completamente ao livre-mercado e c) excedente de dinheiro produzido pelo crescimento dos países emergentes e do aumento de preço das commodities (BREMMER, Ian. *O fim do livre mercado*: quem vence a guerra entre Estado e corporações? Tradução de Luiz Euclydes T. Frazão Filho. São Paulo: Saraiva, 2011, pp. 86-91).

vada; c) a Lei nº 10.973/2004, que autoriza a União a participar do capital de empresa privada que vise a incentivar a inovação e o desenvolvimento científico e tecnológico; d) a Lei nº 11.908/2009, que permite ao Banco do Brasil e à Caixa Econômica Federal adquirir participações em outras instituições financeiras, bem como em empresas de ramos semelhantes e e) a Lei nº 12.648/2012, que alterou a Lei nº 5.862/1972 a fim de permitir que a INFRAERO, para o cumprimento de seu objeto social, participe do capital de sociedades privadas, dentre outras.

Atualmente, estima-se que, considerando somente as participações diretas, a União Federal detém ações minoritárias em 54 empresas[9]. Incluindo na conta as participações indiretas, esse número sobe para 397 empresas privadas, cujo valor de mercado está na casa dos bilhões[10]. Considerando esses números e a importância da atuação do Estado como acionista minoritário, é crescente o interesse da sociedade civil, dos órgãos de controle e dos juristas sobre essa nova modalidade interventiva do Estado brasileiro.

Nosso objetivo é oferecer um panorama geral desse fenômeno, assinalando as possibilidades, potencialidades e finalidades da sua utilização, bem como apontando alguns limites, os quais entendemos serem fundamentais para garantir um controle público adequado e evitar abusos.

Destarte, a presente obra está dividida em sete capítulos. O Capítulo 1 traz um panorama geral das formas de atuação do Estado na economia, sendo pressuposto teórico para os capítulos posteriores, assim como o segundo capítulo, que cuida das participações societárias estatais, trazendo sua evolução histórica, seu conceito e suas classificações.

---

[9] O Estado é o sócio. Jornal O Globo. Publicado em 30 mai. 2010, p. 29.

[10] Trata-se de estimativa realizada pela Revista Época no ano de 2011, considerando as dificuldades de consolidação desses dados. Como afirma a reportagem: "De diferentes formas, o governo interfere na gestão de algumas das maiores empresas privadas nacionais, em setores tão distantes quanto metalurgia, criação de animais para abate ou telefonia. A teia de interesses estatais nos negócios é tão complexa, tem tantas facetas e envolve tantos conflitos de interesse que o próprio governo não consegue avaliá-la de modo preciso. Nem o Ministério do Planejamento, a que está ligado o Departamento de Coordenação e Controle das Empresas Estatais, nem a Secretaria do Tesouro Nacional, que controla o caixa federal, sabem quantas empresas no país têm participação estatal. E não há, em nenhuma repartição de Brasília, um diagnóstico completo da atuação e da influência do governo sobre nossa economia" (Estado Ltda. Revista Época. http://revistaepoca.globo.com/Revista/Epoca/0,,EMI240676-15223,00-ESTADO+LTDA. html. Acesso em junho de 2014).

O capítulo 3 trata, especificamente, da atuação do Estado como acionista minoritário, analisando suas diferentes possibilidades, configurações e finalidades, focando, em especial, na utilização das participações públicas em sociedades privadas como forma de exercício de atividade econômica, como instrumento de regulação e fomento e como veículo de investimento.

No quarto capítulo analisaremos os mecanismos societários que permitem à Administração Pública, mesmo sem deter o controle societário das empresas participadas, assegurar a sua influência sobre elas, direcionando-as em prol do interesse público. O capítulo 5 dedica-se ao estudo da natureza jurídica da atuação estatal por meio de participações minoritárias, tendo em vista a relevância, no ordenamento constitucional brasileiro, da distinção entre as modalidades interventivas diretas e indiretas.

O sexto capítulo busca demonstrar as vantagens comparativas da atuação do Estado como acionista minoritário em relação às outras técnicas de intervenção existentes. Por fim, no Capítulo 7, trataremos dos limites aos quais o Poder Público está adstrito para o legítimo uso das participações públicas minoritárias, abordando a questão da burla ao regime jurídico aplicável às empresas estatais, da escolha do parceiro privado e do controle pelo Tribunal de Contas da União.

1 FORMAS DE ATUAÇÃO DO ESTADO NA ECONOMIA

1.1. Atuação estatal na economia: atuação *stricto sensu* e intervenção

Intervir, etimologicamente, significa vir ou colocar-se entre, meter-se de permeio, ingerir-se[11]. Trata-se, assim, de vocábulo que expressa intromissão, atuação na área de outrem. Desse modo, o Direito Econômico, permeado pela doutrina liberal do abstencionismo estatal, denominou a ação do Poder Público na economia de "intervenção", expressão que não deixa de ser "portadora de um preconceito liberal, quando era vedado ao Estado interferir em qualquer atividade econômica[12]". Nesse sentido, Fernando Facury Scaff adverte:

> Qualquer expressão que denote "intervenção" do Estado no domínio econômico é, em si, temerária, pois induz a crer que o Estado e a economia são coisas distintas, e que ao agir no domínio econômico o Estado o faz em um lugar que não lhe é próprio. Cremos que tal concepção de separação entre o econômico e o político não tem como subsistir.[13]

Logo, não há que se falar em uma separação absoluta entre Estado e mercado, entre público e privado, tendo em vista que a "própria existên-

---

[11] Dicionário Aurélio da Língua Portuguesa.

[12] SOUZA, Washington Peluso Albino de. *Direito Econômico*. São Paulo: Saraiva, 1980, p. 398.

[13] SCAFF, Fernando Facury. "Ensaio sobre o Conteúdo Jurídico do Princípio da Lucratividade". In: *Revista de Direito Administrativo*, v. 224, 2001, p. 334.

cia do Estado e da ordem jurídica significa uma intervenção: o Estado e a ordem jurídica são pressupostos inerentes à economia"[14]. Ou seja, seria mais correto falar em atuação estatal na economia ao invés de intervenção.

No entanto, o termo "intervenção" acabou sendo incorporado à linguagem jurídica[15], sendo aplicado, indistintamente, pela maior parte da doutrina, sendo poucos os autores que fazem uma diferenciação entre os dois termos. É o caso de Eros Roberto Grau que, em obra clássica do Direito Econômico brasileiro, afirma:

> *Intervenção* indica (...) atuação estatal em área de titularidade do setor privado; *atuação estatal*, simplesmente, ação do Estado tanto na área de titularidade própria quanto em área de titularidade do setor privado. Em outros termos, teremos que *intervenção* conota atuação estatal no campo da *atividade econômica em sentido estrito; atuação estatal*, ação do Estado no campo da *atividade em sentido amplo*[16].

Percebe-se que o autor traça uma distinção entre um domínio de atuação próprio dos particulares (atividades econômicas *stricto sensu*), no qual o Poder Público intervém, e um domínio de ação próprio do setor público (serviços públicos), no qual o Estado atua. A diferença, nesse ponto, reside no princípio da livre iniciativa, que, conforme veremos abaixo, concede aos agentes privados a liberdade de exercício da atividade econômica.

Dessa forma, existem atividades econômicas da iniciativa privada, nas quais a regra é a livre concorrência e a livre iniciativa, e atividades econômicas que são titularizadas com exclusividade pelo Estado, das quais a Constituição já afastou a iniciativa privada. É o caso, por exemplo, dos serviços e dos monopólios públicos. Nessas hipóteses, conforme analisaremos, caberá ao ente público titular dessas atividades escolher se os particulares poderão participar dessa empreitada e em que grau.

Diante disso, entendemos ser mais técnico distinguir os termos "atuação" e "intervenção", considerando a atuação estatal na economia como gênero, dos quais são espécies a intervenção e a atuação estatal *stricto sensu*.

---

[14] MOREIRA, Vital. *A ordem jurídica do capitalismo*. Coimbra: Centelha, 1973, pp. 198-199.
[15] ARAGÃO, Alexandre Santos de. *Agências Reguladoras e a Evolução do Direito Administrativo Econômico*. Rio de Janeiro: Forense, 2005, p. 23.
[16] GRAU, Eros Roberto. *A Ordem Econômica na Constituição de 1988 (Interpretação e Crítica)*, 15ª ed., São Paulo: Malheiros, 2012, pp. 90-91.

FORMAS DE ATUAÇÃO DO ESTADO NA ECONOMIA

Desse modo, estaremos diante de uma intervenção na ordem econômica quando o Poder Público age na esfera da iniciativa privada, restringindo a liberdade empresarial.

Por sua vez, nos cenários nos quais o Estado atua por direito próprio, exercendo atividades empresariais de sua titularidade, teremos atuação estatal em sentido estrito. Nessa última categoria também podemos incluir outras ações do Poder Público no âmbito econômico que são, frequentemente, ignoradas pela doutrina. Afinal, não devemos esquecer que, além do exercício direto de atividades econômicas, o Estado participa do mercado pelo simples fato de ser um de agente econômico.

Na ciência econômica, agente econômico é a pessoa ou entidade que toma decisões econômicas, participando do mercado, por exemplo, por meio de compras, vendas e investimentos. Os agentes econômicos podem ser pessoas físicas (consumidores, trabalhadores), famílias, empresas, governos etc[17].

Assim, o Estado, como agente econômico, também atua na economia ao comprar produtos e serviços de que necessita para seu funcionamento ou ao investir as suas disponibilidades de caixa[18]. Nesses casos, ressalvadas as normas de Direito Público que, inevitavelmente, incidem sobre a atuação estatal, o Poder Público age tendo em vista objetivos semelhantes aos dos particulares (obter os produtos e serviços que deseja e auferir rendimentos financeiros, respectivamente). Ele atua como um participante do mercado.

Temos aqui a figura do Estado como adquirente, ou como proprietário, situação na qual a Administração Pública não age com o viés de intervir na ordem econômica[19], mas apenas pratica uma série de atividades decor-

---

[17] Understanding Economics Statistics: an OECD perspective. Disponível em http://www. oecd.org/std/ 41746768.pdf. Acesso em agosto de 2013.

[18] A Constituição da República, em seu artigo 164, § 3º, dispõe que "As disponibilidades de caixa da União serão depositadas no banco central; as dos Estados, do Distrito Federal, dos Municípios e dos órgãos ou entidades do Poder Público e das empresas por ele controladas, em instituições financeiras oficiais, ressalvados os casos previstos em lei". Esse dispositivo "envolve o depósito e a respectiva remuneração pelos recursos financeiros dos agentes públicos, com extensão para os demais serviços bancários prestados, que lhe são inerentes". (ÁVILA, Ana Paula Oliveira e SILVA, Raphael Bernardes. "Ordem econômica, Lei Antitruste e a exclusividade dos bancos oficiais na gestão das disponibilidades de caixa da Administração Pública". In: *Revista de Direito Público da Economia*, nº 40, 2012, p. 34).

[19] É importante, no entanto, ressalvar que o Estado pode se valer da sua posição de simples participante do mercado para intervir na economia. Afinal de contas, o Estado, pela sua di-

rentes do seu *status* de agente econômico. É nesse contexto que podemos falar em função acionista do Estado ou na figura do Estado Investidor, das quais trataremos em momento posterior.

Trata-se, desse modo, do que podemos chamar de atuação não interventiva do Estado na economia, na qual a Administração Pública atua na mera qualidade de agente econômico ou explora atividade econômica cuja exclusividade lhe foi outorgada pelo ordenamento jurídico.

Feita a distinção entre intervenção e atuação estatal na economia, é necessário fazer referência ao princípio da livre iniciativa e, por consequência, ao chamado princípio da subsidiariedade.

1.2. O princípio da livre iniciativa e o princípio da subsidiariedade

A Constituição brasileira de 1988 consagrou, expressamente, o princípio da livre iniciativa como um dos fundamentos da República (art. 1º, IV, CF) e da ordem econômica (art. 170, *caput*, CF). Isso se explica pela inequívoca opção do constituinte em favor do sistema capitalista[20], calcado na economia de mercado.

Nesse contexto, diferentemente de um sistema econômico planificado de direção central[21], onde o Estado é quem dirige as decisões econômicas, a livre iniciativa concede aos agentes privados a liberdade individual de produção, circulação e distribuição de riquezas, garantindo o livre exer-

---

mensão e importância pode direcionar suas ações na economia para a regulação econômica e social. É o que acontece, por exemplo, quando o Estado utiliza as compras públicas para a obtenção de objetivos de justiça social. Sobre esse assunto específico, cf. MCCRUDDEN, Christopher. *Buying Social Justice: equality, government procurement and legal change*. Oxford: Oxford University Press, 2007. No Brasil, também se fala em função regulatória da licitação, pela qual se vislumbra a possibilidade de se utilizar o procedimento licitatório para induzir práticas econômicas com efeitos concorrenciais e sociais desejáveis, cf. FERRAZ, Luciano. Função Regulatória da Licitação. In: *Revista Eletrônica de Direito Administrativo Econômico*, nº 19, 2009. Disponível em http://www.direitodoestado.com/revista/REDAE-19-AGOSTO-2009--LUCIANO-FERRAZ.pdf. Acesso em agosto de 2013. Nesses casos, estamos diante de verdadeira intervenção do Estado na economia e não da figura da atuação estatal não interventiva.
[20] Por todos, cf. GRAU, Eros Roberto. *A Ordem Econômica na Constituição de 1988 (Interpretação e Crítica)*. Op. cit., p. 304.
[21] MONCADA, Luís S. Cabral de. *Direito Econômico*. Coimbra: Coimbra Editora, 2012, p. 15.

cício de atividades econômicas, bem como a escolha autônoma de meios e processos conducentes aos fins visados[22].

Alexandre Santos de Aragão vislumbra nesse princípio a liberdade para o agente econômico "operar no mercado, buscar clientela e auferir lucros"[23]. Por sua vez, Luís Roberto Barroso elenca como elementos essenciais da livre iniciativa a propriedade privada, a liberdade de empresa, a livre concorrência e a liberdade de contratar[24].

Na mesma direção, Gaspar Ariño Ortiz aponta que a livre iniciativa abrange a liberdade de entrada no mercado e de criação de empresas, a liberdade de organização da empresa e a liberdade de direção da empresa, a qual inclui a decisões acerca da produção, investimentos, fixação de preços etc[25].

Contudo, embora a Constituição da República tenha contemplado o papel fundamental do princípio da livre iniciativa, ela não deixou de fazer referência a diversos princípios e valores de viés social, tais como a dignidade da pessoa humana (art. 1º, III, CF), os valores sociais do trabalho (art. 1º, IV, CF), a defesa do consumidor (art. 170, V, CF), a proteção do meio ambiente (art. 170, VI, CF), a função social da propriedade (art. 170, III, CF), a busca do pleno emprego (art. 170, VIII, CF) e o compromisso do Estado com a construção de uma sociedade livre, justa e solidária (art. 3º, I, CF), com a garantia do desenvolvimento nacional (art. 3º, II, CF) e com a erradicação da pobreza e da marginalização (art. 3º, III, CF). Por conta disso, Luis Fernando Schuartz remarca:

> A diretiva geral implicada por estes textos está no dever atribuído aos poderes públicos de agir no sentido de, preservando a estrutura normativa

---

[22] REALE, Miguel. "O Plano Collor II e a intervenção do estado na ordem econômica". In: *Temas de Direito Positivo*, São Paulo: Revista dos Tribunais, 1992.

[23] ARAGÃO, Alexandre Santos de. *Curso de Direito Administrativo*, 2ª ed., Rio de Janeiro: Forense, 2013, p. 228.

[24] BARROSO, Luís Roberto. "A Ordem Econômica Constitucional e os Limites à Atuação Estatal no Controle de Preços". In: *Temas de Direito Constitucional*, t. II, Rio de Janeiro: Renovar, 2003, pp. 50-51.

[25] ORTIZ, Gaspar Ariño. *Principios de Derecho Público Económico: modelo de Estado, gestión pública, regulación económica*. Bogotá: Universidad Externado de Colômbia, 2003, p. 264.

básica do sistema capitalista, influenciar a sua trajetória tendo em vista a realização de justiça social[26].

A livre iniciativa, portanto, não pode ser encarada como um direito absoluto. O Supremo Tribunal Federal já se manifestou nesse sentido, ao afirmar que "livre iniciativa não é sinônimo de liberdade econômica absoluta (...). O que ocorre é que o princípio da livre iniciativa, inserido no caput do art. 170 da Constituição Federal, nada mais é do que uma cláusula geral cujo conteúdo é preenchido pelos incisos do mesmo artigo. Esses princípios claramente definem a liberdade de iniciativa não como uma liberdade anárquica, porém social, e que pode, consequentemente, ser limitada" [27].

Com base nessa premissa é que o STF admite até mesmo o controle de preços de produtos e serviços, conforme ficou expresso no julgamento da ADI 319- QO[28], *leading case* na matéria, cuja ementa, parcialmente, transcrevemos abaixo:

> EMENTA: - Ação direta de inconstitucionalidade. Lei 8.039, de 30 de maio de 1990, que dispõe sobre critérios de reajuste das mensalidades escolares e dá outras providências. - Em face da atual Constituição, para conciliar o fundamento da livre iniciativa e do princípio da livre concorrência com os da defesa do consumidor e da redução das desigualdades sociais, em conformidade com os ditames da justiça social, pode o Estado, por via legislativa, regular a política de preços de bens e de serviços, abusivo que é o poder econômico que visa ao aumento arbitrário dos lucros.

Por outro lado, ao mesmo tempo em que pontua a relatividade da livre iniciativa frente a outros princípios, que condicionam a sua aplicação, o STF estabelece que a intervenção estatal na economia mediante a regulação de setores econômicos encontra limite nesse mesmo princípio, não podendo constituir-se em empecilho ao livre exercício da atividade econômica[29].

---

[26] SCHUARTZ, Luis Fernando. *O Direito da Concorrência e Seus Fundamentos*. In: POSSAS, Mario Luiz (coord.). *Ensaios sobre Economia e Direito da Concorrência*. São Paulo: Singular, 2002, p. 48.

[27] STF, *DJe* 31 ago. 2007, AC 1657-6/RJ, Rel. p/ o acórdão Min. Cezar Peluso.

[28] STF, *DJe* 30 abr. 1993, ADI 319 QO, Rel. Min. Moreira Alves.

[29] "A intervenção estatal na economia, mediante regulamentação e regulação de setores econômicos, faz-se com respeito aos princípios e fundamentos da Ordem Econômica. CF, art. 170. O princípio da livre iniciativa é fundamento da República e da Ordem econômica: CF,

Ressalte-se, ainda, que o STF possui jurisprudência consolidada no sentido de que viola o princípio da livre iniciativa a oposição de obstáculos ao exercício da atividade econômica como forma de cobrança indireta de tributos[30].

Com base na liberdade de iniciativa, defende-se a existência de um princípio da subsidiariedade no ordenamento jurídico brasileiro, pelo qual o Estado deveria abster-se de regular e intervir nas atividades econômicas que possam ser exercidas ou autorreguladas pelos particulares em regime de liberdade[31].

Tal princípio poderia ser justificado com base em dois tipos de argumentos: morais e normativos[32]. No campo moral, a justificativa da subsidiariedade encontra-se na primazia do indivíduo frente ao Estado, o qual existe, apenas, para o atendimento das necessidades das pessoas, promovendo seus direitos fundamentais e seu bem-estar[33]. Cuida-se, assim, da proteção da própria dignidade da pessoa humana[34], sob o prisma da auto-

---

art. 1º, IV; art. 170. Fixação de preços em valores abaixo da realidade e em desconformidade com a legislação aplicável ao setor: empecilho ao livre exercício da atividade econômica, com desrespeito ao princípio da livre iniciativa." (STF, *DJ* 24 mar. 2006, RE 422.941-2/DF, Rel. Carlos Velloso).

[30] Nesse sentido, cf. as súmulas número 70, 323 e 547 do STF, proibindo, respectivamente, a interdição de estabelecimentos, a apreensão de mercadorias e a proibição da realização de atividades aduaneiras como meio coercitivo para a cobrança de tributos.

[31] ARAGÃO, Alexandre Santos de. *Agências Reguladoras e a Evolução do Direito Administrativo Econômico.* Op. cit., p. 132.

[32] CYRINO, André Rodrigues. *Direito Constitucional Regulatório* – Elementos para uma interpretação institucionalmente adequada da Constituição econômica brasileira. Rio de Janeiro: Renovar, 2010, p. 59.

[33] Com base na teoria constitucional moderna, identificada com o fenômeno do neoconstitucionalismo, reconhece-se a centralidade de um sistema de direitos fundamentais edificado sobre a dignidade da pessoa humana. Desse modo, é correto afirmar que vemos assentada uma verdadeira inversão dos paradigmas tradicionais da relação entre Estado e indivíduo, a qual é encarada, cada vez mais, do ponto de vista dos direitos dos cidadãos em oposição aos interesses do Estado (cf. BOBBIO, Norberto. *A era dos direitos*. Rio de Janeiro: Campus, 1992, p. 4). Assim, reconhece-se que o indivíduo, antes mesmo dos deveres, tem direitos face ao Poder Público e o Estado goza de direitos na estrita medida em que esses são necessários ao atendimento das necessidades das pessoas (cf. MENDES, Gilmar Ferreira; COELHO, Inocêncio Mártires e BRANCO, Paulo Gustavo Gonet. *Curso de Direito Constitucional.* São Paulo: Saraiva, 2008, pp. 232-233).

[34] TORRES, Silvia Faber. *O Princípio da Subsidiariedade no Direito Público Contemporâneo.* Rio de Janeiro: Renovar, 2001, p. 83.

A ATUAÇÃO DO ESTADO NA ECONOMIA COMO ACIONISTA MINORITÁRIO

nomia privada, que garante um espaço de "autodeterminação do indivíduo, imune de qualquer constrição estatal"[35].

Sob o ângulo normativo, os defensores do princípio da subsidiariedade afirmam que o mesmo pode ser inferido do princípio da livre iniciativa (artigos 1º, IV e 170, *caput*, CF), da reserva constitucional dos monopólios estatais (artigos 176 e 177, CF) e, especialmente, do *caput* do artigo 173 da Lei Maior, cuja redação afirma que "a exploração direta de atividade econômica pelo Estado só será permitida quando necessária aos imperativos da segurança nacional ou a relevante interesse coletivo".

O princípio da subsidiariedade seria, assim, um princípio constitucional implícito, limitador da intervenção do Estado na ordem econômica. Essa posição, contudo, não é imune a críticas. José Vicente Santos de Mendonça e Cláudio Pereira de Souza Neto[36] sustentam a que a subsidiariedade não é um princípio contemplado na Constituição, mas sim uma diretriz política ligada a uma concepção abrangente liberal-econômica.

Dessa maneira, criticam a interpretação "fundamentalista" dada ao princípio da livre iniciativa e lembram que a Carta brasileira de 1988 é uma Constituição compromissória[37], contendo, conforme já referimos acima, tanto a consagração da livre iniciativa quanto a referência a princípios e objetivos de caráter social, como a proteção ao meio ambiente e a promoção do pleno emprego. Por isso, as decisões acerca do grau de intervenção estatal na economia devem ser deixadas para as maiorias políticas de cada época, a quem cabe densificar as disposições abstratas e ambíguas contidas no texto constitucional.

A advertência dos autores é válida, mas deve ser tomada *cum grano salis*. Realmente, a Constituição da República não adotou um modelo cogente de intervenção do Estado na economia, pois não se filiou a nenhuma doutrina abrangente, seja liberal, seja social-dirigente. Pelo contrário, contemplou

---

[35] BINENBOJM, Gustavo. Direitos humanos e justiça social: as ideias de liberdade e igualdade no final do século XX. In: *Temas de Direito Administrativo e Constitucional*. Rio de Janeiro: Renovar, 2008, p. 275.

[36] SOUZA NETO, Cláudio Pereira de e MENDONÇA, José Vicente Santos de. "Fundamentalização e Fundamentalismo na Interpretação do Princípio Constitucional da Livre Iniciativa". In: SOUZA NETO, Cláudio Pereira de e SARMENTO, Daniel (Coords.). *A Constitucionalização do Direito: fundamentos teóricos e aplicações específicas*. Rio de Janeiro: Lumen Juris, 2007.

[37] A Constituição de 1988 é compromissória no sentido de que não apresenta um viés dogmático ou ideológico definido, visto que foi fruto de um compromisso entre as diferentes forças da sociedade que se fizeram representadas no processo constituinte.

no seu texto elementos ideológicos heterogêneos, o que garante o pluralismo político e impede o engessamento da Constituição econômica em amarras dogmáticas que obstaculizam as legítimas escolhas dos eleitores feitas de acordo com as condições econômico-sociais de cada época[38].

Entretanto, isso não quer dizer que a Carta Magna não tenha feito algumas escolhas expressas com reflexos inequívocos na ordem econômica. Isso é inevitável, afinal, uma Constituição democrática precisa, além de garantir o pluralismo político, assegurar um consenso mínimo sobre decisões políticas fundamentais[39].

Desse modo, a Constituição fez a opção expressa pelo sistema capitalista, garantindo a propriedade privada dos meios de produção. Da mesma forma, dentre os direitos fundamentais garantidos aos indivíduos e retirados do alcance das maiorias políticas eventuais, encontra-se a livre iniciativa[40].

---

[38] Nesse sentido, por ocasião do julgamento da Ação Direta de Inconstitucionalidade nº 1.923, que discute a constitucionalidade do modelo de organizações sociais instituído pela Lei nº 9.637/1998, o Min. Luiz Fux afirmou que o STF não pode se prender a uma pré-compreensão rígida de determinado modelo de Estado, declarando que: "É preciso, em outras palavras, identificar o que é constitucionalmente exigido, imposto de forma invariável, e, de outro lado, aquilo que é constitucionalmente deixado à escolha das maiorias políticas prevalecentes, para que possam moldar a intervenção do Estado nos domínios sociais à luz da vontade coletiva legitimamente predominante. Com efeito, ao mesmo tempo em que a Constituição exerce o papel de tutelar consensos mínimos, as suas normas têm de ser interpretadas de modo a viabilizar que, no campo permitido por suas balizas, sejam postos em prática projetos políticos divergentes, como fruto do pluralismo político que marca a sociedade brasileira (CF, art. 1º, V)".

[39] BARCELLOS, Ana Paula de. *A eficácia jurídica dos princípios constitucionais: o princípio da dignidade da pessoa humana*. Rio de Janeiro: Renovar, 2002, p. 249.

[40] Sustentamos, portanto, que a livre iniciativa é um direito fundamental, visto que a liberdade econômica é, ao mesmo tempo, instrumental à liberdade existencial e inerente à própria condição humana (cf. CYRINO, André Rodrigues. *Direito Constitucional Regulatório* – Elementos para uma interpretação institucionalmente adequada da Constituição econômica brasileira. Op. cit., p. 60). Em sentido contrário, alguns autores defendem que a livre iniciativa não é um direito fundamental, constituindo, apenas, uma liberdade que beneficiaria também o Estado quando este agisse na condição de agente econômico (cf. GRAU, Eros Roberto. *A Ordem Econômica na Constituição de 1988 (Interpretação e Crítica)*. Op. cit., p. 304 e BERCOVICI, Gilberto. Os Princípios Estruturantes e o Papel do Estado. In: CARDOSO JR., José Celso (org.). *A Constituição Brasileira de 1988 Revisitada: recuperação histórica e desafios atuais das políticas públicas nas áreas econômicas e sociais*, vol. 1, Brasília: Ipea, 2009, p. 263).

E é por conta do sistema de direitos fundamentais previsto na Constituição que somos obrigados a discordar de Mendonça e Souza Neto. O princípio da subsidiariedade não decorre de uma mera concepção ideológica liberal, mas sim da própria lógica constitucional.

Isso porque a regra em um Estado Democrático de Direito é a liberdade. Assim, qualquer restrição à liberdade, inclusive à livre iniciativa, deve ser autorizada por lei (artigo 5º, II, CF) e deve ter por fim a promoção de outro direito fundamental[41] ou bem de estatura constitucional.

Não se nega que o Estado está vinculado à realização do bem-estar social, devendo, para isso, intervir na ordem econômica e social com o objetivo de proteger bens jurídicos garantidos pela Constituição. Ocorre que o intervencionismo estatal não é incompatível com o princípio da subsidiariedade[42]. Pelo contrário, a subsidiariedade, se corretamente entendida, muitas vezes vai impor a ação estatal. Nas palavras de Floriano de Azevedo Marques Neto:

> A atuação estatal sobre o domínio econômico há de ser residual. Isso não a faz desnecessária ou dispensável. Ela é imperativa sempre que a capacidade dos atores econômicos ou põe em risco um valor de natureza coletiva (o meio ambiente, o uso de um bem escasso, um serviço de relevância social), ou se mostra insuficiente para se atingir uma finalidade de interesse geral da coletividade (a universalização de um serviço, a acessi-

---

[41] "O relevo constitucional da dignidade da pessoa humana e, por outro lado, a especial garantia conferida pela Constituição aos direitos e liberdades fundamentais determina que se possa extrair um princípio geral de liberdade ao nível da sociedade civil, sendo lícito aos particulares fazer tudo aquilo que não lhes é proibido, enquanto que o poder público se encontra sujeito a uma regra de competência, só lhe sendo lícito aquilo que lhe é permitido. Em consequência, qualquer intervenção pública encontra-se duplamente condicionada: a) Em primeiro lugar, através de uma condição-limite, traduzida pelo princípio geral da liberdade ao nível da sociedade civil; b) Em segundo lugar, mediante uma condição-fundamento, a qual decorre do princípio geral da competência ao nível da acção dos poderes públicos". (OTERO, Paulo. *Vinculação e Liberdade de Conformação Jurídica do Sector Empresarial do Estado*. Coimbra: Coimbra Editora, 1998, p. 35).

[42] "Se é certo que o respeito pela dignidade humana fundamenta a consagração constitucional implícita de um princípio da subsidiariedade da intervenção do Estado sobre a esfera da sociedade civil, também é verdade que a dignidade humana passa igualmente pela promoção da justiça social. Neste âmbito, a subsidiariedade não pode deixar de conviver, senão mesmo envolver, um determinado grau de intervenção económica e social do Estado" (OTERO, Paulo. Ibidem, p. 38).

bilidade de uma comodidade, o incremento da competição, a satisfação dos usuários de um bem essencial, etc).[43]

Apenas se exige que essa intervenção, naturalmente limitadora da liberdade de iniciativa[44], seja feita em um grau que, ao mesmo tempo, restrinja ao mínimo a liberdade dos particulares e promova ao máximo os outros interesses constitucionalmente legítimos.

Recorre-se, assim, ao princípio da proporcionalidade, o qual funcionará como critério de aferição da legitimidade da intervenção estatal limitadora do direito de livre iniciativa. Trata-se do que a doutrina denomina de limites aos limites dos direitos fundamentais, verdadeiras barreiras às restrições destes direitos, a fim de garantir sua proteção e eficácia[45].

O princípio da proporcionalidade irá considerar admissível apenas os atos estatais que passarem pelo crivo dos seus três elementos ou subprincípios, quais sejam, a adequação ou idoneidade, a necessidade ou exigibilidade e a proporcionalidade em sentido estrito[46]. Aplicada especificamente ao Direito Econômico, a proporcionalidade, conforme entendimento de Alexandre Santos de Aragão, apresenta-se da seguinte forma:

a) A restrição à liberdade do mercado deve ser apropriada à realização dos objetivos sociais perquiridos – elemento adequação dos meios aos fins. Ex: o tabelamento interno de preços não é o meio

---

[43] MARQUES NETO, Floriano de Azevedo. Limites à abrangência e à intensidade da regulação estatal. In: *Revista Eletrônica de Direito Administrativo Econômico*, nº 4, 2005, p. 13. Disponível em http://www.direitodoestado.com/revista/REDAE-4-NOVEMBRO-2005--FLORIANO_AZEVEDO.pdf. Acesso em agosto de 2013.

[44] "Assim, considerando-se que a atuação do estado no domínio econômico importa, em qualquer caso, em uma restrição ao direito de livre iniciativa, na medida em que reduz o espaço de atuação dos agentes privados, é necessário identificar qual seria o elemento definidor da admissibilidade jurídica da atuação das instituições financeiras públicas que permita, a um só tempo, que essas realizem suas funções constitucionalmente atribuídas e não violem de forma inadmissível o direito de livre iniciativa dos particulares" (SCHIRATO, Vitor Rhein. "Instituições financeiras públicas: entre a necessidade e a inconstitucionalidade". In: *Revista de Direito do Estado*, nºs 17 e 18, 2010, p. 300).

[45] SARLET, Ingo Wolfgang. *A eficácia dos direitos fundamentais: uma teoria geral dos direitos fundamentais na perspectiva constitucional*. Porto Alegre: Livraria do Advogado, 2009, p. 395.

[46] Acerca do princípio da proporcionalidade, cf. por todos, BARROSO, Luís Roberto. *Interpretação e Aplicação da Constituição: fundamentos de uma dogmática constitucional transformadora*. São Paulo: Saraiva, 2004, pp. 218-246.

adequado para controlar o aumento de preços de produtos encarecidos em razão da alta do valor da matéria-prima importada.

b) O Estado deve impor a menor restrição possível, de forma que, dentre as várias medidas aptas a realizar a finalidade pública, opte pela menos restritiva à liberdade de mercado – elemento necessidade. Ex: se o Estado pode assegurar o bem-estar da coletividade simplesmente ordenando determinada atividade privada, não deve titularizá-la como serviço público, excluindo-a do âmbito da iniciativa privada.

c) A restrição imposta ao mercado deve ser equilibradamente compatível com o benefício social visado, isto é, mesmo que aquela seja o meio menos gravoso, deve, tendo em vista a finalidade pública almejada, "valer a pena" – proporcionalidade em sentido estrito. O Estado não pode, por exemplo, qualificar determinada atividade relativamente supérflua como serviço público, mesmo que, suponhamos, esta seja a forma menos gravosa para realizar a finalidade pública. Os benefícios a serem obtidos "não compensariam" a restrição que a qualificação como serviço público imporia aos particulares interessados em explorar livremente a atividade.[47]

Nesse contexto, o referido autor vai considerar que o principio da subsidiariedade é decorrência do subprincípio da necessidade, já que, mesmo que a intervenção estatal na economia seja adequada à realização de fins sociais, ela deve restringir a liberdade dos agentes econômicos da menor maneira possível.

Portanto, entendemos que o princípio da subsidiariedade não é corolário de uma concepção econômica liberal, tendo sido consagrado no ordenamento constitucional brasileiro como um princípio implícito, derivado da dignidade da pessoa humana, da cláusula geral de liberdade dos particulares e do princípio da proporcionalidade.

---

[47] ARAGÃO, Alexandre Santos de. "O Princípio da Proporcionalidade no Direito Econômico". In: *Revista de Direito da Procuradoria Geral do Estado do Rio de Janeiro*, vol. 55, 2002, pp. 148-149.

FORMAS DE ATUAÇÃO DO ESTADO NA ECONOMIA

Vistos esses dois princípios-chave da ordem econômica, iremos tratar das diferentes modalidades de atuação do Estado na economia, a fim de verificar a sua associação com as participações estatais minoritárias.

1.3. Modalidades de intervenção estatal na economia

O Estado, ao longo da sua história, tem se valido de diversos mecanismos para intervir na economia, os quais se sucederam no tempo não em um "processo substitutivo, mas cumulativo".[48] Desse modo, as diferentes estratégias de intervenção convivem entre si, adequando-se sua aplicação conforme os objetivos públicos perseguidos e as concepções políticas prevalecentes na sociedade[49].

A doutrina vai tentar sistematizar as várias modalidades de intervenção do Estado no domínio econômico de acordo com a sua forma e com a sua intensidade, classificando-as, tradicionalmente, em dois grandes grupos: direta e indireta[50]-[51]. A intervenção direta consiste na disciplina estatal do

---

[48] ARAGÃO, Alexandre Santos de. *Agências Reguladoras e a Evolução do Direito Administrativo Econômico*. Op. cit., p. 117.

[49] Luiz Carlos Bresser Pereira aponta que, ao longo da história, a intervenção estatal na economia expande-se e contrai-se de maneira cíclica. No período de expansão, observa-se o crescente papel do Estado na coordenação da atuação dos agentes econômicos, nas decisões alocativas de recursos e na distribuição de renda. Contudo, depois de um tempo, a economia começa a ficar disfuncional. A atuação do Poder Público passa a ser um entrave ao invés de um estímulo e verificam-se sucessivos e significativos déficits públicos. Nesse momento, é hora de o Estado contrair-se, buscando a desregulação e a privatização, tendo por fim a obtenção de um equilíbrio na relação entre mercado e intervenção estatal. Tal equilíbrio "irá necessariamente variar no curso da história e de acordo com o caráter cíclico e em permanente transformação da intervenção do Estado na economia" (PEREIRA, Luiz Carlos Bresser. "O caráter cíclico da intervenção estatal". In: *Revista de Economia Política*, op. cit.). No mesmo sentido, Caio Tácito também identifica na economia um movimento de alternância entre mais e menos intervenção, em uma verdadeira "dança do pêndulo entre extremos em busca do equilíbrio estável da perfeição". (TÁCITO, Caio. "O retorno do pêndulo: serviço público e empresa privada. O exemplo brasileiro". In: *Revista Forense*, Ano 92, v. 334, abr/jun 1996, p.18).

[50] OLIVEIRA, Fernando A. Albino de. "Limites e Modalidades da Intervenção do Estado no Domínio Econômico". In: *Revista de Direito Público*, v. 37-38, 1976, pp. 60-61.

[51] Por todos, cf. Alberto Venâncio Filho, que em obra clássica divide as intervenções do Estado na economia em dois campos, referindo-se à intervenção indireta como Direito Regulamentar Econômico e à intervenção direta como Direito Institucional Econômico (VENÂNCIO FILHO, Alberto. *A intervenção do Estado no domínio econômico: O Direito Público Econômico no Brasil*. Rio de Janeiro: Renovar, 1998, p. 383).

A ATUAÇÃO DO ESTADO NA ECONOMIA COMO ACIONISTA MINORITÁRIO

mercado por meio de sua atuação direta e presencial, controlando as variáveis econômicas por meio da produção de bens e prestação de serviços.

Já na intervenção indireta, trata-se "não mais da assunção pelo Estado da atividade econômica em si, mas de sua concreta atuação no fomento, na regulamentação, no monitoramento, na mediação, na fiscalização, no planejamento, na ordenação da economia"[52]. Ou seja, o Estado não opera diretamente no mercado, mas age direcionando e influenciando o comportamento dos agentes econômicos a fim de garantir que a atividade empresarial seja organizada em conformidade com o interesse público.

Nessa classificação binária, a modalidade interventiva direta corresponderia à propriedade pública de bens de produção e a indireta à regulação ou disciplina da atividade econômica. No entanto, é possível traçar uma distinção entre a intervenção indireta por coerção e a intervenção indireta por indução, o que dá ensejo a uma classificação tripartite[53].

É o que faz, por exemplo, Celso Antônio Bandeira de Mello[54], o qual classifica as formas de intervenção estatal na ordem econômica em a) poder de polícia, b) incentivos à iniciativa privada e c) atuação empresarial. Na mesma direção, Eros Roberto Grau[55] vai fazer referência à a) intervenção por absorção ou participação, b) intervenção por direção e c) intervenção por indução. Também, Luís Roberto Barroso[56] vai propor uma separação entre a) atuação direta, b) fomento e c) disciplina.

Não obstante a pertinência da diferenciação entre a intervenção indireta coercitiva da intervenção indireta indutiva, a qual trataremos adiante, as três modalidades de atuação na economia sempre poderão ser enquadra-

---

[52] MARQUES NETO, Floriano Azevedo. "A Nova Regulação Estatal e as Agências Independentes. In: SUNDFELD", Carlos Ari (coord.). *Direito Administrativo Econômico*. São Paulo: Malheiros, 2002, p. 74.

[53] O autor espanhol Jordana de Pozas é considerado o precursor da tríplice classificação da atividade administrativa em poder de polícia, serviços públicos e fomento, publicando texto clássico sobre o instituto do fomento em 1949. Cf. POZAS, Luis Jordana de. Ensayo de una Teoria General del Fomento en el Derecho Administrativo. In: *Estudios de Administración local y general. Homenage al professor Jordana de Pozas*, Madrid: Instituto de Estudios de Administración Local, 1961, pp. 41-54.

[54] MELLO, Celso Antônio Bandeira de. *Curso de Direito Administrativo*, 25ª ed.. São Paulo: Malheiros, 2008, p. 783.

[55] GRAU, Eros Roberto. *A Ordem Econômica na Constituição de 1988 (Interpretação e Crítica)*. Op. cit., p. 90.

[56] BARROSO, Luís Roberto. A Ordem Econômica Constitucional e os Limites à Atuação Estatal no Controle de Preços. Op. cit., p. 67.

das na clássica divisão dicotômica exposta acima, apresentando-se como intervenção direta ou como intervenção indireta.

Enfim, peculiaridades semânticas à parte, das classificações colacionadas acima podemos vislumbrar certo consenso quanto à existência de três formas de intervenção estatal no domínio econômico. Assim, em primeiro lugar, o Estado pode explorar diretamente atividades econômicas, assumindo o papel de empresário ao produzir bens e prestar serviços por ele mesmo.

O exercício direto dessas atividades pode se dar sob a forma da prestação de serviços públicos (artigo 175, CF) ou pela exploração de atividades econômicas *stricto sensu*, que, por sua vez, podem ser praticadas em regime de monopólio (artigo 177, CF) ou em regime de concorrência com o setor privado nos casos de relevante interesse coletivo e imperativo de segurança nacional (artigo 173, *caput*, CF)[57].

Em segundo lugar, o Estado atua, com fulcro no artigo 174 da Constituição, como "agente normativo e regulador da atividade econômica", exercendo, "na forma da lei, as funções de fiscalização, incentivo e planejamento, sendo este determinante para o setor público e indicativo para o setor privado".

Por fim, temos a modalidade do fomento, na qual, diferentemente da regulação, o Poder Público não age para restringir a liberdade dos agentes econômicos, mas sim para estimulá-los a realizarem atividades que atendam ao interesse público. Trata-se de proteger e promover interesses socialmente relevantes sem fazer uso direto da coerção, valendo-se, ao invés, de convites formulados aos particulares, que podem optar por aceitá-los ou não.

Essa divisão tripartite dos meios de intervenção do Estado na economia é vislumbrada pela doutrina em uma escala decrescente de intensidade,

---

[57] Ressalte-se que o exercício, pelo Estado, de atividades empresariais de sua titularidade, como é o caso dos serviços e monopólios públicos, não é, propriamente, uma intervenção na economia, mas sim uma atuação estatal em sentido estrito, conforme expusemos no início desse capítulo.

A ATUAÇÃO DO ESTADO NA ECONOMIA COMO ACIONISTA MINORITÁRIO

na qual a atuação direta seria a forma mais forte e a regulação e o fomento seriam as formas mais brandas de intervenção estatal[58]-[59].

Daí decorreria o dever do Estado de manejar as referidas modalidades interventivas com estrita observância ao já mencionado princípio da proporcionalidade, pelo qual a opção em prol de mecanismos mais restritivos da liberdade de iniciativa só se justificaria na medida em que esses sejam absolutamente necessários para a consecução dos fins públicos almejados.

Além dessas modalidades de intervenção do Estado na economia, não podemos esquecer a já citada atuação estatal em sentido estrito, a qual possui um caráter não interventivo na livre iniciativa, tendo em vista tratar-se da exploração de atividades econômicas de titularidade exclusiva do Poder Público e da participação desse no mercado como mero agente econômico, o qual realiza decisões relativas a compras, investimentos etc.

A importância do estudo das classificações das formas de intervenção e de atuação do Estado no ordenamento econômico liga-se ao fato de que o objeto central desse livro – as participações públicas minoritárias – pode servir de instrumento para a realização de todas essas modalidades interventivas e não interventivas. É o que veremos nos capítulos seguintes, não sem antes analisarmos em maiores detalhes as participações societárias estatais.

---

[58] CYRINO, André Rodrigues. *Direito Constitucional Regulatório* – Elementos para uma interpretação institucionalmente adequada da Constituição econômica brasileira. Op. cit., p. 52.
[59] Não concordamos, necessariamente, com essa gradação das modalidades interventivas, embora reconheçamos que ela foi acolhida pelo ordenamento jurídico brasileiro. Trataremos do assunto no capítulo 5.

2 AS PARTICIPAÇÕES SOCIETÁRIAS ESTATAIS

A sociedade empresária é o resultado da união de duas ou mais pessoas que combinam seus esforços e recursos para a exploração habitual da atividade econômica organizada para a produção de bens e prestação de serviços, buscando a obtenção e a posterior partilha dos lucros auferidos nessa exploração[60]. Seu papel foi essencial para o desenvolvimento do capitalismo.

A criação de uma entidade ao qual se atribui, por ficção, personalidade jurídica própria, cujo capital é dividido em ações ou cotas partilháveis entre um grande número de pessoas e na qual a responsabilidade dos sócios é limitada foi elemento essencial ao estímulo da economia.

Afinal, ao mesmo tempo permitiu-se a reunião de capitais para a realização de objetivos comuns e estabeleceu-se um teto para as possíveis perdas a serem suportadas pelos sócios, que respondem apenas pelas cotas ou ações que adquirirem.

Por conta disso, Claudio Jannet[61] afirma que, no dia em que a participação acionária foi inventada, operou-se uma verdadeira revolução econômica. No mesmo sentido, Nicholas Butler[62] qualifica a sociedade anônima

---

[60] CAMPINHO, Sérgio. *O direito de empresa à luz do novo código civil*. Rio de Janeiro: Renovar, 2006, pp. 32-34.

[61] JANNET, Claudio. *Le capital, la spéculation et la finance au XIX siècle*. Paris: Plon, 1892, p.159. *Apud* VALVERDE, Trajano de Miranda. "Sociedades Anônimas ou Companhias de Economia Mista". In: *Revista Forense*, vol. 102, 1945, p. 418.

[62] BUTLER, Nicholas Murray. *Why should we change our form of government?*. New York: C. Scribner Sons, 1912. *Apud* SANTOS, Theophilo de Azeredo. *As Sociedades de Economia Mista*

A ATUAÇÃO DO ESTADO NA ECONOMIA COMO ACIONISTA MINORITÁRIO

como "a maior descoberta dos tempos modernos, mais preciosa que o vapor e a eletricidade".

Desde o primeiro momento, o Poder Público vem participando do capital das sociedades anônimas, tendo as participações societárias se tornado ferramentas essenciais da atuação do Estado na economia.

2.1 Histórico

Embora não haja certeza histórica acerca da origem das sociedades por ações, com opiniões situando-a na Roma Antiga[63], na França medieval[64] ou na Itália Renascentista[65], há, atualmente, algum consenso apontando o surgimento dessas pessoas jurídicas na criação das companhias coloniais por diversos Estados Nacionais na época do Mercantilismo, no fim do século XVI e início do XVII[66].

Por conta disso, pode-se afirmar, como bem observou Antônio Brunetti[67], que as sociedades por ações são uma criação do Direito Público,

---

no Direito Brasileiro. Rio de Janeiro: Forense, 1964, p. 13.

[63] Alguns identificam a origem remota das sociedades por ações nas *societates publicanorum* e nas *societates vectigalium* do Direito Romano, nas quais havia união de esforços de diversos participantes a fim de receber do Estado delegação para a cobrança de impostos. Por todos, cf. BATALHA, Wilson de Souza Campos. *Sociedades Anônimas e mercados de capitais*, v. 1. Rio de Janeiro: Forense, 1973, p. 159

[64] Há relato de que, no fim do século XII, em uma região perto de Toulouse, existia uma organização de moinhos que apresentava características semelhantes às das sociedades anônimas, quais sejam, comunhão social em torno de um patrimônio dividido em frações entregues a cada sócio, realização de assembleia-gerais e distribuição de lucros de forma proporcional às cotas. Cf. GUIMARÃES, Ruy Carneiro. *Sociedades por Ações*, v. 1. Rio de Janeiro: Forense, 1960, p. 19.

[65] Aponta-se que o Banco de São Jorge, criado em Gênova, em 1407, é a origem mais remota das sociedades por ações, reunindo credores da República genovesa. Cf. LOBO, Jorge Joaquim. *Direitos dos Acionistas*. Rio de Janeiro: Elselvier, 2011, pp. 4-5.

[66] Por todos, cf. FERREIRA, Waldemar Martins. *A sociedade de economia mista em seu aspecto contemporâneo*. São Paulo: Max Limonad, 1956, p. 34., citando a Companhia das Índias Orientais, fundada na Holanda, em 1602, como "a primeira sociedade por ações ou sociedade anônima que já existiu". No mesmo sentido, cf. DAVIS, M. T. de Carvalho Britto. *Tratado das Sociedades de Economia Mista*, v. I. Rio de Janeiro: José Konfino, 1969, p. 40.

[67] "a sociedade por ação é uma criação do direito público: somente a vontade do Estado pode dar-lhe vida". (BRUNETTI, Antonio. *Trattato del Diritto delle Società*, v. II. Milão: A. Giuffré, 1948, p.15, tradução livre).

AS PARTICIPAÇÕES SOCIETÁRIAS ESTATAIS

pois, ao viabilizarem a associação de capitais públicos e privados, deram aos Estados Nacionais o instrumento de que precisavam para realizar sua política de colonização e expansão. Assim, como ensina Trajano Valverde:

> Durante mais de dois séculos, os particulares não puderam constituir companhia ou sociedade anônima sem prévia autorização do Estado. Somente nos fins do século passado, em pleno regime do período liberal, é que o Estado abriu mão, em certos países, do privilégio de autorizar a constituição de companhias ou sociedades por ações, sem, todavia, deixar de fazer a sua reserva quanto às companhias que mais de perto interessavam à economia nacional ou se propunham a estabelecer relações diretas com o público[68].

Fica claro que, desde sua origem, as sociedades por ações serviram ao propósito de permitir a parceria entre o Poder Público e a iniciativa privada no exercício de atividades econômicas de interesse de ambas as partes.

Contudo, com o posterior advento do Estado Liberal, consagrou-se o modelo do *laissez-faire*, fundado na livre iniciativa e crítico da intervenção estatal na ordem econômica e social. Nesse contexto, o Estado deveria abster-se de atuar no mercado como sócio de empresas, limitando-se, em regra, a proteger a propriedade privada e a garantir a manutenção dos contratos. A sociedade por ações passou a ser instrumento por excelência de atuação dos particulares na economia.

Ocorre que tal paradigma, no qual o Estado deveria respeitar a liberdade dos indivíduos e manter uma postura de neutralidade frente às relações privadas, servia, na prática, para a manutenção do *status quo* e para o aprofundamento das desigualdades socioeconômicas existentes[69].

Dessa forma, como expõe Caio Tácito, a sociedade liberal "aprofundou-se em contradições e antagonismos. Os interesses se organizaram

---

[68] VALVERDE, Trajano de Miranda. "Sociedades Anônimas ou Companhias de Economia Mista". Op. cit., p. 418.

[69] "No final do século dezenove e início do século vinte, a neutralidade do *status quo* dominava o pensamento jurídico. Ela incorporava uma concepção penetrante da natureza e do natural. Ela organizava o raciocínio jurídico e as categorias jurídicas. Ela fazia do sistema do "laissez-faire" um requisito constitucional. (...) Essa concepção mais robusta trata o *status quo*, e a existente distribuição de recursos e direitos, como o patamar para decidir o que é partidarismo e o que é neutralidade". (SUNSTEIN, Cass R.. *The Partial Constitution*. Cambridge: Harvard University Press, 1994, p. 40).

em grupos, provocando conflitos intoleráveis com os postulados da ordem democrática. O Poder Público foi convocado a disciplinar e conter a atividade privada (...) A teoria dos regimes políticos se desloca da abstenção para a intervenção"[70].

Realmente, no final do século XIX e início do século XX, as consequências sociais da Revolução Industrial e a progressiva adoção do sufrágio universal[71] levam a Administração Pública a assumir uma série de tarefas na ordem econômica e social. Opera-se uma verdadeira redefinição do papel econômico do Estado que "torna-se instrumento da sociedade para combater a injustiça social, conter o poder abusivo do capital e prestar serviços públicos para a população"[72].

Supera-se, assim, o modelo liberal. O Estado, cada vez mais intervencionista, passa a ser denominado de Estado Social e, ao lado de suas atividades típicas, passa a ter de exercer uma gama de atividades antes reservada à iniciativa privada, notadamente a garantia e prestação de determinados bens e serviços necessários ao atendimento de relevantes interesses da coletividade.

O exercício dessas novas atribuições pela Administração Pública tornou necessário o recurso a diferentes métodos de atuação estatal, aptos a superar os entraves da burocracia tradicional e a dotar o Estado de formas de ação mais flexíveis e dinâmicas[73].

Desse modo, a Administração Pública foi buscar no Direito Privado alguns instrumentos para sua atuação, por considerar que a utilização de institutos[74] e do regime jurídico privado poderia ser a forma mais efi-

---

[70] TÁCITO, Caio. "Evolução Histórica do Direito Administrativo". In: *Revista do Serviço Público*, vol. 66, 1955, p. 537.

[71] "A adoção do sufrágio universal gera uma irreversibilidade da atuação do Estado na ou sobre a vida social e econômica, já que sempre haverá camadas substanciais de eleitores que exigirão que o Estado melhore a sua vida, que muitas vezes não tem como alcançar os níveis de qualidade desejados apenas em razão da livre atuação do mercado". (ARAGÃO, Alexandre Santos de. "Empresa público-privada". In: *Revista dos Tribunais*, Ano 98, v. 890, dez. 2009, p. 35).

[72] BARROSO, Luís Roberto. *Curso de Direito Consitucional Contemporâneo: os conceitos fundamentais e a construção do novo modelo*, 1ª ed., São Paulo: Saraiva, 2009, p. 65.

[73] ESTORNINHO, Maria João. *A fuga para o direito privado: contributo para o estudo da actividade de direito privado da Administração Pública*. Coimbra: Almedina, 2009, p. 39.

[74] Maria Sylvia Di Pietro aponta como exemplos de institutos próprios do Direito Privado e utilizados pela Administração Pública por serem considerados mais adequados para a consecução dos fins estatais as sociedades civis e comerciais, as fundações, os contratos, o pessoal

AS PARTICIPAÇÕES SOCIETÁRIAS ESTATAIS

caz de cumprir suas funções. Assim, o Estado "toma de empréstimo ao direito comercial o modelo das sociedades privadas, predominantemente o da sociedade por ações, como processo de organização flexível, liberto de entraves burocráticos" [75].

Entretanto, a obtenção de participações societárias pela Administração Pública não ocorreu segundo um planejamento econômico prévio ou conforme uma política legislativa deliberada. Pelo contrário, conforme afirma Bilac Pinto acerca da intervenção do Estado no domínio econômico:

> (...) ela teve caráter fragmentário e se foi operando por considerações de oportunidade prática, no curso das vicissitudes de uma longa história. (...) Razões diversas, todas de ordem prática, foram propiciando ao Poder Público o ensejo de associar-se a empresas particulares para o desempenho de certos serviços de natureza comercial ou industrial. A inovação substancial do sistema consistiu em que o Estado passou a associar-se a "empresas privadas" para a realização de seus objetivos. A sociedade comercial, que já se havia revelado um importante instrumento na expansão da economia particular, quer pelas possibilidades de aglutinação de pequenas parcelas de capital, quer pelas novas técnicas de organização e de racionalização do trabalho, que começavam a ser utilizadas, passou, então, a ser adotada pelo Poder Público, mediante variados processos de coparticipação público-privada[76].

Com efeito, para garantir a prestação de serviços públicos cada vez mais reclamados pela população, o Estado, no final do século XIX e início do século XX, recorreu, em um primeiro momento, ao instituto da concessão dos serviços públicos, no qual delega a um particular, por um prazo determinado, a responsabilidade pela prestação dessa atividade. Nesse sistema, as pessoas jurídicas de Direito Público das diversas esferas da Administração Pública concediam as atividades de transporte coletivo, iluminação e gás e ferrovias, por exemplo.

---

sob regime trabalhista e os particulares a serviço do Estado. (DI PIETRO, Maria Sylvia Zanella. *Do Direito Privado na Administração Pública*, São Paulo: Atlas, 1989, p. 10).

[75] TÁCITO, Caio. "Regime Jurídico das Empresas Estatais". In: *Revista de Direito Administrativo*, v. 195, 1994, p. 1.

[76] PINTO, Bilac. "O declínio das sociedades de economia mista e o advento das modernas empresas públicas". In: *Revista de Direito Administrativo*, v. 32, 1953, pp. 2 e 4.

Crescentes exigências sociais foram exigindo a expansão do setor de serviços públicos comerciais e industriais[77], o que tornou necessário ao Poder Público recorrer às empresas privadas para obter os elementos técnicos, a expertise, bem como os recursos necessários à exploração dessas atividades[78]. A essa associação de capitais públicos e privados denominou-se economia mista[79].

Além disso, as próprias limitações do modelo do contrato de concessão de serviço público desgastaram as relações entre o poder concedente e os concessionários, com repercussões graves no desempenho dos serviços[80]. A fim de se garantir a qualidade e a própria continuidade dos serviços públicos, foi necessário que o Estado adquirisse participações, majoritárias ou minoritárias, no capital das sociedades concessionárias[81].

O caso do Brasil não foi diferente, com exceção dos episódios isolados da criação do Banco do Brasil (1808) e da Caixa Econômica (1861), os primórdios da presença do Estado no capital de sociedades empresárias remontam às falhas do modelo de concessão.

---

[77] Ibidem, pp. 3-4.

[78] Theophilo Santos menciona o caso da Alemanha, onde as províncias e comunas associaram-se ao capital privado transformando empresas de gás, eletricidade e ferrovias em sociedades com participação do capital privado e do capital público. Menciona também o caso da Bélgica, onde uma lei de 1889 autorizou as comunas a associarem-se a particulares na exploração de linhas férreas. (SANTOS, Theophilo de Azeredo. *As Sociedades de Economia Mista no Direito Brasileiro*. Op. cit., pp. 9-10).

[79] CHÉRON, Albert. *De l'Actionnariat des Collectivités Publiques*. Paris: Recueil Sirey, 1928, p. 2.

[80] "Realmente, as crises econômicas, pelo fato de provocarem grandes flutuações nos regimes de preços, sempre em ascensão, acabaram por deformar as equações econômicas que comandavam o contrato. (...) A demora com que o poder concedente atendia às reivindicações de reajustamento tarifário e as intermináveis disputas em torno do conceito de amortização do capital pelo custo histórico ou de reprodução vieram deteriorar rapidamente as relações entre concedente e concessionário, com repercussão altamente negativa no desempenho dos serviços." LIMA, Paulo B. de Araújo. *Sociedades de Economia Mista e a Lei das S.A.* Rio de Janeiro: IBMEC, 1980, pp. 22-23.

[81] É o que se chamou, na França, de "economia mista de apoio" (économie mixte de soutien). "Nós assistimos, então, ao desenvolvimento de uma "economia mista de apoio". Foi assim que o Estado adquiriu o controle da *Compagnie Générale Transatlantique* em 1934, pela transformação dos seus créditos em ações (...) Em 1933, foi constituída a Companhia Aérea *Air France*, reagrupando companhias aéreas deficitárias, na qual o Estado detinha apenas uma participação minoritária" (CARTIER-BRESSON, Anémone. *L'État Actionnaire*. Paris: L.G.D.J, 2010, p. 7, tradução livre). Caso semelhante de tomada de participação em concessionárias também ocorreu no Brasil, como veremos mais à frente.

AS PARTICIPAÇÕES SOCIETÁRIAS ESTATAIS

A construção de uma rede de transportes para suporte da economia agrícola e exportadora brasileira, bem como da infraestrutura necessária à prestação de serviços públicos nas crescentes áreas urbanizadas, dependeram de investimentos estrangeiros, em especial britânicos, estadunidenses e canadenses. Contudo, havia uma garantia estatal de uma determinada taxa de retorno sobre esses investimentos. Essa garantia acabou por ser responsável por déficits significativos no orçamento público, a tal ponto que, em determinado momento, tornou-se mais vantajoso estatizar esses empreendimentos[82].

Outra situação ensejadora do aumento da estatização da economia foram as guerras mundiais que impactaram, em especial, os países da Europa. Em um contexto de conflito bélico, foi necessário que o Poder Público garantisse o atendimento das demandas atinentes ao esforço de guerra. Nesse quadro, o Estado assume o controle de diversas empresas, bem como se associa à iniciativa privada em determinados empreendimentos[83]-[84].

A época entre guerras foi, igualmente, propícia ao crescimento da atuação do Estado na economia por conta da crise financeira desencadeada pelo quebra da Bolsa de Nova York em outubro de 1929. A depressão econômica e as tensões políticas e sociais que desencadeou exigiram que a Administração Pública assumisse maiores responsabilidades na condução da eco-

---

[82] Thomas J. Trebat, em seu notável estudo sobre as empresas estatais brasileiras, relata que, em 1930, a União era proprietária de mais da metade das ferrovias do país, de quase todas as linhas de telégrafo e da maioria dos portos. Estados e Municípios também detinham o controle ou participações em ferrovias, companhias de navegação, bancos, portos e em uma série de companhias prestadoras de serviços públicos. Cf: (TREBAT, Thomas J. *Brazil's State--Owned Enterprises: a case study of the State as entrepreneur*, Cambridge: Cambridge University Press, 1983, pp. 40-41).

[83] Apenas na 1ª Guerra Mundial, o Estado alemão tornou-se acionista majoritário de 200 companhias relativas ao esforço de guerra, cf. WENGENROTH, Ulrich. The Rise and Fall of State-Owned Enterprise in Germany. In: TONINELLI, Pier Angelo. (Ed.). *The Rise and Fall of State-Owned Enterprise in the Western World*. Op. cit., p. 109.

[84] A 2ª Guerra Mundial foi um indutor importante da industrialização brasileira, em especial por conta da criação de empresas estatais em setores estratégicos. Desse modo, os chamados Acordos de Washington, assinados entre o Brasil e os Estados Unidos da América a fim de assegurar o alinhamento brasileiro aos norte-americanos no conflito, garantiram financiamento e apoio norte-americanos à criação da Companhia Siderúrgica Nacional (1941), da Companhia Vale do Rio Doce (1942), da Fábrica Nacional de Motores (1942) e da Companhia Nacional de Álcalis (1943). Sobre a relação do Brasil com os Estados Unidos na guerra, cf. A Era Vargas: dos anos 20 a 1945. Disponível em http://cpdoc.fgv.br /producao/dossies/AEra-Vargas1/anos37-45/AGuerraNoBrasil/Negociacao Alinhamen to. Acesso em março de 2013.

A ATUAÇÃO DO ESTADO NA ECONOMIA COMO ACIONISTA MINORITÁRIO

nomia, o que foi feito com a nacionalização de sociedades empresárias em dificuldades financeiras e a criação de empresas estatais[85].

Da mesma forma, o período pós-guerra também foi marcado por um aumento da estatização da economia, tendo em vista a necessidade de apoio público à reconstrução dos países devastados pelas batalhas[86]. Ademais, como consequência dos conflitos, alguns países passaram a deter participações acionárias em sociedades privadas, obtidas a título de compensação ou de expropriação[87].

Podemos afirmar que, nas décadas posteriores à 2ª Guerra Mundial, assiste-se a um movimento intenso de estatização nos países desenvolvidos, em especial, na Europa. Razões político-ideológicas e sociais levaram a crer que a presença de empresas estatais no mercado seria necessária para contrabalancear o poder da iniciativa privada e fortalecer os trabalhadores, além de garantir o pleno emprego, melhorar as condições de vida da população e aperfeiçoar as relações industriais[88].

Cuida-se do auge do Estado do Bem-Estar Social (*Welfare State*), época em que "o Estado assume diretamente alguns papéis econômicos, tanto como condutor do desenvolvimento como outros de cunho distributivista, destinado a atenuar certas distorções do mercado e a amparar os contingentes que ficavam à margem do progresso econômico"[89].

---

[85] Para uma análise mais detalhada da estatização da economia nos países ocidentais ao longo do século XX, inclusive com estudos de casos de diversos países, cf. TONINELLI, Pier Angelo. (Ed.). *The Rise and Fall of State-Owned Enterprise in the Western World*. Op. cit..

[86] PINTO JUNIOR, Mario Engler. *Empresa Estatal:* função econômica e dilemas societários. São Paulo: Atlas, 2010, p. 11.

[87] Anémone Cartier-Bresson dá notícia que, dentre as primeiras participações acionárias de sociedades empresárias detidas pelo Estado francês, encontravam-se propriedades da Alemanha transferidas à França por força do Tratado de Versalhes, a título de compensação pela 1ª Guerra Mundial. (CARTIER-BRESSON, Anémone. *L'État Actionnaire*. Op. cit., p. 7). Na França, também verificou-se a nacionalização de empresas acusadas de colaborar com o regime nazista. Foi o caso, por exemplo, da Renault, nacionalizada pela Ordonnance nº 45-68 du 16 janvier 1945. O Estado brasileiro também expropriou os bens de cidadãos e empresas dos países do Eixo (Alemanha, Itália e Japão) por força do Decreto-Lei nº 4.166/1942, tendo se tornado acionista de diversas sociedades privadas.

[88] TONINELLI, Pier Angelo. The Rise and Fall of Public Enterprise: the framework. In: TONINELLI, Pier Angelo. (Ed.). *The Rise and Fall of State-Owned Enterprise in the Western World*. Op. cit., pp. 5-6.

[89] BARROSO, Luís Roberto. Agências Reguladoras. Constituição, Transformações do Estado e legitimidade democrática. In: *Temas de Direito Constitucional*, t. II, Rio de Janeiro: Renovar, 2003, p. 272.

AS PARTICIPAÇÕES SOCIETÁRIAS ESTATAIS

Em face desses eventos históricos, fica claro que a quantidade de participações do Estado no capital de sociedades empresárias aumentou de forma considerável. O Poder Público, antes tímido na detenção dessas parcelas, agora passa a deter, sem constrangimentos, o controle de diversas empresas.

Trata-se das empresas estatais, mecanismos de intervenção direta do Estado na economia, que, em regra, podem ser de duas espécies: empresas públicas (sociedades que têm como únicos acionistas pessoas jurídicas integrantes da Administração Pública) ou sociedades de economia mista (companhias controladas pelo Estado, mas que contam com a presença de sócios pertencentes à iniciativa privada). Tais companhias integram a Administração Pública indireta[90].

O Estado brasileiro utilizou-se, intensamente, das empresas estatais como ferramenta de desenvolvimento econômico do país. Desde o período da 2ª Guerra Mundial, passando pelo governo nacionalista de Getúlio Vargas nos anos 50[91] e aprofundando-se no regime militar pós-1964[92], assistiu-se à criação de um enorme número de sociedades com o objetivo de exercer atividades industriais e explorar recursos naturais.

Estima-se que, apenas entre 1968 e 1974, no chamado "milagre econômico" brasileiro, tenham sido constituídas 231 empresas estatais no Brasil. Ao final do ano de 1980, o número dessas empresas foi estimado em, aproximadamente, 700, sendo 250 federais, 360 estaduais e 100 municipais[93].

Entretanto, a partir da década de 1970, a presença do Estado na economia, como planejador, empresário e empregador começa a ser intensamente

---

[90] O Estado, a fim de melhor cumprir as suas crescentes funções, passa a utilizar a técnica da descentralização, pela qual transfere para entidades com personalidade jurídica própria o exercício de suas atividades. Essas pessoas jurídicas, embora distintas do Estado, são por ele controladas, sendo integrantes da chamada Administração Pública indireta. Cf. MUKAI, Toshio. *O Direito Administrativo e os Regimes Jurídicos das Empresas Estatais*. Belo Horizonte: Fórum, 2004, pp. 145-147.

[91] Durante esse período foram criadas, por exemplo, a Petrobras (1953) e o BNDES (1952).

[92] Nesse período, o governo militar criou a Telebrás (1972), a Embraer (1969), a Infraero (1972) e a Eletronuclear (1975), por exemplo.

[93] TREBAT, Thomas J. *Brazil's State-Owned Enterprises: a case study of the State as entrepreneur*, op. cit., p. 35.

A ATUAÇÃO DO ESTADO NA ECONOMIA COMO ACIONISTA MINORITÁRIO

questionada, fazendo ruir o consenso existente em torno do modelo do Estado do Bem-Estar Social, que passa a mostrar sinais de esgotamento[94].

O *Welfare State* enfrentou uma grave crise financeira e o setor público empresarial, antes tido como necessário à tutela dos interesses da sociedade, passou a receber a pecha de ineficiente, moroso e politizado[95], sendo apontado como o grande responsável pelo desequilíbrio das finanças públicas. Além disso, no plano externo, o Estado Empresário começou a ser encarado como fator de desestabilização da concorrência internacional, prejudicando o livre-mercado global.

Tendo em vista esses fatores, verificou-se um movimento de desestatização e desregulamentação da economia, capitaneado pelos governos liberais (ou neoliberais) de Thatcher no Reino Unido e de Reagan nos Estados Unidos a partir do final da década de 70 e início dos anos 80.

Esse fenômeno ficou mais conhecido pelo nome de privatização, que, em termos gerais, pode ser definida como o processo de decréscimo da presença do Estado na propriedade e na direção de atividades econômicas[96]. Tratou-se de uma tendência mundial, sendo adotada por diversos países como o Chile, a Suécia, a Espanha, a Itália e a França, por exemplo[97]. O colapso dos regimes socialistas no início dos anos 90 também contribuiu

---

[94] "No entanto, o consenso social-democrático sobre o papel beneficente do Estado positivo – como planejador, produtor direto de bens e serviços e, em última instância, como empregador – começou a desmoronar nos anos 1970. (...) De um país a outro, empresas estatais foram questionadas por não conseguirem atingir nem seus objetivos sociais, nem os econômicos, por sua falta de responsabilização e por sua tendência de serem capturados por políticos e sindicatos (Majone, 1996:11-23) Não importa se essas críticas não são sempre justas ou empiricamente embasadas; o fato é que um número crescente de eleitores foi convencido por elas e se dispôs a apoiar um novo modelo de governança que incluísse a privatização de muitas partes do setor público, mais concorrência em toda a economia, maior ênfase na economia pelo lado da oferta e reformas de longo alcance no Estado do bem-estar". (MAJONE, Giandomenico. "Do Estado Positivo ao Estado Regulador: causas e conseqüências da mudança no modo de governança". In: MATTOS, Paulo Todescan L. (Coord.). *Regulação Econômica e Democracia*. São Paulo: Singular, 2006, pp. 55-56).

[95] BARROSO, Luís Roberto. Agências Reguladoras. Constituição, Transformações do Estado e legitimidade democrática. Op. cit., p. 272.

[96] BELLINI, Nicola. "The Decline of State-Owned Enterprise and the New Foundations of the State-Industry Relationship". In: TONINELLI, Pier Angelo. (Ed.). *The Rise and Fall of State-Owned Enterprise in the Western World*. Op. cit, pp. 25-30.

[97] GUERRA, Sérgio. "Neoempreendedorismo Estatal e os Consórcios com Empresas do Setor Privado". In: MARSHALL, Carla (Org.). *Direito Empresarial Público II*. Rio de Janeiro: Lumen Juris, 2004, p. 66.

AS PARTICIPAÇÕES SOCIETÁRIAS ESTATAIS

para aprofundar o fenômeno, consolidando um consenso político em torno do modelo neoliberal[98].

Tal modelo, a partir do chamado Consenso de Washington, passa a ter sua aplicação estimulada nos países em desenvolvimento, sobretudo da América Latina, por organismos internacionais como o Banco Mundial e o Fundo Monetário Internacional (FMI)[99].

Dessa forma, ocorre uma verdadeira redefinição do papel estatal na economia, havendo a passagem do Estado Empresário ao Estado Regulador[100]. A Administração Pública reduz a sua atividade direta como produtor de bens e serviços em favor da iniciativa privada, passando a intervir na ordem econômica, preferencialmente, por meio da regulação.

O processo de privatização, em sentido estrito, envolve a alienação, pelos entes da Administração Pública, de partes representativas do capital social que assegurem o controle de uma determinada sociedade empresária[101]. Diante disso, há uma nítida redução da participação do Estado no capital de sociedades empresárias.

No Brasil, apesar de se verificarem a transferência de algumas empresas sob controle do Estado para o setor privado já na década de 1980[102],

---

[98] "A performance ruim das economias mistas nos anos 70 e 80, assim como o colapso dos regimes socialistas no início dos anos 90, contribuíram para o reexame do papel econômico do Estado no Ocidente e alhures"(TONINELLI, Pier Angelo. "The rise and fall of public enterprise: the framework" . In: TONINELLI, Pier Angelo. (Org.). *The Rise and Fall of State--Owned Enterprise in the Western World*. Op. cit., p. 4, tradução livre).

[99] PINTO JUNIOR, Mario Engler. *Empresa Estatal: função econômica e dilemas societários*. Op. cit., pp. 43-47.

[100] ARAGÃO, Alexandre Santos de. "O conceito jurídico de regulação da economia". In: *Revista de Direito Mercantil, Industrial, Econômico e Financeiro*, v. 122, 2001, p. 39.

[101] Marcos Juruena afirma que a desestatização é gênero dos quais são espécies a privatização, a concessão, a permissão, a terceirização e a gestão associada de funções públicas. O autor define a privatização como a alienação de direitos que assegurem ao Estado a preponderância nas deliberações sociais e o poder de eleger a maioria dos administradores da sociedade (SOUTO, Marcos Juruena Villela. *Desestatização: privatização, concessões, terceirizações e regulação*. 4ª edição. Rio de Janeiro: Lumen Juris, 2001, p. 30).

[102] Em 1981, o Decreto nº 86.215 constituiu Comissão especial com o fim de limitar a criação de novas empresas estatais e providenciar a transferência para o setor privado das empresas cujo controle estatal não fosse mais necessário ou justificável. A Comissão identificou, inicialmente, 140 empresas aptas a serem alienadas, das quais apenas 20 acabaram sendo transferidas para o setor privado. Ao longo da década de 80, em especial no governo Sarney, outras sociedades foram vendidas, mas tratava-se, na maior parte, de pequenas e médias empresas que estavam sendo reprivatizadas, visto estarem sob controle da União apenas em

A ATUAÇÃO DO ESTADO NA ECONOMIA COMO ACIONISTA MINORITÁRIO

pode-se afirmar que o processo de privatização da economia brasileira teve início no governo Collor, com a criação do Programa Nacional de Desestatização pela Lei nº 8.031, de 12.04.1990.

Tal processo teve continuidade no governo de Itamar Franco (1992-1994) e nos dois mandatos de Fernando Henrique Cardoso (1995-2002), quando foi editada a nova lei de desestatização (Lei nº 9.491, de 09.09.1997). Entre 1990 e 2002, 165 empresas foram privatizadas, gerando uma receita de, aproximadamente, 87 bilhões de dólares[103].

Entretanto, o fenômeno da desestatização começa a perder força no início do século XXI, assistindo-se a uma retomada da intervenção direta do Estado na economia, sobretudo pela ascensão no cenário econômico global de países mais adeptos ao intervencionismo estatal[104].

Nesse contexto, sociedades com participação acionária do Poder Público ou intimamente alinhadas com seus governos nacionais passaram a figurar, cada vez mais, na lista das maiores e mais lucrativas empresas do planeta, competindo de igual para igual com as multinacionais dos países desenvolvidos[105], além de deter parcelas cruciais de recursos estratégicos[106].

O aumento da atuação estatal na economia foi amplificado após a crise financeira de 2008[107], quando, a fim de evitar o colapso da economia, vários

---

virtude de operações de crédito com instituições financeiras federais, tais como o BNDES. Cf. PINHEIRO, Armando Castelar. Privatização no Brasil: Por quê? Até onde? Até quando?. Disponível em http://www.bndes.gov.br/SiteBNDES/export/sites/default/bndes_pt/Galerias/Arquivos/ conhecimento/livro/eco90_05.pdf. Acesso em março de 2013.

[103] LAZZARINI, Sérgio G.. *Capitalismo de Laços: os donos do Brasil e suas conexões*. Op. cit., pp. 17-18.

[104] Estamos nos referindo aqui ao notável aumento da participação na economia mundial de países emergentes mais adeptos da intervenção do Estado na economia, notadamente do chamado grupo dos BRICS (Brasil, Rússia, Índia, China e África do Sul). Entre 2004 e 2008, 117 empresas desses países entraram na lista *Global 2000* da Revista Forbes, enquanto que 239 empresas norte-americanas, inglesas, japonesas e alemãs saíram da lista das maiores empresas do mundo. Além disso, a China passou a ser a segunda maior economia do mundo no lugar do Japão e o maior mercado consumidor de bens de consumo no lugar dos Estados Unidos. (BREMMER, Ian. *O fim do livre mercado: quem vence a guerra entre Estado e corporações?* Op. cit., pp. 29-31).

[105] Ibidem, p. 32.

[106] As empresas estatais controlam mais de três quartos das reservas de petróleo conhecidas no planeta. (New masters of the universe. The Economist. Publicado na edição de 21-27 de jan. 2012, Special Report, p. 6).

[107] Problemas no setor dos créditos de risco ligados à hipoteca (*subprime mortgage*) e a quebra da tradicional instituição financeira norte-americana Lehman Brothers levaram pânico ao

AS PARTICIPAÇÕES SOCIETÁRIAS ESTATAIS

Estados, inclusive aqueles mais adeptos ao sistema de livre-mercado[108], tiveram que adquirir ativos e ações do setor privado.

O colapso econômico foi atribuído, em grande parte, às falhas do processo de desestatização, pondo em cheque a capacidade de o setor privado se autorregular. Em todo mundo, ganhou força a ideia de que a intervenção estatal em determinadas companhias e setores é importante para gerar crescimento e criar empregos.

É o chamado **capitalismo de Estado**[109], modelo que funde as vantagens do poder estatal com as ferramentas do livre-mercado[110]. Trata-se de a Administração Pública aprendendo a usar as ferramentas de mercado em seu próprio benefício, abraçando a globalização, o mercado de capitais e a internacionalização de empresas a fim de auferir o maior retorno possível, sob a forma de lucros e desenvolvimento econômico e social.

O Estado passa a utilizar-se de vários instrumentos para atuar na ordem econômica, tais como "empresas estatais, bancos de desenvolvimento, fundos de pensão públicos, fundos soberanos, dentre outros veículos de capital governamental (...)"[111]. Evidencia-se, portanto, um verdadeiro reposicionamento estatal na economia.

---

sistema financeiro mundial. Após a queda de 500 pontos da Bolsa de Valores de Nova York, em efeito dominó, uma série de instituições financeiras declarou-se em graves dificuldades, o que exigiu a atuação do Banco Central norte-americano (*Federal Reserve*) (KAHAN, Marcel; ROCK, Edward B.. "When the Government is the Controlling Shareholder". In: *Texas Law Review*, Volume 89:1293, 2011, pp. 1308-1309).

[108] Foi o caso, por exemplo, de Estados Unidos e Reino Unido, berços do neoliberalismo. Os EUA editaram o *"Emergency Economic Stabilization Act of 2008"* (EESA), autorizando gastos governamentais da ordem de 700 bilhões de dólares. Diante disso, o governo dos EUA passou a deter participações acionárias em diversas companhias, tais como a *General Motors (GM)* e o *Citigroup*. O Reino Unido estabeleceu o *Strategic Investment Fund*, para dar suporte à inovação e garantir empregos em solo britânico.

[109] Aldo Musacchio e Sérgio Lazzarini definem capitalismo de estado como "a influência difundida do governo na economia, seja pela propriedade majoritária ou minoritária de posições acionárias em companhias ou por meio de provisões de créditos subsidiados e/ou outros privilégios para companhias privadas." (MUSACCHIO, Aldo; LAZZARINI, Sérgio G.. Leviathan in Business: Varieties of State Capitalism and Their Implications for Economic Performance, op. cit., pp. 3-4, tradução livre)."

[110] The Visible Hand. The Economist. Publicado na edição de 21-27 de jan. 2012, Special Report, p. 2.

[111] MUSACCHIO, Aldo; LAZZARINI, Sérgio G.. Leviathan in Business: Varieties of State Capitalism and Their Implications for Economic Performance, op. cit., p. 2.

A ATUAÇÃO DO ESTADO NA ECONOMIA COMO ACIONISTA MINORITÁRIO

O Brasil não ficou imune a essa nova onda de estatização. A crise financeira de 2008 deu apenas mais argumentos aos críticos do modelo neoliberal adotado na década de 90, fortalecendo a defesa de uma atuação estatal mais incisiva no mercado.

Na verdade, desde 2003, com a chegada ao governo do Presidente Luiz Inácio Lula da Silva, do esquerdista Partido dos Trabalhadores (PT), o Brasil, embora não tenha seguido o exemplo de outros governos de esquerda da América Latina (que realizaram nacionalizações e reestatizaram setores inteiros da economia[112]), tem aprofundado[113] a intervenção estatal na ordem econômica.

Exemplo claro dessa tendência é o aumento do número de empresas estatais no Brasil verificado nos dois governos do Presidente Lula (2003-2010) e no atual governo da Presidente Dilma Roussef. De janeiro de 2003 até setembro de 2012, foi aprovada a criação de 11 empresas públicas ou sociedades de economia mista[114], além de terem sido estabelecidas um número bem maior de sociedades subsidiárias dessas entidades[115].

Além disso, o Estado tem se valido de uma política industrial atuante, dando apoio a determinadas empresas e setores por meio de subsídios, financiamentos e pela aquisição de participações societárias minoritárias[116].

---

[112] A título de exemplo, o governo de Evo Morales na Bolívia nacionalizou os hidrocarbonetos em 2006 por meio do Decreto Supremo nº 28701, de 01.05.2006. Em 2012, pelo Decreto nº 530, de 16.04.2012, a Argentina reestatizou a YPF S.A., empresa pertencente à companhia espanhola Repsol e que tinha sido privatizada em 1999.

[113] Falamos em "aprofundamento" porque estudos mais recentes demonstram que, mesmo após a adoção do modelo neoliberal no Brasil na década de 90, com as desestatizações, a abertura ao capital estrangeiro e o desenvolvimento do mercado de capitais nacional, o governo, diferentemente do que ensina a sabedoria convencional, não só preservou, como aumentou seu papel de centralidade na economia. Isso ocorre, principalmente, pelo uso de novas ferramentas, como os bancos públicos e os fundos de pensão das empresas estatais. Confira-se o notável trabalho de Sérgio Lazzarini (LAZZARINI, Sérgio G.. *Capitalismo de Laços: os donos do Brasil e suas conexões*. Op. cit.)

[114] Informações fornecidas pelo Ministério do Planejamento, Orçamento e Gestão por meio do Serviço de Informação ao Cidadão (SIC).

[115] O jornal O Globo informa que só a Petrobras criou 40 empresas subsidiárias durante o governo Lula. PT reforça Estado na economia e cria 40 estatais. Jornal O Globo. Publicado em 30 out. 2011, p. 41.

[116] Lazzarini e Musacchio batizaram de "Leviatã como acionista minoritário" o modelo no qual o Estado, ao invés de criar empresas estatais, adquire participações acionárias em empresas privadas, passando a deter razoável influência sobre as mesmas. Esse tipo de associação entre capitais públicos e privados minimizaria os defeitos clássicos das empresas estatais, quais

AS PARTICIPAÇÕES SOCIETÁRIAS ESTATAIS

É um modelo denominado de **novo desenvolvimentismo**[117] ou **novo ativismo estatal**[118], em que, diferentemente da mera exploração direta da atividade econômica, o Estado dá preferência às parcerias público-privadas. Vislumbra-se, assim, o uso de novas ferramentas pelas quais a Administração Pública assume riscos juntamente com a iniciativa privada no apoio à tecnologia, à inovação, à atuação no mercado de capitais e à internacionalização das empresas brasileiras[119].

Diante desse contexto, observa-se um aumento significativo da posição do Estado como detentor de participações no capital de sociedades empresárias. São essas participações que analisaremos a seguir.

2.2 Conceito

Participação é a ação de participar, intervir ou tomar parte em alguma coisa. Implica também a existência de uma totalidade que é partilhada em várias frações. Desse modo, participação também designa a própria cota, quinhão, ou parcela de um todo que foi dividido.

Conforme já expusemos, a fórmula capitalista concebida para a melhor exploração da atividade econômica foi a criação de sociedades empresárias, pessoas jurídicas constituídas pela união de duas ou mais pessoas que

---

sejam, o excesso de burocracia e influência política (MUSACCHIO, Aldo; LAZZARINI, Sérgio G.. Leviathan in Business: Varieties of State Capitalism and Their Implications for Economic Performance, op. cit. e MUSACCHIO, Aldo; LAZZARINI, Sérgio G.. Leviathan as a Minority Shareholder: A Study of Equity Purchases by the Brazilian National Development Bank (BNDES), 1995-2003 (Nov. 2010). Disponível em: http://papers.ssrn.com/sol3/papers.cfm?abstract_id=1745081. Acesso em março de 2013).

[117] TRUBEK, David M.. Developmental States and the Legal Order: Towards a New Political Economy of Development and Law (Oct. 2010). Disponível em: http://www.law.wisc.edu/gls/documents/ developmental_states_legal_order_2010_trubek.pdf. Acesso em março de 2013.

[118] ARBIX, Glauco; MARTIN, Scott B.. Beyond Developmentalism and Market Fundamentalism in Brazil: Inclusionary State Activism without Statism (Mar. 2010). Disponível em: http://www.law.wisc.edu/gls/documents/paper_arbix.pdf. Acesso em setembro de 2012.

[119] Entre essas ferramentas são apontadas subsídios e a participação acionária do Estado (*private equity*), inclusive na modalidade de *venture* e *seed capital*, na qual se investe em empresas inovadoras e nascentes, com grande risco de perda, mas com possibilidades atrativas de retorno. COUTINHO, Diogo Rosenthal; MATTOS, Paulo Todescan Lessa. LANDS- Law and the New Developmental State. Disponível em: http://www.cebrap.org.br/v2/researches/view/271. Acesso em março de 2013.

combinam seus esforços e recursos para a produção de bens e prestação de serviços com vistas ao lucro.

A fim de viabilizar a cooperação de mais de um indivíduo na formação dessas pessoas coletivas e permitir que esses gozem dos direitos decorrentes do exercício da empresa, dividiu-se o capital das sociedades em partes, as quais são atribuídas a cada pessoa conforme o seu grau de contribuição. Essas partes são denominadas cotas, ações ou participações.

Tais participações, conforme leciona a doutrina comercialista, possuem um conceito tríplice, podendo significar: as frações em que se dividem o capital social, os direitos decorrentes da detenção dessas parcelas e os títulos ou documentos representativos desses direitos[120].

Trata-se de conceito que pode ser entendido em sentido amplo ou em sentido estrito. O direito português adota definição ampla, sendo as "participações sociais do sector público" definidas pela doutrina como o conjunto de títulos representativos de participação no capital de sociedades privadas que se encontram sob titularidade da Administração[121]. No âmbito normativo, o Decreto-Lei nº 285/77 considera como "participações do sector público no capital de sociedades quaisquer acções ou quotas de capital detidas pelo Estado".

Por outro lado, a doutrina francesa emprega o termo participação financeira (*participation financière*) de forma estrita, entendendo que ela envolve não somente a detenção de parte do capital social, mas exige, também, a participação na gestão da sociedade.

Nesse sentido, Paul Reuter conceitua a participação financeira como "a operação que dá o direito a uma coletividade pública de participar na gestão de uma sociedade anônima"[122].Essa definição exclui do conceito de participação a propriedade de ações ou cotas pelo Estado para fins de investimento (*placement*), na qual se buscam interesses de ordem financeira, sem pretensão de intervir na gestão da empresa[123].

---

[120] Por todos, cf. BATALHA, Wilson de Souza Campos. *Sociedades Anônimas e Mercados de Capitais*, v. 1. Op. cit., p. 227. No mesmo sentido, cf. REQUIÃO, Rubens. *Comentários à Lei das Sociedades Anônimas*, v. 1. São Paulo: Saraiva, 1980, pp. 99-100.

[121] MONCADA, Luís S. Cabral de. *Direito Econômico*. Op. cit., pp. 390-391.

[122] REUTER, Paul. *Les Participations financières: la societé anonyme au service des collectivités publiques*. Paris: Recueil Sirey, 1936, p. 14, tradução livre.

[123] Ibidem, pp. 16-17.

AS PARTICIPAÇÕES SOCIETÁRIAS ESTATAIS

Anémone Cartier-Bresson aponta que, no direito societário francês, a noção de participação designa a detenção durável de ações com vistas a influenciar a direção da empresa, além de se referir ao vínculo que une o acionista à sociedade anônima. A autora também ressalta que o termo "participação estatal", em sentido restritíssimo, pode ser empregado para designar apenas as participações minoritárias do Poder Público[124].

No Brasil, as participações societárias estatais aproximam-se do sentido que lhes é dado em Portugal, ou seja, referem-se a todas as ações, cotas ou parcelas, tituladas pela Administração Pública, representativas do capital de sociedades empresárias. É nesse sentido, por exemplo, que a já citada Lei nº 8.031/1990, criadora do Programa Nacional de Desestatização, refere-se às "participações acionárias das empresas" da União e da Administração indireta que deveriam ser depositadas no Fundo Nacional de Desestatização (art. 10).

Além disso, o Decreto nº 6.021, de 22.01.2007, que "Cria a Comissão Interministerial de Governança Corporativa e de Administração de Participações Societárias da União - CGPAR, e dá outras providências", define, expressamente, as "participações" como os "direitos da União decorrentes da propriedade, direta ou indireta, do total ou de parcela do capital de sociedades".

Portanto, nota-se que o direito brasileiro entende o termo "participações" em sentido *lato*, empregando a expressão tanto para as participações majoritárias quanto para as minoritárias, além de não fazer qualquer exigência de intervenção na gestão da companhia participada.

2.3 A função acionista do Estado e a administração das participações estatais

A função acionista do Estado refere-se ao "exercício por parte de entidades públicas do poder de, utilizando meios típicos de Direito Privado, participarem no capital social de entidades privadas"[125]. O uso da expressão "Estado acionista", embora comum no início de século XX, acabou sendo

---

[124] CARTIER-BRESSON, Anémone. *L'Ètat Actionnaire*. Op. cit., p. 43.

[125] OTERO, Paulo. *Vinculação e Liberdade de Conformação Jurídica do Sector Empresarial do Estado*. Op. cit., p. 90.

A ATUAÇÃO DO ESTADO NA ECONOMIA COMO ACIONISTA MINORITÁRIO

deixado de lado em prol do "Estado empresário". Só recentemente o termo teve seu prestígio recuperado[126].

Nessa perspectiva, as participações acionárias públicas são encaradas não como um instrumento de intervenção estatal na economia, mas sim sob uma ótica essencialmente patrimonial. Afinal, percebeu-se que o Poder Público, na qualidade de titular de ações ou cotas de sociedades empresárias, não age somente como Estado-poder[127], revestido por lei da competência de atuar na ordem econômica para a consecução do interesse público. Ele também atua como mero Estado-acionista, situação em que as preocupações estatais não se diferenciam muito daquelas possuídas pelo setor privado.

Desse modo, o Estado deve realizar uma série de atividades que decorrem, simplesmente, do seu *status* de proprietário de parcelas do capital de sociedades empresárias. Estamos nos referindo à própria gestão do portfólio de participações da Administração Pública, que envolve a adoção de práticas de governança corporativa, típicas do Direito Privado, tais como o exercício de direitos de voto em assembleias, a participação nos conselhos de administração e fiscal, a fiscalização dos atos dos dirigentes da companhia etc.

Destarte, o Poder Público, no desempenho de seus direitos de acionista, faz uso dos instrumentos de Direito Societário com o objetivo de maximizar a atuação das empresas em que participa e de proteger seus interesses. Para isso, é necessária a adoção de um modelo eficiente de exercício da propriedade estatal.

A Organização para a Cooperação e Desenvolvimento Econômico (OCDE) lista três modelos de organização da propriedade acionária pública: a) o descentralizado ou setorial, em que um ministro setorial é responsável pela coordenação e articulação de todas as participações societárias de um determinado setor; b) o dual, em que o controle das participações é dividido entre os ministérios setoriais e um ministro responsável pela gestão de todo o portfólio estatal e c) o modelo centralizado, caracte-

---

[126] CARTIER-BRESSON, Anémone. *L'État Actionnaire*. Op. cit., pp. 1-5.

[127] Eros Grau diferencia a atuação do Estado-acionista do Estado-poder, afirmando que, nesse último caso, o Estado não atua "em igualdade de condições com os acionistas privados da sociedade", mas "em posição privilegiada em confronto com os acionistas privados". (GRAU, Eros Roberto. "Lucratividade e função social nas empresas sob controle do Estado". In: *Revista de Direito Mercantil, Industrial, Econômico e Financeiro*, n. 55, 1984, p. 38).

rizado por uma forte centralização da função acionista do Estado nas mãos de um único ministério ou de uma agência especializada[128].

Não obstante eventuais vantagens decorrentes da gestão setorizada dessas participações, como a especialização temática, a OCDE entende que o modelo mais recomendado é o terceiro, tendo em vista que a centralização permite um melhor controle dos ativos públicos, evita a falta de coerência na atuação estatal e permite uma separação mais adequada das funções de proprietário e regulador[129].

No Brasil, as participações societárias da União estão distribuídas entre diversos órgãos e pessoas jurídicas da Administração indireta, tais como autarquias, empresas públicas, sociedades de economia mista e fundações públicas. Dessa maneira, esses ativos se encontram debaixo de um controle do tipo setorial, como é o caso da supervisão ministerial exercida sobre as empresas controladas pelo Estado, nos termos dos artigos 19 a 28 do Decreto-Lei nº 200, de 25.02.1967.

Entretanto, tentando alinhar-se às melhores práticas de governança da propriedade pública, o Brasil adotou o modelo dual, no qual a administração setorizada das participações convive com a centralização da função acionista do Estado no âmbito da Secretaria do Tesouro Nacional, a quem cabe "controlar os valores mobiliários representativos de participação societária da União em empresas públicas, sociedades de economia mista e quaisquer outras entidades, bem como os respectivos rendimentos e os direitos inerentes a esses valores" (art. 2º, V, do Decreto nº 92.452, de 10.03.1986).

Igualmente, a criação da já referida Comissão Interministerial de Governança Corporativa e de Administração de Participações Societárias da União (CGPAR), em 2007, formada pelos Ministros da Fazenda, da Casa Civil e do Planejamento, insere-se na preocupação do governo em concentrar a gestão desses haveres, possibilitando que o Poder Público exerça de forma mais responsável as suas obrigações de proprietário.

---

[128] OECD. Corporate governance of state-owned assets in OECD countries. Disponível em http://www.planejamento.gov.br/secretarias/upload/Arquivos/dest/080707_GEST_SemInter_corporate.pdf. Acesso em março de 2013.

[129] FONTES FILHO, Joaquim Rubens e PICOLIN, Lídice Meireles. Governança corporativa em empresas estatais: avanços, propostas e limitações. In: *Revista de Administração Pública*, vol. 42, nº 6, 2008. Disponível em http://www.scielo.br/scielo.php?pid=S0034-76122008000600007&script=sci_arttext. Acesso em março de 2013.

A ATUAÇÃO DO ESTADO NA ECONOMIA COMO ACIONISTA MINORITÁRIO

Ressalte-se, no entanto, que o reconhecimento da função proprietária ou acionista da Administração Pública não quer dizer, de forma alguma, que se admita uma atuação estatal, enquanto titular de participações societárias, desvinculada do interesse público[130]. Afinal, qualquer ação do Estado só pode ser juridicamente legitimada se estiver dirigida para a consecução dos fins constitucionalmente previstos.

Nesse sentido, ao se afirmar que, em relação às participações acionárias de sua titularidade, o Estado deve observar as mesmas regras e práticas de governança utilizadas pelo setor privado, não se está afastando o múnus público que permeia toda a atividade estatal.

Pelo contrário, trata-se, apenas, de remarcar que a gestão eficiente dos ativos públicos não prescinde da utilização das ferramentas do Direito Societário. Não é o caso de uma "fuga do direito público"[131], mas sim de recurso a novos métodos de atuação estatal, aptos a superar os entraves da burocracia tradicional e a dotar o Estado de formas de ação mais flexíveis e dinâmicas.

Em razão disso, entende-se que o uso de figuras de Direito Privado pelo Estado acionista, a rigor, não se configura como prerrogativa do Poder Público, e sim se revela como verdadeira obrigação em face do princípio da eficiência, o qual "impõe à Administração que atue de forma a produzir resultados favoráveis à consecução dos fins que cabem ao Estado alcançar"[132].

---

[130] O termo interesse público, embora sendo um conceito jurídico indeterminado, abarca interesses privados e coletivos tutelados pela Constituição. Trata-se, assim, de um conjunto de interesses gerais cometidos pela sociedade ao Estado e que se tornam verdadeiras metas e diretrizes vinculantes para a Administração. Cf. (BINENBOJM, Gustavo. *Uma teoria do direito administrativo*. Rio de Janeiro: Renovar, 2006, pp. 104-105).

[131] A doutrina tem tratado do fenômeno da "fuga" da Administração Pública do Direito Público para o Direito Privado. Trata-se da tentativa de desvincular a atuação administrativa das constrições típicas de Direito Público. Citando extensa doutrina nesse sentido, cf. ESTORNINHO, Maria João. *A fuga para o direito privado: contributo para o estudo da actividade de direito privado da Administração Pública*. Op. cit., pp. 125-130..

[132] ARAGÃO, Alexandre Santos de. Interpretação Consequencialista e Análise Econômica do Direito Público à Luz dos Princípios Constitucionais da Eficiência e da Economicidade. In: SOUZA NETO, Cláudio Pereira de; SARMENTO, Daniel e BINENBOJM, Gustavo (Coords.). *Vinte Anos da Constituição Federal de 1988*. Rio de Janeiro: Lumen Juris, 2009, p. 301.

2.4 Classificações das participações

A participação do Estado no capital social de sociedades empresárias pode se dar de diversas formas. Apontaremos algumas dessas classificações, tendo em vista que delas decorrem consequências jurídicas relevantes.

2.4.1 Participações Intencionais vs. Participações Acidentais

Existem diversas formas pelas quais o Estado pode passar a ser detentor de parcelas do capital social de sociedades empresárias. Tendo isso em conta, importa, em primeiro lugar, distinguir as participações estatais quanto à sua forma de aquisição ao patrimônio público, visto que daí decorre consequência jurídica relevante.

A Administração Pública pode tornar-se acionista de uma sociedade de forma intencional ou de forma acidental. Intencionalmente, ela vai apropriar-se de participações societárias como forma de intervenção na ordem econômica, podendo, para isso, valer-se de meios de Direito Público ou de Direito Privado.

Dessa forma, o Estado pode criar empresas estatais, bem como pode desapropriar ações de sociedades privadas, procedendo a uma verdadeira nacionalização[133]. Por outro lado, também é possível o uso estatal de instrumentos característicos do Direito Privado, como o contrato de compra e venda. Em todos esses casos, estamos diante de uma decisão do Poder Público de atuar no domínio econômico.

Ao revés, existem várias situações em que o Estado se vê proprietário de participações societárias por razões fortuitas ou acidentais, como por exemplo, doações, heranças jacentes e execuções judiciais. Nessas hipóteses, a propriedade acionária estatal não decorre de uma decisão deliberada de política econômica, mas, pelo contrário, de ações e circunstâncias não controláveis pela Administração.

---

[133] Caio Tácito afirma que a expropriação da maioria do capital de uma sociedade privada desqualifica a natureza privada dessa companhia, tornando-a verdadeira sociedade de economia mista. A desapropriação constituiria, então, "penetração coativa do Estado na comunidade societária privada", tornando-se instrumento das chamadas nacionalizações. (TÁCITO, Caio. "Desapropriação de ações no direito brasileiro". In: *Revista de Direito Público*, n. 37/38, 1976, pp. 7-18).

A diferença entre participação contingencial e deliberada traz uma consequência jurídica importante, pois o Estado só pode adquirir intencionalmente participações acionárias se estiver autorizado por lei. Nesse sentido, o Decreto-Lei nº 200/1967, lei orgânica da Administração Pública federal, exige a autorização legal para a constituição de empresas públicas e sociedades de economia mista (artigo 5º, II e III). Da mesma forma, a Constituição da República de 1988 requer a chancela legislativa para a criação de empresas estatais ou para a participação no capital de sociedades privadas (artigo 37, XIX e XX, CF).

Na verdade, mesmo antes dessas disposições normativas expressas, a doutrina, brasileira e estrangeira[134], já se posicionava no sentido de que as participações do Poder Público em sociedades comerciais, por envolverem "aplicação e movimentação de bens e dinheiros públicos"[135], requeriam a especial autorização do Poder Legislativo.

Ademais, a necessidade de permissão legislativa para a aquisição de participações financeiras também está ligada ao controle do tamanho do Estado na economia, que está sujeito a limitações constitucionais, em razão do princípio da livre iniciativa[136].

Em contrapartida, a Administração Pública não precisa de autorização legal específica para a aquisição de participações acidentais ou fortuitas. Afinal, não se cuida de aplicação de recursos públicos nem de intervenção estatal na economia, mas sim da mera obtenção de parcelas do capital social de sociedades empresárias por diferentes razões.

Nesse contexto, essas participações contingenciais vão ser adquiridas pelo Estado com base em normas ordinárias aplicáveis à sua atuação, como,

---

[134] Paul Reuter, em 1936, já afirmava que parece ser necessário que toda participação financeira pública tenha por base um ato de disposição legislativa, até porque estava envolvida a disposição de bens ou fundos das coletividades públicas. REUTER, Paul. *Les Participations financières: la societé anonyme au service des collectivités publiques.* Op. cit., pp. 82 e 85.

[135] VALADÃO, Haroldo. "Sociedade de economia mista – Atividades Industriais e Comerciais do Estado". In: *Revista de Direito Administrativo*, v. 48, 1957, p. 542.

[136] Nesse sentido, o Parecer L-54, de 21.07.1977, elaborado pelo Consultor-Geral da República e aprovado pelo Presidente da República, afirma que "ao sujeitar a disposições legislativas a participação acionária das companhias mistas em outra sociedade, quis o legislador conter, mesmo em atenção aos princípios constitucionais, o espraiamento incoercível de participações estatais no campo econômico ou financeiro, reservado, em princípio, em nosso regime político-social, à iniciativa privada".

AS PARTICIPAÇÕES SOCIETÁRIAS ESTATAIS

por exemplo, as regras de sucessão previstas no Código Civil[137] ou o procedimento de execução da dívida ativa da Fazenda Pública[138].

2.4.2 Participações Permanentes vs. Participações Não Permanentes

Outra distinção fundamental entre as participações estatais é aquela que as divide em permanentes e transitórias. Em regra, as participações intencionais ou deliberadas identificam-se com as permanentes e as participações contingenciais ou acidentais apresentam a característica da transitoriedade. Contudo, nem sempre é assim, em especial no que tange às participações fortuitas.

Isso porque muitas das participações financeiras do Estado, embora incorporadas de modo acidental, assumem um caráter de continuidade, ou seja, acabam compondo, indefinidamente, o portfólio estatal. Ocorre que, a permanência desses ativos no patrimônio público acaba por atrair a aplicação de um regime jurídico diferenciado, atinente à maior necessidade de controle administrativo.

Em Portugal, por exemplo, o Regime Jurídico do Sector Público Empresarial, aprovado pelo Decreto-Lei nº 133, de 03.10.2013, faz diferenciação expressa entre as participações permanentes e não permanentes, conceituando as primeiras como aquelas que durem mais de um ano e as que não tenham objetivos exclusivamente financeiros, buscando influenciar a orientação ou a gestão da empresa. Ao revés, as participações não permanentes são as que a Administração Pública possui por razões meramente financeiras, desde que não ultrapasse o prazo de um ano (artigo 7º, nº 2).

As sociedades empresárias que tenham uma participação permanente do Poder Público, sem que esse chegue a deter o controle da empresa, são classificadas como empresas participadas, integrantes do setor público empresarial. Essas empresas participadas, embora sujeitas ao mesmo regime jurídico aplicável ao setor privado, submetem-se a normas relativas ao controle dos ativos públicos, tais como o registro na Direcção-Geral

---

[137] Art. 1.822. A declaração de vacância da herança não prejudicará os herdeiros que legalmente se habilitarem; mas, decorridos cinco anos da abertura da sucessão, os bens arrecadados passarão ao domínio do Município ou do Distrito Federal, se localizados nas respectivas circunscrições, incorporando-se ao domínio da União quando situados em território federal.

[138] A Lei nº 6.830, de 22.09.1980 disciplina a cobrança judicial da dívida ativa da Fazenda Pública, prevendo a possibilidade de penhora de ações (artigo 11).

A ATUAÇÃO DO ESTADO NA ECONOMIA COMO ACIONISTA MINORITÁRIO

do Tesouro e Finanças e a submissão dos representantes estatais nos órgãos de direção ao estatuto dos gestores públicos[139].

Da mesma forma, o direito brasileiro também discrimina as participações permanentes das transitórias, embora não de forma expressa. Como já expusemos, é possível que, por várias contingências, a Administração Pública se veja como proprietária de participações financeiras, inclusive daquelas aptas a garantirem o controle da sociedade pelo Estado.

No entanto, as sociedades empresárias controladas de forma estável e permanente pelo Poder Público encontram-se sujeitas a um regime jurídico híbrido[140] que, embora semelhante àquele incidente sobre as empresas privadas, comporta várias derrogações de Direito Público, como, por exemplo, a observância dos princípios gerais da Administração Pública previstos no artigo 37, *caput*, CF, a realização de concurso público (artigo 37, II, CF) e o controle do Tribunal de Contas da União (artigo 70, *caput*, CF).

Por outro lado, a detenção, pelo Estado, do controle de uma determinada sociedade em razão de causas transitórias, não tem o condão de atrair para ela o regime jurídico das empresas estatais, desde que essas participações societárias sejam alienadas em prazo razoável.

---

[139] Artigo 8º. Empresas participadas por entidades dos sectores estadual, regional e local. (...) 2 - Sem prejuízo do disposto no número seguinte, a integração das empresas participadas no sector empresarial do Estado aplica-se apenas à respectiva participação pública, designadamente no que se refere ao seu registo e controlo, bem como ao exercício dos direitos de acionista, cujo conteúdo deve levar em consideração os princípios decorrentes do presente decreto-lei e demais legislação aplicável. 3 - Os membros dos órgãos de administração das empresas participadas, designados ou propostos pelas entidades públicas titulares da respetiva participação social, ficam sujeitos ao regime jurídico aplicável aos gestores públicos, nos termos do respetivo estatuto.

[140] A doutrina tradicional posiciona-se no sentido de que as sociedades controladas pelo Estado, mesmo que de forma permanente, tendo em vista não terem sido criadas por lei, não são empresas públicas, nem sociedades de economia mista, sendo, formalmente, empresas privadas, sujeitas ao regime comum das sociedades anônimas. Por todos, cf. PENTEADO, Mauro Rodrigues. "As sociedades de economia mista e as empresas estatais perante a Constituição de 1988". In: *Revista de Informação Legislativa*, v. 26, n. 102, 1989, p. 50. Contudo, a doutrina mais moderna, à luz da nova ordem constitucional inaugurada em 1988, posiciona-se em defesa da submissão das empresas controladas pelo Poder Público ao mesmo regime jurídico reservado para as empresas públicas e sociedades de economia mista. Cf. JUSTEN FILHO, Marçal. *Curso de Direito Administrativo*, 6ª ed., Belo Horizonte: Fórum, 2010, pp. 264 e 281.

Nesse sentido, andou bem o Anteprojeto da Nova Lei Orgânica da Administração Pública Federal, elaborado por Comissão de juristas[141] constituída pelo Ministério do Planejamento, Orçamento e Gestão por meio da Portaria nº 426/2007, ao dispor que:

> Art. 15. (...)
>
> § 2º. A empresa cujo controle seja assumido por entidade ou entidades estatais **mediante doação, dação em pagamento, herança ou legado ou em decorrência de crédito público** constituirá ativo a ser alienado, salvo expressa disposição legislativa, ficando submetida ao regime das empresas estatais ao fim do exercício subsequente ao da assunção do controle. (grifamos)

A exposição de motivos da Nova Lei Orgânica justifica esses dispositivos da seguinte forma: "Com essas normas, evita-se que o Estado detenha o controle de empresa que fique indefinidamente fora do regime jurídico das entidades da administração indireta, com grave risco à moralidade administrativa".

Independentemente da aprovação do referido anteprojeto, o princípio da moralidade, o princípio da livre iniciativa e os demais limites à atuação estatal na economia já são suficientes para assegurar a incidência do regime jurídico das empresas estatais para as sociedades controladas de forma permanente pelo Poder Público.

2.4.3 Participações públicas majoritárias

Participação majoritária é aquela referente à maior parte do capital social de uma sociedade. Geralmente, ela implica o controle dessa companhia, tendo em vista que, no direito societário brasileiro, o controle é assegurado pela titularidade de direitos de sócio que garantam, de modo per-

---

[141] O anteprojeto de normas gerais sobre a Administração Pública direta e indireta, as entidades paraestatais e as de colaboração foi elaborado pela comissão formada por Almiro Couto e Silva, Carlos Ari Sundfeld, Floriano de Azevedo Marques Neto, Maria Coeli Simões Pires, Maria Sylvia Zanella Di Pietro, Paulo Eduardo Garrido Modesto e Sérgio de Andréa Ferreira, nomeados pelo Ministério do Planejamento, Orçamento e Gestão. O trabalho da comissão foi apresentado em 2009 e foi submetido à consulta pública. Infelizmente, até o momento, não há perspectiva de apreciação e aprovação do projeto.

A ATUAÇÃO DO ESTADO NA ECONOMIA COMO ACIONISTA MINORITÁRIO

manente, a preponderância nas deliberações e o poder de eleger a maioria dos administradores[142-143].

2.4.3.1 As empresas públicas e as sociedades de economia mista

Com a finalidade de descentralização de suas atividades, o Estado, por vezes, participa de forma majoritária do capital de sociedades empresárias, o que dá origem, em regra, às chamadas empresas públicas e sociedades de economia mista. Criam-se, assim, entidades que, embora com personalidade jurídica própria, não deixam de integrar a Administração Pública. Essas empresas estatais são instrumentos de atuação direta do Estado na economia, prestando-se tanto ao exercício de atividades econômicas *stricto sensu* quanto à prestação de serviços públicos[144].

[142] O artigo 116, da Lei nº 6.404, de 15.12.1976 (Lei de Sociedades por Ações) estabelece que: Art. 116. Entende-se por acionista controlador a pessoa, natural ou jurídica, ou o grupo de pessoas vinculadas por acordo de voto, ou sob controle comum, que:
a) é titular de direitos de sócio que lhe assegurem, de modo permanente, a maioria dos votos nas deliberações da assembléia-geral e o poder de eleger a maioria dos administradores da companhia; e
b) usa efetivamente seu poder para dirigir as atividades sociais e orientar o funcionamento dos órgãos da companhia.

[143] Contudo, nem sempre a participação majoritária garante o controle, pois, o artigo 116, da Lei de Sociedade por Ações, além de estabelecer que o controle é assegurado pela titularidade de direitos de sócio que garantam a preponderância nas deliberações e o poder de eleger a maioria dos administradores, refere-se ao uso efetivo do poder de dirigir as atividades sociais e orientar o funcionamento dos órgãos da companhia. Trata-se de conceito eminentemente fático, sendo plenamente possível que, devido a abstenção ou ausência de acionistas majoritários, um acionista minoritário detenha o poder de controle da sociedade. Sobre a existência de controle minoritário no Direito Societário brasileiro, Fábio Konder Comparato e Calixto Salomão Filho declaram: "A existência de um controle minoritário está implicitamente reconhecida na lei, ao fixar as regras de quórum e maioria no funcionamento da assembleia geral. A norma geral é que a reunião se instala, em primeira convocação, com a presença de acionistas que representem no mínimo um quarto do capital social com direito de voto – que normalmente pode constituir apenas metade do capital social (Lei nº 6.404, art. 15, § 2º), salvo exceções – e, em segunda convocação, com qualquer número (art. 125). (...) Teoricamente, portanto, um só acionista, detentor de uma única ação, pode constituir a assembleia" (COMPARATO, Fábio Konder. e SALOMÃO FILHO, Calixto. *O Poder de Controle na Sociedade Anônima*. Rio de Janeiro: Forense, 2005, p. 65).

[144] Seguimos, aqui, a clássica classificação de Eros Roberto Grau que se refere à atividade econômica *lato sensu* como gênero, dos quais são espécies o serviço público e a atividade

AS PARTICIPAÇÕES SOCIETÁRIAS ESTATAIS

Conforme já referimos na parte inicial desse trabalho, com a exceção dos casos do Banco do Brasil (1808) e da Caixa Econômica Federal (1861), as primeiras empresas controladas pelo Estado brasileiro surgem no século XX, mas por razões essencialmente contingenciais.

Foi apenas a partir da década de 30 que a instituição de empresas públicas e sociedades de economia mista passou a ser encarada como política de governo. A Constituição brasileira de 1934, inspirada na Constituição mexicana de 1917 e na Constituição alemã de Weimar de 1919, rompe com a tradição do constitucionalismo liberal e abraça o constitucionalismo social[145], dando espaço para o tratamento da ordem econômica e social. Nesse sentido, a Carta de 1934 estabeleceu que:

> Art 117 - A lei promoverá o fomento da economia popular, o desenvolvimento do crédito e a **nacionalização progressiva** dos bancos de depósito. Igualmente providenciará sobre a **nacionalização** das empresas de seguros em todas as suas modalidades, devendo constituir-se em sociedades brasileiras as estrangeiras que atualmente operam no País. (grifamos)

A partir desse momento, observa-se a crescente multiplicação de empresas estatais no Brasil, com destaque para o período da 2ª Guerra Mundial, do segundo governo Vargas (1951-1954) e do regime militar iniciado em 1964. Desde 1934, todas as cartas constitucionais trazem alguma referência às empresas estatais[146], que, definitivamente, incorporaram-se ao cenário institucional brasileiro.

Contudo, até o ano de 1967, não existia um diploma legal normatizando essas entidades, não obstante sua crescente proliferação e importância. Nesse contexto, essas sociedades eram regidas por suas normas de criação, derrogatórias do direito comum. Apenas com a edição da Lei de Reforma Admi-

---

econômica *stricto sensu*. (GRAU, Eros Roberto. *A Ordem Econômica na Constituição de 1988 (Interpretação e Crítica)*. Op. cit., pp. 98-106).

[145] No constitucionalismo liberal, a Constituição limitava-se a conter normas de organização do Estado e um elenco restrito de direitos de liberdade. Já na fase do constitucionalismo social, ganharam assento na Lei Maior os direitos sociais, econômicos e culturais. Cf. BARROSO, Luís Roberto. *Curso de Direito Consitucional Contemporâneo: os conceitos fundamentais e a construção do novo modelo*. Op. cit., p. 84.

[146] Artigo 135 e 144 da Constituição de 1937. Artigo 146 da Constituição de 1946. Artigo 163 da Constituição de 1967. Artigo 170 da Constituição de 1969.

A ATUAÇÃO DO ESTADO NA ECONOMIA COMO ACIONISTA MINORITÁRIO

nistrativa (Decreto-Lei nº 200/1967), ainda vigente, é que foram cunhados os conceitos legais de empresa pública e sociedade de economia mista.

Nesse sentido, empresa pública é definida como "a entidade dotada de personalidade jurídica de direito privado, com patrimônio próprio e capital exclusivo da União, criado por lei para a exploração de atividade econômica que o Govêrno seja levado a exercer por fôrça de contingência ou de conveniência administrativa podendo revestir-se de qualquer das formas admitidas em direito" (artigo 5º, II).

Esse conceito é complementado pela previsão do artigo 5º do Decreto-Lei nº 900, de 29.09.1969, prevendo que "Desde que a maioria do capital votante permaneça de propriedade da União, será admitida, no capital da Emprêsa Pública (artigo 5º inciso II, do Decreto-lei número 200, de 25 de fevereiro de 1967), a participação de outras pessoas jurídicas de direito público interno bem como de entidades da Administração Indireta da União, dos Estados, Distrito Federal e Municípios".

Já a sociedade de economia mista é conceituada como "a entidade dotada de personalidade jurídica de direito privado, criada por lei para a exploração de atividade econômica, sob a forma de sociedade anônima, cujas ações com direito a voto pertençam em sua maioria à União ou a entidade da Administração Indireta" (artigo 5º, III).

Não obstante ambos os conceitos apresentarem certa imprecisão[147], especialmente em face do ordenamento constitucional pós-1988, eles destacam dois elementos essenciais, quais sejam, a necessidade de lei para a criação da empresa e a adoção da personalidade jurídica de Direito Privado[148].

Ressalte-se que, conforme dispõe o supracitado inciso XIX, do artigo 37 da Constituição da República, somente por lei específica será autorizada a instituição de empresa pública ou sociedade de economia mista. A necessidade de autorização legal específica está ligada, como já expusemos no item 2.4.1, ao controle do uso de recursos públicos e da expansão da Administração Pública pelo Poder Legislativo.

---

[147] Essa imprecisão encontra-se, basicamente, em dois pontos. Em primeiro lugar, não é a lei que cria a empresa pública ou a companhia mista, ela apenas autoriza sua criação pelos meios comuns de Direito Privado. Em segundo lugar, as empresas estatais não apenas exploram atividade econômica, mas também prestam serviços públicos.

[148] "A norma destaca, especialmente, dois elementos essenciais: a) a criação da empresa mediante lei específica; b) a adoção da personalidade de direito privado para o agente público econômico" (TÁCITO, Caio. "Regime Jurídico das Empresas Estatais". Op. cit., p. 4.).

Além disso, a criação dessas empresas estatais para a exploração de atividade empresarial pelo Estado depende da existência de "relevante interesse coletivo" ou "imperativo de segurança nacional", nos termos do artigo 173, *caput*, da Lei Maior. Trata-se de decorrência do princípio da subsidiariedade[149], o qual estabelece a livre iniciativa como regra e a intervenção estatal direta como exceção[150].

2.4.3.2 Sociedades subsidiárias e controladas

As empresas públicas e sociedades de economia mista, no exercício de suas atividades, acabaram por criar ou participar majoritariamente de outras sociedades. Essas empresas são chamadas de subsidiárias ou controladas, visto que estão sob controle direto de outras empresas estatais, sendo controladas pelo Estado apenas de forma indireta. O inciso XX, primeira parte, do artigo 37 da Carta de 1988 faz referência a essas entidades, estabelecendo que depende de autorização legislativa, em cada caso, a criação de subsidiárias pela Administração Pública indireta.

---

[149] Sobre o princípio da subsidiariedade, cf. o item 1.2. Também sobre o assunto, Maurício Carlos Ribeiro afirma: "A necessidade de motivação expressa, a explicitar os aspectos fáticos que justificam a atuação econômica do Estado, vinculando a iniciativa aos conceitos jurídicos indeterminados de "imperativos da segurança nacional" e de "relevante interesse coletivo", bem como a exigência de lei específica, tornam evidente que a atuação econômica estatal, mesmo no âmbito de atividades exercidas em caráter concorrencial, encontra um duplo limite nas idéias de liberdade de iniciativa econômica dos particulares, por um lado, e na regra legal de competência, por outro. A intervenção do Estado, então, enquanto agente diretamente envolvido na exploração de uma atividade econômica é *subsidiária* à iniciativa particular" (RIBEIRO, Maurício Carlos. "Atividade Econômica Estatal, Subsidiariedade e Interesse Público". In: *Revista de Direito da Procuradoria Geral do Estado do Rio de Janeiro*, vol. 64, 2009, pp. 3-4).

[150] A exceção "não é tão episódica assim. Na verdade, são vários os exemplos em que se verifica a possibilidade de limites à livre iniciativa (artigo 170, incisos I a IX). Mesmo que o rol descrito nesses dispositivos seja taxativo, ainda assim a elasticidade das justificativas que autorizam a relativização do princípio da livre iniciativa é mais do que suficiente para suprir inúmeras hipóteses de interesse público" (RAGAZZO, Carlos Emmanuel Joppert. *Regulação Jurídica, racionalidade econômica e saneamento básico*. Rio de Janeiro: Renovar, 2011, p. 128). Além disso, a subsidiariedade na atuação empresarial direta em regime de concorrência com o setor privado convive com um campo de iniciativa de titularidade pública. Trata-se das atividades econômicas exercidas em regime de monopólio (artigo 177, CF) e dos serviços públicos (artigo 175, CF).

As subsidiárias criadas mediante autorização legal podem ser classificadas como empresas estatais de segundo grau. Nessa direção, José dos Santos Carvalho Filho afirma:

> Empresas subsidiárias são aquelas cujo controle e gestão das atividades são atribuídos à empresa pública ou à sociedade de economia mista diretamente criadas pelo Estado. Em outras palavras, o Estado cria e controla diretamente determinada sociedade de economia mista (que podemos chamar de primária) e esta, por sua vez, passa a gerir uma nova sociedade mista, tendo também o domínio do capital votante. É esta segunda empresa que constitui a sociedade subsidiária. Alguns preferem denominar a empresa primária de sociedade ou empresa de primeiro grau, e, a subsidiária, de sociedade ou empresa de segundo grau. Se houver nova cadeia de criação, poderia até mesmo surgir uma empresa de terceiro grau e assim sucessivamente[151].

Existe controvérsia acerca da classificação das empresas que, não obstante não terem sido criadas por lei, são controladas por outras empresas estatais. A posição majoritária da doutrina[152] e da jurisprudência[153]é que, por falta do requisito da autorização legal, esses entes não poderiam ser qualificados como empresas públicas e sociedades de economia mista, como explica Maria Sylvia Zanella Di Pietro:

> A exigência de autorização legislativa de tal forma se incorporou ao conceito de sociedade de economia mista, que a doutrina e a jurisprudência vêm entendendo que, se não houve autorização legislativa, não existe esse tipo de entidade, mas apenas uma empresa estatal sob controle acionário do Estado (cf. acórdãos do STF in RDA 143/118 e 145/170; e do TRF in RDA 157/222). Esse entendimento foi consagrado pelo legislador cons-

---

[151] CARVALHO FILHO, José dos Santos. *Manual de Direito Administrativo*, 16ª ed., Rio de Janeiro: Lumen Juris, 2006, p. 415.

[152] Por todos, cf. PENTEADO, Mauro Rodrigues. "As sociedades de economia mista e as empresas estatais perante a Constituição de 1988". Op. cit., pp. 49-68, que compila os entendimentos doutrinários a favor da indispensabilidade da autorização legal para caracterização de uma sociedade como sociedade de economia mista.

[153] Sociedade de economia mista – com ela não se confunde a sociedade sob o controle acionário do Poder Público. É a situação especial que o Estado se assegura através da lei criadora de pessoa jurídica que a caracteriza como sociedade de economia mista. (STF, RTJ 96:1323, RE 91.035/RJ, Rel Min. Soares Munoz).

AS PARTICIPAÇÕES SOCIETÁRIAS ESTATAIS

tituinte, como se verifica pela referência, em vários dispositivos, a esse tipo de empresa, como categoria à parte.

(...)

Essa conclusão tem, na realidade, alcance mais amplo, pois todas as sociedades em que o Estado tenha participação acionária, sem, no entanto, a natureza de sociedade de economia mista, não se aplicam as normas constitucionais, legais ou regulamentares referentes a esta última entidade, a menos que sejam abrangidas expressamente. É o caso do capítulo das Sociedades por Ações concernente às sociedades de economia mista[154]. (grifamos)

O artigo 235, § 2º, da Lei das Sociedades por Ações (Lei nº 6.404/1976) vai reforçar essa posição ao estabelecer que as companhias de que participarem as sociedades de economia mista, de forma majoritária ou minoritária, não estão sujeitas às normas aplicáveis às empresas estatais previstas nesse diploma. Na prática, a intenção desse dispositivo "foi excluir do rol das sociedades de economia mista as chamadas sociedades de economia mista de segundo grau, ou seja, as subsidiárias de sociedades de economia mista, quando não criadas por lei"[155].

Desse modo, para essa corrente, as empresas subsidiárias e controladas das empresas públicas e companhias mistas não integram a Administração Pública indireta, sendo apenas "empresa privada, em sentido estrito, simples sociedade anônima, em que pese à participação majoritária em seu capital de ente da Administração Pública"[156]. Dessa forma, quando a Constituição Federal quis referir-se a esses entes, assim o fez expressamente, utilizando-se de expressões como: empresas subsidiárias (artigo 37, XX, CF), sociedades instituídas e mantidas pelo Poder Público federal (artigo 71, II, CF) e empresas controladas pelo Poder Público (artigo 164, § 3º, CF)[157].

---

[154] DI PIETRO, Maria Sylvia Zanella. *Direito Administrativo*, 17ª ed., São Paulo: Atlas, 2004, p. 384.

[155] WALD, Arnoldo. "As sociedades de economia mista e a nova lei de sociedades anônimas". In: *Revista Forense*, v. 268, 1979, p. 398.

[156] STUBER, Walter Douglas. "Natureza jurídica da subsidiária de sociedade de economia mista". In: *Revista de Direito Administrativo*, v. 150, 1982, pp. 18-34.

[157] FERREIRA, Sérgio de Andréa. *Comentários à Constituição*, vol. III, Rio de Janeiro: Freitas Bastos, 1991, p. 48. Sérgio de Andréa Ferreira entende que as empresas subsidiárias ou controladas são empresas paraadministrativas, situadas fora da Administração Pública.

A ATUAÇÃO DO ESTADO NA ECONOMIA COMO ACIONISTA MINORITÁRIO

Entretanto, entendemos que esse entendimento majoritário não pode prevalecer. O problema não é afastar a qualificação de empresa pública ou sociedade de economia mista das sociedades subsidiárias. Realmente, pela literalidade do artigo 5º, incisos II e III, do Decreto-Lei nº 200/1967, a criação por lei é requisito de conceituação para essas entidades. O maior problema está em se admitir que, por não serem caracterizadas nominalmente como empresas públicas ou companhias mistas, as sociedades controladas não estariam sujeitas ao regime jurídico híbrido aplicável às empresas estatais[158].

Aqui, seguimos o entendimento de Celso Antônio Bandeira de Mello[159], acompanhado por Marçal Justen Filho[160] e Alexandre Santos de Aragão[161], no sentido de que seria um contrassenso permitir que a mera criação de uma sociedade sem chancela legal desse ensejo a uma fuga das constrições de Direito Público incidentes sobre a Administração Pública.

Enfim, não se pode permitir que sociedades constituídas, mesmo que indiretamente, por recursos públicos e que são controladas pelo Estado

---

[158] Nelson Eizirik entende que as sociedades controladas pelas companhias mistas não fazem parte da Administração Pública indireta, possuindo natureza inteiramente privada e, por isso, inteiramente desvinculadas do interesse público, devendo focar apenas no lucro (EIZIRIK, Nelson. *A Lei das S/A Comentada*. São Paulo: Quartier Latin, 2011, pp. 301-302) Igualmente, Modesto Carvalhosa afirma que essas companhias controladas, como sociedades privadas que são, não se constituem em instrumentos de intervenção do Estado na economia. "Nelas o interesse público deverá sujeitar-se ao fim lucrativo da empresa privada" (CARVALHOSA, Modesto. *Comentários à Lei de Sociedades Anônimas*, v. 4, São Paulo: Saraiva, 2011, pp. 385-386).

[159] "Com efeito, seria o maior dos contra-sensos entender que a violação do Direito, ou seja, sua mácula de origem, deva funcionar como passaporte para que se libertem das sujeições a que estariam submissas se a ordem jurídica houvesse sido respeitada" (MELLO, Celso Antônio Bandeira de. *Curso de Direito Administrativo*, 26ª ed., São Paulo: Malheiros, 2009, p. 205).

[160] "As empresas controladas subordinam-se ao mesmo regime jurídico reservado para as sociedades de economia mista e empresas públicas. Não procede a orientação de que uma controlada seria uma sociedade subordinada ao mesmo regime jurídico das empresas privadas – entendimento que conduziria a resultados inadmissíveis, já que bastaria a criação de uma controlada para eliminar-se todo o regime jurídico inerente às entidades integrantes da Administração Pública indireta" (JUSTEN FILHO, Marçal. *Curso de Direito Administrativo* Op. Cit.,, pp. 264 e 281).

[161] "Dessa forma, assim como a sua controladora, as subsidiárias estão, independentemente da sua caracterização nominal como empresas públicas e sociedades de economia mista, submetidas a um regime jurídico híbrido". (ARAGÃO, Alexandre Santos de. *Curso de Direito Administrativo*. Op. cit., p. 134).

AS PARTICIPAÇÕES SOCIETÁRIAS ESTATAIS

de forma permanente[162]atuem em desobediência às exigências do regime jurídico aplicável às empresas estatais.

Outra questão interessante acerca das sociedades subsidiárias é a necessidade de lei, "em cada caso", para sua criação. O Supremo Tribunal Federal (STF), por ocasião do julgamento da Ação Direta de Inconstitucionalidade nº 1.649-1/DF[163], já se manifestou no sentido de que o termo "autorização em cada caso" presente no artigo 37, XX, CF, refere-se a "um conjunto de temas, dentro de um mesmo setor".

Desse modo, não há necessidade de uma autorização legal para a criação de cada sociedade subsidiária, bastando que "haja previsão para esse fim na própria lei que instituiu a empresa de economia mista matriz, tendo em vista que a lei criadora é a própria medida autorizadora".

2.4.4 Participações públicas minoritárias

Além de exercer o controle acionário das empresas estatais, o Estado também pode deter participações minoritárias no capital de sociedades privadas. Trata-se de prerrogativa prevista no artigo 37, XX, 2ª parte, da Constituição da República, o qual permite que as autarquias, fundações, empresas públicas e sociedades de economia mista, dependendo de autorização legislativa, participem no capital social de empresas privadas.

Atente-se para o fato de que o constituinte refere-se à participação em "empresa privada". Não se cuida, portanto, da propriedade de parcelas do capital social de empresas controladas pelo Poder Público, mas sim de companhias pertencentes à iniciativa particular, onde inexiste qualquer controle estatal. Nessa direção, Alexandre Santos de Aragão afirma:

---

[162] Entendemos que devem ser consideradas empresas estatais e, portanto, sujeitas ao regime jurídico aplicável a essas entidades, apenas as sociedades controladas de forma estável e permanente pela Administração Pública. Dessa forma, a detenção, pelo Estado, do controle acionário de sociedade privada em razão de causas transitórias não tem o condão de transformá-la em empresa estatal, desde que esse ativo seja alienado dentro de prazo razoável. É o caso de participações acionárias decorrentes de doações, legados, heranças jacentes e execuções judiciais, por exemplo, conforme referido no item 2.4.2 desse capítulo.

[163] STF, *DJU* 28 mai. 2004, ADI 1.649-1/DF, Rel. Min. Maurício Corrêa. Trata-se de ação que entendeu pela constitucionalidade de dispositivos da Lei nº 9.478/1997, que concedem autorização à PETROBRAS para a constituição de subsidiárias.

A ATUAÇÃO DO ESTADO NA ECONOMIA COMO ACIONISTA MINORITÁRIO

Há, portanto, respaldo constitucional para a participação do Estado em empresas privadas, não sendo necessário que este detenha o controle da sociedade, até porque, se assim fosse, seria despicienda a referência constitucional a esta modalidade de atuação, que já estaria incluída na modalidade das empresas controladas pelo Estado *in genere*. De acordo com José dos Santos Carvalho Filho, o dispositivo constitucional está a se referir àquelas sociedades em que o Estado participa de forma minoritária, sem qualquer tipo de controle. E nem poderia ser diferente. É de se pressupor que o constituinte fez referência a diferentes formas de parceria societária do Estado com a iniciativa privada justamente em virtude da existência de diferenças entre essas figuras. Não se pode, assim, sustentar que a Constituição apenas permite que o Estado constitua empresas que de alguma forma sejam por ele controladas, já que fez clara referência a empresas que tão-somente tenham a participação do Estado, em qualquer intensidade.[164]

O referido artigo 37, XX, CF exige autorização legal "em cada caso" para a participação societária em empresas privadas. A exigência de permissão legal para a participação em outras sociedades já estava prevista na Lei das Sociedades por Ações (Lei nº 6.404/1976), pelo menos no que se refere às sociedades de economia mista (artigo 237, §1º). No entanto, não há que se falar em edição de lei indicando cada empresa a ser participada pela Administração Pública[165]. Aplica-se, ao caso, o mesmo raciocínio utilizado pelo STF na já citada ADI 1.649-1/DF, o qual dispensa a necessidade de chancela legislativa mencionando cada ente destinatário do investimento público, bastando existir permissão para que o ente participante invista em determinada área ou setor econômico.

Nesse sentido, são vários os diplomas legislativos autorizando empresas estatais a participarem do capital de sociedades privadas em casos específicos, como por exemplo: a Lei nº 8.395/1992 (autoriza a Petrobrás Química S.A.- PETROQUISA a participar minoritariamente de sociedades de capitais privados no Eixo Químico do Nordeste), a Lei nº 3.890-A/1961 (artigo 15, §1º – permite a participação da ELETROBRAS em sociedades "que se destinem direta ou indiretamente à exploração da produção, transmissão ou distribuição de energia elétrica") e a Lei nº 11.908/2009 (artigo

---

[164] ARAGÃO, Alexandre Santos de. "Empresa público-privada". Op. cit., p. 47.
[165] TÁCITO, Caio. "Regime Jurídico das Empresas Estatais". Op. cit., p. 6.

2º - autoriza o Banco do Brasil e a Caixa Econômica Federal a adquirirem participações em instituições financeiras sediadas no Brasil).

As participações públicas minoritárias prestam-se a diferentes propósitos estatais, podendo, por exemplo:

a) ter uma função de "testemunha" ou de simples "presença" que permita ao Estado estar presente na gestão da empresa, exercendo uma fiscalização interna direta;
b) visar o financiamento ou apoio a projetos privados de relevância pública;
c) ser uma forma de regular o mercado, condicionando a atuação empresarial das empresas participadas;
d) representar uma minoria de bloqueio em relação a determinadas decisões do controlador privado;
e) permitir que o Estado tenha acesso ao *know-how* e a expertise das entidades privadas participadas[166].

Percebe-se, assim, que não é necessário que o Estado detenha o controle de uma sociedade empresária para que sua participação financeira atenda ao interesse público. As participações estatais minoritárias podem ser uma forma eficaz de combinar recursos públicos e privados no exercício de atividades de interesse geral, constituindo-se em instrumento para diversas modalidades de atuação estatal na economia.

---

[166] RODRIGUES, Nuno Cunha. *"Golden-Shares". As empresas participadas e os privilégios do Estado enquanto accionista minoritário.* Coimbra: Coimbra Editora, 2004, pp. 150-152.

3 O ESTADO COMO ACIONISTA MINORITÁRIO[167]

O Estado, além de deter o controle acionário de determinadas sociedades empresárias, qualificadas como empresas estatais, pode possuir participações minoritárias no capital de sociedades privadas, conforme visto.

Trata-se de prerrogativa prevista no artigo 37, XX, 2ª parte, da Constituição da República, o qual permite que as autarquias, fundações, empresas públicas e sociedades de economia mista, dependendo de autorização legislativa[168], participem no capital social de empresas privadas. Embora não expresso literalmente pelo texto constitucional, é possível que os próprios entes federativos detenham diretamente tais ações minoritárias.

As participações públicas minoritárias não implicam o controle societário estatal, ou seja, as empresas participadas permanecem no âmbito da iniciativa privada, figurando o Estado como um acionista minoritário que terá, a depender do caso, maior ou menor influência.

---

[167] Esse tópico, ao referir-se às participações societárias minoritárias do Estado, diz respeito, apenas, às participações estatais intencionais e permanentes, excluindo-se as ditas participações acidentais e não permanentes tratadas nos itens 2.4.1 e 2.4.2 da presente obra. Isso porque essas últimas não são instrumentos de atuação do Estado na economia, sendo detidas pelo Poder Público de maneira fortuita e temporária.

[168] O artigo 37, XX, da Constituição faz referência a uma autorização legislativa, em cada caso, para participação estatal minoritária em empresas privadas. Tal dispositivo deve ser interpretado no sentido de que não há necessidade de edição de uma lei para cada empresa destinatária do investimento público, bastando a existência de lei genérica autorizativa da participação em relação a determinada área ou setor econômico. Já cuidamos desse assunto no item 2.4.4 dessa obra.

A ATUAÇÃO DO ESTADO NA ECONOMIA COMO ACIONISTA MINORITÁRIO

Contudo, apesar de não garantir o controle da companhia, a participação minoritária atuará no sentido da realização de algum interesse público. Afinal, não é somente por meio de sociedades controladas pelo Estado que é possível promover os princípios e objetivos fundamentais previstos no ordenamento jurídico-constitucional. Exatamente por conta disso é que o constituinte previu a possibilidade de parceria societária da Administração Pública com a iniciativa privada, na qual o sócio estatal ocupa posição minoritária[169].

Ainda que a detenção de participações societárias minoritárias pelo Estado não seja um fenômeno novo, encontrando-se presente desde a origem das sociedades por ações[170], o seu uso sistemático como forma de influenciar o comportamento das empresas privadas e auferir retornos financeiros dessas atividades econômicas, em oposição ao modelo de criação de empresas estatais, certamente apresenta um caráter distintivo. Nesse sentido, Lazzarini e Musacchio apontam:

> (...) a forma de capitalismo de Estado prevalecente no século XXI é diferente daquela observada na segunda metade do século XX. Naquele momento, o envolvimento do Estado em empresas tomava a forma de economias planificadas ou economias mistas, nas quais o governo possuía um grande número de empresas e controlava, diretamente, a alocação de recursos estratégicos. Mais recentemente, talvez de forma paradoxal, a onda de privatização e liberalização dos anos 80 e 90 ajudou a criar uma nova forma de capitalismo híbrido, no qual o governo influencia as decisões de investimento das companhias privadas preponderantemente por meio de capital minoritário[171].

---

[169] "É de se pressupor que o constituinte fez referência a diferentes formas de parceria societária do Estado com a iniciativa privada justamente em virtude da existência de diferenças entre essas figuras. Não se pode, assim, sustentar que a Constituição apenas permite que o Estado constitua empresas que de alguma forma sejam por ele controladas, já que fez clara referência a empresas que tão-somente tenham a participação do Estado, em qualquer intensidade" (ARAGÃO, Alexandre Santos de. "Empresa público-privada". Op. cit., p. 47).

[170] Conforme exposto no item 2.1, o surgimento das sociedades por ações remete-se à criação das companhias coloniais no fim do século XVI e início do século XVII, nas quais os Estados Nacionais detinham participação. Além disso, as concessões de serviços públicos e a economia de guerra levaram o Estado a associar-se ao setor privado, inclusive de forma minoritária, para garantir a exploração dessas atividades econômicas.

[171] MUSACCHIO, Aldo; LAZZARINI, Sérgio G.. *Leviathan in Business*: Varieties of State Capitalism and Their Implications for Economic Performance (30 mai. 2012), p. 4, tradução

As participações públicas minoritárias, desse modo, têm sido cada vez mais utilizadas como mecanismo de atuação estatal na economia. Marçal Justen Filho observa que a participação estatal minoritária em empresas privadas constitui uma "nova modalidade interventiva do Estado brasileiro", sendo uma solução jurídica não só legítima, como podendo configurar-se como "a mais razoável e satisfatória" à realização dos fins últimos do país, tendo em vista a economia de recursos públicos com a atração de parceiros privados, a possibilidade de fiscalização direta da atividade da empresa e a fruição de uma parcela dos lucros eventualmente auferidos[172].

Essas sociedades privadas nas quais o Estado detém participação minoritária com vistas à realização de determinado objetivo público têm sido chamadas pela doutrina de empresas público-privadas[173], empresas semiestatais[174] ou empresas participadas[175].

A participação estatal nessas sociedades justifica-se por vários motivos. Giuseppe Marcon elenca entre as possíveis justificativas: a) possibilidade de obter informações sobre determinados setores produtivos; b) possibilidade de maior controle sobre as políticas de gestão de determinadas empresas sobre as quais o Poder Público tenha especial interesse, em virtude da atividade desenvolvida ou de subsídios a ela concedidos; c) interesse em financiar parcialmente as atividades de determinada sociedade privada, ainda que somente para garantir a sua sobrevivência e d) interesse em promover uma gradual aquisição de posição de controle[176].

Por sua vez, Alexandre Santos de Aragão propõe que as participações minoritárias buscam os seguintes objetivos: a) fomentar determinados setores da atividade econômica; b) realizar de forma mais eficiente as atividades-fim das sociedades de economia mista e c) direcionar as atividades de uma empresa privada (eventualmente uma concessionária de serviços

---

livre. Disponível em: SSRN: http://ssrn.com/abstract=2070942 or http://dx.doi.org/10.2139/ssrn.2070942. Acesso em setembro de 2013.

[172] JUSTEN FILHO, Marçal. "As empresas privadas com participação estatal minoritária". In: *Revista de Direito Administrativo Contemporâneo*, v. 2, 2013, p. 271.

[173] ARAGÃO, Alexandre Santos de. "Empresa público-privada". Op. cit..

[174] SUNDFELD, Carlos Ari; SOUZA, Rodrigo Pagani de e PINTO, Henrique Motta. "Empresas Semiestatais". In: *Revista de Direito Público da Economia*, n. 36, 2011.

[175] RODRIGUES, Nuno Cunha. *"Golden-Shares". As empresas participadas e os privilégios do Estado enquanto accionista minoritário*. Op. cit.

[176] MARCON, Giuseppe. *Le imprese a partecipazione pubblica: finalità pubbliche ed economicità*. Padova: Cedam, 1984, p. 11.

públicos), através de eventual titularidade de uma *golden share* ou da celebração de um acordo de acionistas[177].

Sistematizando os motivos que embasam a participação estatal minoritária nas empresas privadas, Carolina Barros Fidalgo identifica três interesses principais: a) possibilitar uma maior fiscalização e controle sobre determinada sociedade privada; b) financiar uma atividade econômica explorada por uma empresa privada e c) explorar determinada atividade econômica diretamente[178].

Diante disso, percebe-se que a propriedade pública sobre parcelas minoritárias do capital social de empresas privadas presta-se a realização de diversos interesses estatais, não representando, apenas, uma forma de exploração direta da atividade econômica.

Isto é, as participações públicas minoritárias devem ser compreendidas como uma técnica jurídica da qual o Estado pode se valer a fim de atingir os diversos objetivos da sua política econômica[179], constituindo-se em ferramenta para as diversas modalidades de atuação estatal interventiva e não interventiva na economia.

Nos próximos itens trataremos de como as referidas participações podem ser utilizadas como forma de exercício direto de atividade empresarial, como instrumento de regulação e fomento e como veículo de investimento.

3.1 Estado Empresário

O conceito jurídico de empresa, tradicionalmente, corresponde à "atividade econômica organizada de produção e circulação de bens e serviços para o mercado, exercida pelo empresário, em caráter profissional, através

---

[177] ARAGÃO, Alexandre Santos de. "Empresa público-privada". Op. cit., p. 49.

[178] FIDALGO, Carolina Barros. "As sociedades de capital público-privado sem controle estatal". In: *Revista dos Tribunais*, v. 922, 2012, p. 200.

[179] Fábio Konder Comparato afirma que "o novo direito econômico surge como o conjunto das técnicas jurídicas de que lança mão o Estado contemporâneo na realização de sua política econômica". Diante disso, o autor alerta que os estudiosos do Direito Econômico não devem se prender a uma análise formalista de conceitos e categorias jurídicas, apresentando, ao revés, uma preocupação aplicada, ou seja, devem atentar para o estudo de técnicas, de forma que os meios de atuação escolhidos pelo Poder Público sejam consentâneos com os fins públicos visados (COMPARATO, Fábio Konder. O Indispensável Direito Econômico. In: COMPARATO, Fábio Konder. *Ensaios e Pareceres de Direito Empresarial*. Rio de Janeiro: Forense, 1978, pp. 465-472).

de um complexo de bens"[180]. A Constituição da República de 1988 prevê que o Estado pode exercer tal atividade, atuando diretamente na economia, ao prestar serviços públicos (artigo 175, CF) e ao explorar atividades econômicas *stricto sensu* em regime de monopólio (artigo 177, CF) ou em regime de concorrência com o setor privado (artigo 173, CF).

Nesse último caso, o artigo 173, *caput*, da Lei Maior, estabelece que a exploração direta de empresa pelo Estado só é permitida quando necessária aos imperativos de segurança nacional e a relevante interesse coletivo. Trata-se de manifestação do suprarreferido princípio da subsidiariedade, pelo qual a intervenção direta, por ser constritora da livre iniciativa privada, deve ser excepcional, justificando-se, apenas, nas hipóteses contempladas no texto constitucional.

Não obstante o referido artigo 173 tenha estabelecido requisitos de cunho material para a exploração direta de atividades econômicas pelo Poder Público, quais sejam a existência de imperativo da segurança nacional ou de relevante interesse coletivo, é inegável que estamos diante de conceitos jurídicos indeterminados, isto é, de termos vagos e imprecisos, que conferem um razoável grau de apreciação ao intérprete da norma[181].

Nesse caso, não se trata, propriamente, de discricionariedade, visto que não há livre escolha do administrador, mas sim de um campo de interpretação aberto quanto ao sentido dos conceitos contidos nos dispositivos legais[182]. A abertura das normas jurídicas constitui um importante fator de "mobilidade do sistema jurídico"[183], permitindo a evolução e atualização do Direito independentemente de reformas legislativas.

---

[180] BULGARELLI, Waldirio. *Tratado de Direito Empresarial*, 2ª ed. São Paulo: Atlas, 1995, p. 100.

[181] "Com efeito, a vinculação da atuação administrativa é diminuída frente aos textos legais que usam conceitos abertos e vagos ou concedem espaços de apreciação para a autoridade escolher os meios adequados à solução do caso concreto" (BINENBOJM, Gustavo. *Uma teoria do direito administrativo*. Op. cit., pp. 218-219).

[182] "(...) os conceitos jurídicos indeterminados estão insertos no suporte fático legal (*Tatbestand*) e os problemas com ele relacionados resumem-se todos – ou pelo menos predominantemente – à interpretação da regra jurídica, diferentemente do que se passa com o poder discricionário, que se constitui num poder de eleição da consequência ou do efeito jurídico (*Rechtsfolge*)" (SILVA, Almiro do Couto e. "Poder discricionário no direito administrativo brasileiro". In: *Revista de Direito Administrativo*, v. 179-180, 1990, p. 58).

[183] COSTA, Judith Martins. "As cláusulas gerais como fatores de mobilidade do sistema jurídico". In: *Revista dos Tribunais*, v. 680, 1992, p. 47.

Tal característica é especialmente importante para o Direito Econômico, marcado pelo dinamismo e pela mutabilidade inerentes à atividade econômica. Nesse sentido, o STF já se manifestou no âmbito da ADI 234-1/RJ[184], no qual estabeleceu que:

> Não é possível deixar de interpretar o sistema da Constituição sobre a matéria em exame em conformidade com a natureza das atividades econômicas e, assim, com o dinamismo que lhes é inerente e a possibilidade de aconselhar periódicas mudanças nas formas de sua execução, notadamente quando revelam intervenção do Estado. O juízo de conveniência, quanto a permanecer o Estado na exploração de certa atividade econômica, com a utilização da forma da empresa pública ou da sociedade de economia mista, há de concretizar-se em cada tempo e à vista do relevante interesse coletivo ou de imperativo de segurança nacional. (...) Interesse coletivo relevante é conceito dinâmico, sujeito a oscilações no tempo e no espaço, de modo que pode justificar a instituição de uma sociedade de economia mista, em determinado momento e, em outro, desaparecido esse pressuposto, recomendar sua extinção.

Embora os conceitos jurídicos indeterminados previstos no artigo 173 da Carta Magna deem espaço para uma ampla gama de definições devido a sua fluidez[185], dificultando, sobremaneira, o controle judicial sobre a intervenção direta na economia[186], deles é possível extrair limites à atuação estatal.

Isso porque mesmo os conceitos jurídicos indeterminados possuem um "núcleo preciso de significado". É o que a doutrina denomina de zonas de certeza positiva e negativa, designando o conjunto de significados que, certamente, encontram-se incluídos ou excluídos do conceito, respecti-

---

[184] STF, *DJ* 15 set. 1995, ADI 234-1/RJ, Rel. Min. Néri da Silveira.

[185] CAMARGO, Sérgio Alexandre. Tipos de Estatais. In: SOUTO, Marcos Juruena Villela (Coord.). *Direito Administrativo Empresarial*. Rio de Janeiro: Lumen Juris, 2006, p. 45.

[186] Alguns autores sustentam que o artigo 173, CF, bem como toda a Constituição de 1988, por albergarem em seu texto disposições abstratas e de vieses ideológicos distintos, vinculam muito pouco as decisões interventivas do Estado, conferindo ampla liberdade para a deliberação legislativa infraconstitucional. Nesse sentido, cf. por todos SOUZA NETO, Cláudio Pereira de e MENDONÇA, José Vicente Santos de. Fundamentalização e Fundamentalismo na Interpretação do Princípio Constitucional da Livre Iniciativa. In: SOUZA NETO, Cláudio Pereira de e SARMENTO, Daniel (Coords.). *A Constitucionalização do Direito: fundamentos teóricos e aplicações específicas,*. Op. Cit.

O ESTÁDO COMO ACIONISTA MINORITÁRIO

vamente. Entre essas duas zonas temos a chamada zona de penumbra ou zona cinzenta, a qual constitui um halo periférico do conceito, dentro do qual se enquadram possíveis significados do termo jurídico, mas dando margem a uma certa subjetividade e concedendo maior liberdade de apreciação ao intérprete da norma[187]-[188].

Tendo isso em conta, percebe-se que o constituinte não deu um cheque em branco para a Administração Pública explorar diretamente as ativida-

---

[187] BINENBOJM, Gustavo. *Uma teoria do direito administrativo*. Op. cit., pp. 219-220.

[188] André Rodrigues Cyrino elenca alguns exemplos com o objetivo de esclarecer a extensão das zonas de certeza e incerteza dos conceitos jurídicos indeterminados previstos no artigo 173 da Constituição. Nas palavras do autor: "Imaginem-se, assim, três hipóteses: *(i)* a criação de uma empresa pública destinada a fabricar chuveiros elétricos e ferros de passar roupa que consumam menos *watts* por hora, com a finalidade de diminuir o consumo de energia elétrica no País; *(ii)* a constituição de uma sociedade de economia mista cujo objeto é a fabricação de armas de fogo, durante um período de guerra; e *(iii)* a criação de uma mineradora estatal cujo objeto será tão-somente a exploração de jazidas de valiosos e abundantes diamantes na Amazônia brasileira. O primeiro exemplo encontra-se numa zona de certeza negativa em face do art. 173 da Constituição. É claramente incompatível com o conteúdo mínimo de relevante interesse coletivo e de imperativo de segurança nacional a criação de empresa pública destinada à fabricação de eletrodomésticos mais econômicos. Em primeiro lugar, falar-se em imperativo de segurança nacional seria absolutamente descabido. Além disso, não se tem aqui um interesse relevante num contexto em que a iniciativa privada fornece, num mercado com variadas opções, diversos modelos de chuveiros elétricos. (...) O segundo exemplo, parece--nos, estaria numa zona de certeza positiva; num espaço que claramente há autorização para a intervenção direta. Com efeito, é possível vislumbrar um evidente *imperativo de segurança nacional*, diante da existência de um conflito bélico contra outro Estado, o que poderia demandar a criação de estatal apta a atender uma necessidade urgente. A segurança nacional em sua própria essência estaria em questão. Ademais, nessa hipótese, não haveria que se sustentar uma atuação subsidiária do ente público, pois, ainda que não se trate da opção mais eficiente, outras razões mais prementes podem justificar a atuação estatal direta. Já no terceiro exemplo, a hipótese encontra-se numa zona de penumbra de imperativo de segurança nacional e relevante interesse coletivo. A depender de maiores detalhes que só poderiam ser aferíveis num caso concreto, poderia haver risco real de deslocamento em massa para as áreas onde foram encontradas as jazidas de diamante – a exemplo de Serra Pelada – o que poderia criar riscos para a segurança do meio ambiente e das pessoas que para lá se deslocariam. Isso sem falar de uma eventual atratividade além das fronteiras brasileiras na Amazônia, seduzindo-se imigrantes ilegais em situação de risco. Some-se a isso, que a exploração de diamantes poderia efetivamente contribuir para o desenvolvimento e enriquecimento econômico nacional. A empresa poderia, inclusive, contribuir para aumentar as receitas públicas, se for bem gerida, o que pode ser instrumento de promoção de políticas públicas" (CYRINO, André Rodrigues. *Até onde vai o empreendedorismo estatal?* Uma análise econômica do artigo 173 da Constituição. Mimeografado, 2012, p. 14).

A ATUAÇÃO DO ESTADO NA ECONOMIA COMO ACIONISTA MINORITÁRIO

des econômicas. É necessário atender aos já referidos requisitos de imperativo da segurança nacional ou relevante interesse coletivo.

Por segurança nacional, entendem-se as atividades ligadas à defesa nacional, ou seja, à proteção da soberania, do território e do povo brasileiro. Não se trata, assim, do mesmo conceito de segurança nacional presente no regime militar[189], o qual carecia de objetividade, prestando-se ao voluntarismo e ao autoritarismo dos governantes[190]. Aqui o sentido é restrito à defesa do território e à liberdade da população, relacionando-se com conflitos armados externos ou internos.

Já "relevante interesse coletivo" refere-se a interesses transindividuais, isto é, comuns a um número significativo de pessoas. Ademais, é necessário que tal interesse seja relevante, tenha importância, sobressaia[191]. Certamente, tal conceito dá espaço a uma interpretação mais aberta que o termo "segurança nacional", tendo em vista a diversidade de objetivos e fins comportados dentro da expressão "interesse coletivo".

Todavia, como bem alerta André Rodrigues Cyrino, "ainda que exista espaço para as escolhas daquilo que se entenda relevante, não se trata, tão somente, de um mero interesse da coletividade. Se fosse assim, qualquer opção legislativa seria relevante – pois aprovada pela maioria dos representantes eleitos"[192].

---

[189] "Segurança nacional é, no contexto da Constituição de 1988, conceito inteiramente distinto daquele consignado na Emenda Constitucional n. 1/69" (GRAU, Eros Roberto. *A Ordem Econômica na Constituição de 1988 (Interpretação e Crítica)* Op. Cit., p. 280).

[190] O Decreto-Lei nº 898/1969 definia, em seu artigo 2º, a segurança nacional como "a garantia da consecução dos objetivos nacionais contra antagonismos, tanto internos como externos". Hely Lopes Meirelles define a segurança nacional "a situação de garantia, individual, social e institucional que o Estado assegura a toda a Nação, para a perene tranqüilidade de seu povo, pleno exercício dos direitos e realização dos objetivos nacionais, dentro da ordem jurídica vigente. É a permanente e total vigilância do Estado sobre o seu território, para garantia de seu povo, de seu regime político e de suas instituições". Nessa direção, defende que "é direito e dever do Estado, prevenir e reprimir toda conduta atentatória da segurança nacional, no sentido global em que está conceituada" (MEIRELLES, Hely Lopes. "Poder de polícia e segurança nacional". In: *Revista dos Tribunais*, v. 61, 1972, pp. 287-298).

[191] MENDONÇA, José Vicente Santos de. *A captura democrática da Constituição Econômica: uma proposta de releitura das atividades públicas de fomento, disciplina e intervenção direta à luz do pragmatismo e da razão pública*. Tese de doutorado apresentada ao Programa de Pós-Graduação em Direito da Universidade do Estado do Rio de Janeiro como requisito parcial para a obtenção do título de Doutor em Direito, 2010, p. 281.

[192] CYRINO, André Rodrigues. "Até onde vai o empreendedorismo estatal? Uma análise econômica do artigo 173 da Constituição". Op. cit., p. 13.

O ESTADO COMO ACIONISTA MINORITÁRIO

Dessa forma, embora a fluidez do conceito "relevante interesse coletivo" conceda um amplo espaço de intervenção direta do Estado na ordem econômica, não se trata de uma autorização irrestrita, em desconsideração ao princípio da subsidiariedade, sobretudo nas zonas de certeza positiva e negativa.

Além de exercer a empresa em concorrência com o setor privado, o Estado pode optar por explorar atividade econômica em sentido estrito de forma monopolística. Essa opção só pode ser feita pelo poder constituinte, sendo vedado ao legislador ordinário aumentar o rol de atividades taxativamente previstas no artigo 177, CF[193].

Assim, a regra é que o Estado Empresário atue em regime de competição com a iniciativa privada, mas é possível que por conta de razões fiscais, estratégicas ou econômicas da nação coletivamente considerada, o constituinte institua monopólios em favor do Estado, o qual será titular exclusivo dessas atividades, sem prejuízo da possibilidade de sua delegação através da contratação de empresas privadas ou estatais[194].

A atuação estatal direta no domínio econômico também pode ocorrer pela prestação de serviços públicos, os quais são atividades econômicas titularizadas pelo Estado em virtude da pertinência que possuem com necessidades ou utilidades coletivas[195]. A marca desses serviços, portanto, é a sua relação com o bem-estar da coletividade, com o interesse social[196], o que justifica que o Poder Público tome essas atividades como suas, responsabilizando-se pelo seu adequado exercício.

Nesse sentido, é que a Constituição vai incumbir ao Estado a prestação dos serviços públicos, diretamente ou através de concessão ou permissão para outras pessoas jurídicas (artigo 175, CF), dividindo entre os entes federativos a atribuição pelo exercício dessas atividades.

---

[193] A doutrina majoritária defende a exigência de emenda constitucional para a criação de novos monopólios públicos cf., por todos, COMPARATO, Fábio Konder. Monopólio público e domínio público. In: COMPARATO, Fábio Konder. *Direito Público: estudos e pareceres*. São Paulo: Saraiva, 1996, p. 149.

[194] ARAGÃO, Alexandre Santos de. *Curso de Direito Administrativo*. Op. Cit., p. 475.

[195] ARAGÃO, Alexandre Santos de. *Direito dos Serviços Públicos*. Rio de Janeiro: Forense, 2008, pp. 176-177.

[196] GRAU, Eros Roberto. Constituição e Serviço Público. In: GRAU, Eros Roberto e GUERRA FILHO, Willis Santiago (Orgs.). *Direito Constitucional: estudos em homenagem a Paulo Bonavides*. São Paulo: Malheiros, 2003, p. 262.

Outrossim, a União tem a competência, dentre outros, sobre os seguintes serviços: correio aéreo nacional (artigo 21, X, CF), telecomunicações (artigo 21, XI, CF), radiofusão sonora, de sons e imagens (artigo 21, XII, a, CF), instalações de energia elétrica e aproveitamento energético dos cursos de água (artigo 21, XII, b, CF), navegação aérea, aeroespacial e infraestrutura aeroportuária (artigo 21, XII, c, CF) etc. Por sua vez, os Estados detêm competência expressa sobre os serviços locais de gás canalizado (artigo 25, §2º, CF) e os Municípios sobre os serviços públicos de interesse local, como o transporte coletivo (artigo 30, V, CF).

Afora esses serviços públicos de estatura constitucional, outros podem ser criados pelo Estado por meio de lei[197], desde que apresentem vinculação com a satisfação de necessidades essenciais e relevantes de natureza coletiva[198]. Ou seja, o legislador ordinário detém competência para qualificar determinada atividade econômica como serviço público, o que se mostra acertado frente à natureza dinâmica do bem-estar social, mas tal qualificação, por retirar a atividade da livre iniciativa, só se justifica se estiver correlacionada com um interesse social.

Portanto, verifica-se que a atuação empresarial do Estado dá-se em três hipóteses: concorrencialmente com o setor privado, nos casos de relevante interesse coletivo ou imperativo da segurança nacional (artigo 173, CF); de forma monopolista, quanto às atividades expressamente previstas na Constituição (artigo 177, CF) e na prestação de serviços públicos (artigo 175, CF).

---

[197] Essa é a posição majoritária da doutrina. Nesse sentido, Toshio Mukai afirma que "a Constituição (...) além dos vários serviços públicos arrolados no art. 21, de competência federal, prevê a possibilidade da existência (...) de outros inominados, que o Poder Público poderá criar, mediante lei, levando em conta o critério objetivo (material-formal) já estudado anteriormente. Essa autorização expressa da Constituição para a criação de serviços públicos pode ser retirada das disposições do art. 175, parágrafo único ("A lei disporá sobre o regime das empresas concessionárias e permissionárias de serviços públicos...")" (MUKAI, Toshio. *O Direito Administrativo e os Regimes Jurídicos das Empresas Estatais*. Op. cit., p. 259). Cf. na mesma direção, ARAGÃO, Alexandre Santos de. *Direito dos Serviços Públicos*. Op. cit., p. 313. Em sentido contrário, Fernando Herren Aguillar defende que "o regime de privilégio típico dos serviços públicos (...) opera verdadeiro monopólio de uma dada atividade econômica. Daí que o mesmo regime imposto ao Estado para o fim de monopolizar uma determinada atividade econômica é também aplicável para as hipóteses de criação de novo serviço público" (AGUILLAR, Fernando Herren. *Controle Social de Serviços Públicos*. São Paulo: Max Limonad, 1999, p. 133).

[198] JUSTEN FILHO, Marçal. "O Regime Jurídico das Empresas Estatais e a Distinção entre 'Serviço Público' e 'Atividade Econômica.'". In: *Revista de Direito do Estado*, nº 1, 2006, p. 120.

Os instrumentos clássicos de atuação direta do Estado na economia são as empresas estatais: pessoas jurídicas de Direito Privado criadas com base em autorização legal pela Administração Pública tanto para o exercício de atividades econômicas *stricto sensu* como para a prestação de serviços públicos, conforme já tratado no item 2.4.3 dessa obra. Contudo, as empresas estatais não são a única forma de atuação empresarial pública, existindo outros ajustes possíveis.

3.1.1 Associação do capital público e privado para o exercício de atividade empresarial

O Estado tem que lidar com o fato da escassez, isto é, comparando os meios e recursos disponíveis com todos os objetivos perseguidos pela sociedade, percebe-se que os meios nunca serão suficientes para satisfazer todos os fins[199]. Diante dessa escassez, o Poder Público é forçado a realizar escolhas (muitas das quais "escolhas trágicas"[200]), elegendo prioridades dentre finalidades igualmente legítimas e adotando novas estratégias de atuação[201].

No campo da intervenção estatal na economia, uma dessas estratégias é a associação da Administração Pública com o setor privado no exercício de atividades empresariais. Afinal, o atendimento do interesse público não é

---

[199] A ciência social da economia tem como objetivo estudar a satisfação de necessidades infinitas frente a limitação de recursos finitos. "A economia nada mais é do que o estudo da ação humana, ou seja, ela estuda as escolhas que os indivíduos fazem, considerando que os *meios* ou *recursos* de que dispõem nunca são suficientes para satisfazerem todos os *fins*. Esse último fato é conhecido como *escassez*, ou seja, os meios sempre vão ser escassos quando comparados aos fins, o que significa, em outras palavras, dizer que não poderemos jamais realizar todos os nossos desejos, porque somos limitados pelos meios de que dispomos. A economia nos ensina as melhores formas de lidarmos com a escassez" (IORIO, Ubiratan Jorge. Dez lições de economia austríaca – Segunda lição: o que é economia, escassez, escolhas e valor. Disponível em http://www.mises.org.br/Article.aspx?id=1404. Acesso em janeiro de 2014).

[200] A expressão refere-se às difíceis opções alocativas que devem ser realizadas em um ambiente de escassez de recursos, cf. CALABRESI, Guido e BOBBIT, Philip. *Tragic Choices. The conflicts society confronts in the allocation of scarce resources.* New York: Norton, 1978.

[201] "Paralela e simultaneamente aos desafios colocados pela globalização, o Estado atual sofre a crise do financiamento das suas múltiplas funções. Diante dela, ou a exemplo dos pensadores neoliberais, concluímos pela inevitabilidade da retração do Estado frente às necessidades sociais, ou propugnamos pela adoção de novas estratégias de atuação, compatíveis com a escassez de recursos" (ARAGÃO, Alexandre Santos de. *Agências Reguladoras e a Evolução do Direito Administrativo Econômico.* Op. cit., p. 68).

A ATUAÇÃO DO ESTADO NA ECONOMIA COMO ACIONISTA MINORITÁRIO

monopólio do Estado[202], podendo a iniciativa privada contribuir para a realização do bem-estar coletivo. Como menciona Marcos Juruena Villela Souto:

> Isso se reforça especialmente em tempos de déficit público, que impõem uma série de limitações a novos gastos ou à expansão de programas, sendo a Lei de Responsabilidade Fiscal (L.C. 101/2000) a positivação dessas dificuldades. Não há mais que se 'sonhar' que o Estado se baste e que o orçamento público é suficiente para garantir eficiência em todos os domínios. Isso seria a negativa dos princípios da 'razoabilidade' e da 'reserva do possível'. É absolutamente descabido pretender institucionalizar uma barreira entre o setor público e o setor privado, quando este legitima e é destinatários das ações daquele[203].

Tendo isso em conta, o Estado, diretamente ou através de suas empresas, associa-se com outras sociedades empresárias para a realização de empreendimentos comuns, especialmente quando se trata de operações com elevado grau de risco e intensa necessidade de aportes financeiros. Nessas hipóteses, é comum a utilização do instituto das *joint ventures*, técnica de colaboração empresarial típica do Direito Internacional e plenamente aplicável ao ordenamento jurídico nacional[204].

---

[202] "Ora, nem todo interesse público – especialmente à luz do princípio da subsidiariedade – deve ser confiado ao Estado. Pode haver reconhecimento da relevância de atividades desenvolvidas na sociedade" (SOUTO, Marcos Juruena Villela. " 'Outras Entidades Públicas' e os Serviços Sociais Autônomos". In: *Revista de Direito do Estado*, nº 1, 2006, p. 142).

[203] SOUTO, Marcos Juruena Villela. "Parceria do mercado com o Estado". In: OSÓRIO, Fábio Medina e SOUTO, Marcos Juruena Villela (Coords.). *Direito Administrativo: estudos em homenagem a Diogo de Figueiredo Moreira Neto*. Rio de Janeiro: Lumen Juris, 2006, p. 700.

[204] Sobre as *joint ventures*, Marilda Rosado de Sá Ribeiro afirma que o termo se refere, de forma geral, a consórcios, consórcios de exportação, grupos de marketing de exportação, sociedades anônimas ou sociedades limitadas formadas sob a lei do país de atuação, uniões transitórias de empresas, *joint operating agreements* e outros. Por conta dessa versatilidade é que as *joint ventures* conseguem prosperar em ordenamentos jurídicos diversos. As *joint ventures* costumam ser divididas em dois tipos principais: *joint ventures* contratuais (*non-equity joint ventures*) e *joint ventures* societárias (*equity joint ventures*), as quais se inserem no objeto desse livro (RIBEIRO, Marilda Rosado de Sá. *Direito do Petróleo: as joint ventures na indústria do petróleo*. Rio de Janeiro: Renovar, 2003, pp. 102-104 e 404). Ressalte-se que a Administração Pública indireta brasileira tem experiência no uso do instituto das *joint ventures*, especialmente na atividade de exploração de petróleo no exterior por meio da Braspetro, subsidiária da Petrobrás criada em 1972. Sobre isso, Eduardo White afirma: "Já se explicou como a empresa petrolífera Petróleos Brasileiros S.A. (Petrobrás), através de sua subsidiária Braspetro começou a procurar fontes

O ESTÁDO COMO ACIONISTA MINORITÁRIO

Ressalte-se, também, que uma das espécies de empresa estatal, a sociedade de economia mista, tem como característica principal, justamente,
o fato de conjugar o capital público com o capital privado. Nesse tipo de
companhia, desde que o Estado mantenha a maioria do capital votante,
o restante das ações pode ficar nas mãos de particulares, os quais serão
acionistas minoritários.

De tal modo, a sociedade de economia mista continua sob controle estatal, integrando a Administração Pública e tendo como fim a consecução de
interesses públicos, sem prejuízo do objetivo privado da obtenção de lucro,
o qual constitui requisito essencial para a existência da companhia mista[205].

Na prática administrativa brasileira, a participação minoritária privada na maior parte das sociedades mistas era insignificante, para não
dizer meramente figurativa ou simbólica[206]. Mesmo nos casos onde havia
um percentual relevante de minoritários, a dispersão acionária conferia
domínio absoluto ao controlador público, figurando os particulares apenas como investidores passivos.

---

de abastecimento fora do país para o que empreendeu atividades de exploração, extração,
refino, comércio e transporte de petróleo. A Petrobrás Internacional S.A. (Braspetro) iniciou
operações de outro tipo (geralmente sob a forma de *joint venture*) na Colômbia, Iraque, Egi-
to, República Malgache, Irã, Argélia, Líbia e no mar do Norte" (WHITE, Eduardo. "A ação
internacional das empresas públicas na América Latina". In: *Revista de Administração Pública*,
v. 11, n. 1, 1977, p. 24).

[205] "Afinal, a escolha da Administração Pública pela exploração de uma atividade econômica sob a forma de companhia mista, ou seja, com apelo ao investimento privado, exige que
a sociedade possa produzir lucros a serem apropriados pelos particulares. Se não houver
compromisso com a finalidade lucrativa, deve-se optar pela figura da empresa pública. A
companhia mista deve manter um equilíbrio entre a busca do lucro e a realização dos objetivos públicos para os quais foi instituída" (GUEDES, Filipe Machado. "As Empresas Estatais
e o Direito Societário". In: *Revista de Direito Administrativo Contemporâneo*, v. 3, 2013, p. 305).

[206] "A grande maioria de nossas sociedades de economia mista não o era, em verdade: trata-
va--se de empresas totalmente dominadas pelo Estado, com alguns acionistas privados admitidos
apenas para figurar, sem participação relevante" (SUNDFELD, Carlos Ari. "A Participação
Privada nas Empresas Estatais". In: SUNDFELD, Carlos Ari (coord.). *Direito Administrativo
Econômico*. São Paulo: Malheiros, 2002, p. 275). No mesmo sentido, Alberto Venâncio Filho
faz referência às "sociedades de economia mista fictícias", nas quais se observa apenas uma
participação nominal do capital privado, havendo dominância do capital público (VENÂNCIO
FILHO, Alberto. *A intervenção do Estado no domínio econômico: O Direito Público Econômico no
Brasil*. Op. cit., p. 440). Exemplo de companhia mista fictícia é a Companhia Estadual de Águas
e Esgotos do Rio de Janeiro (CEDAE), na qual o Estado do Rio de Janeiro detém 99,99923%
das ações e os acionistas minoritários detêm 0,00077% das ações.

Não se tratava, assim, de verdadeira conjugação de capitais governamentais e privados, mas sim de forma de escapar dos controles de Direito Público incidentes sobre a Administração[207]. Acontece que, conforme tratado no item 2.1 dessa obra, a atuação do Estado Empresário passou a ser questionada a partir do final da década de 70, em um contexto de crise do Estado do Bem-Estar Social.

Nessa conjuntura, as empresas estatais foram submetidas a diversas críticas quanto à sua eficiência e utilidade, sendo alvo de programas de reforma do Estado, os quais incluíam novos modelos de governança do setor empresarial público, quebra de monopólios e incentivo da concorrência, bem como privatizações. Como assinala Carlos Ari Sundfeld:

> Dentro da nova realidade criada pela reforma do Estado, vários mecanismos foram concebidos para, segundo as hipóteses, viabilizar o pretendido equilíbrio entre *controle* e *autonomia* na relação entre o Estado e suas empresas: a celebração de "contratos de gestão" com os dirigentes escolhidos para as empresas, a "terceirização" em bloco da gerência do ente estatal, contratando-se empresa especializada e conferindo-lhe a tarefa de gerir o ente por critérios técnico-profissionais e a escolha de um sócio estratégico, ingressando com seus capitais e sua *expertise* para ajudar na reestruturação da empresa[208].

Ocorre, dessa forma, uma rediscussão do papel empresarial do setor público, o qual deve basear-se em novos paradigmas, à luz de um denominado neoempreendedorismo estatal[209], modelo no qual o Estado faz uso de ferramentas típicas da livre iniciativa, abraçando a globalização, operando no mercado de capitais e buscando a internacionalização e a eficiência de suas empresas, a fim de auferir o maior retorno possível, sob a forma de lucros, desenvolvimento econômico e geração de empregos.

Esse modelo é marcado pelas parcerias público-privadas, as quais, em sentido amplo, devem abranger as diversas modalidades de ajuste entre o Estado e o setor privado para a consecução de fins de interesse público[210].

---

[207] SUNDFELD, Carlos Ari. "A Participação Privada nas Empresas Estatais". In: SUNDFELD, Carlos Ari (coord.). *Direito Administrativo Econômico*. Op. cit., p. 275.

[208] Ibidem, pp. 271-272.

[209] GUERRA, Sérgio. "Neoempreendedorismo Estatal e os Consórcios com Empresas do Setor Privado". In: MARSHALL, Carla (Org.). *Direito Empresarial Público II*. Op. cit., p. 49.

[210] DI PIETRO, Maria Sylvia Zanella. *Parcerias na Administração Pública*, 7ª ed., São Paulo: Atlas, 2009, pp. 3 e 22.

O ESTÁDO COMO ACIONISTA MINORITÁRIO

Desse modo, vão ganhando importância os variados instrumentos de associação entre a Administração Pública e os particulares, tais como os acordos de acionistas, os consórcios e as participações societárias minoritárias[211].

Nesse cenário, o particular deixa de ser um mero sócio investidor ou capitalista dos empreendimentos estatais para assumir a posição de parceiro estratégico[212], contribuindo com sua experiência e técnica e tendo, em contrapartida, o poder de influenciar a gestão da empresa.

3.1.2 Atuação empresarial do Estado como acionista minoritário

A possibilidade de o Estado firmar parcerias societárias com a iniciativa privada não se restringe às hipóteses em que existe controle estatal sobre a empresa. Com efeito, tem se tornado cada vez mais comum a associação comercial de recursos públicos e privados em sociedades nas quais o Poder Público detém, apenas, uma parcela do capital[213], figurando como acionista minoritário estratégico[214].

---

[211] RODRIGUES, Bruno Leal. Formas de Associação de Empresas Estatais - Acordo de Acionistas, Formação de Consórcios e Participação em Outras Empresas. In: SOUTO, Marcos Juruena Villela (Coord.). *Direito Administrativo Empresarial*. Rio de Janeiro: Lumen Juris, 2006.

[212] Acerca dos parceiros privados estratégicos, Carlos Ari Sundfeld afirma que "por meio da admissão de um particular com participação financeira importante quer-se justamente "personalizar" a figura do sócio privado da sociedade mista, para que, junto com o Estado, ele sinta os riscos próprios de um "dono do negócio" e tome atitudes concretas para evitá-los, o que aproveitaria a ambos os sócios. (...) O êxito da nova concepção depende, por óbvio, de se permitir que o sócio privado constitua um núcleo de poder efetivo – o que antes sempre se quis evitar (SUNDFELD, Carlos Ari. A Participação Privada nas Empresas Estatais. In: SUNDFELD, Carlos Ari (coord.). *Direito Administrativo Econômico*. Op. cit., p. 272).

[213] "Entre as ações do movimento de reforma do Estado que tomou impulso no Brasil a partir da metade dos anos 1990 destaca-se a cada vez mais frequente associação empresarial do poder público com particulares. Essa associação em geral ocorre pela participação estatal, minoritária mas relevante, em empresa cuja maioria do capital votante fica nas mãos de particulares. O controle é exercido em conjunto, mas com predominância do acionista privado. As empresas fruto dessa associação não são empresas estatais – pois o conceito de empresa estatal está vinculado à existência de maioria do Estado no capital votante – de modo que elas não fazem parte da Administração Pública indireta. Mas essas empresas são parte muito relevante da estratégia de atuação do Estado na economia. São empresas semiestatais" (SUNDFELD, Carlos Ari; SOUZA, Rodrigo Pagani de e PINTO, Henrique Motta. "Empresas Semiestatais". Op. cit., pp. 75-76).

[214] PINTO JUNIOR, Mario Engler. "Regulação econômica e empresas estatais". In: *Revista de Direito Público da Economia*, n. 15, 2006, p. 147.

Nesse sentido, o Estado pode participar minoritariamente em sociedades privadas com o objetivo de explorar diretamente uma atividade econômica em sentido estrito ou prestar determinado serviço público. É o caso de empresas estatais que, para o melhor desenvolvimento de suas atividades-fim, associam-se com a iniciativa privada com o objetivo de dividir custos e riscos financeiros, além de se valer da experiência, do *know how* e da reputação do parceiro privado[215].

Essas parcerias são especialmente comuns no âmbito de atividades econômicas intensivas em capital e/ou de elevado risco, tais como investimentos em infraestrutura e a exploração e produção de petróleo. A indústria do petróleo, por exemplo, em função dos altos e crescentes[216]valores necessários para a descoberta e o desenvolvimento de reservas, é campo fértil para o uso das já referidas *joint ventures* societárias, nas quais o capital público pode ser minoritário[217].

Por conta disso, é que a sociedade de economia mista federal Petrobrás, diretamente ou por meio de suas subsidiárias, pode associar-se de forma minoritária a empresas privadas. Tal previsão já constava na lei de criação da referida empresa, Lei nº 2.004/1953, cujo artigo 41 afirmava:

> Art. 41. A Petrobrás, por autorização do Presidente da República, expedida em decreto e depois de ouvido o Conselho Nacional do Petróleo, poderá associar-se, sem as limitações previstas no art. 39 a entidades destinadas à exploração do petróleo fora do território nacional, desde que a participação do Brasil ou de entidades brasileiras seja prevista, em tais casos, por tratado ou convênio.

Na mesma direção, o Decreto nº 61.981/1967, o qual autorizou a criação da Petrobrás Química S.A. – Petroquisa, subsidiária da Petrobrás que tem por objeto o exercício de atividade da indústria petroquímica, dispunha em seu artigo 12 que:

---

[215] FIDALGO, Carolina Barros. "As sociedades de capital público-privado sem controle estatal". Op. cit., p. 203.
[216] Oil exploration costs rocket as risks rise. Disponível em http://www.reuters.com/article/2010/02/11/us-oil-exploration-risk-analysis-idUSTRE61A28X20100211. Acesso em janeiro de 2014.
[217] ARAGÃO, Alexandre Santos de. "Empresa público-privada". Op. cit., p. 51.

O ESTÁDO COMO ACIONISTA MINORITÁRIO

Art. 12. Poderá a subsidiária criada nos têrmos dêste Decreto, mediante autorização de sua assembléia de acionistas, em cada caso, associar-se a outras pessoas jurídicas de direito privado brasileiras ou estrangeiras, para o desempenho de atividades idênticas, complementares, correlatas ou afins.

Com fundamento nessa disposição, verificou-se uma experiência interessante de atuação empresarial do Estado brasileiro como acionista minoritário no desenvolvimento da indústria petroquímica nacional nos anos 1970, notadamente na formação do Polo de Camaçari, na Bahia. Na ocasião, adotou-se o que foi denominado de "modelo tripartite", no qual se constituíam *joint ventures* cujo capital votante era dividido em três partes: uma adquirida pela Petroquisa, a segunda pertencente a um sócio privado nacional e a terceira integralizada por uma empresa estrangeira[218].

Com base nesse modelo, assegurava-se o permanente controle nacional (Estado mais sócio privado brasileiro) e privado (sócios privados nacionais e estrangeiros) dos empreendimentos, sendo o controle compartilhado de cada sociedade regulado por previsões estatutárias e acordos de acionistas, os quais garantiam a defesa dos interesses de todos os parceiros[219].

O sistema tripartite permitiu, assim, a aliança do Estado, do empresariado nacional e de multinacionais para o desenvolvimento de atividades econômicas, com cada setor colaborando com um ingrediente: força política, mercado e tecnologia, respectivamente[220]. Posteriormente, as participações estatais nas companhias petroquímicas foram incluídas no Programa Nacional de Desestatização criado pela Lei nº 8.031/1990, sendo alienadas ao setor privado ao longo da década de 90.

Ressalte-se que os acordos de acionistas celebrados nos moldes do modelo tripartite continham regra impedindo a diluição dos signatários, implicando direito de preferência na aquisição de ações em favor dos demais acionistas. Essa cláusula foi engendrada para ser utilizada a favor da Petro-

---

[218] TEIXEIRA, Francisco Lima C. "A dinâmica empresarial e tecnológica das empresas do complexo petroquímico de Camaçari". In: *Revista de Administração de Empresas*, v. 28, n. 1, 1988, pp. 11-19.

[219] BORGES, Luiz Ferreira Xavier. "O Acordo de Acionistas como Instrumento de Política de Fomento do BNDES: O Pólo de Camaçari". In: *Revista do BNDES*, v. 14, n. 28, 2007, pp. 74-75.

[220] Para um estudo aprofundado do modelo tripartite no Brasil, cf. o clássico EVANS, Peter. *A tríplice aliança: as multinacionais, as estatais e o capital nacional no desenvolvimento dependente brasileiro*. Tradução de Waltensir Dutra. Rio de Janeiro: Zahar, 1982.

quisa, mas com as privatizações, a referida disposição acabou favorecendo os parceiros privados, que acabaram comprando os lotes de ações estatais pelo preço mínimo, tendo em vista que o direito de preferência acabava por desestimular o interesse de terceiros na precificação desses ativos[221].

Atualmente, a Petrobrás tem sua atuação regida pela Lei nº 9.478/1997, a qual é ainda mais expressa quanto à possibilidade de formação de parcerias societárias por essa empresa estatal:

> Art. 63. A PETROBRÁS e suas subsidiárias ficam autorizadas a formar consórcios com empresas nacionais ou estrangeiras, na condição ou não de empresa líder, objetivando expandir atividades, reunir tecnologias e ampliar investimentos aplicados à indústria do petróleo.
>
> Art. 64. Para o estrito cumprimento de atividades de seu objeto social que integrem a indústria do petróleo, fica a PETROBRÁS autorizada a constituir subsidiárias, as quais poderão associar-se, majoritária ou minoritariamente, a outras empresas.
>
> Art. 65. A PETROBRÁS deverá constituir uma subsidiária com atribuições específicas de operar e construir seus dutos, terminais marítimos e embarcações para transporte de petróleo, seus derivados e gás natural, ficando facultado a essa subsidiária associar-se, majoritária ou minoritariamente, a outras empresas.

Permite-se, assim, a participação minoritária da Petrobrás e de suas subsidiárias em consórcios para a exploração de petróleo e gás, bem como sua associação a parceiros privados para o exercício de atividades econômicas atinentes à indústria do petróleo ou com elas correlatas. É com base nesses enunciados legais que a Petrobrás vai deter posições acionárias minoritárias em diversos empreendimentos, tais como termoelétricas, usinas

---

[221] BORGES, Luiz Ferreira Xavier. "O Acordo de Acionistas como Instrumento de Política de Fomento do BNDES: O Pólo de Camaçari". Op. cit., p. 89.

O ESTÁDO COMO ACIONISTA MINORITÁRIO

eólicas e refinarias[222], ensaiando, também, um retorno ao setor petroquímico[223], do qual tinha se afastado na década de 90.

No setor bancário, também existe previsão normativa autorizando a associação empresarial minoritária do Estado com a iniciativa privada, constante da Medida Provisória nº 443/2008, hoje já convertida na Lei nº 11.908/2009, a qual, em seu artigo 2º, *caput*, estabelece que:

> Art. 2º O Banco do Brasil S.A. e a Caixa Econômica Federal, diretamente ou por intermédio de suas subsidiárias, poderão adquirir participação em instituições financeiras, públicas ou privadas, sediadas no Brasil, incluindo empresas dos ramos securitário, previdenciário, de capitalização e demais ramos descritos nos arts. 17 e 18 da Lei nº 4.595, de 31 de dezembro de 1964, além dos ramos de atividades complementares às do setor financeiro, com ou sem o controle do capital social, observado o disposto no inciso X do *caput* do art. 10 daquela Lei.

Trata-se de autorização legal dada às referidas empresas estatais para que elas ampliem a sua atuação no ramo financeiro por meio de participações em outras empresas. Essa permissão foi concedida no contexto da crise financeira internacional, em que a contração da liquidez estimulou um movimento de concentração bancária, percebendo o legislador brasileiro não só a necessidade de uma atuação contracíclica dos bancos públicos, como também uma oportunidade de expansão dessas instituições[224].

---

[222] A título de exemplo, a Petrobrás detém 10% das ações da Usina Termoelétrica Norte Fluminense (UTE Norte Fluminense S.A.), 20% da Termoelétrica Potiguar S.A. – TEP, 49% das Eólicas Mangue Seco 1, 3 e 4 e 33,20% da Refinaria de Petróleo Riograndense S.A. Cf. Análise Financeira e Demonstra- ções Contábeis 2012. Disponível em http://www.petrobras.com.br/rs2012/downloads/analise-financeira-e-demonstracoes-contabeis_2012.pdf. Acesso em janeiro de 2014.

[223] A Petrobrás tem atuado no sentido de concentração do setor petroquímico, associando-se e adquirindo ações dos mesmos grupos nacionais que foram seus sócios no modelo tripartite (Grupo Ultra e Odebrecht, por exemplo). Desse modo, a Petrobrás adquiriu 40% das ações da Ipiranga Química S.A. Posteriormente, associou-se com a Unipar na criação da empresa Quattor, na qual também detinha 40%. Em 2010, a Petrobrás e a Braskem (controlada pela Odebrecht) adquiriram os ativos da Quattor, ficando a Petrobrás com 47,0% do capital votante e 36,2% do capital total da Braskem (Informação disponível em Braskem deve anunciar hoje a compra da petroquímica Quattor. Jornal O Estado de São Paulo. Publicado em 05 jan. 2010, p. B8 e no site http://www.braskem-ri.com.br).

[224] A exposição de motivos da referida Medida Provisória não deixa dúvidas quanto à sua motivação e ao seu objetivo: "A forte retração internacional do crédito observada nas últimas

Por conta disso, Sundfeld, Souza e Pinto apontam que a Lei nº 11.908/2009 autorizou a Caixa Econômica Federal e o Banco do Brasil a, além de atuarem diretamente por meio da sua própria estrutura empresarial, operarem de forma indireta através de empresas privadas nas quais detêm participação minoritária. Nas palavras dos autores:

> E o que legitima o entendimento de que as empresas do setor privado de que elas venham a participar com base nessa autorização legal são instrumentos de sua atuação? É o fato de só haver sido autorizada a participação em empresas do setor privado de *ramos semelhantes, afins, ou complementares aos das próprias estatais*. O que a lei autorizou não foi que elas fizessem simples investimentos em empresas quaisquer que se apresentassem como boas alternativas de negócio. Não. Elas foram autorizadas a usar novas formas societárias para o desenvolvimento de seu objeto social: pela constituição de subsidiárias, integrais ou com participação privada minoritária (art. 1º), ou pela participação em empresas do setor privado, inclusive formando semiestatais (art. 2º)[225].

Com efeito, em especial na última década, as leis de regência das empresas estatais, tanto das prestadoras de serviço público quanto das exploradoras de atividades econômicas *stricto sensu*, têm sido alteradas de forma a

---

semanas levou o Governo Federal a adotar algumas medidas para ampliar a oferta de divisas, expandir a liquidez no mercado interbancário e incentivar a compra de carteiras de crédito de instituições bancárias de pequeno e médio porte. Embora os reflexos da crise no Brasil sejam relativamente limitados em função da solidez macroeconômica do País e da solidez do sistema financeiro nacional, a contração da liquidez pode estimular um movimento de consolidação financeira no País. 3. Ocorre que, pelas regras atualmente vigentes, os principais bancos públicos do País, o BB e a CEF, têm restrições a sua atuação num eventual processo de consolidação do sistema financeiro nacional. Tal restrição tem duas conseqüências indesejáveis: uma menor concorrência entre os potenciais investidores, reduzindo o valor dos ativos negociados, e a eventual perda de oportunidade de expansão das instituições financeiras federais. 4. Neste contexto, esta proposta de medida provisória - que dá continuidade às ações do Governo Brasileiro no gerenciamento dos impactos da crise internacional sobre nossa economia - tem como objetivo principal autorizar os principais bancos públicos a adquirir, direta ou indiretamente, participações em instituições financeiras públicas ou privadas, sediadas no Brasil. Veja-se que tal procedimento não traduz novidade, já havendo autorização semelhante concedida à Petróleo Brasileiro S.A. - PETROBRÁS na Lei nº 9.478, de 6 de agosto de 1997".
[225] SUNDFELD, Carlos Ari; SOUZA, Rodrigo Pagani de e PINTO, Henrique Motta. "Empresas Semiestatais". Op. cit., p. 94.

O ESTÁDO COMO ACIONISTA MINORITÁRIO

permitir a expressa participação minoritária dessas sociedades em empresas privadas.

Nessa direção, o artigo 15 da Lei nº 3.890-A/1961[226], com a redação dada pela Lei nº 12.688/2012, permite que a empresa Centrais Elétricas Brasileiras S.A. – Eletrobrás, no cumprimento de atividades direta ou indiretamente ligadas à sua atividade-fim, associe-se com particulares na formação de consórcios que disputam licitações para a concessão do serviço público de energia elétrica e participe minoritariamente de uma série de sociedades de propósitos específico e empresas do setor energético[227].

Ainda no campo dos serviços públicos, a Lei estadual nº 12.292/2006 incluiu no artigo 1º da Lei estadual nº 119/1973, que autorizou a constituição da sociedade de economia mista Companhia de Saneamento Básico do Estado de São Paulo – SABESP, os parágrafos 5º, 7º e 8º[228], permitindo atuação da empresa em todo o território nacional e no exterior, de forma

---

[226] Art. 15. A ELETROBRÁS operará diretamente ou por intermédio de subsidiárias ou empresas a que se associar, para cumprimento de seu objeto social. § 1º A Eletrobrás, diretamente ou por meio de suas subsidiárias ou controladas, poder-se-á associar, com ou sem aporte de recursos, para constituição de consórcios empresariais ou participação em sociedades, com ou sem poder de controle, no Brasil ou no exterior, que se destinem direta ou indiretamente à exploração da produção, transmissão ou distribuição de energia elétrica.

[227] A Eletrobrás, diretamente ou através de suas subsidiárias, detém, entre outras participações, 39% da SPE Madeira Energia S.A., 49,98% da SPE Norte Energia S.A. e 3,39% da Energisa. Informações disponíveis em http://www.eletrobras.com/elb/main.asp?Team={3A4650E2-4611-4A2A-A538-9E1AA 703D773}. Acesso em janeiro de 2014.

[228] Artigo 1° - Fica o poder executivo autorizado a constituir uma sociedade por ações, sob a denominação de Companhia de Saneamento Básico do Estado de São Paulo - SABESP, com o objetivo de planejar, executar e operar os serviços públicos de saneamento básico em todo o Estado de São Paulo, respeitada a autonomia dos Municípios.

§ 5° - Asseguradas, em caráter prioritário, as condições de correta e adequada operação e eficiente administração dos serviços de atendimento sanitário no Estado de São Paulo, a Companhia de Saneamento Básico do Estado de São Paulo - SABESP poderá prestar, no Brasil e no exterior, os serviços previstos no "caput" deste artigo.

§ 7° - A Companhia de Saneamento Básico do Estado de São Paulo - SABESP poderá participar, desde que autorizado pelo executivo, de empresas públicas ou de sociedades de economia mista nacionais, beneficiando-se dos incentivos fiscais, conforme legislação aplicável, e participar de convênios ou consórcios nacionais ou internacionais.

§ 8° - A Companhia de Saneamento Básico do Estado de São Paulo - SABESP poderá, mediante autorização legislativa, para cada caso, constituir subsidiária, beneficiando-se dos incentivos fiscais, conforme a legislação aplicável, ou, sob a mesma condição e fora do âmbito do Estado, coligar-se ou participar de qualquer empresa privada ligada ao setor de saneamento básico.

A ATUAÇÃO DO ESTADO NA ECONOMIA COMO ACIONISTA MINORITÁRIO

direta ou indireta, através da criação de subsidiárias ou participação em consórcios e empresas privadas ligadas ao setor de saneamento básico[229].

Por fim, podemos também nos referir aos casos da Amazônia Azul Tecnologias de Defesa S.A. – Amazul e da Empresa Brasileira de Correios e Telégrafos – ECT. A primeira é empresa pública criada em 2012, com a finalidade de absorver e desenvolver as tecnologias necessárias às atividades nucleares e à elaboração de projetos, acompanhamento e construção de submarinos da Marinha do Brasil. Para esse desiderato, a Amazul possui autorização do artigo 7º da Lei nº 12.706/2012 para participar minoritariamente de empresas privadas e empreendimentos para a consecução de seu objeto social.

A ECT é empresa pública prestadora de serviços públicos postais, tendo tido sua lei de criação (Decreto-Lei nº 509/1969) alterada pela Lei nº 12.490/2011[230], a qual diversificou as atividades da empresa estatal,

---

[229] A Sabesp detém participação acionária minoritária em sociedades de propósito específico (SPEs) estruturadas com parceiros privados para a operação de contratos de concessão de água e esgoto celebrados com os Municípios de Andradina (30%), Castilho (30%), Mairinque (30%) e Mogi Mirim (36%). A sociedade de economia mista paulista também se associou com a iniciativa privada para constituir a Aquapolo Ambiental S.A, cujo objeto é a produção, fornecimento e comercialização de água de reuso para um polo petroquímico, detendo 49% da participação ao passo que a Foz do Brasil S.A. detém os 51% restantes. Por fim, a Sabesp constituiu em 2010, em conjunto com a Companhia Estre Ambiental S/A, a Attend Ambiental S/A, cujo objeto social é a implantação e operação de uma estação de pré tratamento de efluentes não domésticos e condicionamento de lodo, na região metropolitana da capital do Estado de São Paulo, bem como o desenvolvimento de outras atividades correlatas e a criação de infraestrutura semelhante em outros locais, no Brasil e exterior, detendo 45% da companhia. Informações disponíveis em _http://www.sabesp.com.br/sabesp/filesmng.nsf/77BBAEA7 FFF2 604E 832578 8F0012 9B16/$File/NotasExplicativas.pdf. Acesso em janeiro de 2014.

[230] Art. 11. Os arts. 1º, 2º e 3º do Decreto-Lei nº 509, de 20 de março de 1969, passam a vigorar com a seguinte redação:
"Art. 1º ....
§ 1º A ECT tem sede e foro na cidade de Brasília, no Distrito Federal.
§ 2º A ECT tem atuação no território nacional e no exterior.
§ 3º Para a execução de atividades compreendidas em seu objeto, a ECT poderá:
I - constituir subsidiárias; e
II - adquirir o controle ou participação acionária em sociedades empresárias já estabelecidas.
§ 4º É vedado às empresas constituídas ou adquiridas nos termos do § 3º atuar no serviço de entrega domiciliar de que trata o monopólio postal.
§ 5º (VETADO).
§ 6º A constituição de subsidiárias e a aquisição do controle ou participação acionária em sociedades empresárias já estabelecidas deverão ser comunicadas à Câmara dos Deputados

incluindo dentre suas operações serviços postais financeiros, eletrônicos e de logística integrada. Ademais, estabeleceu que para o cumprimento dessas atividades a ECT poderá constituir subsidiárias ou adquirir participação acionária, majoritárias ou minoritárias, em sociedades empresárias já estabelecidas.

Enfim, com base em todos os exemplos elencados, podemos confirmar que a participação pública minoritária no capital social de empresas privadas pode constituir-se em instrumento da atuação empresarial do Estado na economia.

Afinal, como já observado por Sundfeld, Souza e Pinto[231], as autorizações legais para a participação minoritária de empresas estatais em sociedades privadas não se destinam ao investimento em qualquer companhia. Pelo contrário, os diversos dispositivos citados acima tratam dessa participação apenas em sociedades direta ou indiretamente ligadas ao desenvolvimento do objeto social das referidas empresas públicas e sociedades de economia mista.

Nessas hipóteses, portanto, a parceria entre o capital público e o privado constitui "uma expressão do exercício direto de atividade econômica pelo Estado, seja na sua modalidade de serviço público, seja na de atividade econômica *stricto sensu*"[232], permitindo ao Poder Público garantir o exercício da empresa na qual vislumbra interesse público de forma mais eficiente e sem precisar suportar sozinho o ônus do empreendimento.

---

e ao Senado Federal no prazo máximo de 30 (trinta) dias, contado da data da concretização do ato correspondente." (NR)

"Art. 2º ....

III - explorar os seguintes serviços postais:

a) logística integrada;

b) financeiros; e

c) eletrônicos.

Parágrafo único. A ECT poderá, obedecida a regulamentação do Ministério das Comunicações, firmar parcerias comerciais que agreguem valor à sua marca e proporcionem maior eficiência de sua infraestrutura, especialmente de sua rede de atendimento." (NR)

[231] SUNDFELD, Carlos Ari; SOUZA, Rodrigo Pagani de e PINTO, Henrique Motta. "Empresas Semiestatais". Op. cit., p. 94.

[232] ARAGÃO, Alexandre Santos de. "Empresa público-privada". Op. cit., p. 50.

3.2 Estado Regulador

3.2.1 O conceito de regulação

O conceito de regulação tem sua origem nas ciências físicas e biológicas, designando uma função de equilíbrio e estabilização de um determinado modelo ou sistema[233]. Posteriormente, tal instituto foi adotado na economia, referindo-se ao estabelecimento de regras pelo Estado com o objetivo de controlar o comportamento dos agentes econômicos privados[234].

O vocábulo regulação ganha sentido jurídico na medida em que o instituto passa a ter sede legal e, em alguns países, inclusive sede constitucional[235]. Daí decorre a necessidade de definir-se seu significado e alcance para o Direito[236].

Note-se que, na verdade, a regulação estatal da economia sempre existiu, apenas era denominada, pelo menos na tradição do sistema romano-germânico[237], por outros termos, tais como limitações administrativas,

---

[233] "O *conceito* mais antigo de *função reguladora* surge no século XVIII, conotado à Mecânica e referido a uma bola de ferro que atuava como uma peça *reguladora* nas primeiras máquinas a vapor. (...) A idéia de *regulação*, também conotada a *equilíbrio*, volta a aparecer no século seguinte, já no âmbito da Biologia, para designar a função que mantém o balanço vital dos seres vivos, um conceito que, mais tarde, se expandiria e se aperfeiçoaria com a descrição da função autopoiética, tendo alcançado as Ciências Sociais, a partir de sua adoção na Teoria Geral dos Sistemas, criada em 1951 por Ludwig von Bertalanfy (hoje considerada Disciplina autônoma como a Ciência dos Sistemas), passando a ser descrita genericamente como *função que preserva o equilíbrio de um modelo em que interagem fenômenos complexos*" (MOREIRA NETO, Diogo de Figueiredo. *Direito Regulatório: a alternativa participativa e flexível para a administração pública de relações setoriais complexas no Estado Democrático*. Rio de Janeiro: Renovar, 2003, pp. 67-68).

[234] MANKIW, N. Gregory. *Introdução à economia: princípios de micro e macroeconomia*. Tradução de Maria José Cyhlar Monteiro. Rio de Janeiro: Elsevier, 2001, pp. 217-218.

[235] Na Constituição brasileira de 1988, cf. artigos 21, XI; 163, § 2º; 172; 174; 177, § 2º, III; 186 e 192. Na Constituição portuguesa de 1976, cf. artigo 39. Na Constituição argentina de 1994, cf. artigo 42.

[236] DI PIETRO, Maria Sylvia Zanella. Limites da Função Reguladora das Agências diante do Princípio da Legalidade. In: DI PIETRO, Maria Sylvia Zanella (org.). *Direito Regulatório: temas polêmicos*. Belo Horizonte: Fórum, 2004, p. 20.

[237] "Em certo sentido, o "conceito" de regulação, de origem anglo-saxónica, equivale ao conceito tradicional de "intervenção", *stricto sensu*, na literatura europeia. Esta é geralmente definida como a interferência do Estado na actividade económica" (MOREIRA, Vital. *Auto-Regulação Profissional e Administração Pública*. Coimbra: Almedina, 1997, p. 35).

poder de polícia, intervenção do Estado na propriedade, bem como outras nomenclaturas clássicas do Direito Administrativo[238].

Mesmo nos países anglo-saxônicos, tradicionais adeptos do liberalismo econômico, nunca vigorou um regime de *laissez-faire* puro, tendo em vista que o Estado sempre atuou no sentido de, pelo menos, proteger a propriedade privada e garantir a manutenção dos contratos[239]. A existência da regulação, assim, precede o surgimento do próprio Estado Regulador norte-americano.

É por isso que concordamos com Giandomenico Majone quando ele afirma que sempre houve regulação, "o que mudou foi o modo, o escopo e/ou nível de regulação, bem como a importância relativa de políticas reguladoras em relação a outras funções governamentais, como redistribuição de renda"[240].

O advento do Estado Regulador nos Estados Unidos ocorre no início do século XX e consolida-se após o *New Deal*, momento histórico que tem início com a ascensão de Franklin D. Roosevelt à presidência em 1933 e que foi marcado pela superação do modelo de Estado Liberal e pela intensificação da regulação estatal sobre a ordem econômica e social[241].

---

[238] ARAGÃO, Alexandre Santos de. *Curso de Direito Administrativo*. Op. cit., p. 205.

[239] "A lei criou os direitos de propriedade e os direitos contratuais e a lei impôs vários limites a esses direitos. Salários de mercado e horas de mercado são, nesse sentido, criação da lei e não da natureza ou do laissez-faire" (SUNSTEIN, Cass R.. *The Partial Constitution*. Op. cit., p. 50, tradução livre).

[240] O autor acrescenta que "Nos Estados Unidos, por exemplo, a regulação antitruste foi precedida por leis inglesas comuns contra o monopólio. A lei corporativa moderna foi precedida pela política de Estado de corporações empresariais licenciadas; regulação social federal, pela regulação social em nível de Estado. Na Europa, a propriedade pública tem sido o modo tradicional de regulação econômica. Embora a empresa pública possa remontar ao século XVII, e em alguns casos até antes disso, foi só no século XIX que seu uso se tornou difundido (...)" (MAJONE, Giandomenico. "As transformações do Estado regulador". In: *Revista de Direito Administrativo*, v. 262, 2013, p. 12).

[241] Sobre o surgimento do Estado regulador nos Estados Unidos, cf. GLAESER, Edward L. e SHLEIFER, Andrei. The Rise of the Regulatory State. In: *NBER Working Paper Series*, nº 8650, 2001. Disponível em http://www.nber.org/papers/w8650.pdf?new_window=1. Acesso em agosto de 2013. Especificamente sobre as reformas promovidas pelo *New Deal* cf. SUNSTEIN, Cass R. O Constitucionalismo após o New Deal. In: MATTOS, Paulo (coord.). *Regulação Econômica e Democracia: o debate norte-americano*. São Paulo: Editora 34, 2004, pp. 131-242.

Tal período assistiu à proliferação da criação das chamadas agências reguladoras independentes[242], entidades dotadas de relativa autonomia frente ao Poder Executivo central, politicamente neutras e com a expertise necessária para o exercício de poderes regulatórios, notadamente normativos[243].

Por outro lado, a consagração do Estado Regulador na Europa se deu não pela mitigação do liberalismo, mas, ao contrário, pela liberalização da economia. A regulação europeia se consolida no momento em que ganha força o movimento de desestatização a partir do final da década de 70, inspirado pelos governos de Thatcher no Reino Unido e de Reagan nos Estados Unidos.

O paradoxo entre desregulação e aumento da regulação explica-se pelo fato de que, no continente europeu, a principal estratégia regulatória sempre foi a propriedade pública. Nesse sentido, havia a pressuposição de que, por ser o próprio responsável pela produção de bens e prestação de serviços, o Estado zelaria pelos interesses públicos envolvidos[244].

A partir do momento em que o Estado deixa de ser o provedor direto dos bens e serviços, abrindo mercados e transferindo o exercício dessas atividades para o setor privado, torna-se necessário que ele passe a desempenhar algum grau de vigilância sobre essas práticas, considerando a elevada relevância social das mesmas[245].

No Brasil, o Estado Regulador surge no contexto do processo de reforma do Estado operado a partir dos anos 90, marcado por um programa de desestatização que reduziu a presença direta do Estado na economia por meio de medidas como a privatização dos meios de produção

---

[242] Cass Sunstein relata que, embora as primeiras agências regulatórias tenham sido criadas no final do século XIX, como a Interstate Commerce Comission (1887), a partir da década de 1930 o surgimento dessas entidades se multiplicou (SUNSTEIN, Cass R. O Constitucionalismo após o New Deal. In: MATTOS, Paulo (coord.). *Regulação Econômica e Democracia: o debate norte-americano*. Op. cit., p. 204).

[243] Para um estudo das agências reguladoras, no Brasil e no direito comparado, incluindo os Estados Unidos, cf. ARAGÃO, Alexandre Santos de. *Agências Reguladoras e a Evolução do Direito Administrativo Econômico*. Op. cit., 2005.

[244] MAJONE, Giandomenico. Do Estado Positivo ao Estado Regulador: causas e conseqüências da mudança no modo de governança. In: MATTOS, Paulo (coord.). *Regulação Econômica e Democracia: o debate europeu*. Op. cit., p. 58.

[245] MARQUES NETO, Floriano Azevedo. "A Nova Regulação Estatal e as Agências Independentes". In: SUNDFELD, Carlos Ari (coord.). *Direito Administrativo Econômico*. Op. cit., p. 75.

públicos, a quebra de monopólios, a concessão e a gestão associada de funções públicas.

Nesse cenário, verifica-se "um esvaziamento das funções do Estado empresário através de um processo de privatizações de empresas estatais", ao passo que se constitui "um novo aparato regulatório formado pelas chamadas Agências de Regulação"[246], em moldes semelhantes ao que aconteceu na Europa.

A estrutura regulatória brasileira é montada, assim, para manter a fiscalização estatal sobre atividades econômicas de interesse público e para garantir a existência de um ambiente institucional estável, respeitador das regras do jogo e apto a atrair investimentos privados nacionais e estrangeiros[247].

Mas qual é o conceito de regulação? Apesar de ter se tornado um dos aspectos centrais do Direito Administrativo a nível global[248], bem como da política e da economia, a definição de regulação permanece incerta e flutuante[249]. Trata-se, sem dúvida, de expressão polissêmica, cujo sentido e abrangência continuam sendo objeto de dissenso.

Tradicionalmente, a regulação é definida como a imposição de regras pelo Estado, com o propósito de controlar o comportamento de pessoas e empresas em prol do interesse público, as quais, caso descumpridas, ensejam sanções[250]. Nessa direção, a Organização para a Cooperação e

---

[246] CARVALHO, Vinícius Marques de. Desregulação e Reforma do Estado no Brasil: Impactos sobre a Prestação de Serviços Públicos. In: DI PIETRO, Maria Sylvia Zanella (org.). *Direito Regulatório: temas polêmicos*. Op. cit., p. 156.

[247] Sobre os objetivos da criação das agências reguladoras, Paulo Mattos afirma: "Assim, as agências reguladoras independentes viriam tanto para renovar a burocracia estatal brasileira, contra o clientelismo, como também para, no contexto de abertura da economia brasileira para investimentos estrangeiros, propiciar um ambiente institucional seguro para a realização e retorno dos investimentos feitos por meio dos processos de privatização ou a serem feitos em função das privatizações" (MATTOS, Paulo Todescan Lessa. Agências reguladoras e democracia: participação pública e desenvolvimento. In: SALOMÃO FILHO, Calixto (coord.). *Regulação e Desenvolvimento*. São Paulo: Malheiros, 2002, pp. 191-192).

[248] D'ALBERTI, Marco. "Administrative law and the public regulation of markets in a global age". In: ROSE-ACKERMAN, Susan e LINDSETH, Peter (ed.). *Comparative Administrative Law*. Cheltenham: Edward Elgar, 2010, pp. 63-77.

[249] SUNDFELD, Carlos Ari. "Introdução às Agências Reguladoras". In: SUNDFELD, Carlos Ari (coord.). *Direito Administrativo Econômico*. Op. cit., p. 32.

[250] Nesse sentido, John C. Strick afirma que a regulação consiste na "imposição de regras e controles pelo Estado com o propósito dirigir, restringir ou alterar o comportamento econômico das pessoas e das empresas, e que são apoiadas por sanções em caso de desrespeito" (STRICK, John C. *The Economics of Government Regulation: theory and Canadian practice*. Toronto:

o Desenvolvimento Econômico (OCDE), conceitua a regulação como "a imposição de regras pelo governo, apoiada pelo uso de penalidades que são destinadas, especificamente, a modificar o comportamento de indivíduos e empresas no setor privado"[251].

Na mesma lógica, Maria Sylvia Zanella Di Pietro entende a regulação econômica como "o conjunto de regras de conduta e de controle da atividade privada pelo Estado, com a finalidade de estabelecer o funcionamento equilibrado do mercado"[252].

Essa noção clássica de regulação consiste em um mecanismo denominado pela doutrina anglo-saxônica de "comando e controle" (*command and control regulation* – CAC), no qual o direito impõe determinado objetivo ou padrão de conduta (comando), obrigando os particulares a observá-lo, sob pena de punição pelo Poder Público (controle)[253]. Tal estratégia regulatória data do período do *New Deal*, baseando-se na centralização de poderes em agências reguladoras independentes federais, as quais deveriam emitir normas de direção da ordem socioeconômica em nível nacional[254].

Entretanto, esse modelo convencional de regulação é, claramente, incompleto e insuficiente para captar a complexidade do instituto. Regular é muito mais que editar regras imperativas. Não se nega, aqui, a importância da edição de normas legais e infra legais para a regulação econômica. Pelo contrário, o poder normativo dos entes reguladores é tema essencial

---

Thompson, 1993, p. 3, tradução livre). Barry M. Mitnick define regulação como "o controle público administrativo da atividade privada de acordo com regras estabelecidas no interesse público" (MITNICK, Barry M. *The Political Economy of Regulation*. New York: Columbia University Press, 1980, p. 7, tradução livre). Por sua vez, Philip Selznick, em clássica definição, definiu regulação como o "controle sustentado e focado exercido por uma autoridade pública sobre as atividades valorizadas pela comunidade" (SELZNICK, Philip. Focusing Organisational Research on Regulation. In: NOLL, Roger G. (ed.). *Regulatory Policy and the Social Sciences*. Berkley: University of California Press, 1985, p. 363, tradução livre).

[251] Glossary of Industrial Organisation Economics and Competition Law. Disponível em http://www. oecd.org/regreform/sectors/2376087.pdf. Acesso em agosto de 2013.

[252] DI PIETRO, Maria Sylvia Zanella. Limites da Função Reguladora das Agências diante do Princípio da Legalidade. In: DI PIETRO, Maria Sylvia Zanella (org.). *Direito Regulatório: temas polêmicos*. Op. cit., p. 21.

[253] Sobre o uso do "command and control" como estratégia regulatória, cf. BALDWIN, Robert; CAVE, Martin e LODGE, Martin. *Understanding Regulation: theory, strategy and practice*. Oxford: Oxford University Press, 2012, p. 106.

[254] LOBEL, Orly. "The Renew Deal: the fall of regulation and the rise of governance in contemporary legal thought". In: *Minnesota Law Review*, v. 89, 2004, pp. 342-470.

para os estudiosos da regulação[255]. Mas são vários os instrumentos das quais ela pode utilizar-se. Nas palavras de Baldwin, Cave e Lodge:

> O próprio conceito de regulação evoluiu para que o estudo nessa área não seja mais confinado ao exame de regimes exclusivos de comando, que são projetados para oferecer controle contínuo e direto sobre uma área da vida econômica. (...) Em contraste a essa visão "fixa", a prática e o estudo da regulação têm, crescentemente, se movido em direção a entendimentos mais flexíveis. Isso inclui, por exemplo, os efeitos regulatórios indiretos dos sistemas de controle que são estabelecidos com objetivos outros que a regulação (e.g. mecanismos de tributação). Similarmente, tornou-se amplamente aceito que a regulação pode ser realizada por numerosos mecanismos diferentes daqueles comumente tipificados como de comando e controle. Assim, estudiosos da regulação verão os mecanismos de negociação de emissões ou de *name and shame* como estando dentro de sua esfera de preocupações. [256]

A evolução do conceito de regulação está relacionada com a transição de um paradigma regulatório tradicional, centrado em uma normatização hierárquica e vertical, para um modelo de governação, caracterizado pela interdependência e mútua cooperação entre Estado e mercado, com base no consenso, na negociação e no compartilhamento de responsabilidades[257].

Cada vez mais a Administração Pública se vale de métodos e técnicas contratuais e negociais para o exercício de atividades públicas. Trata-se do "refluxo da imperatividade" em favor da consensualidade, devendo o Estado, sempre que não seja necessário o uso da coerção, optar por alternativas consensuais, mais econômicas e mais ágeis[258].

É nesse sentido que se fala, por exemplo, em contratos regulatórios, definidos por Pedro Gonçalves como contratos cujo objeto consiste na regulação administrativa de um mercado, funcionando como modalidade

---

[255] Acerca do tema, no Brasil, cf. ARAGÃO, Alexandre Santos de (coord.). *O Poder Normativo das Agências Reguladoras*. Rio de Janeiro: Forense, 2011.

[256] BALDWIN, Robert; CAVE, Martin e LODGE, Martin (ed.). *The Oxford Handbook of Regulation*. Oxford: Oxford University Press, 2010, p. 5.

[257] GONÇALVES, Pedro Costa. *Reflexões sobre o Estado Regulador e o Estado Contratante*. Coimbra: Coimbra Editora, 2013, p. 16.

[258] MOREIRA NETO, Diogo de Figueiredo. Administração pública consensual. In: MOREIRA NETO, Diogo de Figueiredo. *Mutações do Direito Administrativo*. Rio de Janeiro: Renovar, 2007, pp. 37-48.

A ATUAÇÃO DO ESTADO NA ECONOMIA COMO ACIONISTA MINORITÁRIO

de desempenho da atividade regulatória ou como estratégia alternativa à regulação por agências[259].

Dessa forma, verifica-se a celebração de contratos entre órgãos reguladores e empresas reguladas, como meio de implementação de determinadas normas a serem observadas tanto pelo regulado quanto pelo regulador. Ademais, o contrato regulatório pode substituir o modelo de regulação por agências, controlando as atividades das empresas ao prever *standards* de atuação dos regulados, tais como áreas de cobertura e política tarifária[260].

Ressalte-se, contudo, que o uso de contratos públicos para fins de regulação econômica está longe de ser novidade. Ao contrário, trata-se de forma clássica de regulação administrativa. Referimo-nos, aqui, ao contrato de concessão, instrumento pelo qual o Estado, impossibilitado de exercer diretamente todos os serviços públicos, delega a prestação dessas atividades para o setor privado[261].

Tal delegação apresenta a natureza jurídica de um contrato administrativo, no qual ficam estabelecidas a sua área, forma, tempo de exploração, além dos direitos e obrigações do concedente, do concessionário e dos usuários do serviço[262]. Naturalmente, cabe ao Estado, como titular do serviço, garantir que os agentes privados exerçam suas atividades em consonância com o interesse público. Assim, o contrato vai conter as normas balizadoras da conduta do concessionário no mercado regulado, garantindo-se o controle estatal sobre a prestação de utilidade econômica essencial ao bem-estar coletivo.

Não obstante a figura do contrato regulatório não ser nova, não se pode negar que, a partir do final século XX, há certo resgate do instituto, devido ao já mencionado movimento de desestatização da economia[263]. Recu-

---

[259] GONÇALVES, Pedro Costa. "Regulação administrativa e contrato". In: *Revista de Direito Público da Economia*, nº 35, 2011, pp. 134-135.

[260] Ibidem, p. 138.

[261] SALOMÃO FILHO, Calixto. "Regulação e desenvolvimento". In: SALOMÃO FILHO, Calixto (coord.). *Regulação e Desenvolvimento*. Op. cit., 2002, p. 57.

[262] ARAGÃO, Alexandre Santos de. *Direito dos Serviços Públicos*. Op. cit., pp. 577-588.

[263] Nesse sentido, Dinorá Musetti Grotti afirma que "o instituto da concessão é velho, por ter sido o primeiro modo de descentralização de serviços públicos. Mas a concessão com o objetivo de privatizar é nova. A concessão renasceu com algumas modificações importantes, porque, no passado, em suas origens, a concessão de serviço público esteve fortemente ligada à outorga para certos empreendedores que queriam implantar o serviço monopólico"

pera-se, assim, a consciência de que os contratos[264], assim como outros instrumentos de cooperação entre Estado e a sociedade civil (tais como convênios, termos de cooperação e parcerias)[265], possuem forte potencial regulatório.

Do mesmo modo, os estudos relativos à regulação têm, cada vez mais, prestado atenção ao potencial regulatório de atividades estatais instrumentais, tais como a tributação e as compras públicas. No caso da tributação, as exações fiscais podem ser utilizadas como ferramentas para incentivar condutas socialmente desejáveis e desestimular condutas indesejáveis[266].

No que se refere às compras públicas, o Estado, ao recorrer ao mercado a fim de obter os bens e serviços de que necessita para cumprir suas funções, pode direcionar seu poder de compra no sentido de estimular os agentes econômicos a atuarem em prol do interesse público, contribuindo para o desenvolvimento econômico[267] e para justiça social[268].

(GROTTI, Dinorá Adelaide Musetti. *O Serviço Público e a Constituição Brasileira de 1988*. Malheiros: São Paulo, 2003, p. 174).

[264] Sobre a recente tendência administrativa de aplicar políticas públicas por meio de instrumentos contratuais, cf. GAUDIN, Jean-Pierre. *Gouverner par contrat*. Paris: Les Presses de Sciences Po, 2007.

[265] Acerca dos instrumentos da Administração Pública consensual, cf. PEREIRA JUNIOR, Jessé Torres e DOTTI, Marinês Restelatto. *Convênios e outros instrumentos de "Administração Consensual" na gestão púbica do século XXI*. Belo Horizonte: Fórum, 2012.

[266] Sobre o uso da tributação como instrumento de regulação econômica, cf. ELALI, André. *Tributação e Regulação Econômica: um exame da tributação como instrumento de regulação econômica na busca da redução das desigualdades regionais*. São Paulo: MP Editora, 2007 e BARNETT, Andy H. e YANDLE, Bruce. Regulation by Taxation. In: BACKHAUS, Juergen G. e WAGNER, Richard E. (ed.). *Handbook of Public Finance*. Boston: Kluwer, 2004.

[267] No ordenamento jurídico brasileiro, a Lei nº 12.349/2010 alterou a Lei de Licitações (Lei nº 8.666/93) com o objetivo de incluir o desenvolvimento econômico sustentável como um dos fins da licitação, prevendo, para isso, a possibilidade de se estabelecer margem de preferência adicional a favor dos produtos nacionais. Regulamentando essa previsão, cf. os Decretos nºs 7.546/2011, 7.709/2012, 7.713/2012 e 7.903/2013. Também sobre o tema, cf. FERREIRA, Daniel. *A Licitação Pública no Brasil e sua Nova Finalidade Legal: a promoção do desenvolvimento nacional sustentável*. Belo Horizonte: Fórum, 2012.

[268] Sobre o uso de compras públicas para se atingir objetivos de justiça social, cf., por todos, MCCRUDDEN, Christopher. *Buying Social Justice: equality, government procurement and legal change*. Op. cit., no qual o autor trata do Estado "participando no mercado mas regulando-o ao mesmo tempo, ao utilizar seu poder de compra para promover concepções de justiça social, particularmente igualdade e não-discriminação" (p. 3, tradução livre).

Tendo isso em conta, fica claro que o conceito de regulação é muito mais amplo que a simples edição de normas jurídicas do tipo "comando e controle". Tal conceito corresponde, apenas, ao sentido estrito do instituto, conforme aponta Vital Moreira:

> Desde logo quanto à amplitude do conceito, aparecem-nos três concepções de regulação (Jarass, 1987: 77): (a) em sentido amplo, é toda forma de intervenção do Estado na economia, independentemente dos seus instrumentos e fins; (b) num sentido menos abrangente, é a intervenção estadual na economia por outras formas que não a participação directa na actividade económica, equivalendo, portanto, ao condicionamento, coordenação e disciplina da actividade económica privada; (c) num sentido restrito, é somente o condicionamento normativo da actividade económica privada (por via de lei ou outro instrumento normativo). [269]

Por tudo o que acabamos de expor, o sentido restrito de regulação não é suficiente para dar conta de todas as iniciativas regulatórias estatais, ao passo que o conceito amplo acaba por esvaziar por demais o instituto, impossibilitando sua diferenciação das outras formas de intervenção do Estado na economia. Logo, entendemos ser mais correto o segundo conceito proposto pelo autor português.

Em direção similar, Santos, Gonçalves e Marques entendem que:

> A regulação pública da economia consiste no conjunto de medidas legislativas, administrativas e convencionadas através das quais o Estado, por si ou por delegação, determina, controla, ou influencia o comportamento de agentes econômicos, tendo em vista evitar efeitos desses comportamentos que sejam lesivos de interesses socialmente legítimos e orientá-los em direções socialmente desejáveis. [270]

No mesmo sentido, Alexandre Santos de Aragão define a regulação como:

> (...) o conjunto de medidas legislativas, administrativas, convencionais, materiais ou econômicas, abstratas ou concretas, pelas quais o Estado, de maneira restritiva da autonomia empresarial ou meramente indutiva,

---

[269] MOREIRA, Vital. *Auto-Regulação Profissional e Administração Pública*. Op. cit., p. 35.
[270] SANTOS, António Carlos; GONÇALVES, Maria Eduarda e MARQUES, Maria Manuel Leitão. *Direito Económico*. Coimbra: Almedina, 2006, p. 71.

determina, controla, ou influencia o comportamento dos agentes econômicos, evitando que lesem os interesses sociais definidos no marco da Constituição e os orientando em direção socialmente desejáveis.[271]

Percebe-se, assim, que o essencial no conceito de regulação é a atuação do Estado no sentido de controlar o comportamento dos agentes econômicos, orientando a conduta desses em benefício do interesse público[272]. É nessa concepção que compreendemos o instituto da regulação.

Esse controle ou indução comportamental, como vimos, pode ocorrer por meio de diversos instrumentos, como as normas legais do tipo comando e controle, os contratos regulatórios e as compras públicas, por exemplo. Da mesma maneira, tendo por base a concepção de regulação adotada, entendemos que a propriedade pública também pode ser considerada um instrumento de regulação.

3.2.2 A propriedade pública como instrumento de regulação

Tradicionalmente, a doutrina costuma excluir do conceito de regulação a propriedade pública, considerando os dois institutos como alternativas contrapostas. Nesse sentido, conforme já mencionamos, costuma-se remarcar a passagem de um Estado Produtor para um Estado Regulador como mudança essencial da atuação estatal sobre o domínio econômico, sendo que a diminuição da função de produção implicaria o aumento da função de regulação[273].

Também tendo por base a distinção entre os referidos institutos, é clássica a classificação de Direito Econômico diferenciando a intervenção direta da intervenção indireta do Estado na economia[274]. Na primeira modalidade, o Poder Público atua na economia produzindo bens

---

[271] ARAGÃO, Alexandre Santos de. *Curso de Direito Administrativo*. Op. cit., p. 212.

[272] "Esses dois elementos (intervenção estatal e limitação de direito) e o seu objeto (um controle comportamental) constituem o núcleo central da ideia de regulação". (RAGAZZO, Carlos Emmanuel Joppert. *Regulação jurídica, racionalidade econômica e saneamento básico*. Op. cit., p. 110).

[273] Tratando do advento do Estado Regulador em substituição ao Estado Intervencionista ou Produtor, cf. MATTOS, Paulo Todescan Lessa. *O Novo Estado Regulador no Brasil: eficiência e legitimidade*. São Paulo: Singular, 2006.

[274] Por todos, cf. JUSTEN FILHO, Marçal. *Curso de Direito Administrativo*, 9ª ed. São Paulo: Revista dos Tribunais, 2013, pp. 694-695.

A ATUAÇÃO DO ESTADO NA ECONOMIA COMO ACIONISTA MINORITÁRIO

e prestando serviços diretamente, sendo, assim, proprietário dos meios de produção. Já na intervenção indireta, o Estado limita-se a condicionar, externamente, a conduta dos agentes econômicos, orientando-a para a realização do interesse público. A regulação seria uma típica modalidade de intervenção estatal indireta no domínio econômico.

No entanto, como ressalta Vital Moreira, a regulação e a propriedade pública:

> (...) não se apresentam assim tão estanques. A participação do Estado na economia e a intervenção sobre a economia privada imbricam-se uma na outra. Na verdade, a economia pública pode ser uma alternativa à regulação e vice-versa. Por um lado, a actividade económica do Estado pode ter objetivos reguladores da actividade económica privada. Tradicionalmente, aliás, uma das justificações das nacionalizações e da economia pública era justamente a sua função reguladora. A história dos sistemas de regulação mostra inúmeros organismos reguladores tendo como atribuições a participação na produção e nos mercados, explicitamente com objectivos da sua "regulação".[275]

Como exemplo desses organismos, o autor português cita os organismos de coordenação econômica criados em Portugal durante o Estado Novo com base no Decreto-Lei nº 26.757/1936, tais como a Comissão Reguladora do Comércio do Bacalhau, a Junta Nacional de Frutas e a Junta Nacional do Vinho. Essas entidades, ao lado dos mecanismos clássicos de regulação, como o estabelecimento de regras de produção e comercialização e o poder de polícia sobre fraudes e contravenções, regulavam o mercado através da sua própria atuação direta, adquirindo, comercializando e importando bens a fim de controlar os estoques e os preços.

No Brasil, também verificamos a presença de entidades com objetivos semelhantes. Lembre-se, por exemplo, dos extintos Instituto do Açúcar e do Álcool (IAA)[276] e do Instituto Brasileiro do Café (IBC)[277], autarquias federais responsáveis por regular os respectivos setores econômicos por meio da emissão de regras e da sua participação direta no mercado, com-

---

[275] MOREIRA, Vital. *Auto-Regulação Profissional e Administração Pública*. Op. cit., pp. 37-38.
[276] Decreto nº 22.789/1933.
[277] Lei nº 1.779/1952.

prando, estocando e comercializando produtos[278], instalando e mantendo instalações comerciais para uso público[279] etc.

Importante ressaltar a atuação da empresa pública Companhia Nacional de Abastecimento (CONAB), criada pela fusão de três outras empresas estatais em 1990 (Lei nº 8.029/1990), que, atualmente, é a responsável pela execução da política agrícola governamental, no segmento de abastecimento alimentar.

Para a regulação dessa atividade, é essencial a intervenção direta dessa empresa mediante a compra de produtos agrícolas, a formação de estoques e a venda desses no momento certo para regularizar o mercado consumidor. Isso permite ao governo brasileiro corrigir as distorções próprias da atividade ao reduzir o excesso de oferta em um período crítico para o produtor ou devolver o excedente ao mercado na entressafra, atenuando o impacto da elevação dos preços à população[280].

Na mesma direção de Vital Moreira, Anthony Ogus elenca a propriedade pública como uma das formas de regulação econômica. Nas palavras do autor inglês:

> Em algumas definições de 'regulação', a propriedade pública pode muito bem ser excluída. O interesse público que ostensivamente justifica a interferência nos mecanismos ordinários de mercado e na escolha individual é aqui exercido não pelo controle legal externo dos atores privados, mas, ao invés, pela assunção de poderes de propriedade direta sobre os recursos. **Por outro ponto de vista, a propriedade pública representa 'regulação' na sua forma mais completa e radical: a remoção das mãos privadas dos meios de produção e distribuição elimina a inerente contradição de forçar, ou (mais precisamente) tentar forçar os interesses privados a servirem aos objetivos públicos. Independentemente de como a questão da definição seja resolvida, a importância**

---

[278] Nesse sentido, uma das atribuições do IBC era "Defender preço justo para o café, nas fontes de produção ou nos portos de exportação, inclusive, quando necessário, mediante compra do produto para retirada temporária dos mercados" (artigo 3º, 7, Lei nº 1.779/1952).

[279] É o caso da instalação e manutenção de bombas para fornecimento de álcool para o público e da construção de destilarias centrais pelo IAA.

[280] Disponível em http://www.conab.gov.br/conab-quemSomos.php?a=11&t=1. Acesso em março de 2014.

> da propriedade pública como uma alternativa às tradicionais formas de regulação não pode ser negada. [281]

De fato, na Europa e na América Latina, a propriedade estatal tem sido o modo tradicional de regulação econômica. Desde o final do século XIX e, em especial, na primeira metade do século XX, as empresas estatais assumiram atividades econômicas de grande complexidade técnica e de natureza monopolizadora (gás, água, eletricidade, ferrovias, telefonia etc.)[282].

A intervenção direta do Estado na economia justificava-se, portanto, pela necessidade de proteger os consumidores de monopólios privados, além de promover outros objetivos de natureza pública, como o desenvolvimento econômico e social, a redução de desigualdades regionais e a garantia da segurança nacional[283].

Na verdade, uma das justificativas clássicas para a constituição de empresas estatais ou para a nacionalização de empresas originariamente privadas sempre foi a sua função reguladora da ordem econômica e social. Nesse sentido, listando as razões econômicas que dão suporte à propriedade pública, Pier Angelo Toninelli[284]aponta que o Estado pode deter a propriedade de uma empresa para suprir falhas de mercado (especialmente monopólios naturais), promover o crescimento econômico de áreas subdesenvolvidas, resgatar sociedades empresárias em dificuldades e promover políticas públicas de caráter distributivo.

No Brasil, a criação e a atuação das empresas estatais foram, desde o início, inspiradas por objetivos de regulação e fomento da atividade privada. Frente à ausência de um setor nacional privado com capital e apetite suficientes para realizar grandes empreendimentos econômicos, a Administração Pública precisou garantir as condições para a industrialização do país por si própria. Dessa forma, a empresa estatal assumiu os "espaços vazios" deixados pela iniciativa privada e passou a atuar na construção de

---

[281] OGUS, Anthony I. *Regulation: Legal Form and Economic Theory*. Oxford: Hart Publishing, 2004, p. 265, tradução livre, grifamos.

[282] MAJONE, Giandomenico. "As transformações do Estado regulador". In: *Revista de Direito Administrativo*. Op. cit., p. 12

[283] Ibidem, p. 12.

[284] TONINELLI, Pier Angelo. The Rise and Fall of Public Enterprise: the framework. In: TONINELLI, Pier Angelo. (Ed.). *The Rise and Fall of State-Owned Enterprise in the Western World*. Op. cit., pp. 7-9.

infraestrutura (estradas, represas etc.) e na produção e fornecimento de insumos básicos (aço, petroquímicos etc.)[285].

O objetivo do Estado com essas empresas estatais consistiu, principalmente, em criar os elementos necessários ao desenvolvimento econômico do país, possibilitando que o setor privado pudesse florescer. Assim, tais empresas foram ferramentas essenciais da política industrial brasileira, atuando de forma a "organizar a cadeia produtiva"[286] na qual estavam inseridas.

Nesse contexto, a atuação das empresas estatais apresenta caráter nitidamente regulatório, influenciando a conduta dos outros agentes econômicos a partir de sua postura mercadológica. Sobre essa questão, Mario Engler Pinto Junior observa que:

> O conceito de regulação nesse caso deve ser entendido de forma ampla, não se confundindo com a regulação clássica de natureza comportamental, que procura impor normas de conduta aos empreendedores privados e fiscalizar o seu cumprimento, sob ameaça de sanções administrativas. Trata-se de medida estrutural que procura condicionar a atuação dos agentes econômicos para cumprir objetivos socialmente desejáveis, funcionando como contraponto ao poder econômico privado, com possibilidade de produzir resultados mais efetivos. [287]

Ressalte-se que, mesmo após o movimento de desestatização que marcou o cenário político-econômico das décadas de 80 e 90, as empresas estatais continuaram a desempenhar papel relevante, inclusive do ponto de vista regulatório. A demonstração desse fato não é difícil, bastando lembrar os exemplos da Caixa Econômica Federal[288] e da Petrobrás[289], empre-

---

[285] TREBAT, Thomas J.. *Brazil's State-Owned Enteprises:* a case study of the State as entrepreneur . Op. cit., pp. 30-69.

[286] PINTO JUNIOR, Mario Engler. *Empresa Estatal:* função econômica e dilemas societários. Op. cit., p. 25.

[287] Ibidem, p. 254.

[288] O poder de mercado da Caixa nesse setor é forte o suficiente para levar os bancos privados a ajustarem suas taxas às praticadas pelo banco público, sob pena de perdas financeiras. Cf. Caixa diz que vai reduzir juros do crédito imobiliário. G1. Disponível em: http://g1.globo.com/economia/noticia/2012/04/caixa-diz-que-vai-reduzir-juros-do-credito-imobiliario.html. Acesso em setembro de 2013.

[289] A atuação da Petrobrás no mercado de combustíveis é que determina o preço desse insumo no país, controlando a ação dos agentes privados e tendo, inclusive, reflexos macroeconômicos.

A ATUAÇÃO DO ESTADO NA ECONOMIA COMO ACIONISTA MINORITÁRIO

sas estatais federais que, com sua atuação, regulam os mercados nacionais de crédito imobiliário e de combustíveis, respectivamente.

Após a crise econômica de 2008[290], desencadeou-se uma nova onda intervencionista no mercado global, na qual a propriedade pública ressurge como solução regulatória. Nessa conjuntura, mesmo países tradicionalmente adeptos do livre-mercado e céticos quanto à eficácia das participações societárias públicas recorreram a esse instrumento[291].

É o que Davidoff e Zaring chamaram de "regulação por negócios" (*regulation by deal*), pela qual o governo intervém na economia por meio de atos concretos de aquisições públicas de ações de instituições financeiras em crise, a fim de garantir a estabilização do mercado financeiro. Cuida-se de forma de regulação que foge do conceito convencional do instituto, ligado às agências e ao modelo de comando e controle, fundando-se, ao revés, nos poderes que decorrem da propriedade sobre participações societárias[292].

Em suma, a propriedade pública dos meios de produção pode ser considerada como uma técnica de regulação econômica, enquadrando-se não só no conceito amplo do termo, atinente a qualquer forma de intervenção pública na economia, mas também naquele mais restrito, por nós adotado

---

Cf. The Perils of Petrobras. The Economist. Disponível em: http://www.economist.com/news/americas/21566645-how-gra%C3%A7a-foster-plans-get-brazils-oil-giant-back-track-perils--petrobras. Acesso em setembro de 2013.

[290] Problemas no setor dos créditos de risco ligados à hipoteca (*subprime mortgage*) e a quebra da tradicional instituição financeira norte-americana Lehman Brothers levaram pânico ao sistema financeiro mundial. Após a queda de 500 pontos da Bolsa de Valores de Nova York, em efeito dominó, uma série de instituições financeiras declarou-se em graves dificuldades, o que exigiu a atuação do Banco Central norte-americano (*Federal Reserve*) (KAHAN, Marcel; ROCK, Edward B.. "When the Government is the Controlling Shareholder". Op. cit., pp. 1308-1309).

[291] Para combater os efeitos da crise e manter a estabilidade do mercado financeiro, os Estados Unidos promulgaram o *"Emergency Economic Stabilization Act of 2008"* (EESA), instituindo o *"Troubled Asset Relief Program"* (TARP), que permite ao governo adquirir ativos e ações depreciadas a fim de garantir a liquidez e estabilidade do sistema financeiro, bem como combater a recessão. A referida lei autorizou gastos da ordem de 700 bilhões de dólares. Diante disso, os Estados Unidos passaram a deter participações acionárias em diversas companhias, dentre as quais se destacam a *General Motors (GM)*, o *Citigroup* e o *American International Group, Inc. (AIG)*, chegando a assumir o controle de algumas dessas empresas.

[292] "Supervisão pela aquisição e então, presumivelmente, uma forma de participação ativista do investidor na governança, é um tipo bem diferente de vigilância do que o tradicional paradigma de supervisão separado e distante da indústria financeira administrada pelo setor privado" (DAVIDOFF, Steven M. e ZARING, David. "Regulation by Deal: The Governement's Response to the Financial Crisis". In: *Administrative Law Review*, v. 61, 2009, p. 536).

no item anterior, relativo ao controle estatal sobre o comportamento dos agentes econômicos.

3.2.3 Participações públicas minoritárias e regulação

As participações públicas minoritárias, pelo seu potencial de, em maior ou menor grau, influir no comportamento das empresas privadas participadas, possuem, indiscutivelmente, uma importante função regulatória, que se manifesta "tanto na sua interação com outros agentes econômicos, quanto no âmbito interno da companhia"[293].

Internamente, porque elas se prestam a uma forma de regulação interna ou intrassocietária, possibilitando ao Estado uma maior fiscalização e controle sobre as atividades de empresas nas quais vislumbra interesse público. É o caso, por exemplo, das sociedades concessionárias de serviços públicos, das que envolvem a exploração de bens escassos ou estratégicos, das empresas recém-privatizadas e daquelas sociedades que receberam aportes de recursos públicos[294].

Nessas hipóteses, a manutenção de parte do capital social "em mãos públicas pode acautelar o interesse público e salvaguardar o interesse estratégico da empresa na economia nacional, supervisionando a actuação dos acionistas. Este último objetivo nunca seria alcançado, de forma igualmente eficiente, por entidades reguladoras externas à empresa"[295].

Em relação às concessionárias de serviços públicos, a participação societária minoritária pode ser utilizada para garantir um controle estatal mais eficiente sobre obrigações assumidas no contrato de concessão, tais como a modicidade tarifária e a qualidade do serviço, substituindo ou complementado a regulação externa[296].

---

[293] PINTO JUNIOR, Mario Engler. *Empresa Estatal:* função econômica e dilemas societários. Op. cit., p. 197.

[294] FIDALGO, Carolina Barros. *O Estado Empresário:* regime jurídico das tradicionais e novas formas de atuação empresarial do Estado na economia brasileira. Dissertação de mestrado apresentada ao Programa de Pós-Graduação em Direito da Universidade do Estado do Rio de Janeiro como requisito parcial para a obtenção do título de Mestre em Direito, 2012, pp. 291-292.

[295] RODRIGUES, Nuno Cunha. *"Golden-Shares". As empresas participadas e os privilégios do Estado enquanto accionista minoritário.* Op. cit., p. 147.

[296] RIVOIR, Ignacio Aragone. *Participación Accionaria del Estado em Sociedades Consessionarias: tendencias, problemas y desafios.* Palestra proferida no III Congresso Iberoamericano de

A ATUAÇÃO DO ESTADO NA ECONOMIA COMO ACIONISTA MINORITÁRIO

Isso porque o *status* de sócio desfrutado pelo Estado garante-lhe acesso a informações sobre as atividades da empresa concessionária, inclusive acerca da sua estrutura de custos, propiciando maior fiscalização pública e protegendo o ente público concedente no caso de eventual renegociação contratual[297].

Podemos citar como exemplo de participação societária para fins de regulação de sociedade concessionária a posição acionária do Estado brasileiro nas parcerias público-privadas. De acordo com o artigo 9º da Lei nº 11.079/2004, a Administração Pública poderá ser sócia da sociedade de propósito específico (SPE) que deverá ser constituída para implantar e gerir o objeto da parceria, sem, contudo, deter a maioria do capital votante.

Essa também parece ser a solução adotada em diversos programas de concessão que estão sendo realizados pela União Federal, tais como o de aeroportos e o do trem de alta velocidade (TAV). No caso da concessão dos aeroportos de Brasília, Viracopos, Guarulhos, Confins e Galeão, a concessionária é uma SPE na qual a INFRAERO possui 49% do capital votante e os parceiros privados os 51% restantes[298]-[299].

Regulação Econômica, 2008, p. 4. Apresentação disponível em http://www.direitodoestado. com/palestras/PROTEG IDO%20-%20NO%20ALTERA%20-%20SOCIEDADES%20 CONCESIONARIAS.pdf. Acesso em setembro de 2013.

[297] PINTO JUNIOR, Mario Engler. *Empresa Estatal:* função econômica e dilemas societários. Op. cit., p. 197. O autor relata que, na Europa, são largamente praticadas as chamadas parcerias público-privadas institucionais, nas quais se combinam vínculos contratuais com a convivência societária.

[298] A Lei nº 5.862/1972, que criou a INFRAERO, foi alterada em 2012 a fim de prever que essa empresa pública possa participar, minoritária ou majoritariamente, em outras sociedades públicas ou privadas.

[299] Os aeroportos de Brasília, Viracopos e Guarulhos foram concedidos em leilão público realizado em 06.02.2012. O edital dessa concessão prevê no item 6.2.6.7. que: "Os valores do capital social inicial da Concessionária serão subscritos e integralizados na seguinte proporção: 49% pela Infraero e 51% pelo acionista privado, observadas as regras e procedimentos previstos no Anexo 23 – Minuta de Acordo de Acionistas". Por sua vez, o acordo de acionistas concede ao acionista minoritário público as seguintes prerrogativas:

5.3. As Partes concordam em exercer seus direitos de voto e a atuar de forma a assegurar que nenhuma ação ou decisão seja realizada com relação às seguintes matérias sem que haja o consentimento expresso e por escrito da INFRAERO, o que se dará por meio de deliberação dos seus representantes, na Assembléia Geral ou no Conselho de Administração, conforme a matéria a ser deliberada, sendo que qualquer manifestação de veto por parte da Infraero deverá ser devidamente justificada: a. qualquer alteração no Capital Social autorizado, ou a redução do Capital Social; b. qualquer alteração do Estatuto Social da Concessionária, com exceção

O ESTÁDO COMO ACIONISTA MINORITÁRIO

No que tange ao TAV, o Edital de Concessão nº 001/2012, da Agência Nacional de Transportes Terrestres, prevê que a concessionária será uma SPE cujo capital será subscrito pela empresa pública federal Empresa de Planejamento e Logística S.A. (EPL S.A.)[300] no montante de 45%[301]. Além dessa participação, a conduta dos acionistas privados será disciplinada por um acordo de acionistas[302] e por uma ação preferencial de classe especial[303] que a União deterá, através da EPL S.A., durante toda a vigência do contrato de concessão.

De modo semelhante, a participação pública minoritária em sociedades empresárias recém-privatizadas permite que o Estado mantenha determinado nível de presença na gestão social, o que será importante por diver-

[300] das alterações decorrentes de aumento de capital social; c. qualquer decisão de liquidação da Concessionária, com exceção da hipótese descrita na cláusula 2.1 (c); d. a formação de qualquer parceria, consórcio, *joint venture* ou empreendimento similar; e. qualquer operação de fusão, cisão, transformação, incorporação de ações, cisão parcial, da Concessionária; f. a nomeação ou a troca da entidade responsável pela realização de auditoria externa da Concessionária; g. a venda, transferência ou alienação de ativos da Concessionária, seja por meio de uma única operação ou por uma série de operações, interrelacionadas ou não, exceto pela alienação de ativos não mais necessários ou úteis na condução dos negócios da Concessionária pelo seu justo valor de mercado; h. a contratação de qualquer Endividamento que não seja vinculado à realização dos investimentos previstos no Plano de Exploração Aeroportuária (PEA); i. celebração de qualquer contrato, acordo, arranjo ou compromisso com qualquer Parte Relacionada dos Acionistas do Acionista Privado, ou alteração ou aditamento de qualquer deles, salvo se em termos e condições de mercado.

[300] A Empresa de Planejamento e Logística S.A pode, conforme o artigo 5º, § 4º, da Lei nº 12.404/2011, "constituir subsidiária integral, bem como participar como sócia ou acionista minoritária em outras sociedades, desde que essa constituição ou participação esteja voltada para o seu objeto social, nos termos da legislação vigente".

[301] **22.3 A Empresa de Planejamento e Logística S.A.** subscreverá **Ações** no montante de 45% (quarenta e cinco por cento) do capital social da **SPE**, com a finalidade de aportar na **Concessionária** parcela da contribuição de capital necessária para a realização do objeto da **Concessão**, devendo o **Acionista Privado** obrigar-se a aprovar os aumentos de capital necessários para permitir a manutenção da participação acionária da **Empresa de Planejamento e Logística S.A.** no capital social da **Concessionária**.

[302] **22.4** Todas as relações entre a **Empresa de Planejamento e Logística S.A.** e o **Acionista Privado**, no que concerne a suas respectivas participações no capital da **Concessionária**, serão disciplinadas por meio do **Acordo de Acionistas**, sendo expressamente vedada a realização de qualquer operação em desconformidade com seus termos e condições.

[303] **22.5** A União deterá, por meio da **Empresa de Planejamento e Logística S.A.**, a **Ação Preferencial de Classe Especial** na **Concessionária** durante toda a vigência da **Concessão**, sendo os poderes atribuídos à referida ação aqueles previstos no **Estatuto Social**, em conformidade com os **Requisitos do Estatuto Social**, e no **Acordo de Acionistas**.

sas razões. Primeiramente, tal presença pode significar a opção por uma privatização parcial[304], possibilitando que a Administração Pública acompanhe a transição de um modelo de gestão pública para um modelo de gestão privada.

Além disso, a manutenção da posição acionária estatal é importante para reduzir as resistências políticas e da opinião pública com o processo de privatização[305]. Isso porque a participação societária dos entes públicos sinaliza que o Estado não "abandonou" aquela atividade nas mãos da iniciativa privada[306], além de possibilitar que a venda das empresas estatais seja realizada por preços satisfatórios[307].

---

[304] Sobre a privatização parcial, Nuno Cunha Rodrigues declara que: "A opção por alienar parcial e faseadamente as participações sociais públicas foi, desde o início do processo de privatizações, assumida pelo Estado Português como o modelo preferido de privatizações, em contraposição à alienação total, num determinado momento, do capital social. Esta opção terá, fundamentalmente, cinco virtudes: a) Permite ao Estado acompanhar a transição de um modelo de gestão pública para um modelo de gestão privada no seio da empresa privatizada; b) Possibilita ao Estado – enquanto accionista maioritário – intervir na gestão da empresa no decorrer do processo de privatização; c) Salvaguarda a posição dos trabalhadores que, gradualmente, assistem e participam no processo de privatização; d) Permite ao Estado privatizar, considerando a conjuntura nacional e internacional facultando, nesta medida, a possibilidade de arrecadar maiores receitas provenientes do processo de privatizações, defendendo os interesses patrimoniais do Estado e ultrapassando eventuais situações de insuficiência da procura desejável; e) Possibilita a disseminação (ou, em determinados casos, pulverização) do capital social, impedindo a concertação (ou concentração) de e entre accionistas" (RODRIGUES, Nuno Cunha. *"Golden-Shares". As empresas participadas e os privilégios do Estado enquanto accionista minoritário*. Op. cit., p. 132).

[305] "Privatização não é algo palatável para a opinião pública. A venda de ativos públicos imediatamente levanta questões sobre quem efetivamente irá ganhar com esse processo. (...) Sendo um processo politicamente delicado, governos democráticos convencidos da necessidade de privatizar suas empresas devem necessariamente buscar uma percepção favorável por parte da população e tecer apoios diversos na arena política doméstica." (LAZZARINI, Sérgio G.. *Capitalismo de Laços*: os donos do Brasil e suas conexões. Op. cit., p. 30).

[306] FIDALGO, Carolina Barros. *O Estado Empresário: regime jurídico das tradicionais e novas formas de atuação empresarial do Estado na economia brasileira*. Op. cit., p. 292.

[307] Estudando o processo de privatizações no Brasil realizado nos anos 90, Sérgio Lazzarini ressalta o importante papel que a empresa pública Banco Nacional de Desenvolvimento Econômico e Social (BNDES) desempenhou como ferramenta estatal de viabilização das desestatizações, contribuindo para o aumento do preço dos ativos vendidos. Nas palavras do autor: "É preciso garantir que a venda das empresas resulte em um preço julgado "satisfatório", de forma a sinalizar que os cofres públicos foram amplamente beneficiados. (...) No Brasil, a primeira estratégia foi eleger o BNDES como entidade central nas privatizações. Como banco de desenvolvimento, o BNDES apresentava elevada capilaridade na economia por meio das

O ESTÁDO COMO ACIONISTA MINORITÁRIO

Por fim, a participação pública em empresas privatizadas, notadamente quando acompanhadas de poderes especiais, atribui ao Estado a capacidade de exercer uma função de fiscalização interna, direcionando a atuação da sociedade privada em prol do interesse público, conforme veremos logo à frente ao tratarmos das *golden-shares*.

A participação estatal minoritária também pode ser empregada com o objetivo de regular internamente a atuação em sociedades privadas que receberam aportes de recursos públicos. Nesse caso, as participações cumprem um duplo papel, sendo, ao mesmo tempo, um mecanismo de incentivo e financiamento daquela atividade econômica e um meio de fiscalização e controle do comportamento daquela empresa[308]. Vislumbramos, assim, no mesmo instrumento, duas modalidades interventivas do Estado na economia: fomento e regulação.

O aporte de capital público em empresas privadas justifica-se nas hipóteses de fomento econômico e de socorro às sociedades em dificuldades financeiras (*bailout*)[309]. Dessa forma, ao invés de apenas transferir recur-

---

suas inúmeras participações acionárias e empréstimos a empresas nos mais diversos setores. Assim, o banco poderia atuar nos leilões de privatização, não somente como executor das vendas, mas também como investidor efetivo e financiador dos adquirentes" (LAZZARINI, Sérgio G.. *Capitalismo de Laços*: os donos do Brasil e suas conexões. Op. cit. , p. 30).

[308] Esse é o caso, por exemplo, das participações societárias do Sistema BNDES. Uma das formas de apoio financeiro da BNDESPAR, subsidiária integral do BNDES, é a subscrição e integralização de valores mobiliários em proporções minoritárias (Artigo 5º do Estatuto Social da BNDES PARTICIPAÇÕES S.A. – BNDESPAR, aprovado pela Decisão de Diretoria 149/2002 - BNDES). Tais participações, além de constituírem instrumento de fomento econômico da empresa participada, permitem a fiscalização e o direcionamento estatal sobre as atividades da empresa, especialmente porque o BNDES costuma se valer de instrumentos societários que lhe garantem influência nas companhias investidas, tais como assento no conselho de administração e acordos de acionistas.

[309] Em momentos de crises econômicas, o Estado costuma resgatar as empresas em dificuldades, inclusive bancos privados, em virtude das externalidades e efeitos sistêmicos negativos que a quebra de determinadas instituições pode causar. Nesses períodos, o Estado acaba por tornar-se acionista de diversos empreendimentos em dificuldades. Não foi diferente na já referida crise de 2008, quando, países como os Estados Unidos, o Reino Unido e a França se viram obrigados a assumir participações societárias em empresas privadas. No Brasil, em reação à crise de 2008, também podemos verificar a figura da participação acionária como forma de resgate financeiro. Logo após o estouro da crise, o governo federal editou a Medida Provisória nº 443/2008 (hoje já convertida na Lei nº 11.908/2009), a qual autoriza o Banco do Brasil S.A. e a Caixa Econômica Federal a constituírem subsidiárias e a adquirirem participação em instituições financeiras sediadas no Brasil; altera as Leis nᵒˢ 7.940,

A ATUAÇÃO DO ESTADO NA ECONOMIA COMO ACIONISTA MINORITÁRIO

sos públicos para a iniciativa privada por meio de subvenções e subsídios, o Estado obtém, em contrapartida ao seu apoio, participações societárias nas companhias apoiadas, o que lhe garante influência na gestão e lhe permite averiguar se o dinheiro público está sendo aplicado corretamente[310].

No que se referem ao plano externo, as participações públicas minoritárias, ao conformarem o comportamento da própria empresa participada, geram reflexos sobre a atuação dos demais participantes do mercado. Nas palavras de Nuno Cunha Rodrigues:

> (...) a utilização de empresas de propriedade total ou parcialmente pública – que, como vimos, não visam necessariamente a maximização do lucro – pode permitir, pela sua dimensão empresarial, que a adoção de determinadas opções se reflicta directamente no mercado, equilibrando-o. Pense-se, por exemplo, na fixação de preços. Num mercado concorrencial, a fixação de determinado preço por uma empresa em cujo capital o Estado participe pode arrastar a política de preços das restantes empresas, o que permite evitar a (indesejável) fixação de preços por entidades reguladoras.[311]

de 20 de dezembro de 1989, 10.637, de 30 de dezembro de 2002, 11.524, de 24 de setembro de 2007, e 11.774, de 17 de setembro de 2008; e dá outras providências. O artigo 2º desse normativo traz a seguinte disposição: Art. 2º O Banco do Brasil S.A. e a Caixa Econômica Federal, diretamente ou por intermédio de suas subsidiárias, poderão adquirir participação em instituições financeiras, públicas ou privadas, sediadas no Brasil, incluindo empresas dos ramos securitário, previdenciário, de capitalização e demais ramos descritos nos arts. 17 e 18 da Lei nº 4.595, de 31 de dezembro de 1964, além dos ramos de atividades complementares às do setor financeiro, com ou sem o controle do capital social, observado o disposto no inciso X do caput do art. 10 daquela Lei. (Vide Decreto nº 7.509, de 2011).

[310] Arnoldo Wald afirma que "Nas sociedades em que o Estado é minoritário, a participação pública veio a substituir vantajosamente o antigo sistema de subvenções. Os poderes públicos, operando para incentivar a produção nacional, especialmente nos países subdesenvolvidos, que se caracterizam pela falta de capitais particulares vultosos, preferiram a técnica da sociedade de economia mista com participação estatal minoritária à subvenção, já que na mesma empresa mista, o Estado tem maior controle e conhecimento direto das atividades sociais, evitando assim que os fundos públicos sejam utilizados de modo diverso ou contrário à finalidade a que se destinavam." (WALD, Arnoldo. "As sociedades de economia mista e as empresas públicas no direito comparado". In: *Revista Forense*, v. 152, 1954, p. 513).

[311] RODRIGUES, Nuno Cunha. *"Golden-Shares". As empresas participadas e os privilégios do Estado enquanto acionista minoritário.* Op. cit., p. 143.

O ESTADO COMO ACIONISTA MINORITÁRIO

Nesse contexto, a participação societária estatal pode ser encarada como um verdadeiro mecanismo de regulação mercadológica, tendo em vista que a ação direcionada das empresas participadas é apta a influenciar o mercado com um todo, produzindo efeitos na conduta dos diversos agentes ao influir sobre as variáveis econômicas de oferta, demanda e preço.

A atuação pública como acionista minoritário pode até mesmo chegar a apresentar um viés planejador, direcionando a atuação do setor privado de um modo que o mero planejamento indicativo previsto no artigo 174 da Constituição Federal de 1988 não poderia[312]. Dessa maneira, a propriedade pública parcial sobre uma sociedade particular é uma alternativa eficiente para realizar o que se chama de "planejamento incitativo"[313]:

> (...) pelo qual o engajamento da iniciativa privada para lograr seus fins é estimulado, incitado, não apenas com mera sinalização estatal, mas por meio de várias medidas, como incentivos financeiros ou não. A participação minoritária estatal no capital da sociedade privada se revela como instrumento de planejamento incitativo do desenvolvimento de um determinado setor econômico, como ocorre com a Petrobras no mercado de biocombustíveis[314].

[312] Art. 174. Como agente normativo e regulador da atividade econômica, o Estado exercerá, na forma da lei, as funções de fiscalização, incentivo e **planejamento, sendo este determinante para o setor público e indicativo para o setor privado** (grifamos). Marcos Juruena Villela Souto afirma que o planejamento é o instrumento no qual se definem os limites e objetivos da intervenção estatal na economia, acrescentando que "tal planejamento, como atividade estatal (cujo poder emana da Constituição), deve observar todos os princípios constitucionais, dentre os quais (especialmente) a propriedade privada, a livre iniciativa e a livre concorrência. Daí porque o Estado está obrigado a planejar as ações que devem levar ao Bem-Estar Geral, mas a iniciativa privada não pode ser obrigada a aderir a esse planejamento, que, para ela, é uma mera indicação de atividades que levam ao desenvolvimento, as quais ela pode desenvolver ou não. (...) Não podendo ser-lhe imposta uma linha de atividades, a sua adesão à planificação, que levará ao desenvolvimento, deverá se dar através do convencimento, ou, mais especificamente, do incentivo, definido por Tercio Sampaio Ferraz Junior como "sanção positiva" da norma." (SOUTO, Marcos Juruena Villela. *Direito Administrativo da Economia*. Rio de Janeiro: Lumen Juris, 2003, pp. 22-23).

[313] FIGUEIREDO, Lúcia Valle. *Direito Público: Estudo*. Belo Horizonte: Fórum, 2007, pp. 43-44.

[314] Beatriz Calero Garriga Pires cita o caso da Petrobras Biocombustível S.A. – Pbio como exemplo do uso das participações públicas minoritárias como forma de planejamento econômico. Essa subsidiária integral da Petrobras detém participações minoritárias em diversos projetos de empresas consolidadas do setor sucroenergético com o objetivo de estimular e influenciar o comportamento dos agentes-chave no setor na direção de consolidação dessa atividade econômica no país. (PIRES, Beatriz Calero Garriga. *As Sociedades sob Controle*

Especialmente no âmbito de setores econômicos marcados pela inovação e por constantes avanços científicos e tecnológicos, a atuação do Estado, inclusive por meio de participações minoritárias, assume um papel de estruturador e criador do próprio mercado, incentivando e direcionando o setor privado[315].

Dessa forma, o Estado, por meio de suas participações minoritárias, pode planejar e organizar o funcionamento de determinado setor econômico impondo comportamentos empresariais em conformidade com o interesse público que, dificilmente, seriam alcançáveis por meio da regulação externa[316].

Compartilhado do Estado. Dissertação de mestrado apresentada ao Programa de Mestrado em Direito da Universidade Cândido Mendes como requisito parcial para a obtenção do título de Mestre em Direito, 2012, pp. 141-143).

[315] Acerca da atuação do Estado como empreendedor tomador de riscos e criador de mercado no setor da inovação, cf. MAZZUCATO, Mariana. *The Entrepreneurial State:* debunking public vs. private sector myths. London: Anthem Press, 2013.

[316] É o caso, por exemplo, de medidas de tabelamento e controle de preços. Embora o controle de preços pelo Estado seja admitido pelo STF, tendo em vista a necessidade de mitigação do princípio da livre iniciativa frente a outros princípios constitucionais como a defesa do consumidor e a redução das desigualdades sociais (cf. STF, *DJU* 13 set. 1968, RMS 14.972/RS, Rel. Min. Themistocles Cavalcanti e STF, *DJU* 30 abr. 1993, ADI 319/DF, Rel. Min. Moreira Alves), tal medida interventiva, considerada sua gravidade, está adstrita a uma série de limitações. Sobre o assunto, Luís Roberto Barroso afirma: "O controle prévio de preços somente poderá ser legítimo diante da ocorrência de situação de anormalidade, de grave deterioração das condições de mercado, com ausência de livre concorrência e colapso da própria livre iniciativa. Aí a intervenção estatal se legitima pela necessidade de reestabelecimento dos próprios fundamentos constitucionais da ordem econômica. Mesmo quando possa ser excepcionalmente admitido, o controle prévio de preços está sujeito aos pressupostos constitucionais e sofre três limitações insuperáveis: a) deverá observar o princípio da razoabilidade, em sua tríplice dimensão: adequação lógica, vedação do excesso e proporcionalidade em sentido estrito; b) deverá ser limitado no tempo, não podendo prolongar-se indefinidamente; c) em nenhuma hipótese poderá impor a venda de bens ou serviços por preço inferior ao preço de custo, acrescido do lucro e do retorno mínimo compatível com o reinvestimento" (BARROSO, Luís Roberto. A Ordem Econômica Constitucional e os Limites à Atuação Estatal no Controle de Preços. In: *Temas de Direito Constitucional*, t. II. Op. cit., p. 81).

3.3 Estado Fomentador

A atividade administrativa era, tradicionalmente, dividida em duas grandes categorias: serviços públicos e poder de polícia[317]. A primeira consiste na disponibilização, pelo Estado, de utilidades econômicas essenciais à coletividade. A segunda refere-se à imposição de limites e condicionamentos à liberdade e à propriedade individual em prol do interesse público. No campo do Direito Econômico, as referidas atividades correspondem à distinção entre as modalidades de intervenção direta e indireta.

Entretanto, Jordana de Pozas vai assinalar, em texto clássico de 1949, a existência de um instituto jurídico que escapa a essa classificação binária, trata-se do fomento, o qual seria:

> um caminho do meio entre a inibição e o intervencionismo do Estado, que pretende conciliar a liberdade com o bem comum mediante a influência indireta sobre a vontade do indivíduo para que se dirija no sentido da satisfação da necessidade pública[318].

Fomentar significa proteger, estimular, proporcionar os meios para o desenvolvimento de algo. A ideia central do fomento público é incentivar e apoiar o exercício de uma atividade privada de interesse público com meios estatais. Afinal, percebeu-se que, diante das diversas limitações a que se sujeita a Administração Pública (orçamentária, gerencial, estrutural etc.) era inviável a consecução de todas as necessidades coletivas sem recurso à iniciativa privada, sendo essencial o envolvimento dessa na realização de ações de relevância social.

Uma das formas de condicionar o comportamento dos particulares é por meio da coação, isto é, da imposição de regras seguidas da ameaça de sanção por seu descumprimento. Contudo, o poder de polícia adminis-

---

[317] "Até então, o que se prestigiava era a cisão quase mecânica das atividades estatais pelo binômio "poder de polícia" – "serviço público"" (MOREIRA, Egon Bockmann. "Passado, presente e futuro da regulação econômica no Brasil". In: *Revista de Direito Público da Economia - RDPE*, n. 44, 2013, p. 87.

[318] POZAS, Luis Jordana de. Ensayo de una Teoria General del Fomento en el Derecho Administrativo. In: *Estudios de Administración local y general. Homenage al professor Jordana de Pozas.* Op. cit., p. 46, tradução livre.

trativo é limitado pelos direitos fundamentais dos agentes econômicos, notadamente a propriedade e a livre iniciativa.

Desse modo, o Estado deve se valer de novas técnicas de controle social, as quais trabalham sob a ótica de uma função promocional do direito, conectando incentivos às condutas privadas consideradas como desejáveis. Ou seja, ao invés de reprimir e punir as ações praticadas em desconformidade com as normas, o Direito recorre às chamadas sanções premiais, voltadas à concessão de benefícios e vantagens aos particulares que aderirem aos propósitos estatais[319].

O fomento, portanto, é modalidade indireta de intervenção estatal na economia, tendo em vista que o Estado não realiza diretamente e com os seus próprios meios o fim perseguido, mas sim estimula particulares para que esses, voluntariamente, desenvolvam atividades econômicas que cumpram as finalidades da Administração Pública[320].

Ademais, o fomento público, como ressalta José Vicente Santos de Mendonça, é resultado de uma ponderação entre os impulsos interventivos e planejadores do Estado e a liberdade individual dos agentes econômicos[321]. Com efeito, em um regime capitalista, os particulares têm garantido seu direito à livre iniciativa, o que significa que, embora sujeitos à regulação pública, não há que se falar em uma economia dirigida.

Em outras palavras, certamente existem condicionamentos estatais ao exercício de atividades econômicas privadas, mas essas constrições não podem ser de tal monta que cheguem a ensejar a substituição da vontade do particular pela da Administração Pública[322].

---

[319] JUSTEN FILHO, Marçal e JORDÃO, Eduardo Ferreira. "A contratação administrativa destinada ao fomento de atividades privadas de interesse coletivo". In: *Revista Brasileira de Direito Público - RBDP*, n. 34, 2011, pp. 47-72.

[320] POZAS, Luis Jordana de. Ensayo de una Teoria General del Fomento en el Derecho Administrativo. In: *Estudios de Administración local y general. Homenage al professor Jordana de Pozas*. Op. cit., p. 46.

[321] MENDONÇA, José Vicente Santos de. *A captura democrática da Constituição Econômica:* uma proposta de releitura das atividades públicas de fomento, disciplina e intervenção direta à luz do pragmatismo e da razão pública. Op. cit., pp. 360-361.

[322] "Se a subvenção estatal – uma das principais técnicas do fomento – passar a ser de tal monta que a Administração Pública de fato se substitua ao particular, então já estaremos diante da prestação da atividade pela própria Administração Pública, podendo o particular eventualmente ser caracterizado como um delegatário atípico (OSCIP's etc.) ou um ente terceirizado" (ARAGÃO, Alexandre Santos de. *Direito dos Serviços Públicos*. Op. cit., p. 176).

O ESTADO COMO ACIONISTA MINORITÁRIO

Assim, a partir de determinado ponto delimitado pelos direitos fundamentais, o Poder Público não pode forçar o setor privado a praticar certas condutas, tendo duas opções: prestar diretamente a atividade desejada ou conceder estímulos e incentivos para que terceiros, voluntariamente, pratiquem-na.

É por isso que a formação da relação jurídico-administrativa de fomento público é facultativa, nas palavras de Diogo de Figueiredo Moreira Neto:

> (...) o fomento público não é uma função estatal imposta à sociedade, de modo que, ao dispensá-lo à sociedade ou a segmentos dela, o Estado a ninguém obriga, indivíduo, associação ou empresa, a valer-se dos instrumentos jurídicos de incentivo. Em suma, relaciona-se com o Estado, nessas condições, quem o desejar, pois se está no campo da administração consensual, que se distingue da imperativa e de certa forma pode superá-la em eficiência, dependendo do objetivo que se proponha alcançar[323].

Entretanto, uma vez que o administrado aceita o convite estatal, o Poder Público pode e deve fiscalizar o desempenho do particular aderente no cumprimento das condições acordadas, utilizando seu poder coativo para garantir a observância do combinado e aplicando punições no caso de inadimplência[324]. Afinal de contas, o fomento consiste na dispensação de bens e direitos públicos, em caráter facilitado ou não devolutivo, a determinados administrados para a realização de certas atividades, a cuja realização esses recursos ficam afetados[325].

A Constituição de 1988 cuida da figura do fomento no artigo 174, ao afirmar que o Estado exercerá a função de incentivo da atividade econômica. Além disso, diversos dispositivos constitucionais fazem referência ao dever estatal de fomentar determinadas pessoas e atividades. É o caso

---

[323] MOREIRA NETO, Diogo de Figueiredo. *Curso de Direito Administrativo*. Rio de Janeiro: Forense, 2006, pp. 523-524.

[324] MENDONÇA, José Vicente Santos de. *A captura democrática da Constituição Econômica: uma proposta de releitura das atividades públicas de fomento, disciplina e intervenção direta à luz do pragmatismo e da razão pública*. Op. cit., p. 363.

[325] "Ajudas públicas (significam) a atividade administrativa consistente na dispensação, mediata ou imediata, de bens a determinados administrados, de forma direta ou indireta, com caráter não devolutivo e em razão de certas atividades que lhe são próprias, a cuja realização tais bens restam afetados" (RIVA, Ignacio M. de la. *Ayudas públicas: incidencia de la intervención estatal en el funcionamento del mercado*. Buenos Aires: Hammurabi, 2004, pp. 122-123, tradução livre).

A ATUAÇÃO DO ESTADO NA ECONOMIA COMO ACIONISTA MINORITÁRIO

das micro e pequenas empresas (artigo 179, CF), das cooperativas (artigo 174, §2º, CF), da educação (artigo 205, CF), do turismo (artigo 180, CF), da cultura (artigo 215, CF), das práticas desportivas (artigo, 217, CF), do desenvolvimento científico, da pesquisa e das capacitações tecnológicas (artigo 218, CF).

O Poder Público pode fazer uso de variadas técnicas a fim de incentivar o desenvolvimento de atividades pelo setor privado, não se encontrando o fomento encerrado "numa tipologia muito definida ou menos ainda dentro do espartilho de uma taxatividade legal", podendo se valer de instrumentos de natureza pública (como as subvenções) e de natureza privada (como os contratos de mútuo) [326].

Tendo isso em conta, a doutrina vai tentar classificar os meios de fomento, dividindo-os, preliminarmente, em positivos e negativos. Os positivos, mais recorrentes, buscam tornar a atividade mais viável e atraente para o particular[327], ao passo que os meios negativos manifestam-se no sentido de opor obstáculos e desincentivos ao desempenho da atividade, que, embora não proibida, é certamente dificultada[328].

Outra classificação é entre meios honoríficos, econômicos e jurídicos. Os meios honoríficos são os que outorgam honrarias e reconhecimento sociais a determinadas condutas incentivadas. Estamos falando de condecorações, prêmios, troféus, diplomas etc. Já os meios econômicos são aqueles que implicam um aporte direto de recursos para o administrado, como na hipótese de subvenções, empréstimos e vantagens fiscais. Por fim, meios jurídicos caracterizam-se pela outorga de uma condição privilegiada ao particular que, indiretamente, aufere vantagens. É o caso da concessão

---

[326] MONCADA, Luís S. Cabral de. *Direito Econômico*. Op. cit., p. 585.

[327] MARQUES NETO, Floriano de Azevedo. "O fomento como instrumento de intervenção estatal na ordem econômica". In: *Revista de Direito Público da Economia - RDPE*, n. 32, 2010, p. 11, versão digital.

[328] É importante ressaltar que os meios negativos de fomento são apenas aqueles meios negativos persuasivos e não os meios coativos, tendo em vista que a ausência de coação (ao menos no momento que antecede a aceitação do convite pelo administrado) é nota característica do fomento. Como exemplo de meios negativos meramente persuasivos pode-se citar os impostos sobre bens nocivos à saúde (álcool e cigarros) e a ausência de concessão de desconto no pagamento parcelado de tributos (MENDONÇA, José Vicente Santos de. *A captura democrática da Constituição Econômica: uma proposta de releitura das atividades públicas de fomento, disciplina e intervenção direta à luz do pragmatismo e da razão pública*. Op. cit., p. 388).

O ESTÁDO COMO ACIONISTA MINORITÁRIO

de monopólios, da cessão de bens públicos ou da obrigatoriedade de consumo de certo produto[329].

Dentre os principais instrumentos de fomento público, podemos citar os benefícios e incentivos tributários, as garantias, as subvenções, os empréstimos em condições favoráveis e o desenvolvimento do mercado de capitais[330].

Os benefícios fiscais consistem na isenção ou na redução de tributos que deveriam ser cobrados integralmente. Dessa forma, a Fazenda Pública abre mão de uma receita em prol da promoção e do incentivo a determinadas atividades consideradas relevantes para a coletividade, cujo exercício resta desonerado[331]. A renúncia de receita deve constar de lei orçamentária e ser acompanhada de demonstrativo regionalizado sobre seu efeito sobre receitas e despesas, nos termos do artigo 165, §6º, da Constituição, bem como observar as normas de responsabilidade fiscal[332].

---

[329] Por todos, cf. POZAS, Luis Jordana de. Ensayo de una Teoria General del Fomento en el Derecho Administrativo. In: *Estudios de Administración local y general. Homenage al professor Jordana de Pozas*. Op. cit., pp. 52-53.

[330] Marcos Juruena Villela Souto elenca como formas de intervenções de fomento: benefícios e incentivos tributários, garantias, subsídios, empréstimos em condições favoráveis, assistência técnica, privilégios especiais, protecionismo à produção nacional, polos industriais e comerciais e desenvolvimento do mercado de títulos (SOUTO, Marcos Juruena Villela. *Direito Administrativo da Economia*. Op. cit., pp. 41-55). Cabral de Moncada, por sua vez, divide os meios mais comuns de fomento econômico entre benefícios fiscais e benefícios de outra natureza, nos quais inclui o aval do Estado, a garantia da emissão de obrigações, o desenvolvimento do mercado de títulos, os empréstimos e os subsídios (MONCADA, Luís S. Cabral de. *Direito Econômico*. Op. cit., pp. 585-592).

[331] Como exemplo de benefícios fiscais com fins de fomento, podemos citar as medidas tomadas pelo Governo Federal, pós-crise financeira de 2008, para estimular a indústria brasileira, tais como a redução das alíquotas do Imposto sobre Produtos Industrializados (IPI) sobre os setores de construção civil, automotivo e linha branca (eletrodomésticos). Cf. os Decretos nᵒˢ 6.809/2009, 6.890/2009 e 7.705/2012.

[332] Em especial o artigo 14 da Lei Complementar nº 101/2000 (Lei de Responsabilidade Fiscal):

Art 14. A concessão ou ampliação de incentivo ou benefício de natureza tributária da qual decorra renúncia de receita deverá estar acompanhada de estimativa do impacto orçamentário-financeiro no exercício em que deva iniciar sua vigência e nos dois seguintes, atender ao disposto na lei de diretrizes orçamentárias e a pelo menos uma das seguintes condições:

I - demonstração pelo proponente de que a renúncia foi considerada na estimativa de receita da lei orçamentária, na forma do art. 12, e de que não afetará as metas de resultados fiscais previstas no anexo próprio da lei de diretrizes orçamentárias;

A ATUAÇÃO DO ESTADO NA ECONOMIA COMO ACIONISTA MINORITÁRIO

O Estado também pode atuar prestando garantia de pagamento em operações de crédito contraídas por sociedades empresárias privadas. Afinal, por conta de especificidades do projeto[333] ou por qualidades inerentes ao mutuário[334], existem dificuldades na obtenção de crédito no mercado, razão pela qual a Administração Pública assume o compromisso de adimplência da obrigação, viabilizando o empréstimo e/ou melhorando, substancialmente, suas condições[335].

As subvenções ou subsídios são atribuições pecuniárias de recursos estatais, a fundo perdido, em favor de um particular, para que esse desenvolva atividade de interesse público[336]. Trata-se, assim, de meio econômico

II - estar acompanhada de medidas de compensação, no período mencionado no caput, por meio do aumento de receita, proveniente da elevação de alíquotas, ampliação da base de cálculo, majoração ou criação de tributo ou contribuição.

[333] É o caso das operações de exportação de bens e serviços, por exemplo, que envolvem consideráveis riscos comerciais e políticos. Nesse sentido, a União Federal criou, por meio da Medida Provisória nº 1583-1/1997, o Fundo de Garantia à Exportação, fundo de natureza contábil vinculado ao Ministério da Fazenda que tem por finalidade dar cobertura às garantias prestadas pela União nas operações de Seguro de Crédito à Exportação (SCE). O BNDES é o gestor do FGE, nos termos da vigente Lei nº 9.818/99.

[334] Pense-se, por exemplo, nas micro, pequenas e médias empresas, cujo porte reduzido cria-lhes dificuldades em obter crédito no mercado, tendo em visto a dificuldade em oferecer as garantias usualmente pedidas pelo sistema financeiro nacional. Por conta disso, foi editada a Medida Provisória nº 464/2009, autorizando a instituição de fundos garantidores por instituições financeiras controladas pela União Federal, com o objetivo de garantir microempreendedores individuais, microempresas e empresas de pequeno porte; empresas de médio porte, nos limites definidos no estatuto do fundo; e autônomos, na aquisição de bens de capital, nos termos definidos no estatuto do fundo. Com base nessa previsão, o BNDES criou o Fundo Garantidor de Investimentos, com a finalidade de "garantir, direta ou indiretamente, o risco de financiamentos e empréstimos concedidos a micro, pequenas e médias empresas, microempreendedores individuais, e autônomos transportadores rodoviários de carga, na aquisição de bens de capital inerentes a sua atividade" (artigo 2º, do Estatuto do FGI). Disponível em http://www.bndes.gov.br/SiteBNDES/export/sites/default/bndes_pt/Galerias/Arquivos/produtos/download/Circ037_13.pdf. Acesso em fevereiro de 2014.

[335] Acerca da prestação de garantias pelo Estado como forma de fomento, é importante assinalar a recente criação da empresa pública Agência Brasileira Gestora de Fundos Garantidores e Garantias S.A. – ABGF em 2013 (Decreto nº 7.976/2013), que tem como objetivo a concessão de garantias e a constituição e administração de fundos garantidores relativos a diversos riscos, tais como, operações de exportação, projetos de infraestrutura, crédito habitacional, projetos de aviação civil etc.

[336] MENDONÇA, José Vicente Santos de. *A captura democrática da Constituição Econômica: uma proposta de releitura das atividades públicas de fomento, disciplina e intervenção direta à luz do pragmatismo e da razão pública*. Op. cit., p. 391.

O ESTÁDO COMO ACIONISTA MINORITÁRIO

de fomento, no qual ocorre a transferência de verba pública para o setor privado, sem obrigação de reembolso, bastando que o subvencionado pratique o ato motivador da ajuda estatal.

É o caso, por exemplo, das subvenções concedidas pela empresa pública Financiadora de Estudos e Projetos – FINEP[337], para projetos de pesquisa, desenvolvimento e inovação (P&D&I) de empresas privadas e institutos de pesquisa nacionais, com base na Lei nº 10.973/2004 (Lei da Inovação)[338] e na Lei nº 11.196/2005 (Lei do Bem)[339]. Por sua vez, a Agência Nacional do Cinema – ANCINE outorga subvenção econômica a particulares brasileiros que atuem na produção independente, exibição, difusão e distribuição de obras audiovisuais[340].

Outro instrumento de fomento são os empréstimos, realizados diretamente pela Fazenda Pública, ou, o que é mais comum, através das agências

---

[337] O Programa de Subvenção Econômica da FINEP consiste na aplicação de recursos financeiros não reembolsáveis em empresas e pessoas jurídicas sem fins lucrativos voltadas para a pesquisa com o objetivo de promover um aumento das atividades de inovação no país, desenvolvendo a competitividade das empresas e da economia brasileira. Para isso, publica editais com chamadas públicas convocando empresas de determinados segmentos a apresentarem projetos de P&D&I. Disponível em http://www.finep.gov.br/pagina.asp?pag=programas_subvencao. Acesso em fevereiro de 2014.

[338] Art. 19. A União, as ICT e as agências de fomento promoverão e incentivarão o desenvolvimento de produtos e processos inovadores em empresas nacionais e nas entidades nacionais de direito privado sem fins lucrativos voltadas para atividades de pesquisa, mediante a concessão de recursos financeiros, humanos, materiais ou de infra-estrutura, a serem ajustados em convênios ou contratos específicos, destinados a apoiar atividades de pesquisa e desenvolvimento, para atender às prioridades da política industrial e tecnológica nacional.

[339] Art. 21. A União, por intermédio das agências de fomento de ciências e tecnologia, poderá subvencionar o valor da remuneração de pesquisadores, titulados como mestres ou doutores, empregados em atividades de inovação tecnológica em empresas localizadas no território brasileiro, na forma do regulamento.

Parágrafo único. O valor da subvenção de que trata o *caput* deste artigo será de:

I - até 60% (sessenta por cento) para as pessoas jurídicas nas áreas de atuação das extintas Sudene e Sudam;

II - até 40% (quarenta por cento), nas demais regiões.

[340] A ANCINE atua no fomento direto, apoiando projetos por meio de editais e seleções públicas, de natureza seletiva ou automática, com base no desempenho da obra no mercado ou em festivais, o que inclui a realização do PAR – Prêmio Adicional de Renda e do PAQ – Programa ANCINE de Incentivo à Qualidade do Cinema Brasileiro. Disponível em http://www.ancine.gov.br/fomento/o-que-e. Acesso em fevereiro de 2014. Cf. também a Instrução Normativa nº 66/2007, da ANCINE que estabelece normas gerais para a instituição de programas especiais de fomento para o desenvolvimento da atividade audiovisual brasileira.

financeiras oficiais de fomento, tais como o BNDES, o Banco do Brasil e a Caixa Econômica Federal[341]. Nessa hipótese, a Administração Pública celebra contratos de mútuo com os particulares, os quais, embora tenham o dever de reembolsar o valor recebido, desfrutam de condições facilitadas, tais como taxas de juros reduzidas, prazos de amortização estendidos e exigências de garantia mitigadas.

Desse modo, por meio do crédito público, o Estado financia atividades e setores econômicos selecionados, incentivando e promovendo o seu desenvolvimento. Esse meio de fomento experimentou um crescimento acelerado após a crise financeira de 2008, a qual produziu forte contração de liquidez no mercado financeiro, levando a Administração Pública a atuar no sentido de aumentar a concessão de empréstimos públicos aos agentes econômicos como forma de estimular a economia.

Nessa direção, o BNDES aumentou o volume de seus desembolsos de por volta de 90 bilhões de reais em 2008 para, aproximadamente, 136 bilhões em 2009, fechando o ano de 2013 com 190 bilhões de reais em liberações[342]. Semelhantemente, a Caixa Econômica Federal tem aumentado a cada ano os empréstimos no setor do crédito imobiliário, chegando ao recorde de 134 bilhões de reais no ano de 2013[343].

Por fim, importa destacar como meio de fomento econômico o desenvolvimento do mercado de capitais, pelo qual se possibilita a distribuição de valores mobiliários emitidos pelas sociedades privadas, viabilizando, assim, a capitalização desses empreendimentos. O Estado atua, nesse sentido, apoiando o fortalecimento desse mercado, estimulando a formação de poupança e a aplicação em valores mobiliários, bem como contribuindo para o acréscimo de ofertas desses títulos[344].

---

[341] A Lei de Diretrizes Orçamentárias (Lei nº 12.919/2013) trata da política de aplicação dos recursos das agências financeiras oficiais de fomento, indicando as prioridades de financiamento de cada instituição (Artigo 92).

[342] Desembolso Anual do Sistema BNDES. Disponível em http://www.bndes.gov.br/SiteBNDES /export /sites/default/bndes_pt/Galerias/Arquivos/empresa/estatisticas/Int2_1D_a_porte.pdf. Acesso em fevereiro de 2014.

[343] Disponível em http://www1.caixa.gov.br/imprensa/noticias/asp/popup_box.asp?codigo=7013483. Acesso em fevereiro de 2014.

[344] O desenvolvimento do mercado de capitais consta como objetivo de algumas entidades da Administração Pública indireta como, por exemplo, a Comissão de Valores Mobiliários (artigo 4º, I, da Lei nº 6.385/1976) e a BNDES PARTICIPAÇÕES S.A. - BNDESPAR (artigo

Trata-se de instrumento de fomento essencial às pessoas jurídicas que possuem dificuldades de financiamento no mercado de créditos. É o caso das *startups*, empresas nascentes e iniciantes, com grande potencial de expansão, mas que não contam uma estrutura de capital sólida. Na mesma situação encontram-se companhias cujo patrimônio funda-se em bens intangíveis.

Essas sociedades empresárias não estão aptas a oferecer as garantias bancárias tradicionais, tais como hipotecas e fianças bancárias, razão pela qual precisam recorrer ao mercado de capitais para financiar-se por meio de participações societárias. Nessas situações, Mario Gomes Schapiro remarca que:

> (...) o mais razoável é o empreendedor compartilhar os riscos do negócio com o financiador, pois, desta maneira, pode se ver livre da necessidade de prestar garantias e, ainda, evitar um compromisso rígido com o pagamento de dívidas contraídas. Já o financiador tem como benefício a expectativa de um retorno variável, que, na hipótese de sucesso do empreendimento, pode representar um ganho econômico mais expressivo do que aquele associado à satisfação do crédito acrescido dos juros[345].

Ressalte-se que o fomento estatal à subscrição de ações como forma de financiamento de empresas ocorre tanto pelo estímulo do Poder Público à participação privada no desenvolvimento do mercado de capitais[346], quanto da própria atuação direta do Estado na aquisição de participações societárias como forma de fomento, conforme veremos a seguir.

4º, IV, do Estatuto Social da BNDES PARTICIPAÇÕES S.A. – BNDESPAR, aprovado pela Decisão de Diretoria 149/2002 – BNDES).

[345] SCHAPIRO, Mario Gomes. *Novos parâmetros para a intervenção do Estado na economia*. São Paulo: Saraiva, 2010, p. 196.

[346] Por exemplo, por meio de benefícios fiscais como a isenção do imposto de renda sobre o ganho de capital auferido na alienação de bens e direitos de pequeno valor, prevista no artigo 22, da Lei nº 11.196/2005.

A ATUAÇÃO DO ESTADO NA ECONOMIA COMO ACIONISTA MINORITÁRIO

3.3.1 Participações públicas minoritárias como instrumento de fomento

O fomento estatal tem se expressado por complexas formas de parceria entre a Administração Pública e particulares com o fim de viabilizar o desenvolvimento, sob responsabilidade destes, de atividades de interesse público[347]. Nesse contexto, o Estado deixa de se valer, apenas, dos meios tradicionais de fomento, como as subvenções, os incentivos fiscais e os empréstimos públicos, para adotar um novo modelo de colaboração financeira com o setor privado, pelo qual adquire valores mobiliários representativos do capital social das empresas apoiadas. Sobre o assunto, Nelson Eizirik afirma:

> Assim, aplicações financeiras realizadas pela Administração Pública na compra de ações de empresas privadas têm como objetivo, por definição, o seu fortalecimento, não para aumentar o lucro dos empresários, mas para atender a determinadas necessidades econômicas da sociedade. Busca-se fortalecer ou mesmo viabilizar determinados setores da economia, que se supõe prioritários. Logo, recursos públicos são alocados em empresas privadas, unicamente para que elas atinjam objetivos de interesse público. Este princípio (que pode parecer tautológico, mas, como se tem verificado, não é) deve ser enfatizado quando se observa que são recursos não exigíveis para as empresas contempladas. Isto é, não se trata de empréstimos, mas de subscrição de ações, recursos que as empresas recebem sem qualquer obrigatoriedade de devolução[348].

No referido modelo, o Estado deixa de perder arrecadação tributária por conta de benefícios fiscais, por outro lado, fica exposto a "custos superiores de agência e menor proteção relativa", pois, "diferentemente dos credores, os acionistas não dispõem de um crédito a ser exigido, mas apenas a expectativa de recebimento de dividendos"[349].

---

[347] SUNDFELD, Carlos Ari e SOUZA, Rodrigo Pagani de. "Parcerias para o desenvolvimento produtivo em medicamentos e a Lei de Licitações". In: *Revista de Direito Administrativo*, v. 264, 2013, pp. 93-94.

[348] EIZIRIK, Nelson. As Sociedades Anônimas com Participação Estatal e o Tribunal de Contas. In: *Questões de Direito Societário e Mercado de Capitais*. Rio de Janeiro: Forense, 1987, pp. 32-33.

[349] SCHAPIRO, Mario Gomes. *Novos parâmetros para a intervenção do Estado na economia*. Op. cit., pp. 195-196.

Dessa maneira, o Estado atua como um verdadeiro "tomador de riscos", compartilhando com seus parceiros privados os riscos nos investimentos e nos resultados das empresas participadas[350]. Afinal de contas, ainda que sua finalidade seja a intervenção no ordenamento econômico para fomentar determinada atividade, o Poder Público passa a ser sócio do empreendimento.

Exemplo paradigmático de fomento estatal por meio de subscrição de ações de empresas privadas pode ser verificado na atuação da BNDES PARTICIPAÇÕES S/A – BNDESPAR[351], sociedade por ações constituída como subsidiária integral da empresa pública BNDES (Banco Nacional de Desenvolvimento Econômico e Social), cujo objeto consiste em realizar operações de renda variável com vistas a apoiar empresas nacionais, bem como contribuir para o fortalecimento do mercado de capitais brasileiro[352].

---

[350] "Essa nova atuação do Estado, para além dos instrumentos clássicos de apoio governamental a atividades de P&D&I, pode ser caracterizada como a de um Estado tomador de riscos junto com a iniciativa privada. Não se trata, assim, apenas da redução de riscos por meio de fomento, crédito subsidiado ou incentivos fiscais, mas do próprio compartilhamento de riscos por parte do Estado. O compartilhamento de riscos com a iniciativa privada nos investimentos e resultados das atividades de P&D&I é o principal diferencial desse modelo de Estado, o qual me parece ser uma mudança do ponto de vista institucional na concepção de políticas voltadas ao desenvolvimento econômico" (MATTOS, Paulo Todescan Lessa. "O sistema jurídico-institucional de investimentos público-privados em inovação no Brasil". In: *Revista de Direito Público da Economia*, n. 28, 2009, p. 3, versão digital).

[351] A BNDESPAR foi criada pela Decisão da Diretoria do BNDES, n° 124/82, de 30.06.1982, atendendo a Exposição de Motivos n° 283/82, de 29.06.1982, do Ministro Chefe da Secretaria de Planejamento da Presidência da República, do Ministro Coordenador da Desburocratização e do Ministro da Fazenda, que recomendou a fusão das antigas subsidiárias do BNDES: FIBASE, EMBRAMEC E IBRASA.

[352] Art. 4º A BNDESPAR tem por objeto social:
I - realizar operações visando a capitalização de empreendimentos controlados por grupos privados, observados os planos e políticas do BANCO NACIONAL DE DESENVOLVIMENTO ECONÔMICO E SOCIAL - BNDES;
II - apoiar empresas que reúnam condições de eficiência econômica, tecnológica e de gestão e, ainda, que apresentem perspectivas adequadas de retorno para o investimento, em condições e prazos compatíveis com o risco e a natureza de sua atividade;
III - apoiar o desenvolvimento de novos empreendimentos, em cujas atividades se incorporem novas tecnologias;
IV - contribuir para o fortalecimento do mercado de capitais, por intermédio do acréscimo de oferta de valores mobiliários e da democratização da propriedade do capital de empresas, e
V - administrar carteira de valores mobiliários, próprios e de terceiros.

A ATUAÇÃO DO ESTADO NA ECONOMIA COMO ACIONISTA MINORITÁRIO

Nessa direção, a BNDESPAR opera como subscritora de valores mobiliários em emissões públicas ou privadas, devendo suas participações societárias ter caráter minoritário, transitório e com atuação não executiva. Ou seja, o objetivo da posição acionária pública é o suporte financeiro do projeto, ocorrendo o desinvestimento em momento posterior, levando em consideração o desenvolvimento do empreendimento apoiado e o retorno a ser obtido pelo investimento realizado.

A participação da BNDESPAR no capital de empresas privadas pode se dar diretamente ou indiretamente, através de fundos de investimento em participações ou fundos mútuos de investimento em empresas emergentes, com o escopo de estimular o empreendedorismo, o desenvolvimento de empresas inovadoras, as melhores práticas de gestão e governança corporativa e a cultura de capital de risco no país[353].

Com efeito, a BNDESPAR possui uma atuação pioneira no desenvolvimento de fundos de investimento de *venture capital* no Brasil, os quais se destinam a financiar empresas inovadoras de pequeno/médio porte, de capital fechado, que se encontram em estágio inicial de desenvolvimento, mas com potencial de geração de grandes receitas e lucros.

Dessa forma, a empresa criou, em 1991, o Condomínio de Capitalização de Empresas de Base Tecnológica (CONTEC), destinado a financiar empresas com faturamento de até 15 milhões de reais e que apresentavam produtos, processos ou segmentos de atuação considerados inovadores ou diferenciados. A experiência positiva do programa inspirou a própria regulamentação dos Fundos Mútuos de Investimento em Empresas Emergentes pela Comissão de Valores Mobiliários (CVM), que editou a Instrução CVM nº 209/1994[354].

[Art.] 5º O apoio financeiro de que trata o artigo anterior consistirá fundamentalmente nas seguintes formas de colaboração:
I - subscrição e integralização de valores mobiliários e, em se tratando de ações, preferencialmente em proporções minoritárias;
II - garantia de subscrição de ações ou de debêntures conversíveis em ações ou de bônus de subscrição;
III - aquisição e venda de valores mobiliários no mercado secundário; e
IV - outras formas de colaboração compatíveis com o objeto social da BNDESPAR.

[353] Disponível em www.bndes.gov.br. Acesso em fevereiro de 2014.

[354] SOLEDADE, Durval; PENNA, Estela; SÁ, Eduardo e GORGULHO, Luciane. "Fundos de empresas emergentes: novas perspectivas de capitalização para as pequenas e médias empresas". In: *Revista do BNDES*, n. 6, 1996, pp. 6-7.

O ESTADO COMO ACIONISTA MINORITÁRIO

A partir dessa experiência, a BNDESPAR passou a atuar regularmente na estruturação de fundos de investimentos. Para isso, a empresa estatal realiza chamadas públicas a fim de selecionar um fundo e o seu respectivo gestor colocando o foco em determinado setor do mercado, cadeia produtiva ou região, atraindo a participação de outros atores e fomentando a formação desses veículos financeiros[355].

Outro exemplo do uso de participações públicas minoritárias como forma de fomento a empresas privadas pode ser encontrado na Lei de Inovação (Lei nº 10.973/2004), cujo artigo 5º prevê:

> Art. 5º Ficam a União e suas entidades autorizadas a participar minoritariamente do capital de empresa privada de propósito específico que vise ao desenvolvimento de projetos científicos ou tecnológicos para obtenção de produto ou processo inovadores.
>
> Parágrafo único. A propriedade intelectual sobre os resultados obtidos pertencerá às instituições detentoras do capital social, na proporção da respectiva participação.

Um dos principais instrumentos da política de apoio à inovação do governo federal é a empresa pública Financiadora de Estudos e Projetos – FINEP[356], a qual conduz um programa de investimento direto em empresas inovadoras, adquirindo participações societárias minoritárias visando a capitalização e o desenvolvimento da sociedade investida[357].

A FINEP também atua na estruturação de fundos de investimento, focando no estímulo e consolidação da indústria de *venture capital* no Brasil. Por conta disso, realiza chamadas públicas como forma de atrair parceiros privados, já tendo constituído mais de 20 fundos os quais, por sua vez, detêm participação acionária em mais de 100 companhias[358].

Percebe-se, assim, que a participação societária em empresas privadas presta-se também a apoiar e estimular o desenvolvimento de atividades de interesse público por particulares, sendo alternativa aos mais tradicio-

---

[355] Disponível em www.bndes.gov.br. Acesso em fevereiro de 2014.

[356] O estatuto da FINEP estabelece que: Art. 4º Para atingir a sua finalidade poderá a FINEP: I – conceder a pessoas jurídicas financiamento sob a forma de mútuo, de abertura de créditos, ou, ainda, de participação no capital respectivo, observadas as disposições legais vigentes.

[357] Disponível em www.finep.gov.br. Acesso em fevereiro de 2014.

[358] Ibidem.

A ATUAÇÃO DO ESTADO NA ECONOMIA COMO ACIONISTA MINORITÁRIO

nais meios de fomento e apresentando uma série de vantagens, as quais veremos em capítulo próprio.

3.4 Estado Investidor

Além da intervenção estatal na economia nas modalidades de exploração direta, regulação e fomento, o Poder Público também pratica atos no domínio econômico que, conforme nos referimos no item 1.1 dessa obra, são frequentemente ignorados pela doutrina.

Com efeito, costuma-se esquecer de que o Estado não deixa de ser um agente econômico, participando do mercado por meio de decisões cotidianas referentes a compras, vendas e investimentos, por exemplo. Nesse contexto, o Poder Público não age sob as vestes do regime administrativo, com o objetivo de restringir a livre iniciativa dos particulares em prol do interesse público, mas opera tendo em vista preocupações semelhantes às do setor privado[359].

Desse modo, a Administração Pública realiza uma série de atividades que decorrem, simplesmente, do seu *status* de agente econômico, como a gestão de bens de sua propriedade (inclusive participações societárias em empresas privadas) e a aquisição de bens e serviços de que necessita. Trata-se, portanto, de uma atuação não interventiva do Estado na economia.

No âmbito dessa atuação não interventiva, temos a figura do Estado Proprietário ou Estado Acionista, em que, como visto no item 2.3, as participações acionárias estatais são encaradas sob um viés essencialmente patrimonial, ligado à gestão do portfólio de ações da Administração Pública. É nesse cenário que podemos falar de um Estado Investidor.

Em termos macroeconômicos, investimento é a aplicação de recursos em bens de capital[360] e poupança é a receita que não é consumida. Ocorre

---

[359] "Ora, para executar as tarefas que lhe são próprias, sob o regime administrativo, o Poder Público, no caso, as agências reguladoras, não prescinde do acesso aos mais diversos bens e serviços produzidos pelo mercado, o que o obriga a atuar também sob o regime privado para obtê-los, ou seja, sem recorrer à coerção, um expediente que nem sempre é jurídica ou politicamente admissível ou, ainda, pelo menos, politicamente aconselhável". (MOREIRA NETO, Diogo de Figueiredo. *Direito Regulatório: a alternativa participativa e flexível para a administração pública de relações setoriais complexas no Estado Democrático*. Op. cit., p. 109).

[360] MANKIW, N. Gregory. *Introdução à economia: princípios de micro e macroeconomia*. Op. cit., pp. 499 e 564-566.

134

que alguns agentes econômicos poupam mais do que investem, enquanto outros investem mais do que poupam, sendo necessário transferir recursos de uns para outros de forma a otimizar a alocação de recursos disponíveis na economia. Esse é, precisamente, o papel do mercado financeiro, do qual faz parte o mercado de capitais[361].

A função do mercado de capitais é permitir que empresas (unidades econômicas deficitárias), a fim de financiar seus projetos ou alongar o prazo de suas dívidas, realizem emissões públicas de valores mobiliários para captar recursos dos investidores (unidades econômicas superavitárias)[362], os quais, por sua vez, serão remunerados pela valorização de suas participações e pela distribuição de dividendos.

O Estado, de fato, é proprietário de uma enorme quantia de recursos, proveniente das receitas públicas que ingressam em seu patrimônio, sobretudo em decorrência da arrecadação tributária[363], mas também de receitas originárias atinentes à exploração do patrimônio estatal.

Essa soma de dinheiro, destinada a fazer frente à realização dos gastos públicos, deve ser administrada de acordo com o princípio da eficiência, na sua vertente da economicidade, a qual estabelece a busca do melhor "resultado estratégico possível de uma determinada alocação de recursos financeiros, econômicos e/ou patrimoniais em um dado cenário socioeconômico"[364].

Tendo isso em vista, o Estado, na qualidade de gestor do patrimônio público, tem a obrigação de administrar esses recursos de forma eficiente. Isso significa que a Administração Pública não pode "deixar o dinheiro parado", ou seja, precisa aplicar as suas disponibilidades financeiras de forma a obter o maior rendimento possível. Nesse contexto, o mercado de capitais apresenta-se como opção importante para os investimentos do

---

[361] EIZIRIK, Nelson; GAAL, Ariádna B.; PARENTE, Flávia e HENRIQUES, Marcus de Freitas. *Mercado de Capitais – regime jurídico*. Rio de Janeiro: Renovar, 2008, p. 3.

[362] Ibidem, pp. 8-9.

[363] Em 2013, estima-se que o Estado brasileiro, levando em consideração a totalidade dos entes federativos do país (União, Estados e Municípios), arrecadou em tributos a quantia de R$ 1.701.643.048.877,40 (um trilhão, setecentos e um bilhões, seiscentos e quarenta e três milhões, quarenta e oito mil, oitocentos e setenta e sete reais e quarenta centavos). Disponível em http://www.impostometro.com.br. Acesso em fevereiro de 2014.

[364] BUGARIN, Paulo Soares. "Reflexões sobre o princípio constitucional da economicidade e o papel do TCU". In: *Revista do Tribunal de Contas da União*, v. 29, 1998, p. 42.

Estado, que poderá investir (poupar) seus recursos subscrevendo ações emitidas por empresas privadas.

É inegável que a aplicação estatal no mercado de ações enseja riscos, pois, como visto, o acionista não é credor da companhia, mas sim sócio, dependendo do sucesso da empresa para o recebimento de dividendos e para apreciação de suas participações. Contudo, como ressalta Felipe Derbli, "1) não há investimento sem risco, por menor que seja; e 2) risco e retorno andam juntos"[365]. Assim, ao aplicar seus recursos, o Poder Público precisa encontrar o equilíbrio ideal entre risco e retorno, a fim de maximizar seus rendimentos, atendendo ao princípio da economicidade.

Desse modo, percebe-se que as participações públicas minoritárias podem ser instrumento de investimento, por meio do qual o Estado busca auferir rendimentos financeiros. Nesse caso, o que motiva a atuação administrativa não é a intervenção na ordem econômica, mas sim a busca do lucro. Com base nesse entendimento, Larry Catá Backer distingue as participações societárias estatais em regulatórias (*regulatory*) e participativas (*participatory*), as últimas tendo como escopo a maximização de riquezas[366].

No mesmo sentido, Paul Reuter, em obra de 1936, já diferenciava a participação pública destinada a interferir na gestão das empresas privadas (*participation financière*) daquela realizada apenas com escopo de investimento (*placement*). Nas palavras do autor francês:

> O investimento e a participação financeira têm sido frequentemente confundidos. Isso se dá por eles apresentarem-se, exteriormente, sob o mesmo aspecto: a subscrição ou a compra de títulos. Mais as duas operações, sejam feitas por particulares ou por coletividades públicas, correspondem a objetivos inteiramente diferentes. A pessoa que compra ações de uma sociedade anônima tendo em vista fazer um investimento, apenas procura vantagens de ordem puramente financeira: segurança, rendimento e caráter móvel do investimento. Ao contrário, se se trata de tomar uma participação financeira, ela se interessa antes de tudo (o que ela negligen-

---

[365] DERBLI, Felipe. "Inovação na Gestão de Ativos Imóveis dos Regimes Próprios de Previdência Social: Uma Proposta de Securitização". In: SOUTO, Marcos Juruena Villela (Coord.). *Direito Administrativo: estudos em homenagem a Francisco Mauro Dias*. Rio de Janeiro: Lumen Juris, 2009, p. 889.

[366] BACKER, Larry Catá. "The Private Law of Public Law: Public Authorities as Shareholders, Golden Shares, Sovereign Wealth Funds, and the Public Law Element in Private Choice of Law". In: *Tulane Law Review*, v. 82, 2008, pp. 62-63.

cia no caso do investimento) na possibilidade de participar na gestão da empresa, as vantagens de ordem financeira são, nesse caso, indiretas. (...) As coletividades públicas podem deter valores mobiliários; existem até mesmo estabelecimentos públicos que foram especialmente concebidos e criados para operar investimentos, alguns dos quais podem ser constituídos por títulos de sociedades industriais, assim a Caixa de Depósitos e Consignações (lei de 5 de abril de 1928 e de 16 de abril de 1930 sobre os seguros sociais, lei de 31 de março de 1931). Este é um dos aspectos daquilo que chamamos capitalismo de Estado; mas essas hipóteses opõem-se às participações financeiras: elas tendem a dispersar os investimentos entre o maior número de empresas possível, enquanto as participações financeiras comportam geralmente uma concentração de capital indispensável para dar um título para participar na gestão[367].

Tendo isso em vista, fica claro que o objetivo do Estado Investidor é a obtenção de rentabilidade de suas aplicações financeiras. É evidente que os resultados obtidos com essas operações serão, posteriormente, destinados ao atendimento de algum outro interesse público, mas a motivação imediata é o lucro.

Ocorre que são muitas as vozes na doutrina que sustentam ser ilícita a atuação estatal na economia com o simples escopo de lucro. Nessa toada, Paulo Otero entende como inválido o exercício da iniciativa econômica pública visando a simples obtenção do lucro, sem qualquer justificação ou fundamento na prossecução do interesse público[368].

Similarmente, Carlos Ari Sundfeld aponta que as atividades estatais na ordem econômica são, ao mesmo tempo, objeto e objetivo do Poder Público. Isto é, a razão de ser das pessoas administrativas não é o lucro, mas sim a própria prática das atividades para as quais foram criadas, tendo em vista a importância dessas para a realização do interesse público[369].

No mesmo sentido, Geraldo Ataliba e Lima Gonçalves remarcam que o excedente contábil porventura decorrente de atividades públicas, denominado superávit, é simples instrumento em relação à atividade, que é fim.

---

[367] REUTER, Paul. *Les Participations financières: la societé anonyme au service des collectivités publiques*. Op. cit., pp. 16-18, tradução livre.
[368] OTERO, Paulo. *Vinculação e Liberdade de Conformação Jurídica do Sector Empresarial do Estado*. Op. cit., p. 129.
[369] SUNDFELD, Carlos Ari. "Entidades Administrativas e Noção de Lucro". In: *Revista Trimestral de Direito Público*, n. 6, 1994, p. 265.

A ATUAÇÃO DO ESTADO NA ECONOMIA COMO ACIONISTA MINORITÁRIO

Já no desempenho de atividade econômica por agentes privados, o excedente contábil, denominado lucro, é a razão de existência da atividade, que é instrumento[370].

Em relação à exploração direta da atividade econômica pelo Estado, sustenta-se, com base no artigo 173 da Constituição, que o Direito só admite essa atuação "apenas e tão somente para realizar o interesse público ou, mais precisamente, proteger a segurança nacional ou satisfazer relevante interesse coletivo. Por isso, é plenamente admitido que as empresas estatais sejam economicamente deficitárias: o 'lucro' estatal consiste na realização do interesse público, e não na obtenção de mais dinheiro"[371].

Esses posicionamentos não são contra a existência de lucro no âmbito da atuação administrativa na economia, até mesmo porque o suprarreferido princípio da economicidade exige que o desempenho estatal ocorra de forma eficiente[372], obtendo os melhores resultados, com o menor gasto de recursos públicos possível[373]. Contudo, o lucro é visto apenas como um elemento instrumental da intervenção do Estado na economia e nunca como seu escopo direto. Isso por conta de três razões principais.

Primeiramente, José Casalta Nabais fundamenta a vedação de o Estado agir em função do lucro com base no princípio do Estado Fiscal, pelo qual a Constituição só teria garantido ao Poder Público a faculdade soberana

---

[370] ATALIBA, Geraldo e GONÇALVES, J.A. Lima. "Excedente Contábil – Sua Significação Nas Atividades Pública e Privada". In: *Revista Trimestral de Direito Público*, n. 6, 1994, pp. 277-279.

[371] MARTINS, Ricardo Marcondes. *Regulação administrativa à luz da Constituição Federal*. São Paulo: Malheiros, 2011, p. 279.

[372] "(...) não somos contra a existência de lucros nas empresas estatais. Concordamos com o mestre Gaspar Ariño Ortiz quando afirma que a noção de que as empresas estatais devem ser deficitárias para bem realizar suas funções está superada. Todavia, em face da ordem constitucional brasileira, não entendemos como possível a prevalência da busca por lucros em detrimento da realização das funções constitucionalmente atribuídas. Entendemos, sim, que será necessária a busca pela eficiência no desempenho de suas funções para que seja mantido seu caráter empresarial ao mesmo tempo em que atingidas suas finalidades. A pretensão de lucro pelas instituições financeiras públicas é a todo tempo cerceada pelo dever de cumprimento de suas funções" (SCHIRATO, Vitor Rhein. "Instituições financeiras públicas: entre a necessidade e a inconstitucionalidade". Op. cit., p. 295).

[373] Assim, ao agir guiado pela pauta da eficiência, o Estado deverá buscar o melhor resultado econômico possível nas suas atividades, visando ao lucro quando for factível e, mesmo no caso de atividades inerentemente deficitárias, deve atuar de maneira que o gasto público seja o menor possível no cumprimento dessas. Nesse sentido, cf. LEITE, Carina Lellis Nicoll Simões. "O Lucro nas Sociedades de Economia Mista". Mimeografado, 2012, p. 16.

de cobrar tributos pelo fato de que os entes públicos não poderiam obter receitas de outra forma, até porque a ação econômica estatal em uma economia de mercado deve ser "subsidiária ou supletiva, o que naturalmente implica ou pressupõe, em termos do sistema económico-social (global), que o suporte financeiro daquele não decorra da sua actuação económica positivamente assumida como agente económico, mas do seu poder tributário ou impositivo"[374].

Em segundo lugar, Jacintho Arruda Câmara identifica razões ideológicas e moralistas que enxergam o lucro "como uma espécie de pecado imposto pelo capitalismo (usura), tolerável apenas entre particulares, porém, jamais aceitável como algo a ser pretendido pelo imaculado Estado"[375].

A terceira razão de exclusão do lucro como objetivo da atuação estatal na economia funda-se na famosa distinção entre interesse público primário e interesse público secundário engendrada por Renato Alessi. O autor italiano sustenta que a função do Estado é perseguir o interesse primário, o qual consiste no interesse da coletividade, ligado a valores como a justiça, a segurança e o bem-estar social. Já os interesses da Administração Pública como ente organizativo autônomo seriam, apenas, interesses secundários[376].

Desse modo, defende-se que o Estado, ao intervir no domínio econômico, deve ter como finalidade a consecução do interesse público primário, identificado com o relevante interesse coletivo ou a segurança nacional. A obtenção do lucro seria, meramente, um interesse público secundário.

Com a devida vênia a esses posicionamentos, entendemos de modo diverso, no sentido de ser legítima a atuação do Estado na economia com o escopo imediato de lucro. Isso porque a constituição do Estado Fiscal, embora confira ao Poder Público o poder de tributar o trabalho e o patrimônio dos contribuintes, não exclui a existência de receitas originárias, como os ingressos patrimoniais que provêm diretamente da exploração

---

[374] NABAIS, José Casalta. *O princípio do Estado Fiscal*. In: Estudos Jurídicos e Económicos em Homenagem ao Professor João Lumbrales. Coimbra: Coimbra Editora, 2003, pp 376-377.

[375] CÂMARA, Jacintho Arruda. "O lucro nas empresas estatais". In: *Revista Brasileira de Direito Público*, n. 37, 2012, pp. 12-13.

[376] ALESSI, Renato. *Principi di diritto amministrativo*: i soggetti attivi e l'esplicazione della funzione amministrativa, 4. ed., Milano: Giuffrè, 1978, pp 226-227.

do patrimônio público e os ingressos comerciais decorrentes da exploração estatal direta da atividade econômica[377].

Essas receitas, embora não ocupem a posição central nas finanças públicas, tal como faziam no contexto do chamado Estado Patrimonial, quando as atividades administrativas eram financiadas, essencialmente, pelas receitas patrimoniais ou dominiais do príncipe[378], estão longe de ser insignificantes para o moderno Estado Democrático de Direito.

No Brasil, só no ano de 2012, os dividendos de empresas estatais representaram 32,54% do superávit primário, envolvendo valores da ordem de 28 bilhões de reais. Em 2013, a participação das estatais no superávit do governo central (Tesouro Nacional, Banco Central e Previdência Social) foi de, aproximadamente, 17 bilhões de reais, totalizando por volta de 22% do resultado[379].

Também não se sustenta o argumento de que o lucro confunde-se com a usura, sendo, assim, moralmente condenável. Pelo contrário, a preocupação com os custos da atuação estatal é essencial para a proteção e efetivação de direitos,[380] bem como para a observância do princípio da eficiência. Afinal, as receitas tributárias não são suficientes para sustentar todas as atribuições que o ordenamento jurídico-constitucional incumbe ao Estado. Logo, a obtenção de lucro serve para financiar e até mesmo expandir as atividades públicas.

Além disso, quando a Administração Pública opta por intervir na economia por meio de empresas públicas ou sociedades de economia mista, a própria opção pelo modelo organizacional empresarial pressupõe a admis-

---

[377] TORRES, Ricardo Lobo. *Curso de Direito Financeiro e Tributário*. Rio de Janeiro: Renovar, 2006, pp. 188-193.

[378] Ibidem, p. 7.

[379] Governo central tem superávit primário de R$ 77 bilhões em 2013. Disponível em: http://www.valor. com.br/brasil/3413880/governo-central-tem-superavit-primario-de-r-77-bilhoes--em-2013. Acesso em fevereiro de 2014 e Na mão das estatais: cada vez mais, governo recorre aos dividendos para garantir meta. Disponível em: http://oglobo.globo.com/economia/na-mao--das-estatais-cada-vez-mais-governo-recorre-aos-dividendos-para-garantir-meta-9028402. Acesso em fevereiro de 2014.

[380] "(...) direitos custam dinheiro. Direitos não podem ser protegidos e executados sem apoio e fundos públicos" (SUNSTEIN, Cass R. e HOLMES, Sthepen. *The Cost of Rights: Why Liberty Depends on Taxes*. New York: W. W. Norton & Company, 2000, p. 15).

são do lucro como objetivo legítimo da ação estatal, tendo em vista que, em estruturas empresariais, a lucratividade é algo a ser buscado[381].

No caso das sociedades de economia mista, conforme já nos referimos no item 3.1.1, a persecução do lucro é obrigatória, pois como há apelo à poupança privada para a subscrição de ações dessas companhias, é necessário que a sociedade busque a produção de lucros a serem distribuídos entre seus acionistas.

Evidentemente, não estamos defendendo que a preocupação com o lucro deve ser o único móvel do Poder Público quando da atuação na ordem econômica. Longe disso. É plenamente possível e mesmo exigível a ação estatal em atividades intrinsecamente deficitárias (saúde pública e segurança, por exemplo), assim como a existência de empresas estatais que não estejam comprometidas com o lucro, as quais devem assumir a forma de empresas públicas[382]. Mas isso não exclui o lucro como um objetivo lícito a ser perseguido pelo Estado.

A persecução do lucro, portanto, não significa privilegiar um interesse público secundário em detrimento de um primário. Na verdade, a busca do lucro pode ser considerada, por si só, um interesse público primário[383]. É importante ressaltar, contudo, que essa possibilidade não constitui um passe livre para que o Estado intervenha na economia sem observar as limitações que a Constituição lhe impõe.

Em outras palavras, o lucro **pode** ser um interesse público justificador da atuação estatal na ordem econômica, mas isso só ocorrerá se essa atuação estiver em conformidade com o princípio da livre iniciativa e da subsidiariedade, nos termos já referidos no item 1.2 desse livro.

---

[381] CÂMARA, Jacintho Arruda. "O lucro nas empresas estatais". Op. cit., p. 15.

[382] Cf. a nota de rodapé nº 205.

[383] "Por que uma empresa, controlada pelo Estado, ao assumir o objetivo de gerar lucro estaria, automaticamente, renegando sua finalidade de alcançar outro interesse público? Por que a busca do lucro não pode ser considerada, também, um interesse público a ser alcançado? (...) Não se trata, frise-se, de assumir que a busca do lucro por tais empresas signifique privilegiar o chamado interesse público secundário em detrimento do primário (relevante interesse coletivo ou segurança nacional). Obter lucro, nos termos acima especificados, também constitui interesse público, absolutamente compatível com o regime jurídico constitucional brasileiro. Para usar a classificação em referência, não há como negar que a busca do lucro, nesses casos, seja um dos interesses primários a serem perseguidos pela empresa estatal" (CÂMARA, Jacintho Arruda. "O lucro nas empresas estatais". Op. cit., pp. 14 e 17-18).

Vale lembrar que o exercício de atividades econômicas pelo Estado com escopo imediato de lucro remete-se à origem das empresas estatais e perdura até hoje. Uma das razões históricas para a criação dessas empresas foi o objetivo da Administração Pública de "explorar negócios altamente rentáveis sob a forma de monopólios públicos e, dessa forma, gerar recursos para financiar atividades tipicamente governamentais. Enquadram-se nessa categoria a fabricação e comercialização de produtos específicos como tabaco e bebidas alcoólicas, assim como a exploração de jogos de azar"[384].

O próprio conceito de monopólio público refere-se à titularidade exclusiva do Estado sobre atividades econômicas *stricto sensu* que não estão diretamente ligadas ao bem-estar da coletividade, como no caso dos serviços públicos, mas sim a razões estratégicas, fiscais e econômicas[385]. Diante disso, verificamos, tanto no Brasil quanto no mundo, a existência de monopólios estatais sobre atividades que, embora também toquem outros interesses públicos, encontram-se, indissociavelmente, adstritas à obtenção do lucro.

Pensemos, por exemplo, no monopólio sobre jogos de azar, tabaco e bebidas alcoólicas. A exploração estatal dessas empresas tem como motivação principal a aquisição de recursos financeiros, isto é, o interesse público em causa aqui é, eminentemente, arrecadatório.

Entretanto, também é possível vislumbrar nessas atividades interesses indiretos relativos à proteção do consumidor e da saúde pública. Nessa direção, o Conselho de Estado Francês, em decisão que manteve o monopólio da sociedade de economia mista *La Française de Jeux*, entendeu que a restrição a livre iniciativa justificava-se em função de "razões imperiosas de interesse geral, tais como as consequências moralmente e financeiramente prejudiciais para o indivíduo e para a sociedade suscetíveis de resultar da prática de jogos de azar"[386].

No Brasil, a exploração de loterias é classificada pelo Decreto-Lei nº 204/1967 como serviço público. Com isso, sua titularidade exclusiva fica nas mãos do Poder Público. Contudo, conforme supracitado no item 3.1, a classificação de uma atividade como serviço público depende de sua pertinência com necessidades e utilidades coletivas, o que não é o caso. Apesar

---

[384] PINTO JUNIOR, Mario Engler. *Empresa Estatal: função econômica e dilemas societários*. Op. cit., p. 14.

[385] ARAGÃO, Alexandre Santos de. *Curso de Direito Administrativo*. Op. cit., p. 475.

[386] Conseil d'État, 10 jui. 2013, Décision nº **357359**, Rapporteur M. Tristan Aureau.

disso, Caio Tácito defende a submissão das atividades de jogos de azar ao regime jurídico de Direito Público nos seguintes termos:

> (...) é certo que a loteria instituída pela União ou pelo Estado não tem a natureza ontológica ou essencial de um serviço público próprio, como prerrogativa inerente à atividade do Estado. Trata-se de uma forma de canalizar recursos para a receita pública, em sentido lato, como processo de financiamento de atividades de assistência social ou benemerência pública[387].

Entendemos que essa posição é equivocada. Não há como enquadrar as loterias como um serviço público, devido à completa ausência de conexão dessas com o bem-estar da coletividade. Estamos diante, assim, de uma atividade econômica *stricto sensu*, as quais, para serem monopolizadas pelo Estado, exigem previsão constitucional.

A manutenção do enquadramento dos jogos de azar na categoria de serviços públicos parece ser, portanto, uma tentativa de assegurar a titularidade estatal exclusiva sobre essas atividades por meio de lei ordinária, tendo em vista que a Constituição de 1988 não as previu como objeto do monopólio. Não obstante isso, a Caixa Econômica Federal, bem como outras entidades estaduais exercem, atualmente, a atividade de loteria com o escopo de lucro.

Em relação a bens escassos e preciosos, como petróleo e minerais, o Estado brasileiro também mantém o monopólio das atividades a eles relacionadas (artigos 176 e 177, CF). Esse monopólio relaciona-se a interesses estratégicos da Administração Pública, como a segurança energética do país, mas também possui um claro viés arrecadatório. As disputas no Congresso Nacional e no STF relativas ao novo marco regulatório do petróleo não deixam dúvida disso[388].

Mesmo no âmbito da intervenção estatal direta na economia em regime de concorrência com o setor privado, nos termos do artigo 173 da Lei Maior,

---

[387] TÁCITO, Caio. "Loterias estaduais (criação e regime jurídico)". In: *Revista dos Tribunais*, n. 838, 2005, pp. 747-753.

[388] Especialmente após a descoberta de grandes reservas de petróleo na área do pré-sal, o governo federal propôs um novo regime regulatório para a exploração petrolífera, tendo como objetivo a obtenção de mais recursos com essa atividade (cf. Lei nº 12.351/2010). A discussão do novo marco regulatório gerou um grande conflito federativo entre União e Estados e Municípios produtores e não-produtores acerca da distribuição dos recursos provenientes da exploração do petróleo. Essas discussões ainda estão em andamento no STF (ADI 4.917- DF).

A ATUAÇÃO DO ESTADO NA ECONOMIA COMO ACIONISTA MINORITÁRIO

verificamos a existência de empresas cuja finalidade principal é auferir recursos financeiros para o Estado, ou seja, o relevante interesse coletivo que justifica a sua criação e existência é o lucro.

É o caso, por exemplo, da Companhia Paulista de Securitização – CPSEC[389], criada pelo Estado de São Paulo e da Companhia Paulistana de Securitização – SP Securitização[390], constituída pelo Município de São Paulo. O objeto social dessas empresas é idêntico, referindo-se à aquisição de direitos creditórios do respectivo ente federativo, originários de créditos tributários e não tributários, objeto de parcelamentos administrativos e judiciais e à estruturação e implementação de operações que envolvam a emissão e distribuição de valores mobiliários ou outra forma de obtenção de recursos junto ao mercado de capitais, lastreadas nos referidos direitos creditórios.

Securitização, nas palavras de Uinie Caminha, define-se da seguinte forma:

> Sob a ótica jurídica, a securitização pode ser definida como a estrutura composta por um conjunto de negócios jurídicos – ou um negócio jurídico indireto, como se verá adiante, que envolve a cessão e a segregação de ativos em uma sociedade, ou um fundo de investimento, que emite títulos garantidos pelos ativos segregados. Esses títulos são vendidos a investidores e os recursos coletados servem de contraprestação pela cessão de ativos[391].

Portanto, a criação da CPSEC e da SP Securitização são esforços dos citados entes federativos para obter disponibilidade financeira por meio da cessão de créditos públicos para companhias especialmente formadas para essa finalidade, as quais, tendo recebidos os créditos na operação de cessão, emitirão valores mobiliários neles lastreados a fim de captar recursos que serão repassados para o Poder Público cedente.

Enfim, diante de todo o exposto, fica claro que a persecução do lucro pode ser um interesse público legítimo apto a justificar a intervenção do Estado na economia. Com muita mais razão, a atuação estatal não interventiva no domínio econômico, na qual não há restrição ao princípio da livre iniciativa, pode ter em vista fins imediatos puramente arrecadatórios.

---

[389] Lei Estadual nº 13.723/2009.
[390] Lei Municipal nº 15.406/2011.
[391] CAMINHA, Uinie. *Securitização*. São Paulo: Saraiva, 2005, pp. 38-39.

O ESTADO COMO ACIONISTA MINORITÁRIO

Nesse contexto, verifica-se a atuação do Estado Investidor, na qual a ação estatal é voltada à aquisição de participações societárias minoritárias como forma de obtenção do maior rendimento possível.

É o caso das entidades previdenciárias estatais, que são responsáveis pela arrecadação e administração dos recursos destinados ao custeio dos benefícios previdenciários devidos aos servidores públicos e aos seus dependentes. O artigo 249 da Constituição previu que os entes federativos poderão instituir fundos integrados pelos recursos provenientes de contribuições e por bens, direitos e ativos de qualquer natureza, com o objetivo de assegurar o pagamento dos referidos benefícios.

Diante disso, foram constituídos fundos previdenciários que deverão ser geridos por órgãos ou por pessoas jurídicas especialmente criadas para esse fim, as quais terão a responsabilidade não só de manter o patrimônio do fundo, mas também de ampliá-lo, de modo que possa fazer frente às suas obrigações para com servidores inativos e pensionistas[392].

É imprescindível, assim, a realização de investimentos capazes de assegurar a rentabilidade necessária ao cumprimento das obrigações do fundo. Uma das formas de obter tal rendimento é, sem dúvida nenhuma, a aplicação no mercado de capitais, através da compra de participações societárias.

Por conta disso, a Resolução do Conselho Monetário Nacional nº 3.922/2010, que dispõe sobre as aplicações dos recursos dos regimes próprios de previdência social instituídos pela União, pelos Estados, pelo Distrito Federal e pelos Municípios, permite a aplicação de recursos desses fundos em fundos de investimento em ações (artigo 8º).

Ressalte-se, ainda, que o artigo 40, § 14 e 15 da Constituição autoriza os entes federativos a constituírem regimes de previdência complementar por intermédio de entidades fechadas de previdência complementar (EFPC). Com base nisso, a União Federal editou a Lei nº 12.618/2012, criando o referido regime para os servidores públicos federais e autorizando a criação de três EFPCs, correspondentes aos Poderes Executivo, Legislativo e Judiciário.

Posteriormente, foram criados a Fundação de Previdência Complementar do Servidor Público Federal do Poder Executivo - FUNPRESP-EXE[393]

---

[392] DERBLI, Felipe. *Inovação na Gestão de Ativos Imóveis dos Regimes Próprios de Previdência Social: Uma Proposta de Securitização*. Op. cit., p. 887.

[393] O FUNPRESP-EXE também é responsável por administrar o Plano de Benefícios do Poder Legislativo Federal – LegisPrev, tendo em vista que o Legislativo optou por não criar

(Decreto nº 7.808/2012) e a Fundação de Previdência Complementar do Servidor Público Federal do Poder Judiciário - FUNPRESP-JUD (Resolução STF nº 496/2012). Essas entidades são responsáveis por administrar e executar os planos de benefícios destinados a complementar as aposentadorias e pensões, as quais se encontram limitadas ao teto máximo do Regime Geral de Previdência Social (RGPS).

Dessa maneira, essas fundações serão gestoras de um patrimônio formado pelas contribuições dos patrocinadores e dos participantes, o qual deverá ser administrado de forma a gerar rendimentos suficientes ao pagamento de suas obrigações futuras. Inescapável, portanto, a aplicação no segmento de renda variável, capaz de prover retornos financeiros mais substanciais.

Nessa direção, a Resolução do Conselho Monetário Nacional nº 3.792/2009, que dispõe sobre as diretrizes de aplicação dos recursos garantidores dos planos administrados pelas EFPCs, possibilita o investimento de até 70% desses recursos em títulos mobiliários representativos do capital social de empresas privadas (artigo 36).

Outro exemplo da atuação do Estado como investidor encontra-se no Fundo de Garantia do Tempo de Serviço (FGTS). Trata-se de fundo criado pela Lei nº 5.107/1966 para proteger o trabalhador, constituído pelos saldos de contas vinculadas ao contrato de trabalho, nas quais o empregador faz depósitos correspondentes a 8% do salário de cada empregado. Esses recursos poderão ser sacados pelos beneficiários por ocasião de algum dos eventos taxativamente previstos na legislação, como demissão, aposentadoria e doenças graves, por exemplo (artigo 20, Lei nº 8.036/1990).

Sua natureza jurídica é de fundo social[394], devendo seus recursos serem aplicados com atualização monetária e juros, com a finalidade de garantir o pagamento de suas obrigações futuras e também de financiar atividades consideradas relevantes para a sociedade, tais como habitação popular, saneamento básico e infraestrutura urbana.

Diante disso, o governo federal editou a Lei nº 11.491/2007, criando o Fundo de Investimento do Fundo de Garantia do Tempo de Serviço – FI-

---

uma Fundação própria.

[394] "Existe ainda, a relação jurídica entre o Estado, como gestor e aplicador dos recursos oriundos do fundo social constituído pela totalidade dos recursos do FGTS, e a comunidade, que deve ser beneficiária da destinação social do instituto, por meio do financiamento às áreas de habitação popular, saneamento básico e infraestrutura urbana" (DELGADO, Maurício Godinho. *Curso de Direito do Trabalho*, 6ª ed., São Paulo: LTr, 2007, p. 1276).

-FGTS, destinado a aplicar parcela dos recursos do FGTS em empreendimentos dos setores de aeroportos, energia, rodovia, ferrovia, hidrovia, porto e saneamento.

O objetivo do FI-FGTS é proporcionar a valorização de suas cotas por meio de investimentos nos setores especificados, através de vários instrumentos financeiros, incluindo a aquisição de participações societárias em empresas privadas de forma direta ou, indiretamente, por meio de fundos de investimento em participações[395].

Finalmente, cabe fazer menção aos chamados fundos soberanos, definidos pelo Fundo Monetário Internacional (FMI) como fundos ou modalidades de investimento de propósitos específicos pertencentes ao governo central, os quais detêm, gerenciam ou administram ativos, principalmente, para objetivos macroeconômicos e financeiros de médio a longo-prazo. Os fundos são, normalmente, criados a partir de operações oficiais em moeda estrangeira, produto de privatizações, superávits fiscais e/ou receitas resultantes da exportação de commodities. Esses fundos empregam um conjunto de estratégias de investimento que incluem investimentos em ativos financeiros estrangeiros[396].

Esses fundos não são uma inovação, ainda em 1953, os administradores britânicos do Kuwait criaram o *Kuwait Investment Authority*. Nas décadas de 70 e 80, os Emirados Árabes Unidos e Cingapura também constituíram fundos importantes[397]. Contudo, só recentemente esses veículos financeiros têm chamado atenção, sendo somente em 2005 que o termo fundo soberano (*sovereign wealth fund* – SWF) foi cunhado por Andrew Rozanov[398].

Com efeito, na década de 2000, foram criados dezenas de novos fundos soberanos, o que pode ser explicado pela alta dos preços do petróleo e das commodities em geral, pela globalização financeira e pelo desequilíbrio no sistema de balança de pagamentos, os quais permitiram que alguns países acumulassem uma enorme quantidade de divisas[399].

---

[395] Disponível em http://www.fgts.gov.br/trabalhador/fi_fgts.asp. Acesso em março de 2014.

[396] IMF. Sovereign Wealth Funds - A Work Agenda. Disponível em http://www.imf.org/external/np/pp /eng/2008/022908.pdf. Acesso em março de 2014, p. 26, tradução livre.

[397] BREMMER, Ian. *O fim do livre mercado: quem vence a guerra entre Estado e corporações?* Op. cit., p. 80.

[398] ROZANOV, Andrew. "Who holds the wealth of nations?". In: *Central Banking Journal*, v. 15, n. 4, 2005.

[399] SIAS, Rodrigo. "O Fundo Soberano Brasileiro e suas Implicações para a Política Econômica". In: *Revista do BNDES*, v. 15, n. 30, 2008, p. 96.

A ATUAÇÃO DO ESTADO NA ECONOMIA COMO ACIONISTA MINORITÁRIO

Diante disso, esses países buscaram administrar as referidas divisas separadamente das suas reservas financeiras tradicionais, as quais se encontram depositadas nos Bancos Centrais, aplicadas em ativos de alta liquidez e baixo risco, tais como títulos da dívida pública[400]. Assim, os fundos soberanos possibilitam a aplicação das reservas em ativos de menor liquidez, com maior prazo de maturação, mas que, em contrapartida, oferecem maior rentabilidade.

Dessa forma, os fundos soberanos são ativos investidores no mercado de capitais, adquirindo participações acionárias tanto em seus países de origem, como no mercado internacional, de modo a obterem o maior lucro possível com suas aplicações financeiras. Estima-se que os fundos soberanos administrem uma carteira de, aproximadamente, 6 trilhões de dólares[401].

No Brasil, a Lei nº 11.887/2008 criou o Fundo Soberano do Brasil – FSB como fundo especial de natureza contábil e financeira vinculado ao Ministério da Fazenda, com a finalidade de promover investimentos em ativos no Brasil e no exterior e formar poupança pública, a ser utilizada com o desígnio de mitigar os efeitos dos ciclos econômicos e fomentar projetos de interesse estratégico do país localizados no exterior.

Por sua vez, a Lei nº 12.351/2010, que dispôs sobre o novo regime jurídico de partilha da produção do petróleo em áreas do pré-sal e em áreas estratégicas, criou o Fundo Social – FS, fundo de natureza contábil e financeira, vinculado à Presidência da República, formado pelas divisas decorrentes da exploração do petróleo, com o escopo de constituir fonte de recursos para o desenvolvimento social e regional.

Esse veículo financeiro tem como objetivo constituir poupança pública de longo prazo, oferecendo recursos para o desenvolvimento do país e mitigando as flutuações de renda e preços na economia nacional (artigo 48). Nessa direção, sua política de investimentos deve buscar rentabilidade, segurança e liquidez, direcionando-se, preferencialmente, para ativos no exterior (artigo 50).

Ambos os fundos, portanto, têm como objetivo a acumulação de recursos, os quais serão reinvestidos na consecução de interesses públicos. Para

---

[400] CAPARICA, Rodrigo Ferreira de Carvalho. *O Papel dos Fundos Soberanos na Economia Mundial.* Dissertação apresentada ao Mestrado em Finanças e Economia Empresarial da Escola de Pós-Graduação em Economia da Fundação Getúlio Vargas como requisito parcial para a obtenção do título de Mestre em Finanças e Economia Empresarial, 2010, p. 10.

[401] Disponível em http://www.swfinstitute.org/fund-rankings/. Acesso em março de 2014.

O ESTÁDO COMO ACIONISTA MINORITÁRIO

tanto, eles gozam de autorização legal para investir no mercado de capitais, adquirindo participações societárias no Brasil e no exterior.

Fica claro, assim, que as participações societárias minoritárias constituem-se em instrumento de investimento estatal, trazendo maiores riscos, mas também uma rentabilidade mais atrativa do que as aplicações financeiras tradicionais. Trata-se, nesse caso, de uma atuação não interventiva da Administração Pública, focada no interesse imediato do lucro, o qual, posteriormente, será reinvestido nas atividades de interesse geral incumbidas ao Estado.

4 MECANISMOS SOCIETÁRIOS DE INFLUÊNCIA DO ACIONISTA MINORITÁRIO

Para que a atuação estatal na economia por meio de participações minoritárias se concretize, uma questão precisa ser enfrentada. Se o Estado é apenas sócio minoritário da empresa participada, como ele pode direcionar o exercício da atividade empresarial em direção à realização de fins públicos?

A Administração Pública, na qualidade de acionista minoritária, possui um conjunto de prerrogativas a que faz jus essa categoria de sócios[402], sem deter o poder de controle. Em muitas situações, esses direitos ordinários já serão suficientes para a obtenção da finalidade pública almejada com aquela participação, como no caso do Estado Investidor, interessado, essencialmente, em auferir rendimentos financeiros da sua aplicação.

Ocorre que, em determinadas hipóteses, a realização do interesse público justificador da participação minoritária vai exigir que a intervenção sobre a empresa participada assegure um controle estatal mais intenso sobre a companhia.

Afinal, o interesse dos acionistas privados no exercício da atividade econômica consiste na obtenção e na apropriação de lucros. Por outro lado, o que justifica a participação do Estado na empreitada é a possibilidade de

---

[402] Os acionistas minoritários possuem, ao menos, os seguintes direitos: direito de participação nos lucros, direito de fiscalização, direito de preferência na subscrição de valores mobiliários em aumento de capital e direito de recesso (artigo 109, Lei nº 6.404/1976). Dependendo da espécie da ação e do tipo da companhia, são aplicáveis outros direitos, tais como o direito de voto (artigo 110, Lei nº 6.404/1976) e o direito ao *tag along* (artigo 254-A, Lei nº 6.404/1976).

A ATUAÇÃO DO ESTADO NA ECONOMIA COMO ACIONISTA MINORITÁRIO

alcançar objetivos públicos, tais como o desenvolvimento econômico, a redução de desigualdades sociais e regionais e a redistribuição de renda.

O conflito societário entre finalidade lucrativa e interesse público no seio de uma sociedade empresária não é novo para o Direito, ocorrendo dentro das sociedades de economia mista[403]. No entanto, nas empresas participadas esse conflito se potencializa, tendo em vista que o Estado, nesses casos, detém somente uma posição minoritária. Ou seja, no limite, em uma situação de conflito insuperável entre os sócios, os interesses majoritários privados irão prevalecer em detrimento do interesse público.

Por conta disso, é importante analisar os mecanismos societários dos quais a Administração Pública pode se valer para garantir a sua influência nas empresas participadas, não obstante sua posição minoritária.

4.1 Controle e Influência Societários

O Estado é proprietário de diversas participações referentes a todas as ações, cotas ou parcelas representativas do capital social de empresas nas quais ele atua, somente, na qualidade de sócio minoritário. Essas participações conferem ao seu titular o *status* de sócio, do qual decorre uma série de direitos e deveres[404].

Em regra, o grau de ingerência do sócio sobre a sociedade é proporcional à sua participação societária, pois o Direito Societário, tradicionalmente, atribui a cada ação um direito de voto (*one share, one vote*)[405]. Isso

---

[403] Entendemos que a escolha da Administração Pública pela exploração de uma atividade econômica sob a forma de companhia mista, ou seja, com apelo ao investimento privado, exige que a sociedade possa produzir lucros a serem apropriados pelos particulares. Se não houver compromisso com a finalidade lucrativa, deve-se optar pela figura da empresa pública. A companhia mista deve manter um equilíbrio entre a busca do lucro e a realização dos objetivos públicos para os quais foi instituída. No mesmo sentido, Nelson Eizirik afirma que "É essa equação que viabiliza a existência da sociedade de economia mista; se não for possível a conciliação da atividade pública com a produção de resultados econômicos, não se justifica a sua criação." (EIZIRIK, Nelson. *A Lei das S/A Comentada*, v. 3. Op. cit., p. 296).

[404] BULGARELLI, Waldirio. *Manual das Sociedades Anônimas*, 9ª ed. São Paulo: Atlas, 1997, p. 209.

[405] "Assim como "uma pessoa, um voto" soa como justo para o americano médio, a frase ""uma ação, um voto"" provê um poderoso slogan para a governança dos acionistas no Direito Corporativo. A frase é atraente porque fornece um sistema de governança baseado em uma distribuição redutora, mas equitativa: cada unidade deve ter o mesmo poder de controle sobre a organização. Uma ação, um voto já foi descrito como a mais básica regra de voto corporativo,

significa que a companhia será controlada pelos acionistas que detiverem o maior número de ações.

No entanto, como bem notaram Berle e Means[406], nas sociedades anônimas verifica-se uma verdadeira dissociação entre a propriedade acionária e o controle da empresa, sendo possível que, através de determinadas técnicas societárias, a governança e o controle interno possam ser organizados de modo a alterar a estrutura convencional de divisão de poderes na companhia.

É nesse contexto que temos as figuras das restrições ou limitações do direito de voto, das ações de classes diversas, das ações preferenciais de classe especial etc. Trata-se de institutos que, ao fim e ao cabo, possibilitam que o controle da sociedade possa ser exercido por titulares de apenas parte do capital social.

---

bem como consistente com a intuição democrática e a tradição liberal. (HAYDEN, Grant M. e BODIE, Matthew T.. One Share, One Vote and the False Promise of the Shareholder Homogeneity. In: Cardozo Law Review, v. 30:2, 2008, pp. 446-447, tradução livre). Os autores ainda apontam que a regra da "uma ação, um voto" foi adotada pela Bolsa de Valores de Nova York em 1926, além de ter sido encampada pela Securities and Exchange Commission com a edição da Regra 19c-4, em 1988. Essa norma foi invalidada pelo Poder Judiciário e não foi reeditada ou substituída. Não obstante isso, a regra da "uma ação, um voto" permanece como a pedra de toque da governança corporativa. No Brasil, a regra da "uma ação, um voto" encontra guarida no Código das Melhores Práticas de Governança Corporativa: "1.2 Conceito uma ação = um voto O poder político, representado pelo direito de voto, deve estar sempre em equilíbrio com o direito econômico. O direito de voto deve ser assegurado a todos os sócios. Assim, cada ação ou quota deve assegurar o direito a um voto. Este princípio deve valer para todos os tipos de organização. A vinculação proporcional entre direito de voto e participação no capital favorece o alinhamento de interesses entre todos os sócios. Exceções a regra "uma ação = um voto" devem ser evitadas. Caso ocorram, é fundamental que haja uma justificativa forte o suficiente para compensar o desalinhamento de interesses gerado. Deve ser dada transparência sobre as razões dessa escolha, para que os sócios avaliem suas vantagens e desvantagens". Instituto Brasileiro de Governança Corporativa. Código das Melhores Práticas de Governança Corporativa. Disponível em www.ibgc.org.br/Download. aspx ?Ref=Codigos&CodCodigo =47. Acesso em outubro de 2013.

[406] BERLE, Adolf A. e MEANS, Gardiner C.. *A moderna sociedade anônima e a propriedade privada*. Tradução de Dinah de Abreu Azevedo. São Paulo: Nova Cultural, 1987. Trata-se de obra clássica dos economistas norte-americanos Adolf Berle e Gardiner Means, publicada pela primeira vez em 1932, que realiza uma elaboração teórica do fenômeno do controle da sociedade anônima, com base em pesquisa aprofundada, demonstrando a separação da figura do proprietário da ação daquela do controlador, ou seja, das pessoas ou grupos de pessoas que têm o efetivo poder de conduzir as atividades da companhia.

No Direito Societário brasileiro, o artigo 116, da Lei nº 6.404/1976 (Lei das Sociedades por Ações) estabelece que o controle da sociedade é assegurado pela titularidade de direitos de sócio que garantam, de modo permanente, a preponderância nas deliberações e o poder de eleger a maioria dos administradores e pelo uso efetivo do poder para dirigir as atividades sociais e orientar o funcionamento dos órgãos da companhia[407].

Esse conceito de controle apresenta caráter eminentemente fático[408]. É plenamente possível, portanto, controlar uma sociedade detendo apenas uma parcela minoritária do capital social, desde que essa participação seja apta a garantir o poder de dirigir a companhia nos termos do artigo 116 da Lei das Sociedades por Ações.

Tendo isso em conta, as técnicas societárias que permitem a dissociação entre a propriedade e o controle da empresa podem ser empregadas não só para possibilitar a existência do controle minoritário ou do controle compartilhado, mas também para viabilizar uma maior influência do Estado na gestão da sociedade privada participada, não obstante a não configuração do controle estatal.

4.2 Espécies e Classes de Ações

As ações podem ser divididas em espécies, referentes à natureza dos direitos ou vantagens que as mesmas conferem aos seus titulares. Por sua vez, ações de uma mesma espécie podem ser divididas em classes, de acordo com as vantagens e desvantagens próprias de cada uma[409].

---

[407] O artigo 116, da Lei nº 6.404, de 15.12.1976 (Lei das Sociedades por Ações) estabelece que:
Art. 116. Entende-se por acionista controlador a pessoa, natural ou jurídica, ou o grupo de pessoas vinculadas por acordo de voto, ou sob controle comum, que:
a) é titular de direitos de sócio que lhe assegurem, de modo permanente, a maioria dos votos nas deliberações da assembléia-geral e o poder de eleger a maioria dos administradores da companhia; e
b) usa efetivamente seu poder para dirigir as atividades sociais e orientar o funcionamento dos órgãos da companhia.

[408] "(...) o controle não corresponde a uma situação jurídica determinada, mas a uma situação de fato, que pode derivar de várias relações jurídicas, levando-se em consideração não só o tipo de relação, como também as modalidades de fato correspondentes à situação comparativa dos diferentes interessados na vida da sociedade" (COMPARATO, Fábio Konder e SALOMÃO FILHO, Calixto. *O Poder de Controle na Sociedade Anônima*. Op. cit., p. 47.).

[409] CARVALHOSA, Modesto. *Comentários à Lei de Sociedades Anônimas*, v. 1. Op. cit., pp. 263-264.

MECANISMOS SOCIETÁRIOS DE INFLUÊNCIA DO ACIONISTA MINORITÁRIO

A Lei das Sociedades por Ações prevê a existência de quatro espécies de ações: ordinárias, preferenciais, de fruição e de classe especial (*golden share*), não se admitindo a criação de novas espécies. As ações ordinárias e preferenciais são a principal forma da companhia obter capital próprio.

Ações ordinárias são aquelas cuja emissão é obrigatória em todas as companhias, atribuindo ao seu titular o direito de voto, possibilitando-o participar da direção da sociedade.

As ações ordinárias, em regra, conferem direitos iguais aos seus detentores, mas o artigo 16 da Lei nº 6.404/1976, diferentemente da lei acionária anterior[410], admite a existência, nas companhias fechadas, de ações ordinárias de classes diversas em razão: a) da conversibilidade desses títulos em ações preferenciais, b) da exigibilidade de nacionalidade brasileira do acionista e c) do direito de voto em separado para o preenchimento de determinados cargos de órgãos administrativos.

A criação de ações ordinárias de classes diversas busca conferir maior flexibilidade ao desenvolvimento dos negócios das companhias fechadas, viabilizando a associação de várias sociedades em empreendimentos comuns, como no caso das *joint ventures*, por exemplo[411].

Em especial por conta da previsão do direito de voto em separado para o preenchimento de cargos nos órgãos de administração da companhia, é possível repartir entre os diversos grupos de acionistas as prerrogativas inerentes à direção da empresa. O artigo 16, III, da Lei das Sociedades por Ações permite que determinados acionistas, independentemente da sua participação no capital social, tenham influência assegurada na administração societária[412].

---

[410] Artigo 9º, do Decreto-Lei nº 2.627/1940: Art. 9º As ações, conforme a natureza dos direitos ou vantagens que confiram a seus titulares, são comuns ou ordinárias e preferenciais, estas de uma ou mais classes, e as de gozo ou fruição.

[411] A Exposição de Motivos da Lei nº 6.404/1976 dispõe que: O artigo 16 admite, nas companhias fechadas, mais de uma classe de ações ordinárias, em função dos elementos que enumera. Essa flexibilidade será útil na associação de diversas sociedades em empreendimento comum (*joint venture*), permitindo a composição ou conciliação de interesses e a proteção eficaz de condições contratuais acordadas. O parágrafo único do artigo 16 reforça a segurança jurídica dessas condições.

[412] "O dispositivo garante, de forma permanente e irrevogável, a participação igualitária, minoritária ou mesmo majoritária de alguns acionistas ou de seus prepostos na administração da companhia, independentemente do percentual de capital que nela possuam. Assim, por exemplo: criam-se duas classes de ações ordinárias, dando a cada uma delas o direito de eleger

A ATUAÇÃO DO ESTADO NA ECONOMIA COMO ACIONISTA MINORITÁRIO

Ressalte-se, ainda, que uma vez que o estatuto da sociedade atribua tais prerrogativas a determinada classe de ações ordinárias, esse arranjo estatutário estará protegido pelo parágrafo único do artigo 16 da Lei acionária nacional, que estabelece que a alteração de uma determinada classe de ações ordinárias requer a concordância de todos os titulares das ações atingidas[413].

Por sua vez, as ações preferenciais são aquelas que gozam de privilégios patrimoniais frente às ações ordinárias, podendo o estatuto, em contrapartida, suprimir ou restringir o direito de voto dos preferencialistas[414].

Ocorre que a Lei das Sociedades por Ações (artigo 18), além das vantagens patrimoniais, permitiu que o estatuto da companhia atribuísse a determinada classe de ações preferenciais vantagens políticas referentes ao direito de eleger, em votação em separado, um ou mais membros dos órgãos

dois dos quatro membros do conselho de administração. Assim, v.g., a classe A, pertencente aos majoritários, compõe-se de cem mil ações, e a classe B, pertencente a outro grupo, compõe-se apenas de cem ações. Essa paridade estatutária no conselho de administração permite que o grupo minoritário, mesmo com ínfima participação acionária, detenha igualdade e, portanto, direito de veto em todas as deliberações constitutivas e administrativas da companhia". (CARVALHOSA, Modesto. *Comentários à Lei de Sociedades Anônimas*, v. 1. Op. cit., pp. 284-285).

[413] "(...) a exigência da concordância da totalidade dos que participam da mesma classe de ações, para aprovação do estatuto na parte em que regula a diversidade de classes, se justifica, pela razão óbvia de que o objetivo para adoção de diversas classes de ações ordinárias é o de permitir, numa companhia fechada, a composição ou conciliação de interesses, assegurando a todos a imutabilidade das condições acordadas". (LEÃES, Luiz Gastão Paes de Barros. *Pareceres*, v. 1, São Paulo: Singular, 2004, pp. 395-396).

[414] Art. 17. As preferências ou vantagens das ações preferenciais podem consistir:
I – em prioridade na distribuição de dividendo fixo ou mínimo;
II – em prioridade no reembolso do capital, com prêmio ou sem ele; ou
III – na acumulação das preferências e vantagens de que tratam os incisos I e II.
Art. 111. O estatuto poderá deixar de conferir às ações preferenciais algum ou alguns dos direitos reconhecidos às ações ordinárias, inclusive o de voto, ou conferi-lo com restrições, observado o disposto no artigo 109.
§ 1º As ações preferenciais sem direito de voto adquirirão o exercício desse direito se a companhia, pelo prazo previsto no estatuto, não superior a 3 (três) exercícios consecutivos, deixar de pagar os dividendos fixos ou mínimos a que fizerem jus, direito que conservarão até o pagamento, se tais dividendos não forem cumulativos, ou até que sejam pagos os cumulativos em atraso.
§ 2º Na mesma hipótese e sob a mesma condição do § 1º, as ações preferenciais com direito de voto restrito terão suspensas as limitações ao exercício desse direito.
§ 3º O estatuto poderá estipular que o disposto nos §§ 1º e 2º vigorará a partir do término da implantação do empreendimento inicial da companhia.

de administração, bem como ao direito de vetar certas alterações estatutárias especificadas[415]. Tais privilégios, uma vez concedidos, só podem ser retirados com base na concordância de mais da metade dos titulares de ações preferenciais de cada classe prejudicada (artigo 136, II e § 1º).

Percebe-se que os referidos dispositivos garantem ao acionista preferencialista condições de influenciar e orientar a atuação da sociedade empresária, visto que, ainda que minoritário, restam assegurados a sua prerrogativa de participar dos órgãos de administração da empresa e o seu poder de vetar as alterações estatutárias que considerar prejudiciais aos seus interesses.

O objetivo por detrás da criação desses poderes especiais sobre a direção da companhia foi a proteção de sócios estratégicos, notadamente instituições financeiras oficiais como o BNDES. Nesse sentido, a Exposição de Motivos da Lei nº 6.404/1976 dispôs que:

> (...) o artigo 18, sancionando práticas usuais, inclusive nas participações do BNDE, autoriza a atribuição, a determinada classe de ações preferenciais, do direito de eleger representante nos órgãos de administração e do poder de veto em modificações estatutárias.

Sobre a referida norma, Calixto Salomão Filho afirma que seu objetivo:

> (...) era possibilitar que sócios precipuamente capitalistas, como grandes bancos estatais, pudessem fomentar o desenvolvimento de empresas com participação de capital, que não representassem endividamento para essas. A contrapartida era o interesse em poder participar, via poder de veto, de decisões estratégicas. (...) Este instrumento é e tem sido utilizado como eficaz meio de recuperação de empresas em dificuldades. Nesses casos, frequentemente a imagem do controlador encontra-se tão desgastada que para a obtenção de crédito é fundamental não apenas uma mudança da administração, mas uma mudança do controle. (...) instrumento eficaz e indolor para o controlador, já que ao mesmo tempo em que

---

[415] O poder de veto não pode ser universal. Nessa direção, Modesto Carvalhosa afirma: "O direito de veto assegurado estatutariamente não pode abranger todas as alterações estatutárias, sob pena de não restar à assembleia geral nenhum poder constitutivo na companhia. Apenas alguns assuntos claramente determinados poderão ser objeto dessa audiência dos titulares de ações preferenciais." (CARVALHOSA, Modesto. *Comentários à Lei de Sociedades Anônimas*, v. 1. Op. cit., p. 331).

garante que esse não possa influir na administração, perdendo virtualmente todos os seus poderes, não implica perda do "patrimônio" do controlador, i.e., diluição ou redução de sua participação de capital na companhia[416].

Dessa forma, a emissão de classes diversas de ações ordinárias e preferenciais, acompanhadas das atribuições de eleger membros dos órgãos de administração da companhia e/ou de vetar determinadas alterações estatutárias, tem como objetivo a criação de arranjos estatutários capazes de garantir ao acionista minoritário uma influência societária desproporcional à sua participação no capital.

O Estado tem se valido desses recursos legais como meio de garantir que, não obstante sua posição minoritária, ele detenha poder de ingerência sobre a companhia investida. Mesmo que esse arranjo não seja suficiente para controlar a empresa, a qual permanece dirigida pela iniciativa privada, o poder de veto e a eleição de membros dos órgãos de administração social permitem "sua participação na tomada de decisões estratégicas", conferindo ao Poder Público, ao menos, certo poder de barganha, abrindo um espaço de negociação com o setor privado[417].

---

[416] SALOMÃO FILHO, Calixto. "Golden Share": utilidade e limites. In: SALOMÃO FILHO, Calixto. *O Novo Direito Societário*. São Paulo: Malheiros, 2002, pp. 113-115.

[417] RODRIGUES, Ana Carolina e DAUD, Felipe Taufik. "O Estado como acionista minoritário". In: *Revista de Direito Público da Economia*, n. 40, 2012, pp. 20-22. Os autores citam como exemplo concreto de arranjos estatutários utilizados pelo Estado na posição de acionista minoritário parcerias societárias celebradas pela Sabesp, sociedade de economia mista controlada pelo Estado de São Paulo. Nas palavras dos autores: "Destacamos, primeiramente, o caso da Saneaqua Mairinque S.A. Trata-se sociedade constituída em parceria pela Foz do Brasil S.A., detentora de 70% do capital social da companhia, e Sabesp, detentora de 30% do capital social, cujo objeto social consiste em explorar a concessão do serviço público de água e esgoto do Município de Mairinque, Estado de São Paulo. De acordo com o estatuto social da Mairinque (art. 26), as deliberações socias, em sede de assembleia geral, relativas a (i) alterações no objeto social da companhia e em seu estatuto social; (ii) transformação, fusão, incorporação e cisão da companhia, sua dissolução e liquidação; (iii) autorização aos administradores a confessar falência e pedir recuperação judicial ou extrajudicial; (iv) autorização para emissão de debêntures e valores mobiliários, inclusive bônus de subscrição; (v) aumento, redução ou abertura de capital, entre outras, dependem de voto favorável de acionistas da companhia que representem, no mínimo, 71% do capital social votante. Ora, posto que a Foz do Brasil, acionista controladora, dispõe apenas de 70% das ações com direito a voto, na prática, a referida cláusula estabelece direito de veto a favor da Sabesp em relação às matérias sujeitas ao quórum qualificado".

4.3 Acordos de Acionistas

Acordos de acionistas são contratos celebrados entre acionistas de uma mesma companhia, tendo como objeto o exercício dos direitos decorrentes da titularidade das ações[418]. Destinam-se, assim, "a regrar o comportamento dos contratantes em relação à sociedade de que participam, funcionando, basicamente, como instrumento de composição de grupos"[419].

Tais ajustes permitem que, embora conservando a posse e a propriedade das ações, o acionista submeta-se a determinadas restrições negociais no exercício de seus direitos[420]. O direito brasileiro tratou do tema no âmbito do artigo 118 da Lei das Sociedades por Ações, a qual conferiu disciplina específica aos acordos que versem sobre: a) a compra e venda de ações e o direito de preferência para adquiri-las (acordos de bloqueio) e b) exercício do direito de voto ou do poder de controle (acordos de voto).

Apesar de terem sido disciplinados pelo Direito Societário, os acordos de acionistas são contratos submetidos às normas comuns aplicáveis aos negócios jurídicos de Direito Privado. Por conta disso, os acionistas são inteiramente livres "para estabelecer o seu conteúdo, uma vez que a Lei das S.A. não esgota a relação de matérias que dele podem constar, os limites são apenas a licitude do objeto e a conformidade ao interesse social"[421].

Contudo, deve-se atentar para a redação do artigo 118 da Lei nº 6.404/1976 que regula matéria nos seguintes termos:

> Art. 118. Os acordos de acionistas, sobre a compra e venda de suas ações, preferência para adquiri-las, exercício do direito a voto, ou do poder de controle deverão ser observados pela companhia quando arquivados na sua sede.
>
> § 1º As obrigações ou ônus decorrentes desses acordos somente serão oponíveis a terceiros, depois de averbados nos livros de registro e nos certificados das ações, se emitidos.

---

[418] BARBI FILHO, Celso. *Acordo de Acionistas*. Belo Horizonte: Del Rey, 1993, p. 42.

[419] BORBA, José Edwaldo Tavares. *Direito Societário*, 9ª ed., Rio de Janeiro: Renovar, 2004, p. 342.

[420] CARVALHOSA, Modesto. *Acordo de Acionistas*. São Paulo: Saraiva, 1984, p. 10.

[421] EIZIRIK, Nelson. *A Lei das S/A Comentada*, v. 1. Op. cit., 2011, p. 703.

A ATUAÇÃO DO ESTADO NA ECONOMIA COMO ACIONISTA MINORITÁRIO

Diante dessa previsão legal, embora os acordos de acionistas possam disciplinar outras matérias, somente os pactos referentes aos assuntos enumerados taxativamente no *caput* do referido artigo são de observância obrigatória pela companhia.

Ou seja, quanto aos acordos de bloqueio e aos acordos de voto, a companhia tem a obrigação de lhes dar cumprimento, impedindo a transferência de ações que estão em violação ao ajuste (artigo 118, § 4º), não computando o voto proferido em conflito com o previamente acordado (artigo 118, § 8º) e admitindo a contagem de voto substitutivo no caso de não comparecimento ou abstenção de uma das partes do acordo (artigo 118, § 9º). Tais acordos nominados ou típicos, portanto, vinculam a companhia e seus administradores, bem como são oponíveis a terceiros.

Por outro lado, os acordos cujo objeto difere das matérias contempladas no artigo 118 da Lei das Sociedades por Ações denominam-se inominados ou atípicos, sendo celebrados com base no princípio da autonomia da vontade e sujeitos não a um regime jurídico próprio, mas à disciplina geral aplicável aos contratos privados. Dessa feita, esses acordos não são observáveis pela empresa e nem são oponíveis a terceiros nos termos do artigo 118, sendo a sua inobservância resolvida em perdas e danos[422].

Tendo isso em conta, percebe-se que os acordos de acionistas, típicos ou atípicos, possibilitam que os sócios minoritários detenham um grau de influência na gestão e no controle da companhia maior que aquele que decorreria da simples condição de sócio. Tal mecanismo societário, assim, pode ser utilizado como forma de assegurar a composição de interesses entre a Administração Pública e os controladores privados, garantindo que, embora minoritário, o Estado consiga promover o interesse público através das empresas privadas participadas[423].

Afinal, os pactos entre acionistas prestam-se à transferência ou compartilhamento de determinadas prerrogativas dos sócios controladores com os investidores minoritários. Um exemplo relevante do uso dessa ferramenta societária pode ser encontrado na atuação da BNDESPAR. Essa empresa estatal, conforme visto no item 3.3.1, adquire participações no capital de

---

[422] ABRAÃO, Eduardo Lysias Maia. *Acordos de Acionistas: típicos e atípicos*. Curitiba: Juruá Editora, 2011, pp. 58-60.

[423] RODRIGUES, Bruno Leal. Formas de Associação de Empresas Estatais - Acordo de Acionistas, Formação de Consórcios e Participação em Outras Empresas. Op. cit., pp. 103-104.

determinadas companhias com o fim de financiar e fomentar as atividades econômicas dessas.

Como forma de estimular o desenvolvimento das próprias sociedades investidas e de garantir que a atuação dessas empresas coadune-se com o interesse público, a BNDESPAR, enquanto acionista minoritária, pode celebrar acordos de acionistas nos quais lhe é atribuída considerável influência sobre os rumos da companhia, de forma desproporcional à sua participação no capital[424].

Nesse sentido, os acordos de acionistas da BNDESPAR preveem, em regra, as seguintes disposições[425]:

a) direito de indicar membros para o Conselho de Administração e para o Conselho Fiscal, independentemente ou desproporcionalmente da participação societária detida;

b) exigência de abertura de capital de companhias fechadas;

c) livre acesso de informações à BNDESPAR;

d) direito de alienação conjunta (*tag along*) da totalidade de suas ações pelas mesmas condições pagas ao controlador em caso de alienação de controle acionário; e

e) necessidade de aprovação prévia da BNDESPAR para a prática de determinadas operações da companhia (poder de veto da empresa estatal), tais como: i) reorganizações societárias; ii) alienação de controle; iii) política de remuneração dos administradores; iv) políticas de dividendos; v) parâmetros máximos de endividamento e alavancagem; vi) dissolução, recuperação judicial ou extrajudicial e falência; vii) operações com partes relacionadas e viii) quaisquer alterações estatutárias relevantes definidas no acordo de acionistas.

Com fulcro nessas cláusulas, o Estado passa a ter a prerrogativa de condicionar a atuação das empresas nas quais detém participação societária

---

[424] SCHAPIRO, Mario Gomes. Rediscovering the Developmental Path? Development Bank, Law, and Innovation Financing in the Brazilian Economy. In: TRUBEK, David M.; GARCIA, Helena Alviar; COUTINHO, Diogo Rosenthal e SANTOS, Alvaro (Eds.). *Law and the New Developmental State: The Brazilian Experience in Latin American Context*. Cambridge: Cambridge University Press, 2013, p. 148.

[425] SCHAPIRO, Mario Gomes. *Novos parâmetros para a intervenção do Estado na economia*. Op. cit., p. 256.

minoritária e, apesar de não possuir o controle, consegue influenciar o processo decisório interno da companhia incentivando os acionistas controladores a tomarem decisões econômicas em consonância com o interesse público.

4.4 Golden Shares

As *golden shares* surgiram no Reino Unido dentro do contexto do já referido programa de privatizações britânico iniciado no final da década de 70[426]. Seu objetivo consiste em permitir a alienação de empresas estatais para o setor privado, resguardando a influência do Poder Público sobre a companhia privatizada por meio de poderes especiais decorrentes de uma participação acionária minoritária.

Essas ações especiais têm o intuito de garantir a defesa do interesse nacional em setores estratégicos, tais como energia e aviação[427], impedindo que empresas recém-privatizadas relevantes para a segurança nacional sejam adquiridas por investidores hostis ou desenvolvam atividades e projetos contrários ao interesse público[428].

Além disso, as *golden shares* também são utilizadas no âmbito de companhias prestadoras de serviços públicos, as quais, mesmo que transferidas ao setor privado, continuam possuindo interesse econômico geral. Nesse sentido, as ações especiais preservam o papel regulatório do Estado, possibilitando seu controle sobre a continuidade dos serviços, bem como sobre a manutenção da tarifa adequada[429].

---

[426] PUTEK, Christine O'Grady. "Limited but not lost: a comment on the ECJ's golden share decisions". In: *Fordham Law Review*, v. 72, 2004, p. 2222.

[427] BORTOLOTTI, Bernardo e SINISCALCO, Domenico. *The Challenges of Privatization: an international analysis*. Oxford: Oxford University Press, 2003, p. 89.

[428] É o caso, por exemplo, da Rolls-Royce PLC, tradicional companhia britânica da área de defesa nacional, aviação e energia. O estatuto dessa companhia prevê uma *golden share* para o governo britânico garantindo a manutenção do controle britânico sobre a companhia, a proteção da empresa contra aquisições hostis (*takeovers*) e a necessidade de autorização do governo do Reino Unido para a prática de certos atos, tais como a venda de ativos relacionados à energia nuclear. Cf. http://www.rolls-royce.com/Images/Proposed%20Articles%20of%20Association%20for%20Rolls-Royce%20Holdings% 20plc_tcm92-27162.pdf. Acesso em outubro de 2013.

[429] CARVALHOSA, Modesto. *Comentários à Lei de Sociedades Anônimas*, v. 1, op. cit., p. 327.

A fórmula britânica das *golden shares* espalhou-se pelo mundo a reboque do movimento de desestatização que marcou o cenário político-econômico dos anos 80 e 90, sendo replicada por diversos países[430] desejosos por transferir suas empresas públicas para a iniciativa privada, mas sem abrir mão de sua influência sobre determinadas questões relevantes para o interesse público.

Tendo isso em conta, as *golden shares* podem ser conceituadas como participações sociais detidas pelo Estado das quais decorrem direitos especiais de intervenção intrassocietária de forma desproporcional à participação detida. Ou seja, essa parcela minoritária ou mesmo simbólica do capital concede à Administração Pública poderes de intervenção que não estão ao alcance dos entes privados, derrogando o regime legal aplicável às sociedades empresárias[431].

Os poderes especiais conferidos ao ente desestatizante em decorrência das *golden shares*, embora diferentes em cada ordenamento jurídico, normalmente envolvem as seguintes prerrogativas: a) direito de nomear membros para os órgãos de direção da companhia; b) poder de veto sobre determinadas matérias, tais como alteração do objeto social, alienação do controle e de ativos, fusão e dissolução da companhia etc; c) direito de restringir a aquisição de certa parcela de ações por nacionais e estrangeiros e d) direito de restringir o número de diretores estrangeiros da companhia[432].

Diante disso, percebe-se que as *golden shares* configuram-se como um mecanismo regulatório-societário, permitindo a intervenção estatal no seio

---

[430] É o caso da França com a adoção da *action spécifique*, da Nova Zelândia com a *Kiwi share*, da Bélgica e de Portugal, por exemplo. Cf. RODRIGUES, Nuno Cunha. *"Golden-Shares". As empresas participadas e os privilégios do Estado enquanto accionista minoritário.* Op. cit., capítulo V.

[431] O conceito de *golden share* adotado nesse trabalho refere-se ao conceito restrito, ou seja, aos direitos especiais de intervenção em determinada empresa que são atribuídos ao Estado em conexão com uma participação minoritária no capital social dessa companhia. Nesse sentido, encampamos o conceito de Nuno Cunha Rodrigues (RODRIGUES, Nuno Cunha. *"Golden-Shares". As empresas participadas e os privilégios do Estado enquanto accionista minoritário.* Op. cit). Ressaltamos, no entanto, que, especialmente no âmbito do Direito Comunitário europeu, a expressão *golden share* tem sido utilizada para designar toda forma de intervenção legislativa que permita ao Estado intervir na tomada de decisões de uma sociedade concreta, como é o caso do direito italiano e espanhol, por exemplo (ALBUQUERQUE, Pedro de e PEREIRA, Maria de Lurdes. *As "Golden Shares" do Estado Português em Empresas Privatizadas: Limites à Sua Admissibilidade e Exercício.* Coimbra: Coimbra Editora, 2006).

[432] FIDALGO, Carolina Barros. *O Estado Empresário: regime jurídico das tradicionais e novas formas de atuação empresarial do Estado na economia brasileira.* Op. cit., p. 298.

da empresa recém-privatizada com a finalidade de proteger e promover objetivos públicos[433]. Trata-se, portanto, de um modo de viabilizar a gestão privada de interesses públicos[434], compatibilizando a propriedade privada das sociedades desestatizadas com a manutenção do controle estatal sobre determinadas questões-chave. Nessa direção, Modesto Carvalhosa afirma:

> Como visto, a *golden share* caracteriza-se como um instrumento direto de política pública que pode substituir, em certa medida, as funções de uma agência estatal reguladora. Esta age externamente à companhia, enquanto a *golden share* permite ao Estado, mediante o controle interno na própria sociedade privatizada, nela atuar a favor da coletividade e sobre o mercado.[435]

No Brasil, a criação das *golden shares*, por aqui denominadas ações de classe especial, ocorreu no âmbito da Lei nº 8.031/1990, que instituiu o Programa Nacional de Desestatização (PND), que estabeleceu, em seu artigo 8º, que sempre que houvesse razões que o justificassem, a União deteria ações de classe especial do capital social de empresas privatizadas, as quais lhe garantiriam poder de veto em determinadas matérias, que deverão ser caracterizadas nos estatutos sociais dessas empresas.

---

[433] Sobre as *golden shares*, Calixto Salomão Filho afirma: "Trata-se de um mecanismo regulatório-societário sem dúvida útil e relevante. Permite acrescentar o instrumento societário à disciplina regulatória, internalizando o interesse público. A idéia se aproxima da concepção original do institucionalismo publicista de Rathenau, o que é totalmente consentâneo com as necessidades de setores regulados" (SALOMÃO FILHO, Calixto. "Golden Share": utilidade e limites. In: *O Novo Direito Societário*. Op. cit. , p. 114).

[434] "Neste sentido deve ser entendida a *golden share*, que se afigura um instrumento de viabilização da gestão privada de interesses públicos. Assim, ao transferir a propriedade para grupos privados, o Estado viabiliza uma gestão mais eficiente, ao mesmo tempo em que se desincumbe dos pesados ônus decorrentes do exercício da atividade econômica, resguardando, no entanto, o interesse público, para cuja defesa permanecerá o Poder Público na posição de controlador. É esse interesse que justifica a derrogação do regime geral de direito societário" (BENSOUSSAN, Fábio Guimarães. *A participação do Estado na atividade empresarial através das "golden shares"*. Dissertação apresentada ao Curso de Mestrado da Faculdade de Direito Milton Campos como requisito parcial para a obtenção do título de Mestre em Direito, 2006, p. 67. Disponível em http://www.mcampos.br/posgraduacao/Mestrado/dissertacoes /2011.. /fabioguimaraesbensoussanatividadeempresarialoatravesdasgoldenshares.pdf. Acesso em dezembro de 2013).

[435] CARVALHOSA, Modesto. *Comentários à Lei de Sociedades Anônimas*, v. 1. Op. cit., p. 329.

Posteriormente, a Lei nº 9.491/1997 alterou procedimentos relativos ao PND e revogou a Lei nº 8.031/1990. Contudo, o normativo não só manteve a previsão da existência de *golden shares* em companhias privatizadas, como ampliou os direitos especiais delas derivados, abrangendo, além do poder de veto, quaisquer poderes especiais previstos nos estatutos.

Em 2001, a Lei nº 10.303/2001 alterou a Lei das Sociedades por Ações para estabelecer no seu artigo 17, § 7º, a possibilidade de criação, nas companhias objeto de desestatização, de ação preferencial de classe especial de propriedade exclusiva do ente desestatizante, à qual o estatuto social poderá conferir os poderes que especificar.

A instituição de *golden shares* no Brasil verificou-se em três ocasiões: nas privatizações da Companhia Eletromecânica CELMA, da Empresa Brasileira de Aeronáutica S.A. – EMBRAER e da Companhia Vale do Rio Doce, com vistas a salvaguardar interesses ligados à segurança nacional.

Na Companhia Eletromecânica CELMA, voltada para a fabricação, reparação e revisão de motores aeronáuticos, a União Federal deteve, pelo prazo de cinco anos, uma ação ordinária de classe especial, cujos direitos eram exercidos pelo Ministério da Aeronáutica, que lhe concedia o poder de veto sobre alterações do objeto social, da cláusula estatutária que limitava a 30% do capital votante a participação de companhias aéreas no seu capital social e da composição do Conselho de Administração, no qual a União e os empregados da companhia tinham o direito de indicar dois membros e seus suplentes[436].

No caso da Embraer, foi criada uma ação ordinária de classe especial concedendo à União os poderes de eleger um membro efetivo e seu suplente para o Conselho de Administração (artigo 27, do Estatuto Social da Embraer) e de exercer o poder de veto nas seguintes matérias (artigo 9º, do Estatuto): mudança de denominação da companhia ou de seu objeto social, alteração e/ou aplicação da logomarca da companhia, criação e/ou alteração de programas militares que envolvam ou não a República Federativa do Brasil, capacitação de terceiros em tecnologia para programas militares, interrupção de fornecimento de peças de manutenção e reposição de aeronaves militares, transferência do controle acionário da compa-

---

[436] VELASCO JR., Licinio. "A Privatização no Sistema BNDES". In: *Revista do BNDES*, nº 33, 2010, p. 357.

nhia, realização de oferta pública de ações e quaisquer modificações dos direitos atribuídos a esta ação de classe especial.

No processo de privatização da Companhia Vale do Rio Doce, hoje denominada apenas Vale S.A., também foram instituídas *golden shares*, as quais conferem à União Federal o poder de veto sobre as seguintes matérias (artigo 7º, do Estatuto Social da Vale): alteração da denominação social, da sede social e do objeto social, no que se refere à exploração mineral, liquidação da sociedade, alienação ou encerramento das atividades de qualquer uma ou do conjunto das etapas dos sistemas integrados de minério de ferro da sociedade (depósitos minerais, jazidas, minas, ferrovias, portos e terminais marítimos) e qualquer modificação dos direitos decorrentes das ações de classe especial.

Percebe-se que a participação minoritária estatal, associada aos direitos especiais decorrentes das *golden shares*, concedem ao Estado a prerrogativa de influenciar e orientar a condução da companhia em prol dos interesses públicos que justificam a manutenção da ação de classe especial.

Ressalte-se que as ações de classe especial não caracterizam, via de regra[437], o controle societário, mesmo compartilhado, sobre a companhia participada, que permanece como empresa privada. Nesse sentido, em especial olhando-se para o ordenamento jurídico brasileiro, entendemos que o poder de veto sobre determinadas matérias e a indicação de uma minoria de membros para o Conselho de Administração, certamente não são suficientes para caracterizar o controle societário estatal.

Na verdade, esses direitos advindos das *golden shares*, embora sem dúvida relevantes para conferir ao Estado um poder adicional de direcionamento sobre a sociedade participada, apresentam limitações, carecendo do poder

---

[437] Nuno Cunha Rodrigues ressalta que, dependendo dos poderes inerentes a cada *golden share*, é possível que essa ação confira ao Estado o poder de controle sobre a sociedade participada, ainda que esse detenha, somente, uma participação minoritária do capital social. Nesse caso, entende que tal empresa deveria ser classificada como uma empresa pública (RODRIGUES, Nuno Cunha. *"Golden-Shares". As empresas participadas e os privilégios do Estado enquanto accionista minoritário*. Op. cit., p. 70). Concordamos com esse entendimento, acrescentando que a ação de classe especial não pode ser utilizada para escamotear o controle estatal sobre determinada sociedade formalmente privada. Caso a *golden share* confira ao Estado o controle societário sobre determinada empresa, a ela deve ser aplicado todo o regime jurídico aplicável às empresas estatais.

de implantar "ações econômicas positivas"[438] de forma ampla. As potencialidades das ações de classe especial estão mais ligadas ao poder de bloqueio sobre determinadas decisões e limitam-se a determinado número de matérias de relevância pública. Contudo, não deixam de representar mecanismo importante de intervenção estatal nas empresas privadas com participação estatal minoritária.

---

[438] Mario Engler Pinto Junior define as ações econômicas positivas como o poder de iniciativa para definir variáveis empresariais relevantes, tais como prioridades de investimento, planejamento estratégico, presença nos mercados, linhas de produtos e políticas de preços. Nas palavras do autor "o poder público titular da ação de classe especial não tem condições de impor ações econômicas positivas, mas apenas de criar constrangimentos ao exercício do poder de controle acionário privado e à liberdade de atuação dos órgãos de administração" (PINTO JUNIOR, Mario Engler. *Empresa Estatal: função econômica e dilemas societários*. Op. cit., p. 198).

5 A NATUREZA JURÍDICA DA ATUAÇÃO DO ESTADO NA ECONOMIA POR MEIO DE PARTICIPAÇÕES SOCIETÁRIAS MINORITÁRIAS

5.1 Da necessidade da definição da natureza jurídica

Qual a natureza jurídica da atuação estatal na economia por meio de participações minoritárias no capital social de empresas privadas? Trata-se de uma modalidade de intervenção direta ou indireta? Antes de responder a esse questionamento, é necessário atentarmos para uma questão prévia. Afinal, como nos lembra Carlos Ragazzo, citando Alexander Bickel, "não há respostas certas para perguntas erradas", sendo essencial saber fazer as perguntas certas[439]. Ou pelo menos as perguntas úteis.

Isto é, importa saber se a classificação da intervenção estatal como acionista minoritário em direta ou indireta é relevante, pois, conforme adverte Eros Roberto Grau, as classificações não são verdadeiras ou falsas, mas úteis e inúteis[440].

Tratando do Direito Português, Sousa Franco e Guilherme Martins remarcam que a distinção entre intervenção direta e indireta "pode ser útil, no domínio dos conceitos institucionais de política econômica; mas

---

[439] RAGAZZO, Carlos Emmanuel Joppert. *Regulação jurídica, racionalidade econômica e saneamento básico.* Op. cit., p. 1.

[440] GRAU, Eros Roberto. *A Ordem Econômica na Constituição de 1988 (Interpretação e Crítica).* Op. cit., p. 90.

A ATUAÇÃO DO ESTADO NA ECONOMIA COMO ACIONISTA MINORITÁRIO

não tem interesse jurídico e, pela multiplicidade de critérios que se entrecruzam, torna-se confusa, pelo que a abandonamos"[441]. Da mesma forma, Nuno Cunha Rodrigues concorda que esta distinção tem pouca relevância jurídica[442].

No Brasil, Carolina Barros Fidalgo entende que essa discussão não possui efeito prático, tendo em vista que os fundamentos constitucionais para os dois tipos de intervenção são muito semelhantes, ambos buscando atender a um interesse público relevante e observar o princípio da proporcionalidade. Ademais, a Constituição não teria criado, de forma objetiva, restrições à intervenção direta que não se aplicam à regulação[443].

Também criticando a diferenciação entre as duas modalidades interventivas, embora tratando da Carta Magna de 1969, Fernando A. Albino de Oliveira afirma:

> Na verdade, o que se tem denominado de modalidades de intervenção são os veículos de que se utiliza o Estado para intervir. Realmente, o discrimen de uma classificação no campo do Direito deve se basear na diferença de regime jurídico existente. Onde não se encontra distinção de regime jurídico não há que se falar em diferença jurídica. Ora, em se tratando de intervenção, quer ela se consubstancie na edição de normas, quer na criação de um ente da Administração indireta para a execução de determinadas medidas há uma refração ao regime jurídico da livre iniciativa, com todos os princípios nele ínsitos. Claro está que haverá diferenças na implementação do regime jurídico da intervenção, dependendo da adoção de um conjunto de normas ou da criação de um ente da Administração indireta, mas tais diferenças serão de execução prática. Mas as condições para a decisão de intervir, dentro da discrição outorgada ao Estado, e os limites de tal intervenção serão idênticos para ambos os casos.[444]

Não obstante esses posicionamentos, entendemos de modo diverso, no sentido de que é importante averiguar a natureza jurídica da intervenção

[441] SOUSA FRANCO, António L. e MARTINS, Guilherme D'Oliveira. *A Constituição Econó-mica Portuguesa: ensaio interpretativo.* Coimbra: Almedina, 1993, p. 223.

[442] RODRIGUES, Nuno Cunha. *"Golden-Shares". As empresas participadas e os privilégios do Estado enquanto accionista minoritário.* Op. cit., p. 34.

[443] FIDALGO, Carolina Barros. *O Estado Empresário: regime jurídico das tradicionais e novas formas de atuação empresarial do Estado na economia brasileira.* Op. cit., p. 327.

[444] OLIVEIRA, Fernando A. Albino de. "Limites e Modalidades da Intervenção do Estado no Domínio Econômico". Op. cit., pp. 62-63.

estatal sob a forma de participações minoritárias. Não que discordemos de todas as críticas feitas à distinção entre a atuação direta e a indireta. Pelo contrário, realmente trata-se de classificação confusa e imprecisa, considerando que as modalidades interventivas não se apresentam estanques e imbricam-se umas nas outras[445].

De fato, as diferentes faces do Estado no domínio econômico que expusemos didaticamente no terceiro capítulo - Estado Empresário, Estado Regulador, Estado Fomentador e Estado Investidor – não costumam apresentar-se de forma pura. A realidade é mais complexa do que a teoria e os tipos interventivos acabam misturando-se, conforme demonstraremos mais a frente.

Contudo, a Constituição de 1988, expressamente, fez uma distinção formal entre a intervenção direta e a indireta, razão pela qual não podemos ignorar a necessidade de classificação das atividades estatais nessas categorias.

5.2 Da distinção entre atuação direta e indireta

Nesse tocante, veja-se a redação dos artigos 173 e 174, CF:

> Art. 173. Ressalvados os casos previstos nesta Constituição, a **exploração direta de atividade econômica** pelo Estado **só** será permitida quando necessária aos imperativos da segurança nacional ou a relevante interesse coletivo, conforme definidos em lei. (grifamos)
>
> Art. 174. Como agente normativo e regulador da atividade econômica, o Estado exercerá, na forma da lei, as funções de fiscalização, incentivo e planejamento, sendo este determinante para o setor público e indicativo para o setor privado.

A literalidade do artigo 173 da Carta de 1988 afirma que exploração direta da atividade econômica pelo Estado, ainda que em concorrência com a iniciativa privada, apenas será admitida nas hipóteses de imperativo da segurança nacional ou relevante interesse coletivo, ressalvados os casos previstos na Lei Maior. A ressalva diz respeito aos serviços públicos (artigo 175, CF) e às atividades monopolizadas pela Administração Pública (artigo 177, CF).

---

[445] MOREIRA, Vital. *Auto-Regulação Profissional e Administração Pública. Op. cit.*, p. 37.

Por outro lado, o artigo 174 concede ao Estado o poder de regular a ordem econômica, de forma que a mesma se desenvolva em conformidade com os princípios constitucionais.

Sobre o assunto, Daniel Sarmento e Cláudio Pereira de Souza Neto comentam: "A Constituição prevê amplos espaços para a regulação estatal da economia, mas a intervenção estatal direta nessa seara é vista como exceção, justificada apenas quando necessária aos imperativos de segurança nacional ou a relevante interesse coletivo, conforme definidos em lei"[446]. Em outras palavras, a atuação direta nos termos do artigo 173 seria excepcional, ao passo que a regulação, praticada com base no artigo 174, CF, seria exercida livremente.

Concordamos com a constatação de que a exploração direta de atividade econômica, pela letra da Constituição de 1988, deve ser **mais** condicionada do que a intervenção indireta, pelo fato de o poder constituinte ter considerado que a primeira modalidade interventiva é mais constritiva da livre iniciativa do que a segunda. Contudo, não vamos tão longe quanto os referidos autores no sentido de entender que o espaço para a regulação estatal seja tão amplo.

Afinal, a intervenção regulatória na economia também encontra limites, tendo em vista que o ordenamento constitucional brasileiro "estabeleceu como regra a livre iniciativa, expressamente deixando a intervenção estatal como exceção, não importando a sua natureza, direta ou indireta (artigos 170, *caput*, 173 e 174)"[447].

Trata-se do suprarreferido princípio da subsidiariedade, limitador da ação estatal no domínio econômico, na medida em que exige que a restrição à livre iniciativa seja feita de forma a diminuir ao mínimo a liberdade dos particulares e a promover ao máximo outros princípios e interesses constitucionalmente legítimos.

Além disso, a intervenção indireta do Estado na economia, assim como a atuação administrativa como um todo, está adstrita à realização do interesse público. É o que a doutrina tem chamado de princípio da prossecu-

---

[446] SOUZA NETO, Cláudio Pereira de e SARMENTO, Daniel. *Direito Constitucional: teoria, história e métodos de trabalho*. Belo Horizonte: Fórum, 2013, p. 175.

[447] RAGAZZO, Carlos Emmanuel Joppert. *Regulação jurídica, racionalidade econômica e saneamento básico*. Op. cit., p. 128.

ção do interesse público[448], princípio da finalidade[449] ou princípio da tutela do interesse público[450], pelo qual se afirma que a Administração Pública deve sempre perseguir a efetivação dos interesses afetos à coletividade, atendendo aos direitos fundamentais individuais, coletivos e difusos, e não aqueles dos governantes ou de um grupo específico.

Ademais, a intervenção estatal indireta também está submetida aos princípios gerais disciplinadores da atividade administrativa previstos no ordenamento jurídico-constitucional, tais como os postulados da legalidade, impessoalidade, moralidade, publicidade e eficiência (artigo 37, *caput*, CF).

Diante disso, conclui-se que ambas as modalidades interventivas encontram limites na Constituição, no entanto, a atuação direta do Estado na economia, além de todas as restrições igualmente aplicáveis à intervenção indireta, ainda precisa atender aos requisitos específicos previstos no artigo 173, *caput*, da Lei Maior ou enquadrar-se nas hipótese de serviços (artigo 175, CF) ou monopólios (artigo 177, CF) públicos.

Ou seja, não é qualquer interesse público que justificaria a ação do Estado Empresário, mas apenas aqueles relativos à defesa nacional ou a um interesse coletivo relevante. A precisão e concretização desses limites são, certamente, difíceis, pois, como afirmamos no item 3.1 dessa obra, cuida-se de conceitos jurídicos indeterminados, naturalmente vagos e imprecisos. Torna-se complicado, dessa forma, distinguir entre um "mero" interesse público autorizador de uma intervenção indireta e um interesse relevante, justificador da atuação direta.

Não negamos essas dificuldades, todavia entendemos que, nesse caso, não temos opção que não seja aplicar o brocardo latino *verba cum effectu sunt accipienda* (as palavras devem ser entendidas como tendo eficácia), isto é, devemos aplicar a clássica lição de Direito de que não se presumem, na lei, palavras inúteis, devendo as expressões serem interpretadas de modo que suas palavras não resultem em vocábulos supérfluos ou ociosos[451].

---

[448] OTERO, Paulo. *Vinculação e Liberdade de Conformação Jurídica do Sector Empresarial do Estado.* Op. cit., pp. 123-124.

[449] ARAGÃO, Alexandre Santos de. *Curso de Direito Administrativo*, op. cit., p. 81.

[450] SARMENTO, Daniel. "Interesses Públicos vs. Interesses Privados na Perspectiva da Teoria e da Filosofia Constitucional". In: SARMENTO, Daniel (Org.). *Interesses Públicos versus Interesses Privados: Desconstruindo o Princípio da Supremacia do Interesse Público.* Rio de Janeiro: Lumen Juris, 2007, p. 89.

[451] MAXIMILIANO, Carlos. *Hermenêutica e Aplicação do Direito.* Rio de Janeiro: Forense, 1999, p. 250.

Dessa maneira, frente à nítida diferença de tratamento dispensada pelo texto constitucional em relação aos dois tipos de intervenção, os intérpretes da Carta de 1988 devem opor à intervenção direta do Estado na economia restrições em um grau mais elevado do que o imposto à intervenção indireta.

É relevante, portanto, estabelecer a natureza jurídica da atuação estatal através de participações públicas minoritárias, a despeito da relativa inadequação e insuficiência da classificação binária entre as modalidades direta e indireta.

A intervenção indireta, como vimos no item 1.3, estipula regras e incentivos para os agentes privados, de modo que a obtenção dos resultados visados conta com o comportamento dos indivíduos, que são influenciados pelos balizamentos e estímulos públicos. Já na intervenção direta ou institucional, o Estado disciplina a atividade econômica por meio de uma atuação presencial, na qual são os próprios agentes públicos, como as empresas estatais, que atuam nos mercados e exercem algum controle sobre as variáveis econômicas. Ou seja, na intervenção institucional, diferentemente da indireta, os objetivos desejados pelo Poder Público são alcançados de forma direta, sem depender da indução do comportamento particular[452].

Sob essa perspectiva clássica, a intervenção direta corresponde à assunção, pelo Estado, das atividades de produção de utilidades públicas, levada a cabo pelas empresas estatais que monopolizam as respectivas atividades econômicas, encaradas como monopólios naturais. Nesse contexto, a Administração Pública assume atividades consideradas essenciais à coletividade (geração e distribuição de energia, saneamento básico, telecomunicações etc.) e setores de capital intensivo (petróleo e siderurgia)[453].

Por sua vez, a intervenção indireta consiste na disciplina e regulação da ordem econômica, através da criação de regras e estímulos aplicáveis aos agentes econômicos, a fim de que esses atuem em conformidade com o interesse público.

Com base nessa concepção, consegue-se entender porque a Constituição brasileira de 1988 considerou a exploração direta da atividade econô-

---

[452] SCHAPIRO, Mario Gomes. *Novos parâmetros para a intervenção do Estado na economia.* Op. cit., pp. 92-93.

[453] MARQUES NETO, Floriano Azevedo. "A Nova Regulação Estatal e as Agências Independentes". In: SUNDFELD, Carlos Ari (coord.). *Direito Administrativo Econômico.* Op. cit., pp. 72-74.

A NATUREZA JURÍDICA DA ATUAÇÃO DO ESTADO NA ECONOMIA

mica como mais restritiva à livre iniciativa do que a intervenção indireta. Afinal, o intervencionismo direto clássico identifica-se com o estabelecimento de monopólios públicos detidos por empresas estatais, os quais excluem, totalmente, a participação privada de determinados setores, ao passo que o intervencionismo indireto implica, apenas, a regulamentação do exercício da atividade empresarial.

Contudo, consideramos tal visão tradicional equivocada, como já assinalamos no item 1.3 ao discordar do posicionamento doutrinário de que haveria uma escala decrescente entre as modalidades interventivas, na qual a atuação direta seria a forma mais forte e a regulação e o fomento seriam as figuras mais brandas de intervenção.

Isso porque a atuação do Estado Empresário, em regra, não se dá mais por monopólio, o qual exige previsão expressa do poder constituinte, sendo a norma a exploração estatal de atividades empresárias em regime de concorrência e em igualdade de condições com a iniciativa privada (artigo 173, caput e § 1º, II, CF). Mesmo a prestação de serviços públicos, tradicionalmente subtraídos da livre iniciativa, tem sido permeabilizada pela concorrência[454].

Além do mais, a intervenção indireta, em especial a regulação exercida nos moldes de "comando e controle", consistente na imposição de regras ou padrões de conduta no exercício de atividades econômicas sob a pena de sanções em caso de descumprimento, pode ser tão ou mais restritiva à livre iniciativa do que a atuação direta, tendo em vista que a Administração Pública pode regular um amplo leque de variáveis econômicas estruturais e comportamentais, tais como: requisitos para o exercício de uma

---

[454] "Ocorre que, a partir principalmente da década de oitenta, começaram a surgir algumas mudanças nesses pressupostos, acarretando uma profunda transformação nos regimes jurídicos que, como o nosso, são de inspiração europeia e, mais especificamente, francesa. Fortaleceu-se a caracterização do serviço público como espécie de atividade econômica, propugnando-se que, senão em todas, pelo menos em muitas das atividades até então submetidas ao regime de serviço público, a instalação da concorrência – prestação por mais de uma empresa, com maior liberdade de entrada no mercado – fosse, não apenas possível, mas mesmo aconselhável do ponto de vista dos direitos individuais e sociais a serem perseguidos. Em nosso Direito Positivo, um dos primeiros dispositivos a consagrar essa visão foi o art. 16 da Lei das Concessões e Permissões de Serviços Públicos (Lei nº 8.987/95), por força do qual "a outorga de concessão ou permissão não terá caráter de exclusividade, salvo no caso de inviabilidade técnica ou econômica justificada"" (ARAGÃO, Alexandre Santos de. *Direito dos Serviços Públicos*. Op. cit., pp. 409-410).

A ATUAÇÃO DO ESTADO NA ECONOMIA COMO ACIONISTA MINORITÁRIO

atividade (regulação de entrada), regulação de preços e imposição de *standards* de qualidade ou de informações a serem prestados[455].

Tomemos como exemplo o mercado de agências de viagens. Trata-se de setor no qual os agentes privados gozam de uma ampla liberdade de iniciativa, inexistindo barreiras de entrada significativas ou regulamentações estritas[456]. Todavia, existe nesse mercado uma empresa estatal federal, a BB TURISMO - VIAGENS E TURISMO LTDA, subsidiária da sociedade de economia mista Banco do Brasil S.A, a qual atua na exploração de atividades peculiares às agências de viagem e turismo em concorrência paritária com a iniciativa privada.

Por outro lado, o setor de planos de saúde, embora não conte com a presença de nenhuma empresa estatal, está sujeito a uma intensa regulação jurídica, exercida, essencialmente, pela Agência Nacional de Saúde Suplementar – ANS, implicando o estabelecimento de rigorosas barreiras de entrada, de padrões de qualidade e cobertura dos serviços e de limites aos reajustes e revisões de preços[457]. Incorreto, portanto, o entendimento segundo o qual a exploração direta da atividade econômica é, por natureza, mais constritiva da livre iniciativa do que a intervenção indireta.

5.3 A definição da natureza jurídica das participações societárias minoritárias: o critério da finalidade imediata

No caso das participações societárias minoritárias, ressalta-se, ainda, a existência de uma acentuada confusão entre as duas modalidades interventivas, pois, "enquanto é possível afirmar que as empresas estatais consubstanciam, sem sombra de dúvidas, formas de intervenção direta na economia, essa distinção estanque entre exploração direta e exploração indireta de atividades econômicas já não funciona tão bem com relação às participações do Estado em sociedades privadas"[458].

---

[455] RAGAZZO, Carlos Emmanuel Joppert. *Regulação jurídica, racionalidade econômica e saneamento básico*. Op. cit., p. 140.

[456] Cf. a Lei nº 11.771/2008 que trata do Sistema Nacional do Turismo e regula a prestação de serviços turísticos.

[457] Cf. o artigo 4º da Lei nº 9.661/2000, a qual criou a Agência Nacional de Saúde Suplementar – ANS.

[458] FIDALGO, Carolina Barros. *O Estado Empresário: regime jurídico das tradicionais e novas formas de atuação empresarial do Estado na economia brasileira*. Op. cit., p. 323.

A NATUREZA JURÍDICA DA ATUAÇÃO DO ESTADO NA ECONOMIA

Com efeito, à primeira vista, as participações societárias minoritárias não deixam de ser propriedade pública, isto é, o Estado, ao deter parcelas representativas do capital social de sociedades privadas, torna-se sócio de empresas que atuam no mercado produzindo bens e prestando serviços.

No entanto, as participações públicas minoritárias nem sempre visam explorar diretamente uma atividade empresarial em parceria com o setor privado. Afinal, como expusemos no capítulo 3, essas participações prestam-se a realização de uma série de interesses públicos, tais como fomentar determinadas atividades privadas e fiscalizar e influenciar certas sociedades sobre as quais paire especial interesse governamental.

Como Carolina Barros Fidalgo remarca:

> Sob esse prisma, será que (i) uma *golden share*, (ii) a titularidade de 49% do capital de uma concessionária de serviço público pelo Estado e (iii) uma participação estatal na proporção de 5% do capital social de uma sociedade de tecnologia teriam a mesma natureza interventiva?
>
> Enfim, as perguntas ora colocadas visam demonstrar que o tema não é fácil. Parece-nos que esse tipo de intervenção guarda um pouco de intervenção direta e um pouco de regulação, e cada um desses aspectos será mais ou menos acentuado a depender do caso concreto e do grau de influência do Estado na gestão das atividades da companhia participada[459].

De fato, as formas de atuação do Estado na economia são fluidas, interpenetrando-se umas nas outras. A divisão clara entre essas diversas modalidades interventivas costuma ser feita muito mais por razões didáticas e doutrinárias do que por correspondência à realidade, em regra, mais complexa e instável.

Por causa disso é que Fábio Konder Comparato aponta a dificuldade de se enquadrar as instituições jurídicas de conteúdo econômico nos esquemas e categorias tradicionais do Direito, tendo em vista que essas se mostram rebeldes a uma classificação geral dogmática e estática[460]. Não é diferente com as participações públicas minoritárias, cuja utilização presta-se ao atingimento de diversas finalidades estatais, as quais, frequentemente, se sobrepõem.

---

[459] Ibidem, p. 326.
[460] COMPARATO, Fábio Konder. O Indispensável Direito Econômico. In: COMPARATO, Fábio Konder. *Ensaios e Pareceres de Direito Empresarial*. Op. cit., pp. 453- 472.

A ATUAÇÃO DO ESTADO NA ECONOMIA COMO ACIONISTA MINORITÁRIO

Nesse contexto, lembre-se que vimos nos itens 3.2.2 e 3.2.3 que a propriedade pública dos meios de produção, seja majoritária ou minoritária, pode apresentar-se como instrumento de regulação, ao exercer controle ou influência sobre o comportamento dos agentes econômicos.

Além disso, as participações societárias estatais também podem prestar--se a um duplo papel, sendo, ao mesmo tempo, mecanismo de fomento de certa atividade privada e ferramenta de regulação de determinada empresa ou mercado.

Veja-se, por exemplo, o caso da BNDESPAR, empresa estatal federal que, por meio da subscrição de ações, concede apoio financeiro às sociedades beneficiadas, mas, concomitantemente, exerce sua influência na companhia a fim de que essa atue de forma a preservar e promover interesses públicos diretamente e/ou induzindo os demais participantes do setor[461].

Diante disso, verifica-se que a ação do Estado na economia é marcada por uma verdadeira **fungibilidade de modalidades interventivas** ou pela chamada **intercambialidade das técnicas de atuação administrativa**[462], elemento teórico capaz de embaralhar os limites conceituais e de comprometer a própria definição das formas de atuação estatal no domínio econômico.

Discorrendo sobre a referida intercambialidade e os problemas que dela decorrem, José Vicente Santos de Mendonça traz um exemplo emblemático. Trata-se da figura da cota de tela, imposição legal de exibição, nas salas de cinema, de certo número de filmes nacionais. O objetivo final dessa medida é o incentivo da indústria cinematográfica brasileira, ao passo que sua forma de realização é a prescrição normativa de determinada conduta,

---

[461] A BNDESPAR costuma condicionar o seu apoio financeiro à celebração de acordos de acionistas, os quais garantem influência da empresa estatal na sociedade investida, obrigando-a a adotar condutas consentâneas com o interesse público, tais como a listagem na Bolsa de Valores, a adoção de práticas de governança corporativa e a concessão aos acionistas de direitos adicionais aos previstos em lei, tendo em vista o desenvolvimento do mercado de capitais brasileiro, especialmente no segmento de empresas emergentes. Disponível em http://www.valor.com.br/empresas/2655966/bovespa-mais-supera-empecilhos-e-tenta-novamente-decolar#ixzz2wvrXoTfP. Acesso em março de 2014.

[462] MENDONÇA, José Vicente Santos de. *A captura democrática da Constituição Econômica:* uma proposta de releitura das atividades públicas de fomento, disciplina e intervenção direta à luz do pragmatismo e da razão pública. Op. cit., p. 374.

a qual, se desobedecida, ensejará a aplicação de multas e outras penalidades administrativas[463].

Tendo isso em conta, o autor questiona "Temos, aqui, exercício típico de polícia, mas com finalidade protecionista. Estamos diante de fomento ou de polícia? Em outras palavras: é mais importante o meio – coercitivo – ou o fim – protecionista, "fomentador" do cinema brasileiro – desta atuação pública?"[464].

Cuidando, especificamente, da regulação, o autor espanhol Joaquín Tornos Mas remarca:

> **O que identifica a regulação é o fim perseguido e o pragmatismo, não as técnicas concretas que em cada caso sejam utilizadas.** (...) O conceito de regulação remete-nos a um tipo de atuação administrativa caracterizada por seu fim, a busca do equilíbrio, e pela importância do caso concreto frente à aplicação abstrata de uma norma geral. **Atividade reguladora que pode ser levada a cabo através de técnicas administrativas de diversos signos.** O regulamento, a autorização e a sanção, mas também, e principalmente, os informes, a proposta, a mediação, a arbitragem, o convênio[465]. (grifamos)

Desse modo, mais importante que a técnica de atuação administrativa adotada é o objetivo público visado. Isso posto, não obstante a imprecisão e inadequação da distinção traçada entre a intervenção estatal direta e indireta, conforme expusemos ao longo desse capítulo, por conta da redação da Constituição brasileira de 1988, não podemos deixar de classificar as atividades do Poder Público nessas duas categorias.

Naquelas hipóteses em que a Administração Pública encontra-se na posição de controladora de sociedades empresárias, não há dúvidas quanto à existência da intervenção presencial, sem prejuízo do inegável caráter regulatório e/ou fomentador de que pode se revestir a atuação das empre-

---

[463] A cota de tela no Brasil é regulamentada pelo artigo 55, da Medida Provisória nº 2.228-1/2001 e pela Instrução Normativa nº 67/2007, da ANCINE.

[464] MENDONÇA, José Vicente Santos de. *A captura democrática da Constituição Econômica:* uma proposta de releitura das atividades públicas de fomento, disciplina e intervenção direta à luz do pragmatismo e da razão pública. Op. cit., p. 374.

[465] MAS, Joaquín Tornos. *Las Autoridades de Regulación de lo Audiovisual*. Madrid: Marcial Pons, 1999, pp. 69-70, tradução livre.

A ATUAÇÃO DO ESTADO NA ECONOMIA COMO ACIONISTA MINORITÁRIO

sas estatais[466]. Nesse caso, podemos considerar que há uma intervenção direta combinada com uma intervenção indireta[467].

Por outro lado, em relação à ação estatal por meio de participações públicas minoritárias no capital de sociedades privadas, é necessário esta-

---

[466] Cf. o item 3.2.2 dessa obra, no qual tratamos da propriedade pública como instrumento de regulação. Atualmente, tem chamado a atenção a criação de empresas públicas cujo objeto social inclui, expressamente, o exercício de competências regulatórias. É o caso, por exemplo, da Empresa Brasileira de Administração de Petróleo e Gás Natural S.A. – Pré-Sal Petróleo S.A. (PPSA), cuja criação foi autorizada pela Lei nº 12.304/2010, a qual lhe confere, dentre outras, a atribuição de fazer cumprir as exigências contratuais de conteúdo local, monitorar e auditar a execução de projetos, os custos e os investimentos relacionados aos contratos de partilha de produção, bem como as operações, os custos e os preços de venda de petróleo, gás natural e outros hidrocarbonetos fluidos (artigo 4º). Também a Empresa de Planejamento e Logística S.A. – EPL, autorizada pela Lei nº 12.404/2011, detém competência para planejar e promover o desenvolvimento do serviço de transporte ferroviário de alta velocidade de forma integrada com as demais modalidades de transporte, por meio de estudos, pesquisas, construção da infraestrutura, operação e exploração do serviço, administração e gestão de patrimônio, desenvolvimento tecnológico e atividades destinadas à absorção e transferência de tecnologias e prestar serviços na área de projetos, estudos e pesquisas destinados a subsidiar o planejamento da logística e dos transportes no País, consideradas as infraestruturas, plataformas e os serviços pertinentes aos modos rodoviário, ferroviário, dutoviário, aquaviário e aeroviário. Diante dessa norma, Egon Bockmann Moreira comenta: "existe uma multidão de verbos a definir as competências da EPL, que não se limitam àquilo que o art. 173, § 1º, da Constituição circunscreve como exploração de atividade econômica, nem, muito menos, ao que o art. 966 do Código Civil denomina de empresário (...) Já a breve leitura de seu objeto social e da sua competência permite constatar que a EPL, ao mesmo tempo em que construirá a obra e deterá a execução do serviço, estabelecerá regras para ele e para os que lhe dizem respeito (exercitando as técnicas regulamentares de gestão e normativa). Demais disso, realizará ações nos mais amplos campos (inclusive no que respeita às "infraestruturas, plataformas e os serviços pertinentes aos modos rodoviário, ferroviário, dutoviário, aquaviário e aeroviário"). Trata-se de empresa pública que concretizará ações moldadas a regular, senão integralmente, ao menos parte deles – determinados setores da economia (o sujeito é público e exercerá as competências endo e heterorregulatórias, por meio de gestão, normas e contratos)" (MOREIRA, Egon Bockmann. "Passado, presente e futuro da regulação econômica no Brasil". Op. cit, pp. 87-118).
Tratando da controvérsia sobre o exercício do poder de polícia e de regulação pelas empresas estatais e defendendo a sua possibilidade, cf. MENDONÇA, José Vicente Santos de. "Estatais com poder de polícia: por que não?". In: *Revista de Direito Administrativo*, v. 252, 2009, pp. 97-118.
[467] É o caso, por exemplo, da Empresa de Planejamento e Logística S.A. – EPL, sobre a qual Egon Bockmann Moreira afirma "A riqueza de alternativas previstas na redação atual da Lei nº 12.404/2011 é exemplo hiperbólico de aplicação dos arts. 173 e 174 da Constituição, combinados e reciprocamente potencializados" (MOREIRA, Egon Bockmann. "Passado, presente e futuro da regulação econômica no Brasil". Op. cit, pp. 87-118).

A NATUREZA JURÍDICA DA ATUAÇÃO DO ESTADO NA ECONOMIA

belecer um critério que nos permita determinar a sua natureza jurídica. Entendemos que a classificação dessa forma de intervenção nas modalidades direta ou indireta deve basear-se não nas técnicas utilizadas, mas na **finalidade imediata perseguida**.

A ênfase na imediatidade do escopo da ação estatal justifica-se pelo fato de que a causa final de todas as atividades do Estado é a mesma – a consecução do interesse público. Ou seja, no limite, toda a atuação estatal, para ser considerada legítima e legal, deve poder ser reconduzida à realização dos interesses da coletividade, ligados a valores como a justiça, a segurança e o bem-estar social. Importa atentar, portanto, para o fim imediato, direto e atual do uso das participações públicas minoritárias. Alguns exemplos deixam isso claro.

Veja-se o caso da participação de 32% que o Estado do Rio de Janeiro detinha no capital social da Peugeot-Citroën do Brasil S/A. A fim de viabilizar a implantação de uma fábrica de automóveis dentro do seu território, o referido ente federativo subscreveu ações da sociedade em questão com o único objetivo de apoiar e financiar as atividades dessa. Em parecer sobre essa operação, Lauro da Gama e Souza Júnior e João Manoel de Almeida Velloso afirmaram o seguinte:

> (...) neste caso a intervenção do ERJ no domínio econômico realizou-se no contexto abrangente de cooperação com a iniciativa privada, em autêntica parceria, e não com o intuito de investir-se na condição de Estado-empresário, hoje condenada tanto pela teoria econômica, quanto pelo pensamento político. Sem embargo, o ERJ optou por adquirir a participação acionária na Peugeot-Citroën S/A, tornando-se sócio da empresa. (...) **Parece-nos, com efeito, que feriria a lógica enquadrá-la nos casos clássicos de participação direta do Estado na atividade empresarial, quando se verifica que o ERJ jamais teve a intenção de produzir automóveis.** (...) tal participação acionária representa modalidade indireta de exploração da atividade econômica[468]. (grifamos)

Nessa situação, a técnica interventiva empregada pelo Poder Público foi a subscrição de uma participação acionária minoritária no capital de

---

[468] SOUZA JÚNIOR, Lauro da Gama e VELLOSO, João Manoel de Almeida. "Parecer conjunto nº 01/2001". In: *Revista de Direito da Procuradoria Geral do Estado – PGE/RJ*, n. 54, 2001, pp. 345 e 349.

uma sociedade privada. O escopo imediato consistia no fomento da atividade da citada empresa automobilística para que essa se instalasse em território fluminense, ao passo que o objetivo mediato encontrava-se nas externalidades de interesse público decorrentes da instalação do referido empreendimento para a coletividade, tais como o aquecimento da economia e a geração de empregos e renda para o ente federado, a fim de promover a dignidade e o bem-estar da população.

Dessa forma, embora a ferramenta utilizada tenha sido a participação pública, a intenção direta do Estado, como bem ressaltaram os autores, nunca foi o exercício direto da empresa, isto é, a produção de automóveis, mas apenas o financiamento e o apoio ao projeto privado, razão pela qual essa intervenção no domínio econômico deve ser classificada como fomento.

Outro exemplo pode ser encontrado na atuação não interventiva do Estado como investidor, conforme exposto no item 3.4 desse trabalho. Cuida-se de hipótese em que entes da Administração Pública, como entidades previdenciárias e fundos soberanos, aplicam seus recursos na aquisição de participações societárias minoritárias com o fim imediato de obter a maior rentabilidade possível.

Posteriormente, os lucros obtidos com esses investimentos serão utilizados pelo Poder Público para a consecução de atividades como o pagamento de benefícios de previdência e assistência social, bem como a aplicação nos setores de educação e saúde.

Fica nítido que o critério chave que permite determinar a natureza jurídica da atuação estatal é a finalidade imediata da Administração Pública, no caso, o fomento da produção de automóveis e a obtenção de rendimentos financeiros, respectivamente. Percebe-se que a causa final de ambas as atividades públicas é exatamente a mesma, qual seja, a promoção e proteção de interesses da coletividade.

É inegável que a adoção do parâmetro proposto apresenta dificuldades. Afinal, trata-se de um juízo teleológico da atuação administrativa, exigindo uma perquirição da vontade do Estado na sua atuação no domínio econômico, o que traz uma inescapável subjetividade e fluidez. Entretanto, entendemos que o critério da finalidade imediata da intervenção por meio das participações minoritárias é mais preciso que a simples verificação da ferramenta jurídica utilizada, as quais são fungíveis e intercambiáveis.

Portanto, à vista de todo o exposto, sustentamos que o uso estatal de participações públicas em empresas privadas não configura, automaticamente, exploração direta da atividade econômica. Na verdade, as participações públicas minoritárias constituem um instrumento do qual o Estado se vale para exercer as diversas modalidades interventivas e não interventivas de atuação na economia, devendo ser encaradas como uma técnica jurídica hábil a promover distintos objetivos da política econômica estatal, os quais podem incluir o exercício de uma empresa, mas também envolvem a regulação, o fomento e o investimento.

6 VANTAGENS COMPARATIVAS DA ATUAÇÃO DO ESTADO COMO ACIONISTA MINORITÁRIO

6.1 O Direito como caixa de ferramentas e as participações públicas minoritárias como técnica

A fim de intervir na ordem econômica, o Estado pode se valer de diversos arranjos e mecanismos, isto é, ele tem a seu dispor uma série de instrumentos jurídicos, os quais, à medida que vão sendo criados, acumulam-se e combinam-se com as técnicas já existentes[469]. Nessa perspectiva, o Direito pode ser encarado como uma "caixa de ferramentas"[470], dentro da

---

[469] "As regulações estatais da economia são dotadas de grande multifacetariedade. O seu dinamismo e a forma com que os mais diversos instrumentos de regulação e intervenção do Estado se sucederam ao longo do tempo, não foi um processo substitutivo, mas acumulativo. Em outras palavras, o surgimento de novos mecanismos regulatórios da economia em cada fase da história político-econômica do Estado não causou o fim dos instrumentos característicos das fases anteriores, com os quais passaram a conviver e mesmo a se mesclar" (ARAGÃO, Alexandre Santos de. *Agências Reguladoras e a Evolução do Direito Administrativo Econômico*. Op. cit., p. 117).

[470] Nas palavras de Diogo R. Coutinho "Direito como ferramenta: o estudo das diferentes possibilidades de modelagem jurídica de instituições e políticas públicas, a escolha dos instrumentos mais adequados (dados os fins a serem perseguidos), as formas de indução ou recompensa para certos comportamentos, o desenho de sanções, a escolha do tipo de norma a ser utilizada (mais ou menos flexível, mais ou menos perene, mais ou menos genérica) são exemplos que surgem quando o direito é instrumentalizado para pôr dada estratégia de ação pública em marcha. **Desde este ponto de vista, o direito poderia ser metaforicamente descrito como uma "caixa de ferramentas", que executa tarefas-meio conectadas a certos**

qual o Poder Público deve escolher aquela que seja mais eficaz ao cumprimento de seus objetivos.

Dessa forma, o Estado, embora desfrute de algum grau de discricionariedade na implementação da sua política econômica, não pode escolher livremente dentre a ampla gama de ferramentas de intervenção na economia que possui, tendo em vista a sua obrigação de atender ao princípio da eficiência.

O princípio da eficiência, na sua acepção mais tradicional oriunda da economia, preocupa-se com os custos relacionados aos meios utilizados para o alcance de um resultado[471]. Entretanto, a eficiência "não deve ser entendida apenas como maximização do lucro, mas sim como um melhor exercício das missões de interesse coletivo que incumbe ao Estado, que deve obter a maior realização prática possível das finalidades do ordenamento jurídico, com os menores ônus possíveis, tanto para o próprio Estado, especialmente de índole financeira, como para as liberdades dos cidadãos"[472].

Assim, a imposição de uma atuação eficiente, do ponto de vista jurídico, abrange uma conjugação da racionalidade no uso dos meios e do atendimento satisfatório da finalidade pública visada, devendo o administrador público "agir tendo como parâmetro o melhor resultado, consultando-se o princípio da proporcionalidade"[473].

Tendo isso em conta, Paulo Otero afirma que qualquer intervenção empresarial do Estado deve sempre envolver um juízo de prognose em termos de uma ponderação entre os prováveis benefícios resultantes da mesma e os seus eventuais custos, realizando uma análise comparativa de tais resultados com os que provavelmente se obteriam utilizando outros mecanismos alternativos de intervenção econômica pública. Tal análise

---

fins de forma mais ou menos efetiva, sendo o grau de efetividade, em parte, dependente da adequação dos meios escolhidos" (COUTINHO, Diogo R. "O direito no desenvolvimento econômico". In: *Revista Brasileira de Direito Público*, n. 38, 2012, p. 33).

[471] LEAL, Fernando. "Propostas para uma abordagem teórico-metodológica do dever constitucional de eficiência". In: *Revista Brasileira de Direito Público*, n. 14, 2006, p. 3, versão digital.

[472] ARAGÃO, Alexandre Santos de. Interpretação Consequencialista e Análise Econômica do Direito Público à Luz dos Princípios Constitucionais da Eficiência e da Economicidade. In: SOUZA NETO, Cláudio Pereira de; SARMENTO, Daniel e BINENBOJM, Gustavo (Coords.). Op. cit., p. 297.

[473] MODESTO, Paulo. Notas para um debate sobre o princípio da eficiência. Disponível em http://www.planalto.gov.br/ccivil_03/revista/Rev_18/Artigos/art_paulomo.htm. Acesso em abril de 2014.

VANTAGENS COMPARATIVAS DA ATUAÇÃO DO ESTADO COMO ACIONISTA MINORITÁRIO

pressupõe um estudo técnico e de viabilidade financeira sob o viés do princípio da eficiência e da proporcionalidade, especialmente na sua vertente de contabilização ou balanço custos-vantagens[474].

Na mesma direção, Carlos Ragazzo expõe que, constatada a existência de uma finalidade de interesse público que demanda a atuação governamental, deve-se começar a detalhar, artesanalmente, a medida estatal mais apta a atender a essa finalidade, tendo por baliza a aplicação dos princípios da eficiência e da proporcionalidade[475].

Desse modo, a escolha estatal da ferramenta a ser utilizada para intervir na ordem econômica só será válida se essa for a maneira mais eficiente ou, na impossibilidade de definir esta, se for pelo menos uma maneira razoavelmente eficiente de realização dos objetivos fixados pelo ordenamento jurídico[476]. Para nortear a escolha por uma ou outra forma de intervenção pública, é necessário recorrer ao princípio da proporcionalidade, devendo haver estudos que demonstrem a adequação, a necessidade e a proporcionalidade em sentido estrito da técnica escolhida no caso concreto[477].

Portanto, para que o Estado possa atuar na economia por meio de participações públicas minoritárias no capital de sociedades privadas é preciso que esse instrumento mostre-se vantajoso em comparação com outras formas alternativas de intervenção, tais como a criação de empresas estatais, a edição de normas regulatórias no molde de comando e controle e a concessão de subsídios ou crédito facilitado para o setor privado.

6.2 Críticas ao Estado Produtor

Primeiramente, é imprescindível justificar a manutenção da propriedade pública sobre participações societárias face às críticas que incidem sobre a figura do Estado Proprietário. Afinal, como já mencionamos nesse livro,

---

[474] OTERO, Paulo. *Vinculação e Liberdade de Conformação Jurídica do Sector Empresarial do Estado.* Op. cit., pp. 202-203.

[475] RAGAZZO, Carlos Emmanuel Joppert. *Regulação jurídica, racionalidade econômica e saneamento básico.* Op. cit., pp. 135-136.

[476] ARAGÃO, Alexandre Santos de. Interpretação Consequencialista e Análise Econômica do Direito Público à Luz dos Princípios Constitucionais da Eficiência e da Economicidade. In: SOUZA NETO, Cláudio Pereira de; SARMENTO, Daniel e BINENBOJM, Gustavo (Coords.). Op. cit., p. 300.

[477] FIDALGO, Carolina Barros. "As sociedades de capital público-privado sem controle estatal". Op. cit., p. 217.

A ATUAÇÃO DO ESTADO NA ECONOMIA COMO ACIONISTA MINORITÁRIO

o papel do Poder Público como produtor direto de bens e serviços foi intensamente questionado por ocasião do movimento de desestatização iniciado no final da década de 70 e início dos anos 80 na Europa Ocidental e nos Estados Unidos e, posteriormente, expandido para diversos países, inclusive o Brasil.

As principais críticas direcionadas à exploração direta da atividade empresária pelo Estado fundam-se no desempenho ineficiente das empresas estatais em comparação com as empresas privadas, causado, principalmente: a) pela existência de entraves burocráticos inerentes à propriedade pública; b) pela influência política indevida nessas companhias e c) pelo problema de agência característico de empresas de capital pulverizado e sem controlador definido, exacerbado nas empresas estatais.

Quanto aos problemas decorrentes da burocracia, estamos nos referindo às constrições jurídicas que incidem sobre a Administração Pública indireta, tais como as regras de contratação de pessoal, de compras públicas e de limites de gastos[478], as quais, não obstante importantes para assegurar a igualdade e a moralidade da atuação administrativa, impõem custos e barreiras a uma gestão empresarial eficiente[479].

---

[478] Joseph E. Stiglitz destaca como falhas públicas no exercício de atividades econômicas as constrições estatais relativas à contratação de pessoal e aos gastos públicos que decorrem da responsabilidade fiduciária do Estado, ou seja, por conta de o Poder Público administrar recursos que pertencem a toda a coletividade, ele está sujeito a limites estritos na aplicação desses recursos, os quais devem sempre observar considerações de equidade e economicidade (STIGLITZ, Joseph E.. *The Economic Role of the State*. Cambridge: Basil Blackwell, 1989, pp. 26-30).

[479] Tratando especificamente do caso brasileiro, Carlos Ari Sundfeld remarca: "É verdade que, em abstrato, ninguém no mundo jurídico contesta que a ação administrativa tenha de ser eficiente e eficaz. Até a Constituição cobra "eficiência" da administração pública (art. 37). Mas vamos falar a verdade: a boa gestão pública não é a prioridade da legislação brasileira, muito menos de seus intérpretes. A prioridade tem sido outra: limitar e controlar ao máximo - até ameaçar - os gestores, em princípio suspeitos de alguma coisa. A Constituição impõe o concurso público para a admissão de servidores permanentes - o que é um bom princípio - mas as leis e os intérpretes o estragaram, tornando-o rígido demais. Provas orais, entrevistas, exames psicotécnicos e questões mais abertas, por exemplo, são consideradas suspeitas, pelo risco de manipulação. O resultado é que, com o medo de a Justiça anular os concursos, as provas foram ficando super objetivas, focadas só em conhecimento padrão, cada vez mais simplórias. Evitamos que os gestores manipulem os concursos, ótimo, mas também impedimos os concursos de aferirem a real capacidade para o trabalho - um desastre como política de pessoal. Nossos problemas na máquina pública não vêm de simples imperfeições técnicas nas leis ou nas pessoas. Vêm de algo mais profundo: da preferência jurídica pelo

Por sua vez, a politização das empresas estatais também pode ser considerada a causa de prejuízos consideráveis ao setor público empresarial. De fato, o clientelismo leva à nomeação de administradores sem a necessária profissionalização e especialização para a direção da companhia, mais preocupados com ganhos políticos de curto prazo do que com o planejamento estratégico da empresa[480]. Ademais, a exposição da empresa ao processo político desvia seu foco dos objetivos institucionais estatais, permitindo seu direcionamento para metas socioeconômicas estranhas ao seu objeto estatutário[481].

As empresas estatais também estão tipicamente sujeitas ao denominado problema de agência, o qual pode ser resumido como o desalinhamento de objetivos e motivações entre duas categorias de atores: os agentes (gestores auto interessados de bens alheios) e os principais (proprietários e beneficiários finais do patrimônio administrados pelos agentes)[482]. O principal quer induzir o agente a atuar em seu interesse (do principal), mas ele não tem as informações completas sobre as circunstâncias e o comportamento do agente, dificultando o controle e monitoramento desse último[483].

Nesse contexto, o agente aproveita-se da assimetria informacional e do vínculo tênue que possui com o principal para agir em benefício pró-

---

máximo de rigidez e controle, mesmo comprometendo a gestão pública. Boa gestão pode e deve conviver com limites e controles, mas não com esse maximalismo" (SUNDFELD, Carlos Ari. "Chega de axé no direito administrativo". Disponível em http://www.brasilpost.com. br/carlos-ari-sundfeld/chega-de-axe-no-direito-administrativo_b_5002254.html. Acesso em abril de 2014).

[480] SOUTO, Marcos Juruena Villela. *Direito Administrativo da Economia*. Op. cit., pp. 360-361.

[481] PINTO JUNIOR, Mario Engler. *Empresa Estatal: função econômica e dilemas societários*. Op. cit., p. 71. Parece ser o caso recente da Petrobrás, sociedade de economia mista do setor de petróleo e gás que, pelo seu tamanho e importância, como mencionado no item 3.2.2 dessa obra, influencia a fixação do preço do combustível em todo país. Nos últimos anos, a Petrobras vem sendo utilizada pelo governo federal para controlar a inflação, tendo em vista o peso do diesel e da gasolina nos índices inflacionários. O uso da referida empresa estatal como instrumento de política macroeconômica tem sido intensamente questionado, especialmente pelos seus acionistas minoritários. Cf. Petrobrás é afetada por escândalos e estagnação, afirma NYTimes. Estadão. Disponível em http://www.estadao.com.br/noticias / nacional, petrobras-e-afetada-por-escandalos-e-estagnacao-afirma-nytimes,1154795,0.htm. Acesso em abril de 2014.

[482] PINTO JUNIOR, Mario Engler. *Empresa Estatal:* função econômica e dilemas societários. Op. cit., p. 63.

[483] VICKERS, John e YARROW, George. *Privatization:* An Economic Analysis. Massachusetts: MIT Press, 1988, p. 9.

prio, auferindo benesses pessoais exageradas ou indevidas como salários e compensações acima do mercado, mordomias, influência política etc[484]. O desafio do principal é encontrar um esquema ótimo que permita, ao mesmo tempo, controlar e incentivar o agente a fim de que esse atue em prol dos seus interesses (do principal).

O problema de agência, peculiar às grandes companhias com capital pulverizado, é ainda mais marcante nas empresas estatais, nas quais os proprietários são os cidadãos, mas, na prática, como remarca Gaspar Ariño Ortiz, "não há proprietários, todos são agentes, e o que legitima a atuação são uns títulos políticos de ocupação das empresas derivados do processo eleitoral"[485]. É por conta disso que as empresas públicas têm sido criticadas "por sua falta de responsabilização e pela tendência de serem capturadas por políticos e sindicatos"[486].

Além disso, alguns instrumentos que permitem mitigar o problema de agência nas companhias privadas não são aplicáveis ao setor empresarial público. Por exemplo, um importante mecanismo disciplinador do comportamento dos agentes é a ameaça de perda da sua posição, a qual pode decorrer do chamado *take over* ou aquisição hostil, no qual o mau desempenho da empresa afeta a cotação de suas ações, dando espaço para que outros investidores alijem os acionistas controladores do comando da sociedade, substituindo seus administradores[487].

Da mesma forma, no caso de performance econômica ruinosa a empresa privada pode ser penalizada com a sua falência, procedimento legal realizado com o objetivo de arrecadação forçada de meios para pagamento dos credores. Ocorre que, nas empresas estatais, tanto a aquisição hostil

---

[484] PINTO JUNIOR, Mario Engler. *Empresa Estatal: função econômica e dilemas societários*. Op. cit., p. 62.

[485] ORTIZ, Gaspar Ariño. *Principios de Derecho Público Económico: modelo de Estado, gestión pública, regulación económica*. Op. cit., p. 462.

[486] MAJONE, Giandomenico. Do Estado Positivo ao Estado Regulador: causas e conseqüências da mudança no modo de governança. In: MATTOS, Paulo Todescan L. (Coord.). *Regulação Econômica e Democracia*. Op. cit., p. 56.

[487] WERNECK, Rogério L. Furquim. "Uma contribuição à redefinição dos objetivos e das formas de controle das empresas estatais no Brasil". In: *Texto para discussão nº 196*, Departamento de Economia PUC-RJ, 1988, p. 8. Disponível em www.econ.puc-rio.br/biblioteca.php/trabalhos/download/236. Acesso em abril de 2014.

quanto a falência não são possíveis, pois a propriedade e o controle do Poder Público sobre essas sociedades são, normalmente, garantidos por lei[488].

Tendo essas críticas em conta, diversas vozes (economistas[489], juristas[490], organizações internacionais[491] etc.) defenderam a necessidade de redefinição da atuação estatal na economia, substituindo a atuação direta do Estado pelas modalidades de intervenção indireta[492]. Tem-se, assim, a privatização das participações públicas em sociedades empresárias, com a passagem de um Estado Produtor para um Estado Regulador[493], o qual seria mais eficiente na persecução do interesse público.

Não obstante o relativo sucesso dos programas de desestatização levados a cabo por diversos países no final do século XX, o setor público empresarial continua a ocupar uma posição de destaque no cenário econômico mundial[494], observando-se, até mesmo, uma retomada da intervenção

---

[488] No Direito Brasileiro, a criação e extinção de empresas estatais depende de lei, nos termos do artigo 37, XIX, da Constituição da República. Além disso, o artigo 2º, da Lei de Falências (Lei nº 11.101/2005) estabelece imunidade falimentar às empresas públicas e sociedades de economia mista. Mesmo antes da edição da referida lei, a doutrina já remarcava que a existência de empresas estatais é regida pelo Direito Público, sendo estas criadas por lei "para atendimento de um relevante interesse coletivo ou imperativo de segurança nacional, conceitos que não podem ser afastados por ato do Judiciário para satisfação de um interesse privado" (SOUTO, Marcos Juruena Villela. *Direito Administrativo da Economia*. Op. cit., pp. 100-101).

[489] Cf. SHLEIFER, Andrei. "State versus Private Ownership". In: *The Journal of Economic Perspectives*, v. 12, 1998.

[490] Cf. ORTIZ, Gaspar Ariño. *Principios de Derecho Público Económico: modelo de Estado, gestión pública, regulación económica*. Op. cit., pp. 457-459.

[491] Cf. THE WORLD BANK. *World development report 1997: the state in a changing world*. New York: Oxford University Press, 1997 e OECD. *Privatization: competition and regulation*. Paris: OECD Publications, 2000.

[492] Ressalte-se, contudo, a existência de diversos posicionamentos e movimentos contrários ao processo de desestatização da economia. Para uma crítica no campo econômico, cf., por todos, Joseph Stiglitz, o qual afirma que "Nós não podemos, em geral, ter certeza que a produção privada é necessariamente "melhor" que a produção pública. Privatização envolve custos e benefícios os quais, como sempre, precisam ser ponderados uns contra os outros" (STIGLITZ, Joseph E.. *Whither Socialism?* Massachusetts: MIT Press, 1994, p. 194). Para uma crítica no Direito brasileiro, cf. MELLO, Celso Antônio Bandeira de. "Privatização e Serviços Públicos". In: *Revista Trimestral de Direito Público*, n. 22, 1998, pp. 172-180.

[493] Sobre o Estado Regulador, cf. o item 3.2 dessa obra.

[494] No início de 2012, as empresas estatais compunham 80% do valor da bolsa de valores chinesa, 62% da russa e 38% da bolsa brasileira. Entre 2003 e 2010, essas companhias foram responsáveis por um terço dos investimentos diretos estrangeiros nos países emergentes (The Visible Hand. The Economist. Publicado na edição de 21-27 de jan . 2012, Special Report, p. 4).

direta do Estado na economia como consequência da crise financeira de 2008, conforme visto no item 2.1 dessa obra.

6.3 Manutenção da propriedade pública e suas vantagens comparativas

A manutenção da propriedade pública como técnica interventiva justifica-se pelo fato de que, embora as críticas ao Estado Produtor sejam em grande parte procedentes[495], também é verdade que nem todas as falhas de mercado, as quais demandam a ação estatal[496], são adequadamente corrigidas por meio da regulação.

Ao contrário, o aparato regulatório estatal pode funcionar mal, agindo de forma irracional, gerando custos e efeitos colaterais que superam seus benefícios, produzindo ineficiências e distorções no mercado[497]. São aquilo que Cass R. Sunstein denomina de falhas de regulação ou de governo[498]. É por isso que, muitas vezes, a atuação pública por meio de participações societárias apresenta vantagens em relação aos instrumentos convencionais de intervenção indireta no domínio econômico.

A regulação tradicional baseia-se na imposição de regras pelo Estado com o propósito de controlar o comportamento dos agentes econômi-

---

[495] Embora grande parte das críticas à performance das empresas estatais sejam procedentes, não desconhecemos que muitas delas partem de preconceitos ideológicos e premissas equivocadas. De fato, se por eficiência entendermos somente lucratividade, as empresas públicas sempre estarão em desvantagem em relação às companhias privadas. Contudo, a existência de empresas estatais tem como justificativa principal, precisamente, a sua importância na consecução de políticas públicas, o que tira seu foco do lucro. Além disso, a má performance das empresas estatais pode ser explicada muito mais por constrições impostas a essas empresas e condições específicas de determinado mercado (atuação em um monopólio, por exemplo) do que pela estrutura acionária em si. Por todos, cf. AHARONI, Yair. The Performance of State-Owned Enterprises. In:TONINELLI, Pier Angelo. (Ed.). *The Rise and Fall of State-Owned Enterprise in the Western World*. Op. cit., pp. 49-72.

[496] "Existem, sem dúvidas, várias instâncias de ineficiência pública. Mas também existem muitas instâncias de ineficiência corporativa." (STIGLITZ, Joseph E.. *The Economic Role of the State*. Op. cit., p. 33, tradução livre).

[497] MEDEIROS, Alice Bernardo Voronoff de. *Racionalidade e otimização regulatórias: um estudo a partir da teoria das falhas de regulação*. Dissertação de mestrado apresentada ao Programa de Pós-Graduação em Direito da Universidade do Estado do Rio de Janeiro como requisito parcial para a obtenção do título de Mestre em Direito, 2012, p. 60.

[498] SUNSTEIN, Cass R. *After the rights revolution: reconceiving the regulatory state*. Cambridge: Harvard University Press, 1993, p. 74.

VANTAGENS COMPARATIVAS DA ATUAÇÃO DO ESTADO COMO ACIONISTA MINORITÁRIO

cos em prol do interesse público, as quais, caso descumpridas, ensejam sanções[499]. A ideia central é que, a fim de ordenar a economia, o Estado não precisa mais ser proprietário dos meios de produção, bastando atuar na disciplina e regramento da conduta do setor privado, que realizará os objetivos estatais.

Ocorre que o "recurso a mecanismos de regulação tradicionais, de harmonia com uma concepção restrita de regulação, pode provocar consequências desfavoráveis"[500] ou, ao menos, consequências não tão eficientes quanto o uso de outras técnicas interventivas.

Nesse sentido, a regulação tradicional realizada nos moldes de "comando e controle" apresenta uma limitação intrínseca, qual seja, trata-se de um controle externo. Em outras palavras, o regulador é um *outsider* ao agente econômico regulado e, ainda que possua poderes normativos e de fiscalização, depende, em última instância, da colaboração do próprio regulado para implementar adequadamente seu marco regulatório[501].

Dessa forma, nem sempre é possível conciliar o interesse público tutelado pelo Estado Regulador com os interesses particulares dos regulados por via regulamentar ou contratual. Afinal de contas, a regulação não é capaz de alterar a motivação privada no exercício das atividades econômicas reguladas, consistente na obtenção, apropriação e maximização de lucros[502].

---

[499] Cf. a nota de rodapé nº 250.

[500] RODRIGUES, Nuno Cunha. *"Golden-Shares". As empresas participadas e os privilégios do Estado enquanto accionista minoritário*. Op. cit., p. 143.

[501] Sobre os limites da regulação externa, Lisa M. Fairfax afirma: "No entanto, essa solução tem limites. Primeiro, a efetividade desses mecanismos é limitada pela sua natureza externa. Reguladores são *outsiders* à companhia. Isso significa que eles estabelecem diretrizes, mas devem contar com os *insiders* da companhia para implementar essas diretrizes. Embora reguladores realmente monitorem a implementação por meio de relatórios e visitas ao local, eles não podem exercer um papel ativo na elaboração dessa implementação. Portanto, embora seu papel não seja tão limitado quanto dos acionistas, eles dividem algumas similaridades com esse papel porque, assim como os acionistas, os reguladores permanecem do lado de fora da companhia enquanto que conselheiros e diretores continuam a ter considerável discricionariedade no que se refere à agenda corporativa" (FAIRFAX, Lisa M. "Achieving the double bottom line: a framework for corporations seeking to deliver profits and public services". In: *Stanford Journal of Law, Business & Finance*, v. 2, 2003-2004, p. 244, tradução livre).

[502] PINTO JUNIOR, Mario Engler. *Empresa Estatal: função econômica e dilemas societários*. Op. cit., p. 138.

Realmente, a regulação pública envolve uma série de medidas legislativas e administrativas pelas quais o Estado irá tentar controlar ou influenciar o comportamento dos agentes econômicos, mas esses condicionamentos apresentam restrições, não podendo chegar a substituir a vontade do particular pela da Administração Pública.

Isso porque o ordenamento constitucional brasileiro fez uma opção pelo sistema capitalista, fundado no princípio da livre iniciativa. Assim, embora o Poder Público mantenha um papel essencial no domínio econômico, não se admite a existência de um sistema de planificação central, onde o Estado seja responsável pelas decisões econômicas de todos os agentes produtivos. Nesse sentido, o artigo 174 da Constituição de 1988 veda, expressamente, o planejamento impositivo para o setor privado.

Desse modo, embora a regulação externa consista, precisamente, em forçar (ou tentar forçar) os interesses privados a servirem aos objetivos públicos[503], a partir de determinado ponto resguardado pelos direitos fundamentais, o Estado não pode obrigar o setor privado a praticar certas condutas, devendo prestar diretamente a atividade desejada ou conceder estímulos e incentivos para que os particulares, voluntariamente, pratiquem-na.

É por conta dessas limitações da regulação externa que alguns autores irão defender a manutenção e utilização da propriedade pública como técnica de ordenação da economia. Mario Engler Pinto Junior defende que:

> Em muitos casos, a demanda de bens essenciais estará melhor atendida pelo fornecimento direto do Estado. Essa percepção está na raiz da discussão sobre a conveniência da manutenção da propriedade estatal, ao invés de substituí-la pela figura da empresa privada regulada. **Enquanto a titularidade acionária permite o controle interno da organização empresarial e pode influir mais decisivamente na forma de sua atuação, a regulação é assimilada a uma modalidade de controle externo com alcance mais restrito.** Daí porque a propriedade estatal afigura-se recomendável em setores que dependam de extensas e custosas redes de infraestrutura, ou ainda que produzam fortes externalidades positivas. **Trata-se de reconhecer que a regulação, conquanto possa contribuir positivamente para o equilíbrio das relações econômicas e sociais, tem as suas limitações para induzir a conduta dos agentes econômicos,**

---

[503] OGUS, Anthony I. *Regulation: Legal Form and Economic Theory.* Op. cit., p. 265.

tanto em matéria de prestação de serviços públicos concedidos, quanto de exercício de atividade concorrencial sujeita à livre iniciativa[504]. (grifamos)

Também apontando os problemas da regulação externa, Paul Reuter afirma:

> Pode ser, com efeito, que certas medidas de controle, aplicadas por agentes sem contato verdadeiramente real com a gestão de uma empresa apresentem um duplo inconveniente. Se elas são pouco rigorosas, elas são sem eficácia alguma, mas se elas são muito rigorosas, elas ultrapassam seu objetivo; um controle administrativo excessivo mata as empresas e é sempre politicamente difícil ao Estado impor à indústria privada medidas muito rigorosas. As participações financeiras permitirão ao Estado exercer um controle eficaz e aceitável[505].

Portanto, sem negar as potencialidades e avanços que a regulação externa da iniciativa privada trouxe para o funcionamento do mercado, devemos reconhecer seus inconvenientes e limitações, os quais recomendam, em determinados casos, a utilização das participações societárias estatais como técnica de intervenção na economia, tendo em vista suas vantagens comparativas em relação a outros instrumentos.

Uma vantagem fundamental da propriedade pública reside na sua capacidade de impor comportamentos positivos aos agentes econômicos. Afinal, por se tratar de um controle interno, o Estado, quando atua na condição de controlador ou, ao menos, na posição de acionista minoritário relevante, é capaz de orientar a condução da empresa de uma maneira que não seria possível através da regulação externa.

É o que ocorre com condutas como a fixação de preços e o estabelecimento de estratégias corporativas[506], as quais, dificilmente, podem ser

---

[504] PINTO JUNIOR, Mario Engler. *Empresa Estatal: função econômica e dilemas societários*. Op. cit., p. 139.

[505] REUTER, Paul. *Les Participations financières: la societé anonyme au service des collectivités publiques*. Op. cit., p. 44, tradução livre.

[506] "De facto, habitualmente, as entidades reguladoras não visam influir na oferta e procura do mercado, nomeadamente na determinação de preços, mas antes supervisionar o funcionamento do mercado. (...) Por outro lado, existem mercados – v.g. o sector financeiro – em que o Estado pode promover, através da detenção de participações sociais em empresas, a fixação de determinados preços ou a prestação de determinados serviços para os quais as entidades privadas não estão vocacionadas e cuja imposição por entidades reguladoras dificilmente

A ATUAÇÃO DO ESTADO NA ECONOMIA COMO ACIONISTA MINORITÁRIO

cominadas pelo Estado na qualidade de regulador externo, sob pena de esvaziamento dos princípios constitucionais da propriedade e da livre iniciativa dos regulados[507]-[508].

Tais decisões empresariais são, em regra, privativas dos acionistas da companhia, responsáveis por deliberar sobre todos os negócios relativos ao objeto da empresa e por dirigir suas atividades sociais, razão pela qual se justifica a manutenção de participações estatais em setores nos quais o interesse público exige que o Estado detenha a prerrogativa de controlar os agentes econômicos de modo mais direto, impondo-lhes ações econômicas positivas.

Outro benefício da propriedade pública decorre das limitações que atingem os contratos regulatórios. Como vimos no item 3.2, a Administração Pública pode se valer de contratos para exercer a regulação econômica, celebrando ajustes com os regulados nos quais ficam estabelecidas os direitos e obrigações das partes, a forma de exercício da atividade, sua extensão, sua qualidade etc.

No entanto, nem sempre é simples especificar em um contrato todas as obrigações e requisitos que o Estado espera que a iniciativa privada cumpra[509], tendo em vista a existência de determinados objetivos públicos que

---

seria entendida" (RODRIGUES, Nuno Cunha. *"Golden-Shares". As empresas participadas e os privilégios do Estado enquanto accionista minoritário.* Op. cit., p. 146).

[507] PINTO JUNIOR, Mario Engler. *Empresa Estatal: função econômica e dilemas societários.* Op. cit., p. 151.

[508] A imposição de ações econômicas positivas pelo Estado por meio da regulação externa, determinando variáveis empresariais relevantes como preço, produção e investimentos só é possível em casos excepcionais. As medidas de tabelamento e controle de preços, por exemplo, conforme já nos referimos na nota de rodapé nº 316, embora admitidas pela doutrina e jurisprudência, exigem a presença de uma situação de anormalidade ou de grave deterioração das condições de mercado, além de sujeitarem-se a limitações. Nas palavras de Luís Roberto Barroso "Mesmo quando possa ser excepcionalmente admitido, o controle prévio de preços está sujeito aos pressupostos constitucionais e sofre três limitações insuperáveis: a) deverá observar o princípio da razoabilidade, em sua tríplice dimensão: adequação lógica, vedação do excesso e proporcionalidade em sentido estrito; b) deverá ser limitado no tempo, não podendo prolongar-se indefinidamente; c) em nenhuma hipótese poderá impor a venda de bens ou serviços por preço inferior ao preço de custo, acrescido do lucro e do retorno mínimo compatível com o reinvestimento" (BARROSO, Luís Roberto." A Ordem Econômica Constitucional e os Limites à Atuação Estatal no Controle de Preços". In: *Temas de Direito Constitucional*, t. II. Op. cit., p. 81).

[509] FIDALGO, Carolina Barros. *O Estado Empresário: regime jurídico das tradicionais e novas formas de atuação empresarial do Estado na economia brasileira.* Op. cit., p. 112.

podemos considerar não contratualizáveis, seja pela dificuldade de sua definição precisa, seja por sua constante mutabilidade.

Nesses casos, os custos de transação[510] necessários à celebração do ajuste acabam ficando muito altos, dada a impossibilidade de se prever todas as contingências associadas a ele. Isso ocorre, por exemplo, nos contratos caracterizados pela complexidade de seu objeto e por sua longa duração, os quais estão sujeitos a diversas mudanças fáticas que alteram seus elementos constitutivos, exigindo constantes reajustes e revisões (v.g. os contratos de concessão de serviços públicos e os de desenvolvimento de tecnologia[511]).

Tendo isso em conta, Calixto Salomão Filho vai apontar as falhas e limitações da regulação por contrato nos seguintes termos:

> As razões para o fracasso desse sistema são óbvias. Basta exemplificar com um problema de forma e um de fundo. Quanto à forma, **é salientar a incapacidade do sistema contratual, nuclear para as concessões, de bem ordenar o cumprimento de fins públicos**. Mesmo dirigidos, tais contratos terão sempre como fim o arbitramento de interesses conflitantes entre as partes, ao menos se entendidos como sinalagmáticos ou de escambo. Tem por base princípios típicos desse tipo de relação, como o equilíbrio econômico contratual, que, recorrentemente, é usado em tema de concessões para justificar o descumprimento de fins públicos.
>
> Esse problema formal é, na verdade, manifestação de um problema de fundo mais grave. Trata-se do difícil ou desajustado encaixe do sistema de concessões em uma filosofia regulatória. Imaginado como remédio para

---

[510] "Os custos de transação são os custos das trocas ou comércio. Uma transação comercial tem três passos. Primeiramente, é preciso localizar um parceiro comercial. Isto implica achar alguém que queira comprar o que você está vendendo ou vender o que você está comprando. Em segundo lugar, uma negociação tem de ser fechada entre os parceiros comerciais. Uma negociação é alcançada por uma negociação bem-sucedida, que pode incluir a redação de um acordo. Em terceiro lugar, depois de se ter alcançado uma negociação, é preciso fazer com que ela seja cumprida. O cumprimento implica monitorar o desempenho das partes e punir violações do acordo. Podemos dar os seguintes nomes às três formas de custo de transação comercial: (1) custos da busca para a realização do negócio, (2) custos da negociação e (3) custos do cumprimento do que foi negociado" (COOTER, Robert e ULEN, Thomas. *Direito & Economia*. Porto Alegre: Bookman, 2010, p. 105).

[511] "De fato, contratos podem ser muito custosos de negociar e muitas contingências são virtualmente impossíveis de prever. Isso se aplica, particularmente, quando a tecnologia de produção é muito complexa e sujeita a frequentes mudanças, como no setor de defesa, por exemplo" (SAPPINGTON, David E. M. e STIGLITZ, Joseph. "Privatization, Information and Incentives". In: *Journal of Policy Analysis and Management*, v. 6, 1987, p. 574, tradução livre).

as relações do Estado com o particular, da impossibilidade constitucional de tornar vinculante o planejamento para o setor privado, **o sistema contratual fracassa, exatamente porque pouco apto a captar a pluralidade de interesses envolvidos pelo ambiente regulado.**

Dados todos esses problemas, não por acaso a experiência empírica com o controle dos agentes privados através do regime jurídico do Direito Público é muito pobre[512]. (grifamos)

Além da incapacidade de os contratos refletirem todos os fins públicos perseguidos pelo Estado, a regulação via contratual também deixa o Poder Público sujeito ao problema da informação assimétrica, falha de mercado pela qual a ausência de informações adequadas de uma das partes coloca-a em desvantagem na relação[513]. Assim, dada a assimetria de informações entre regulador e regulado[514], a parte privada tem espaço para agir de forma oportunista, aproveitando-se das renegociações contratuais para espoliar o ente público[515].

Diante disso, a propriedade pública pode surgir como alternativa adequada de conciliação e regulação de interesses públicos e privados no exer-

---

[512] SALOMÃO FILHO, Calixto. Regulação e desenvolvimento. In: SALOMÃO FILHO, Calixto (coord.). *Regulação e Desenvolvimento*. Op. cit., 2002, p. 58.

[513] "A falha de mercado decorre da ausência de informações adequadas ao consumidor, o que restringe a sua capacidade de agir eficientemente, gerando, *inter alia*, problemas de risco moral (*moral hazard*) e/ou de seleção adversa (*adverse selection*). O conceito de informação assimétrica pode ser assemelhado ao das outras falhas de mercado, na medida em que os interesses individuais não valorariam a informação da maneira adequada, o que resultaria na sua prestação em quantidade ou qualidade subótima" (RAGAZZO, Carlos Emmanuel Joppert. *Regulação jurídica, racionalidade econômica e saneamento básico*. Op. cit., pp. 26-28).

[514] Sobre o problema de assimetria de informações nos contratos de concessão de serviços públicos, Maurício Portugal Ribeiro afirma: "Outras duas mudanças trazidas pela Lei 8.987/1995, que não foram ainda devidamente assimiladas pela práxis regulatória são as constantes dos arts. 9º e 10. Uma análise detida do art. 9º permite notar que ele manifesta uma preferência legal por um regime de *price cap*, pelo qual se estabelecem um teto tarifário e um deflator cujo objetivo é o de transferir para o usuário parcela dos ganhos de eficiência, em oposição a regime de garantia e limite de taxas de retorno (*rate of return regulation*), pelo qual o regulador garante uma taxa de retorno ao concessionário. Esse último regime leva à necessidade de análise e acompanhamento detido dos custos do concessionário, cuja dificuldade é notória, em vista da assimetria de informações entre regulador e regulado" (RIBEIRO, Maurício Portugal e PRADO, Lucas Navarro. *Comentários à Lei de PPP – parceria público-privada: fundamentos econômico-jurídicos*. Malheiros: São Paulo, 2010, p. 41).

[515] PINTO JUNIOR, Mario Engler. *Empresa Estatal: função econômica e dilemas societários*. Op. cit., pp. 139 e 197.

cício de atividades econômicas. Por essa razão, defende-se a substituição ou, ao menos, a combinação do contrato regulatório com a existência de participações societárias estatais.

Calixto Salomão Filho vai afirmar que uma sociedade criada em parceria entre Estado e iniciativa privada "será preferível ao contrato de concessão como forma de incentivar a participação cooperativa do particular no empreendimento sempre que a estrutura societária interna for mais apta que o contrato a reunir as partes em torno de objetivos comuns"[516].

É o que pode acontecer nas parcerias público-privadas, nas quais o contrato de concessão deve sempre ser celebrado entre a Administração Pública e uma sociedade de propósito específico (SPE), criada para realizar o empreendimento licitado. Ocorre que o próprio Estado pode ingressar na SPE como sócio minoritário do licitante vencedor (artigo 9º, Lei nº 11.079/2004), constituindo essa sociedade "um interessante e seguro (inclusive em razão do avançado estágio de consolidação do Direito Societário) mecanismo de divisão de riscos e lucros entre o Estado e o parceiro privado"[517]-[518].

Nessa mesma direção, Gaspar Ariño Ortiz vai sustentar que, na operação de infraestruturas e redes de grande complexidade técnica (como o sistema elétrico e o sistema de gás canalizado), nos quais se encontram presente fatores de discricionariedade técnica difíceis de controlar, é recomendável a participação pública nas sociedades comerciais gestoras desse sistema como forma de garantia de defesa do interesse geral[519].

Dessa forma, como já mencionamos no item 3.2.3, a participação estatal minoritária no capital social de concessionárias de serviços públicos pode ser utilizada para garantir um controle mais eficiente sobre obrigações assumidas no contrato de concessão, pois o *status* de sócio garante ao Estado acesso direto a informações sobre as atividades e a contabilidade

---

[516] SALOMÃO FILHO, Calixto. *Regulação da Atividade Econômica (Princípios e fundamentos jurídicos)*. São Paulo: Malheiros, 2008, p. 189.

[517] ARAGÃO, Alexandre Santos de. *Direito dos Serviços Públicos*. Op. cit., p. 714.

[518] Nos países europeus são largamente praticadas as chamadas parcerias público-privadas institucionais, que combinam vínculo contratual com convivência societária, cf. PINTO JUNIOR, Mario Engler. *Empresa Estatal: função econômica e dilemas societários*. Op. cit., p. 197.

[519] ORTIZ, Gaspar Ariño. *Principios de Derecho Público Económico: modelo de Estado, gestión pública, regulación económica*. Op. cit., p. 471.

A ATUAÇÃO DO ESTADO NA ECONOMIA COMO ACIONISTA MINORITÁRIO

da empresa concessionária, propiciando maior fiscalização pública e protegendo o ente concedente no caso de eventual renegociação contratual.

As participações societárias estatais também se apresentam, em determinados casos, como alternativas mais eficientes aos instrumentos tradicionais de fomento, tais como a concessão de subvenções e de empréstimos para o setor privado.

Em primeiro lugar, porque, por meio da participação acionária, permite-se que o Estado, como contrapartida ao aporte de recursos que faz na companhia, detenha "maior controle e conhecimento direto das atividades sociais, evitando assim que os fundos públicos sejam utilizados de modo diverso ou contrário à finalidade a que se destinavam"[520].

Isso é especialmente relevante nas hipóteses em que a motivação para a ajuda financeira do Poder Público for o socorro às sociedades em dificuldades financeiras (*bailout*), ocasião na qual a simples transferência de recursos públicos, sem qualquer garantia de supervisão estatal interna, poderia servir como um incentivo para a contínua ou crescente ineficiência produtiva[521]-[522].

Em segundo lugar, o financiamento por meio de participações societárias é a forma mais eficaz (senão a única forma) de financiar companhias que não podem oferecer garantias e nem contar com um fluxo de caixa capaz de fazer frente aos seus débitos[523]. É o caso das *startups*, empre-

---

[520] WALD, Arnoldo. "As sociedades de economia mista e as empresas públicas no direito comparado". Op. cit., p. 513.

[521] OGUS, Anthony I. *Regulation: Legal Form and Economic Theory*. Op. cit., Kindle Edition, posição 7703.

[522] Os programas adotados por países como Estados Unidos, Reino Unido e França, a fim de combater os efeitos da crise financeira de 2008, envolveram a concessão de apoio financeiro por meio da aquisição de ações de companhias que estavam em dificuldades. Essas participações societárias permitiram ao Poder Público, além de socorrer as referidas empresas, supervisionar a sua atuação e performance, garantindo que não tomassem decisões contrárias aos interesses nacionais, tais como o pagamento de bônus excessivos aos seus executivos ou transferência de plantas industriais para outros países. Sobre o *bailout* nos EUA, cf. KAHAN, Marcel; ROCK, Edward B.. "When the Government is the Controlling Shareholder". Op. cit. Para o caso francês cf. Auto Bailout, French Style. Forbes. Disponível em http:// www.forbes. com/2009/02/09/renault-peugeot-bailout-markets-equity-0209_autos_12.html. Acesso em abril de 2014. Para o caso britânico, cf. Reality check: how much did the banking crisis cost taxpayers? The Guardian. Disponível em http://www.theguardian.com/politics/reality-check--with-polly-curtis/2011/ sep/12/reality-check-banking-bailout. Acesso em abril de 2014.

[523] "A participação acionária é a mais adequada ferramenta de financiamento quando os contratos de débito são difíceis de se executar, i.e., quando nenhuma garantia específica pode ser usada para garantir o crédito e quando os fluxos de caixa de curto prazo são insuficientes para

sas nascentes e promissoras baseadas em tecnologia ou em outros ativos intangíveis. Nessas situações, a Administração Pública encontra verdadeira dificuldade em conceder empréstimos bancários, especialmente face às normas de Direito Público que buscam proteger o patrimônio estatal[524].

Desse modo, como é do interesse do país apoiar essas empresas inovadoras, por conta da sua contribuição para o desenvolvimento econômico e social, o Estado adquire ações emitidas por essas companhias, viabilizando a sua atuação[525]. O Poder Público passa a ser sócio do empreendimento, assumindo o risco junto com a iniciativa privada, mas, em compensação, fazendo jus a uma remuneração variável que pode superar em muito o mero pagamento do empréstimo com juros[526].

Além disso, o financiamento público através da subscrição de ações não compromete a capacidade de endividamento da empresa apoiada, permitindo que ela capte outros recursos no mercado como, por exemplo, para o capital de giro[527].

Fica claro, portanto, que a manutenção da propriedade pública como ferramenta interventiva do Estado na economia é justificada, considerando as suas vantagens comparativas em relação às técnicas tradicionais de intervenção indireta em determinados casos.

---

pagar o serviço da dívida. Firmas jovens, e as firmas com ativos intangíveis, podem precisar ser financiadas por participações acionárias simplesmente porque seus ativos tem pouco ou nenhum valor. Se eles forem financiados por débito, seus administradores efetivamente dão controle total ao banco desde o início. Isso pode ser especialmente problemático quando o valor da firma consiste, primariamente, de oportunidades de crescimento futuras" (SHLEIFER, Andrei e VISHNY, Robert. "A Survey of Corporate Governance". In: *The Journal of Finance*, v. 52, 1997, p. 765, tradução livre).

[524] Cf., por todas, a Lei nº 8.429/1992 – Art. 10. Constitui ato de improbidade administrativa que causa lesão ao erário qualquer ação ou omissão, dolosa ou culposa, que enseje perda patrimonial, desvio, apropriação, malbaratamento ou dilapidação dos bens ou haveres das entidades referidas no art. 1º desta lei, e notadamente: (...) VI - realizar operação financeira sem observância das normas legais e regulamentares ou aceitar garantia insuficiente ou inidônea;

[525] Sobre o apoio do Estado brasileiro às empresas voltadas à pesquisa, desenvolvimento e inovação, cf. MATTOS, Paulo Todescan Lessa. "O sistema jurídico-institucional de investimentos público-privados em inovação no Brasil". Op. cit.

[526] ARAGÃO, Alexandre Santos de. "Empresa público-privada". Op. cit., p. 50.

[527] SCHAPIRO, Mario Gomes. *Novos parâmetros para a intervenção do Estado na economia*. Op. cit., p. 255.

6.4 Vantagens do uso das participações minoritárias estatais em comparação às participações majoritárias

Cabe, agora, analisarmos as razões e os benefícios que legitimam a opção do Poder Público pela atuação na ordem econômica por meio, especificamente, de participações públicas **minoritárias** em oposição às participações majoritárias.

Alguns autores defendem a existência de uma regra de preferência em favor da participação estatal majoritária em lugar da participação minoritária no capital de sociedades empresárias, com base no princípio da prossecução do interesse público. Isso porque, em regra, só por meio de uma posição acionária majoritária o Estado poderia garantir que a empresa participada atue de forma a realizar os interesses da coletividade, devendo a participação minoritária ser transitória e excepcional, por ser insuscetível de conformar a atuação da companhia investida[528].

Não concordamos com essa posição. A uma, porque, como exposto no capítulo 4, existem mecanismos societários que podem garantir a influência do acionista minoritário na direção da companhia, a duas, porque, em diversas ocasiões, as participações minoritárias por si sós serão suficientes para atender ao interesse público.

Cabe ao Estado analisar o caso concreto e verificar qual proporção do capital social e quais instrumentos jurídicos são suficientes para assegurar a prossecução do interesse público naquela sociedade[529]. Assim, a opção pelo

---

[528] Cf. OTERO, Paulo. *Vinculação e Liberdade de Conformação Jurídica do Sector Empresarial do Estado*. Op. cit., pp. 207-208. No mesmo sentido, cf. RODRIGUES, Nuno Cunha. *"Golden-Shares". As empresas participadas e os privilégios do Estado enquanto accionista minoritário*. Op. cit., p. 148 e 153.

[529] "Mas a opção pela detenção de uma participação social minoritária implica ainda aquilo a que chamaremos um *segundo grau de decisão* (para além da opção pela detenção de uma participação social maioritária/minoritária): a opção pela percentagem de capital social detido que poderá ir – no caso das sociedade anónimas – desde a detenção de uma acção, até à detenção de 49,99% do capital social e/ou à categoria de acções detida. Existem, de facto, assinaláveis diferenças nos direitos de que uma entidade pública dispõe, ainda que detenha uma participação social minoritária, nomeadamente porque os direitos de uma entidade que é titular de 10% do capital social não são equivalentes aos de outra que possui um terço do capital social. Consequentemente, a decisão de um ente público de adquirir uma participação social minoritária deve ter em conta o interesse público que subjaz à detenção, por forma a que a participação social minoritária permita assegurar a prossecução do interesse público (pense-se, por exemplo, nos poderes de fiscalização de que determinados sócios minoritários

VANTAGENS COMPARATIVAS DA ATUAÇÃO DO ESTADO COMO ACIONISTA MINORITÁRIO

uso de participações majoritárias ou minoritárias deve ser estabelecida caso a caso, observando-se os princípios da eficiência e da proporcionalidade.

Nessa direção, Lazzarini e Musacchio defendem que não existe um modelo de intervenção estatal na economia que seja universalmente superior aos outros. Ao contrário, temos diferentes modelos de capitalismo de Estado que coexistem, cada um deles adequado para atuar em certas condições e endereçar determinados tipos de falha de mercado[530].

Desse modo, os autores sustentam que o modelo que denominam "Leviatã como acionista minoritário", é apropriado para contextos em que existe um setor privado disposto a exercer a atividade econômica, mas que, por conta do pouco desenvolvimento do mercado de capitais, é necessária a ajuda governamental para corrigir falhas de mercado[531].

Diante disso, as participações públicas minoritárias surgem como uma opção vantajosa em relação à constituição de empresas estatais, pois permitem ao Estado intervir na economia sem as falhas normalmente associadas à exploração direta da atividade econômica pelo Poder Público: burocracia, influência política e problemas de agência.

Afinal, as empresas participadas continuam sendo companhias particulares, não fazendo parte da Administração Pública. Por essa razão, não estão submetidas ao regime jurídico aplicável às empresas estatais (concurso público, licitações etc.), estão menos sujeitas a interferências políticas[532] e tem o problema de agência mitigado pela sua natureza privada[533].

---

podem usufruir)" (RODRIGUES, Nuno Cunha. *"Golden-Shares". As empresas participadas e os privilégios do Estado enquanto accionista minoritário.* Op. cit., pp. 212-213).

[530] MUSACCHIO, Aldo e LAZZARINI, Sergio G. *Reinventing state capitalism: Leviathan in business, Brazil and beyond.* Cambridge: Harvard University Press, 2014, p. 283.

[531] Ibidem, pp. 283-295.

[532] Dizemos menos sujeitas porque, mesmo como um acionista minoritário, o Estado pode manter um grau de interferência na gestão da empresa participada, seja através de uma participação minoritária relevante, seja por meio dos mecanismos societários a que nos referimos anteriormente (acordos de acionistas, *golden shares*, por exemplo). Além disso, o Poder Público pode agir em conjunto com outros atores privados com os quais possuem uma intensa relação (como os fundos de pensão das empresas estatais) de forma a influenciar a direção da determinada empresa. Sobre essa última hipótese, cf. o paradigmático estudo de caso da interferência do governo brasileiro na companhia mineradora Vale em *Leviathan's Temptation: the case of Vale* (MUSACCHIO, Aldo e LAZZARINI, Sergio G. *Reinventing state capitalism: Leviathan in business, Brazil and beyond.* Op. cit., pp. 218-232.

[533] O problema de agência é mitigado pela natureza privada das empresas com participação minoritária estatal por que as mesmas estão sujeitas a um sistema de controles e incentivos

Além disso, do ponto de vista econômico-financeiro, a constituição de empresas público-privadas pode ser vantajosa em relação à criação de empresas estatais, dado a maior participação do capital privado na formação daquelas. Isso é especialmente interessante na exploração de atividades que envolvem elevados riscos e demandem altos investimentos, como infraestrutura e exploração de petróleo.

Ademais, as participações públicas minoritárias, como demonstramos nos itens 3.2.3 e 3.3.1, podem ser utilizadas como ferramenta de regulação e de fomento de empresas privadas. Nessas hipóteses, não há sentido em falar de participação majoritária estatal, tendo em vista que a finalidade pública buscada consiste, justamente, no controle e no financiamento de empreendimentos explorados por particulares.

Aqui, a vantagem dessa técnica interventiva é permitir que o exercício de atividades de interesse público não dependa da atuação direta e presencial do Estado, podendo ser realizado por atores privados, os quais agem sob a influência e/ou apoio estatal. Já mencionamos nesse capítulo os benefícios da propriedade pública minoritária em relação aos mecanismos tradicionais de regulação e fomento.

Portanto, existem diversas hipóteses em que a utilização das participações societárias minoritárias como técnica de intervenção apresenta vantagens comparativas frente a outras ferramentas de atuação do Estado na economia. Cabe ao Poder Público, em cada caso, justificar, à luz dos princípios da proporcionalidade e da eficiência, a escolha desse instrumento.

---

mais eficiente que o aplicável ao setor empresarial público. A presença de um controlador privado, cujo objetivo é a obtenção de lucro na atividade econômica, já garante um monitoramento mais próximo da companhia. Além disso, os administradores da empresa têm seu comportamento disciplinado pela ameaça de perda de sua posição por conta de uma aquisição hostil (*take over*) ou da falência, as quais não afetam as empresas estatais. Ademais, uma empresa privada pode adotar medidas de incentivo de performance (como a estipulação de remuneração variável por meio de bônus e opção de compra de ações) mais intensas que o Poder Público, sujeito a uma série de constrições administrativas relativas a sua política de pessoal e de gastos.

7 LIMITES DA ATUAÇÃO DO ESTADO COMO ACIONISTA MINORITÁRIO

7.1 Introdução

Até aqui nos ocupamos, principalmente, das possibilidades e benefícios da utilização das participações públicas minoritárias como técnica de atuação estatal na economia. Nesse capítulo, nosso foco recairá sobre os limites jurídicos incidentes sobre a ação do Estado como acionista minoritário.

Primeiramente, como já nos referimos no item 2.4.4, a participação estatal em empresas privadas, seja pela aquisição de ações de sociedades já existentes, seja pela constituição de novas empresas público-privadas, depende de autorização legal "em cada caso", nos termos do artigo 37, XX, da Constituição da República.

Tal exigência decorre da necessidade de controle de recursos públicos e da expansão da intervenção estatal no domínio econômico pelo Poder Legislativo, nos mesmos moldes que ocorre com a criação de empresas estatais e de suas subsidiárias.

A expressão "em cada caso" não demanda a edição de uma lei individual e específica indicando cada empresa privada destinatária do investimento público, bastando existir permissão legislativa genérica autorizando determinado ente administrativo a adquirir participações societárias em determinada área ou setor econômico. Nesse sentido, como visto, se manifestam a doutrina majoritária[534] e o STF[535].

Em segundo lugar, as participações públicas minoritárias, assim como a atividade administrativa como um todo, devem atender ao interesse público[536]. Aqui cabe uma ressalva. As empresas participadas conservam a sua natureza privada, não fazendo parte da Administração Pública indireta, razão pela qual não estão "diretamente vinculadas à prossecução do interesse público. Ao contrário do que sucede nas empresas total ou maioritariamente detidas por entidades públicas, não existe, aqui, uma identificação total entre o interesse da empresa e o interesse público"[537].

Em outras palavras, não se pode confundir "o objetivo dessas sociedades com os objetivos da participação estatal em seus quadros societários. Trata-se de sociedades, como visto, com controle privado, sendo, portanto, inerente a elas a busca de objetivos privados". Por sua vez, "o sócio estatal está vinculado ao interesse público, apesar de a sociedade privada na qual ele participa não estar"[538].

Dessa forma, embora as empresas público-privadas permaneçam inseridas na iniciativa privada, não sendo obrigadas a perseguir fins públicos,

---

[534] Por todos cf. TÁCITO, Caio. "Regime Jurídico das Empresas Estatais". Op. cit., p. 6. No mesmo sentido, cf. CRETELLA JÚNIOR, José. *Comentários à Constituição brasileira de 1988.* Rio de Janeiro: Forense Universitária, 1992, p. 2239.

[535] O Supremo Tribunal Federal (STF), por ocasião do julgamento da Ação Direta de Inconstitucionalidade nº 1.649-1/DF, se manifestou no sentido de que o termo "autorização em cada caso" presente no artigo 37, XX, CF, refere-se a "um conjunto de temas, dentro de um mesmo setor". Desse modo, não há necessidade de uma autorização legal para a participação em cada sociedade privada, bastando que "haja previsão para esse fim na própria lei que instituiu a empresa de economia mista matriz, tendo em vista que a lei criadora é a própria medida autorizadora". Cf. STF, *DJU* 28 mai. 2004, ADI 1.649-1/DF, Rel. Min. Maurício Corrêa.

[536] "Deste modo, o legislador não pode conferir à Administração o exercício de actividades sem que exista subjacente um interesse público, nem a Administração pode prosseguir as suas tarefas fora do específico interesse público que está definido pela lei ou visando a prossecução de um fim diferente ao que em concreto resulta do interesse público fundamentador da norma de competência: **o interesse público representa o fundamento, o limite e o critério da actuação económica pública e, consequentemente, da iniciativa económica pública**" (grifamos) (OTERO, Paulo. *Vinculação e Liberdade de Conformação Jurídica do Sector Empresarial do Estado.* Op. cit., p. 124).

[537] RODRIGUES, Nuno Cunha. *"Golden-Shares". As empresas participadas e os privilégios do Estado enquanto accionista minoritário.* Op. cit., p. 206.

[538] FIDALGO, Carolina Barros. *O Estado Empresário: regime jurídico das tradicionais e novas formas de atuação empresarial do Estado na economia brasileira.* Op. cit., pp. 319-320 e 347.

a participação acionária estatal é uma atividade administrativa, sujeita, portanto, às normas aplicáveis ao Poder Público.

Nessa direção, Alexandre Santos de Aragão afirma que "os atos de sua controladora pública em relação a ela e os atos que eventualmente pratiquem como *longa manus* do Estado ou de empresas por ele controladas deverão atender aos princípios da Administração Pública (art. 37, CF). Não pode, por exemplo, a sociedade de economia mista se valer da sua condição de acionista, ainda que minoritário, para fazer com que a empresa público-privada faça doações a campanhas políticas, contrate apadrinhados políticos etc"[539].

Portanto, as participações públicas minoritárias, como atos estatais, têm a sua legitimidade condicionada à observância de todos os princípios que incidem sobre a atuação do Estado na economia, tais como os princípios da subsidiariedade e da prossecução do interesse público, bem como os princípios gerais disciplinadores da atividade administrativa previstos no ordenamento jurídico-constitucional, como, por exemplo, os postulados da legalidade, impessoalidade, moralidade, publicidade e eficiência (artigo 37, *caput*, CF).

7.2 Participações públicas minoritárias: opção legítima ou burla ao regime jurídico aplicável às empresas estatais?

O surgimento do Direito Administrativo, na sua origem no direito francês, teve como objetivo a submissão da Administração Pública a princípios e regras diferentes daqueles que regulavam as relações jurídico-privadas[540]. Nesse contexto, a Administração passou a contar com uma justiça e um conjunto de normas próprios, submetendo-se a um regime jurídico tradicionalmente definido como de "prerrogativas e sujeições"[541], o qual con-

---

[539] ARAGÃO, Alexandre Santos de. *Curso de Direito Administrativo*, 2. ed. Op. cit., p. 140.

[540] "O direito administrativo não surgiu da submissão do Estado à vontade heterônoma do legislador. Antes, pelo contrário, a formulação de novos princípios gerais e novas regras jurídicas pelo *Conseil d'État*, que tornaram visíveis soluções diversas das que resultariam da aplicação mecanicista do direito civil aos casos envolvendo a Administração Pública, só foi possível em virtude da postura ativa e insubmissa daquele órgão administrativo à vontade do Parlamento.". (BINENBOJM, Gustavo. *Uma teoria do direito administrativo*. Op. cit., p. 11). No mesmo sentido, cf. OTERO, Paulo. *Legalidade e Administração Pública*. Coimbra: Almedina, 2011, pp. 269-271.

[541] DI PIETRO, Maria Sylvia Zanella. *Direito Administrativo*. Op. cit., p. 64.

A ATUAÇÃO DO ESTADO NA ECONOMIA COMO ACIONISTA MINORITÁRIO

fere ao Estado uma posição de supremacia, bem como o submete a uma série de restrições, em prol da preservação da moralidade pública e dos direitos dos administrados[542].

Ocorre que, com a passagem do Estado Liberal para o Estado Social, a Administração Pública, a par de suas atividades típicas de garantia das liberdades individuais, assumiu para si uma gama de serviços inicialmente prestados, quase exclusivamente, pela iniciativa privada, ingressando, assim, "nas categorias de produção e de comércio como um prestador de bens e serviços na execução de uma política de atendimento a interesses relevantes da coletividade"[543]. Diante disso, foi necessário o recurso a novos métodos de atuação, aptos a superar os entraves da burocracia tradicional e dotar o Estado de formas de ação mais flexíveis e dinâmicas.

Desse modo, o Poder Público recorreu ao Direito Privado, fundado na concepção de que a utilização de institutos e do regime jurídico privados seria a maneira mais eficaz de se desincumbir de suas funções. O Estado passa, portanto, a empregar "formas tradicionais do direito privado (ex: sociedades anônimas) para realizar mais eficientemente objetivos públicos relacionados ao exercício de atividades econômicas lato sensu, sempre dinâmicas, que seriam, por essa razão, mais consentâneas com as figuras de direito privado, em princípio mais ágeis e menos burocráticas"[544].

Contudo, mesmo quando a Administração Pública opta por atuar utilizando-se do regime jurídico privado, sua ação nunca pode ser integralmente equiparada a da iniciativa privada. Afinal, sua atuação está vinculada à proteção e promoção do interesse público, o que faz com que vinculações jurídico-públicas se apliquem sempre, independentemente da forma de atuação utilizada pelo Estado[545].

É por conta disso que as empresas estatais, ainda que pessoas jurídicas de Direito Privado, estão submetidas a um regime jurídico híbrido, essencialmente semelhante àquele aplicável às empresas privadas (artigo 173, § 1º, II, CF), mas, inevitavelmente, sujeito a derrogações de Direito Público, como, por exemplo, a observância dos princípios gerais da Administração Pública previstos no artigo 37, *caput*, da Constituição, a realização

---

[542] DI PIETRO, Maria Sylvia Zanella. *Do Direito Privado na Administração Pública*. Op. cit., p. 108.

[543] TÁCITO, Caio. "Regime Jurídico das Empresas Estatais". Op. cit., p. 1.

[544] ARAGÃO, Alexandre Santos de. *Curso de Direito Administrativo*, 2ª ed. Op. cit., p. 122.

[545] ESTORNINHO, Maria João. *A fuga para o direito privado: contributo para o estudo da actividade de direito privado da Administração Pública*. Op. cit., p. 127.

208

de concurso público (artigo 37, II, CF) e o controle do Tribunal de Contas da União (artigo 70, *caput*, CF).

No entanto, as empresas público-privadas, por terem apenas uma parcela minoritária do seu capital detida pelo Estado, não fazem parte da Administração Pública indireta, permanecendo no âmbito da iniciativa privada. Assim sendo, essas empresas atuam sob a égide de um regime totalmente privado, livre das constrições publicísticas a que nos referimos no parágrafo anterior.

Por conta disso, coloca-se uma questão importante: a opção estatal de intervir na economia por meio de participações públicas minoritárias pode ter como fundamento a não submissão das empresas participadas ao regime jurídico aplicável às empresas estatais ou isso configuraria uma irregularidade? Em outras palavras, a escolha entre um regime jurídico público ou privado seria alternativa legítima ou constituiria simples "fuga do Direito Público para o Direito Privado"?[546]

Sustentando a ilegitimidade da atuação estatal por meio do Direito Privado como forma de escapar às vinculações administrativas, Maria João Estorninho afirma que, muitas vezes, a "privatização" da Administração Pública resulta de "considerações ilegítimas", tendo como fundamento o objetivo "velado e sub-reptício", de tentar escapar das vinculações jurídico-públicas a que o Estado se sujeita, configurando, assim, uma fuga "consciente e perversa" para o regime privado[547].

---

[546] Cf. ESTORNINHO, Maria João. *A fuga para o direito privado: contributo para o estudo da actividade de direito privado da Administração Pública*. Op. cit..

[547] "A multiplicidade, a diversidade e a indiscutível relevância das atividades levadas a cabo por este novo tipo de entidades levam necessariamente a que se coloque o problema dos riscos nelas envolvidos e dos motivos reais que podem eventualmente estar por detrás da sua criação. Como adverte EHLERS, **tem-se muitas vezes verificado que estes fenômenos de "privatização" da Administração Pública resultam intencionalmente de "considerações ilegítimas". Na verdade, é fácil imaginar que, por detrás deste tipo de fenómenos, existam por vezes objectivos velados e sub-reptícios, como sejam os de tentar ultrapassar as vinculações jurídico-públicas a que a Administração de outro modo estaria sujeita,** em relação às competências, às formas de organização e de actuação, aos controlos ou à responsabilidade. Na minha opinião, pode dizer-se que, ao longo dos tempos, a Administração Pública acabou muitas vezes por passar de uma fuga que se poderia dizer quase "inocente" a uma **fuga "consciente e perversa" para o Direito Privado**" (grifamos) (Ibidem, pp.67-68).

A ATUAÇÃO DO ESTADO NA ECONOMIA COMO ACIONISTA MINORITÁRIO

Na mesma direção, Paulo Otero defende que:

> (...) o Estado ao escolher uma forma de organização empresarial de Direito Privado condiciona imediatamente o direito regulador da atividade a desenvolver, afastando a aplicabilidade do Direito Administrativo e determinando a aplicação do Direito Privado. **Todavia, se uma tal "fuga" da actuação empresarial para o Direito Privado for o motivo principalmente determinante da prévia escolha da forma jurídico-privada de organização da intervenção empresarial do Estado, visando-se "fugir" às vinculações garantísticas dos administrados, sem que a respectiva escolha da forma de sociedade comercial tenha qualquer interesse público justificativo, poderá bem configurar-se aqui uma situação de desvio de poder ou de fraude à lei** no exercício pela Administração do poder discricionário de escolha da forma de organização do sector empresarial do Estado (v. supra, n.º 10.8), senão mesmo uma violação do princípio constitucional da prossecução do interesse público[548]. (grifamos)

Não concordamos com esses posicionamentos. Na verdade, entendemos que a escolha de determinada forma jurídica e, consequentemente, do seu respectivo regime jurídico constitui opção legítima de atuação estatal na ordem econômica. Vamos além. No capítulo anterior, afirmamos que o Estado não pode escolher livremente dentre as ferramentas jurídicas de intervenção na economia, devendo sempre levar em conta os princípios da eficiência e da proporcionalidade. Assim, a consideração acerca do regime jurídico aplicável à técnica interventiva escolhida pelo Poder Público deve entrar no cálculo da ponderação entre os benefícios e desvantagens dessa ferramenta em relação às alternativas existentes.

É por isso que discordamos da posição de Paulo Otero de que, caso o motivo principal da escolha pelo regime jurídico privado for a "fuga" das constrições publicísticas, sem haver interesse público que justifique essa opção, existirá desvio de poder ou fraude à lei.

Defendemos, ao contrário, que a possibilidade de atuação estatal de forma mais ágil e dinâmica, visto que livre dos freios de Direito Público, já poderia constituir, por si só, interesse público justificador da opção pelo Direito Privado.

---

[548] OTERO, Paulo. *Vinculação e Liberdade de Conformação Jurídica do Sector Empresarial do Estado.* Op. cit., pp. 267-268.

Nesse sentido, Marçal Justen Filho afirma que, em vez de instituir uma empresa estatal, o Estado pode optar pela solução legítima de adquirir uma participação minoritária em uma sociedade privada, opção que "acarreta a eliminação de uma pluralidade de instrumentos de controle típicos de direito público" e que "pode configurar-se como a mais razoável e satisfatória à realização dos fins últimos do Estado brasileiro"[549].

Igualmente, Sérgio de Andréa Ferreira assevera que o "Poder Público pode preferir, ao invés de instituir ou constituir empresas administrativas, integrantes da administração indireta e, desse modo, componentes da organização governamental, criar, em cooperação com particulares, empresas que sejam instrumentos de participação pública na economia, mas sem a natureza de pessoas administrativas paraestatais".[550]

Com efeito, a possibilidade de o Estado optar pelo regime jurídico privado como forma de escapar da rigidez e dos empecilhos postos pelo Direito Público não é novidade. Lembre-se que a Administração Pública, em face ao desafio de exercer um crescente número de atividades no contexto do advento do Estado de Bem-Estar Social, se viu obrigada a recorrer às técnicas de organização administrativa da desconcentração e da descentralização.

Nesse cenário, em virtude da expansão dos serviços públicos, o Estado passa, em uma primeira fase, a desconcentrá-los dentro da mesma entidade, distribuindo blocos de atribuições a órgãos públicos distintos. Percebendo que isso não era suficiente para desincumbir-se, eficientemente, de suas funções, as quais requeriam certas especializações, a Administração passou a transferir ou descentralizar atividades para pessoas jurídicas distintas do Estado. Em um primeiro momento, isso ocorreu com a criação das autarquias, entes que, embora autônomos, eram em tudo semelhantes à pessoa estatal, mantendo a personalidade e o regime de Direito Público[551].

Posteriormente, observando (e invejando[552]) a eficiência das empresas privadas, as quais prestavam serviços públicos na qualidade de concessio-

---

[549] JUSTEN FILHO, Marçal. "As empresas privadas com participação estatal minoritária". Op. cit.

[550] FERREIRA, Sérgio de Andréa. *Comentários à Constituição*, v. III. Op. cit., p. 46.

[551] MUKAI, Toshio. *O Direito Administrativo e os Regimes Jurídicos das Empresas Estatais*. Op. cit., pp. 145-146.

[552] "O Poder Público, invejando a eficiência das sociedades comerciais, tomou de empréstimo os figurinos do direito privado e passou a adotar-lhe os processos de ação, constituindo

A ATUAÇÃO DO ESTADO NA ECONOMIA COMO ACIONISTA MINORITÁRIO

nárias, o Estado concluiu ser mais racional criar ou converter outros entes estatais[553] em empresas com características semelhantes às particulares, a fim de conjugar dois objetivos: a eficiência na exploração da atividade econômica e o controle sobre a entidade responsável pela execução do serviço[554].

Surgem, então, as modernas empresas públicas e sociedades de economia mista, pessoas jurídicas com personalidade de Direito Privado, sujeitas a um regime jurídico essencialmente privado, mas integrantes da Administração Pública indireta, visto que controladas pelo Estado. Caio Tácito reconhece que a adoção da personalidade privada pelas entidades administrativas tem "como objetivo precípuo a liberação dos processos burocráticos de gestão administrativa e financeira. É, em suma, o repúdio aos sistemas clássicos de controle da administração direta, de forma a propiciar maior flexibilidade operacional e permitir a abstenção dos processos formais da contabilidade pública"[555].

Desse modo, tem-se admitido que o Estado, ao descentralizar suas atividades, opte por fazê-lo por formas jurídicas públicas ou privadas[556]. Nas palavras de José Cretella Júnior:

pessoas modeladas à semelhança delas para prestação dos mais variados serviços. Quer para a prestação de serviços públicos propriamente ditos, quer para o desempenho de atividade de exploração econômica em setores onde se fazia necessária sua atuação supletiva ou, até mesmo, monopolística, o Estado acolheu o sistema próprio do direito privado. A isto foi impelido tanto pelo objetivo de ganhar mais eficiência quanto, em certos casos, pela natureza peculiar da atividade que, por assim dizer, não se compatibilizaria com outro meio de ação" (MELLO, Celso Antonio Bandeira de. As Novas Formas de Atuação do Estado. In: *Prestação de Serviços Públicos e Administração Indireta*, 2ª ed, São Paulo: Revista dos Tribunais, 1987, p. 88).

[553] Sérgio de Andréa Ferreira aponta que, entre o final da década de 60 e o início da década de 70, o Estado brasileiro converteu diversos entes estatais, tais como autarquias e órgãos da Administração direta, em empresas estatais. Foi o que ocorreu com a Empresa Brasileira de Correios e Telégrafos (ECT), antigo Departamento de Correios e Telégrafos em 1969, com o Banco Nacional de Desenvolvimento Econômico (BNDE) e com o Banco Nacional de Habitação (BNH), antigas autarquias, em 1971. Cf. FERREIRA, Sérgio de Andréa. "O direito administrativo das empresas governamentais brasileiras". In: *Revista de Direito Administrativo*, v. 136, 1979, p. 5.

[554] MUKAI, Toshio. *O Direito Administrativo e os Regimes Jurídicos das Empresas Estatais*. Op. cit., p. 146.

[555] TÁCITO, Caio. "Controle das Empresas do Estado (públicas e mistas)". In: *Revista de Direito Administrativo*, v. 111, 1973, p. 3.

[556] Exemplo prático disso pode ser encontrado na prestação do serviço público de saneamento. Os diversos entes federativos do Brasil têm optado por soluções distintas no exercício dessa atividade, atuando por meio da Administração Direta (Municípios ou seus órgãos) ou

LIMITES DA ATUAÇÃO DO ESTADO COMO ACIONISTA MINORITÁRIO

Pois bem, ou o Estado **opta** pela entidade de direito público e lhe outorga o exercício da atividade administrativa sob um regime de direito público, derrogatório e exorbitante do direito comum, ou o Estado **opta** pela entidade de direito privado e lhe transfere o exercício da atividade administrativa sob esquemas privatísticos, sob um regime de direito privado, submetida à disciplina do direito comercial, a fim de que possa atuar de maneira mais eficaz na consecução dos próprios fins.

A **opção governamental** pode recair, portanto, em um dos dois esquemas mencionados, o esquema de direito público, povoando-se o mundo jurídico, por exemplo, com a autarquia, ou o esquema de direito privado, instrumentalizando sua eficiência pelo apelo ao direito privado, introduzindo-se no mundo jurídico, por exemplo, a empresa pública[557]. (grifamos)

Isto é, a Administração Pública, ao intervir no ordenamento econômico-social, deve escolher a forma jurídica mais adequada à consecução dos seus objetivos. A eleição do regime jurídico de Direito Público implica a fruição de prerrogativas, as quais são ideais para o exercício de funções tipicamente administrativas, revestidas de *jus imperii* e de heteronomia[558].

Por outro lado, a constituição de entes sob a égide do Direito Privado liga-se à "busca de uma maior flexibilidade e agilidade para o exercício de funções estatais, a partir do reconhecimento de que o regime de direito

---

por meio de autarquias ou por meio de empresas estatais (empresas públicas e sociedades de economia mista). Sobre o assunto, cf. HELLER, Léo; COUTINHO, Marcelo Libânio e MINGOTI, Sueli Aparecida. "Diferentes modelos de gestão de serviços de saneamento produzem os mesmos resultados? Um estudo comparativo em Minas Gerais com base em indicadores". In: *Engenharia Sanitária e Ambiental*, v. 11, nº 4, 2006. Disponível em http://www.scielo.br/pdf/esa/v11n4/a05v11n4. Acesso em maio de 2014.

[557] CRETELLA JÚNIOR, José. *Empresa Pública*. São Paulo: Bushatsky, 1973, p. 20.

[558] "(...) cumpre firmar posicionamento no sentido da inexistência de discricionariedade para instituir entidades na Administração Indireta, afinal, cada uma delas tem uma vocação. A autarquia é reservada a funções tipicamente estatais, ou seja, aquelas que, embora comportem uma maior autonomia, exijam, para o atendimento do interesse público, o exercício de autoridade e o conseqüente poder de império estatal; é o caso das atividades de polícia administrativa e de regulação estatal das atividades privadas. As empresas estatais são vocacionadas a atividades comerciais ou industriais do Estado, previstas nos arts. 173 e 175 da Constituição Federal, sendo certo que as empresas de economia mista, por captarem recursos ou a gerência junto ao setor privado, envolvem a necessidade da busca do lucro, o que não é um imperativo nas empresas públicas" (SOUTO, Marcos Juruena Villela. *Direito Administrativo Estadual*. Rio de Janeiro: Lumen Juris, 2008, pp. 83-84).

público traz restrições que, por vezes, empeceriam o cumprimento das finalidades públicas"[559].

Portanto, a opção pela personalidade jurídica privada traz em si o legítimo desejo de se conferir à atuação administrativa maior dinâmica e leveza, com o afastamento parcial dos institutos típicos do regime de Direito Público[560]-[561]. Não se trata de fuga, mas de escolha legítima consagrada na Constituição. Como leciona com precisão Rafael Wallbach Schwind, em uma citação que vale o longo trecho transcrito:

> Embora possa ter havido certa perplexidade inicial com a utilização do figurino empresarial do Estado, reconheceu-se que a criação de empresas estatais sempre teve o legítimo propósito de despublicização, ou seja, de a Administração Pública libertar-se de certos condicionamentos inerentes ao regime de direito público. (...) Considerando-se que a adoção de um regime empresarial é justificada ante os fins atribuídos ao Estado, deve-se concluir que a libertação das constrições do direito público pela organização estatal é um propósito legítimo. Não compreende necessariamente nenhuma injuridicidade ou imoralidade. A diversidade e a complexidade crescentes do direito administrativo são o resultado da expansão da Administração Pública, cuja estrutura incorpora paulatinamente interesses distintos e funções das mais diversas. No caso da atuação empresarial do Estado, essa libertação das amarras do direito público não é um "pecado tolerado" pelo ordenamento ou pela doutrina. As empresas estatais são

[559] MARQUES NETO, Floriano Azevedo. "As Contratações Estratégicas das Estatais que Competem no Mercado". In: OSÓRIO, Fábio Medina e SOUTO, Marcos Juruena Villela (coords.). *Direito Administrativo – Estudos em Homenagem a Diogo de Figueiredo Moreira Neto*. Rio de Janeiro: Lumen Juris, 2006, p. 578.

[560] ZAMBÃO DA SILVA, Rodrigo Crelier. "A captura das estatais pelo regime jurídico de Direito Público: algumas reflexões". Mimeografado, 2012, p. 21.

[561] Em sentido contrário, ou seja, contra a possibilidade de opção do Estado em submeter-se a um regime jurídico de Direito Privado, mas reconhecendo que a maior parte da doutrina admite essa solução, Toshio Mukai afirma: "A ideia de se abordar o assunto repousa na constatação do fato incompreensível, e aceito sem discussão e reflexão pela maioria da doutrina, de que o Estado, quando se descentraliza, o faz comumente pelas formas jurídicas fornecidas pelo direito privado. E que, portanto, aquelas atividades que antes estavam submetidas a regime jurídico específico, adequado à proteção dos recursos públicos e a uma administração proba, passaram a ser exercidas, como num passe de mágica, através de um regime liberto de todas as garantias que o direito administrativo oferecia em prol do resguardo do interesse público. As causas desse desvio estão em vários fatores de ordem extrajurídica, mas são também fruto de inadequada teorização sobre o fenômeno das empresas do Estado" (MUKAI, Toshio. *O Direito Administrativo e os Regimes Jurídicos das Empresas Estatais*. Op. cit., p. 17).

entes de grande relevância e sua submissão ao direito privado, ainda que com temperamentos, conta com expressa previsão no Texto Constitucional. Sendo assim, deve-se rejeitar qualquer pretensão de se aplicar um regime jurídico uniforme a todas as atividades desempenhadas pela Administração Pública. Cada função administrativa deve ser desempenhada mediante a utilização do ferramental mais adequado. Essa pluralidade de meios convida o Estado a exercer – evidentemente de modo adequado e ponderado – a *liberdade de escolha das formas jurídicas*. Para a atuação direta no desempenho de atividades econômicas, a própria Constituição previu a utilização de empresas estatais e a participação do Estado em empresas que não integram a Administração Pública.[562]

Entretanto, cabe fazer, aqui, duas observações. A primeira é no sentido de que, não obstante o uso do Direito Privado pela Administração Pública tenha sido fundado em legítimas preocupações quanto à eficiência, é inegável que ele deu espaço para desvios e distorções, ensejando a instrumentalização das empresas estatais como forma de burla às exigências de impessoalidade, moralidade e economicidade asseguradas pelo regime público[563].

A segunda observação é que, frente aos referidos desvios, a legislação e a jurisprudência procederam a uma verdadeira "recaptura" das empresas estatais pelo Direito Público[564], havendo mesmo quem chegue a falar em uma "autarquização" dessas empresas[565], tendo em vista a sua submis-

---

[562] SCHWIND, Rafael Wallbach. *Participação estatal em empresas privadas: as "empresas público-privadas"*. Tese de doutorado apresentada ao Programa de Pós-Graduação da Faculdade de Direito da Universidade de São Paulo – USP como requisito parcial para a obtenção do título de Doutor em Direito do Estado, 2014, pp. 24 e 27-28.

[563] MARQUES NETO, Floriano Azevedo. "As Contratações Estratégicas das Estatais que Competem no Mercado". In: OSÓRIO, Fábio Medina e SOUTO, Marcos Juruena Villela (coords.). *Direito Administrativo – Estudos em Homenagem a Diogo de Figueiredo Moreira Neto*. Op. cit., p. 578.

[564] Ibidem, p. 579.

[565] Sobre a dita "autarquização" das empresas estatais, cf. PINTO, Henrique Motta. Empresa Estatal: modelo jurídico em crise? Dissertação de mestrado apresentada ao Programa de Mestrado da Faculdade de Direito da PUC/SP como requisito parcial para a obtenção do título de Mestre em Direito, 2010, onde o autor afirma "A jurisprudência do Supremo Tribunal Federal sobre privilégios das empresas estatais de serviços públicos iniciou um momento de crise na utilização do formato empresarial pelo Estado. Os regimes privilegiados de execução e tributação ainda estão restritos a algumas empresas estatais prestadoras de serviços públicos, mas há uma tendência de expansão para outras estatais que assim possam ser qualificadas

são às mesmas normas aplicáveis à Administração direta em uma série de assuntos, tais como concursos públicos, licitações e regime de execução.

Nesse caso, como costuma ocorrer, a virtude está no meio. Ou seja, nem é correto entender que as empresas estatais não se sujeitam a nenhuma imposição decorrente do Direito Público, nem se pode equiparar o regime jurídico que sobre elas incide com o regime a que se sujeita a Administração direta. Afinal, "se não fosse para se valer dos meios mais ágeis da iniciativa privada, não haveria porque o Legislador transferir aquela atividade para uma empresa do Estado. Poderia tê-la deixado na Administração Direta ou entregue a uma simples autarquia"[566].

Desse modo, como já mencionamos, aplica-se às empresas estatais um regime jurídico híbrido, fundamentalmente privado, mas com uma série de derrogações publicísticas[567], inerentes à sua condição de pessoas jurídicas administrativas. Consequentemente, o desafio é achar o equilíbrio

perante o poder judiciário. A existência de um entendimento consolidado no STF é um forte estímulo para que outras empresas estatais procurem obter tais privilégios por meio de declaração judicial, não só naquele tribunal, mas em todo o poder judiciário". Também sobre a extensão do regime de bens e do regime tributário das pessoas jurídicas de Direito Público às empresas estatais, cf. as seguintes decisões do STF: Recurso Extraordinário nº 253.472 (Companhia Docas do Estado de São Paulo – CODESP), Recurso Extraordinário nº 363.412 (INFRAERO) e Recurso Extraordinário nº 601.392 (ECT).

[566] ARAGÃO, Alexandre Santos de. "Empresas estatais e o controle pelos Tribunais de Contas". In: *Revista de Direito Público da Economia - RDPE*, n. 23 , 2008.

[567] "O primeiro desses limites, já abordado acima, é a necessidade de autorização legal para a criação de sociedades de economia mista e empresas públicas (art. 37, XIX), suas subsidiárias e para a participação em empresas privadas (art. 37, XX). Exigência dessa mesma natureza, como se sabe, não é requerida da iniciativa privada. Além disso, essas sociedades são submetidas a todos os princípios previstos no caput do art. 37 (legalidade, impessoalidade, moralidade, publicidade e eficiência), ainda que eventualmente mitigados, bem como ao princípio do concurso público para a contratação de seus empregados (art. 37, II), à regra da licitação (art. 22, XXVII), à vedação de acumulação de cargos públicos (art. 37, XVII); aos limites e condições fixados pelo Senado Federal para a realização de operações de créditos internas ou externas (art. 52, VII); à vedação de celebração de contratos com deputados ou senadores (art. 54); às diretrizes, objetivos e metas fixados pela lei orçamentária anual (art. 165, § 5º); bem como, no que diz respeito às demais estatais dependentes, à exigência de prévia e suficiente dotação orçamentária para a concessão de qualquer vantagem, aumento de remuneração, criação de cargos, alteração da estrutura de carreiras ou admissão de pessoas a qualquer título (art. 169, § 1º). Ainda de acordo com a Carta Maior, incidem sobre essas entidades os controles do Legislativo (art. 49, X) e dos Tribunais de Contas (art. 70 e 71), bem como do Poder Executivo (art. 84, II)" (FIDALGO, Carolina Barros. *O Estado Empresário: regime jurídico das tradicionais e novas formas de atuação empresarial do Estado na economia brasileira.* Op. cit., p. 189).

ideal entre o regime privado, mais dinâmico e eficiente, e as normas de Direito Público, necessárias para garantir o controle e a aderência dessas empresas aos valores e objetivos de interesse público.

Diante do exposto, entendemos que, assim como o Estado, ao decidir intervir na economia, pode optar por fazê-lo por meio de entidades administrativas de Direito Público (autarquias) ou pessoas jurídicas de Direito Privado (empresas estatais), ele também pode escolher atuar através de participações societárias minoritárias, constituindo empresas público--privadas, ao invés de criar empresas estatais.

Afinal de contas, trata-se de arranjos societários com características distintas. As empresas públicas garantem controle exclusivo do Estado, uma vez que não há capital privado envolvido. As sociedades de economia mista permitem a reunião de recursos públicos e privados, com a preponderância do controle societário pelo Estado, mas devendo levar em conta os interesses dos acionistas minoritários.

Já as empresas público-privadas reúnem capitais públicos e privados, mas com a preponderância do controle pelos sócios privados, não integrando, assim, a Administração Pública, não precisando observar "uma série de condicionamentos, tais como a realização de licitações e de concursos públicos. Tampouco se submetem ao Tribunal de Contas, ao contrário do que ocorre com as empresas estatais"[568].

A escolha entre esses arranjos, no entanto, não é totalmente livre. Como visto, embora o Estado desfrute de discricionariedade na seleção de técnicas de intervenção na economia, ele deve observar os princípios da eficiência e da proporcionalidade a fim de escolher o mecanismo mais adequado.

Em suma, quando o Estado intervém no domínio econômico ele não só pode como deve levar em conta qual o regime jurídico aplicável à ferramenta jurídica escolhida, uma vez que esse dado precisa entrar no cálculo da ponderação entre vantagens e desvantagens comparativas que indicará a técnica interventiva mais eficiente e proporcional no caso em concreto.

Contudo, é importante fazer uma ressalva. De fato, a opção estatal pelo regime privado não constitui, *a priori*, uma burla ou uma fuga ao Direito, sendo uma consideração administrativa legítima. Ou seja, a escolha pela constituição de uma empresa público-privada em detrimento da criação

---

[568] SCHWIND, Rafael Wallbach. *Participação estatal em empresas privadas: as "empresas público--privadas"*. Op. cit., p. 140 .

de uma empresa estatal, fundada na inexistência de restrições publicísticas na atuação da primeira, é lícita. Essa opção, todavia, significa que o Estado considerou que sua participação minoritária na empresa participada é suficiente para a consecução de seus objetivos.

O que o Direito não permite, é que a opção do Estado pela atuação na economia como acionista minoritário seja meramente formal, sem correspondência com a verdadeira natureza dessa intervenção. Em outras palavras, ao eleger atuar por meio de participações públicas minoritárias, o Poder Público deve submeter-se, para todos os fins, ao *status* de acionista minoritário, com todas as vantagens e desvantagens que dele decorrem. Afinal, como diz o ditado popular, "não se pode fazer omeletes sem quebrar ovos".

Cuida-se, aqui, da aplicação do que a doutrina portuguesa denomina de princípio do respeito pela forma jurídica escolhida[569], pelo qual uma vez escolhida uma técnica de intervenção econômica, há necessidade de respeitá-la[570].

Assim sendo, é fato que as empresas semiestatais não têm suas atividades restringidas pelo regime jurídico de Direito Público, mas, por outro lado, também não se encontram sob controle estatal. É verdade que o Estado pode se valer de mecanismos societários a fim de garantir uma maior influência sobre essas companhias, mas nunca poderá direcionar sua atuação da mesma forma que faz com as empresas estatais.

Desse modo, não se pode admitir que a participação pública minoritária seja apenas proforma, camuflando um efetivo controle estatal sobre determinada sociedade empresarial. Caso isso ocorra, estaremos diante de uma simulação, verdadeira atuação irregular do Estado, até porque a Administração Pública está adstrita aos princípios da moralidade, da boa-fé e da transparência, sendo-lhe exigida uma atuação marcada pela lisura, correção e lealdade.

---

[569] D'ALTE, Sofia Tomé. *A Nova Configuração do Sector Empresarial do Estado e a Empresarialização dos Serviços Públicos*. Coimbra: Almedina, 2007, p. 387.

[570] Também referindo-se a um princípio de respeito pela forma jurídica escolhida, Paulo Otero afirma: "Em princípio, optando o Estado por uma forma de intervenção económica através da criação ou da participação no capital de sociedades comerciais, isto é, afinal, mediante a utilização de organizações empresariais de direito privado, o Estado também só poderá influir na gestão de tais entidades através dos instrumentos normais decorrentes da sua posição como sócio accionista" (OTERO, Paulo. *Vinculação e Liberdade de Conformação Jurídica do Sector Empresarial do Estado*. Op. cit., p. 270).

LIMITES DA ATUAÇÃO DO ESTADO COMO ACIONISTA MINORITÁRIO

A fim de identificarmos as hipóteses de burla ao regime jurídico aplicável à Administração Pública, diferenciando-as da opção legítima por um regime privado, é necessário aprofundar-nos na noção de controle societário, o que faremos no item seguinte.

7.2.1 Controle societário estatal disfarçado

Ao falarmos de controle sobre determinada sociedade empresária, estamos empregando esse vocábulo no sentido forte de poder de dominação[571], ou seja, poder de direção consistente na determinação da atividade empresarial e na disposição de bens sociais.

No âmbito das empresas estatais, a lei orgânica da Administração Pública federal (Decreto-Lei nº 200/1967), complementada pelo Decreto-Lei nº 900/1969, descreve o controle estatal das empresas públicas e sociedades de economia mista como sendo, respectivamente, sobre a totalidade do capital[572] ou sobre a maioria do capital votante[573].

Ocorre que, à luz do Direito Societário, a noção de controle está ligada à titularidade de direitos de sócio que garantam, de modo permanente, a preponderância nas deliberações e o poder de eleger a maioria dos administradores e pelo uso efetivo do poder para dirigir as atividades

---

[571] COMPARATO, Fábio Konder e SALOMÃO FILHO, Calixto. *O Poder de Controle na Sociedade Anônima*. Op. cit., p. 29-30.

[572] Artigo 5º, II, do Decreto-Lei nº 200/1967: "a entidade dotada de personalidade jurídica de direito privado, com patrimônio próprio e capital exclusivo da União, criado por lei para a exploração de atividade econômica que o Govêrno seja levado a exercer por fôrça de contingência ou de conveniência administrativa podendo revestir-se de qualquer das formas admitidas em direito". Artigo 5º do Decreto-Lei nº 900/1969: "Desde que a maioria do capital votante permaneça de propriedade da União, será admitida, no capital da Emprêsa Pública (artigo 5º inciso II, do Decreto-lei número 200, de 25 de fevereiro de 1967), a participação de outras pessoas jurídicas de direito público interno bem como de entidades da Administração Indireta da União, dos Estados, Distrito Federal e Municípios".

[573] Artigo 5º, III, do Decreto-Lei nº 200/1967: "a entidade dotada de personalidade jurídica de direito privado, criada por lei para a exploração de atividade econômica, sob a forma de sociedade anônima, cujas ações com direito a voto pertençam em sua maioria à União ou a entidade da Administração Indireta".

A ATUAÇÃO DO ESTADO NA ECONOMIA COMO ACIONISTA MINORITÁRIO

sociais e orientar o funcionamento dos órgãos da companhia (artigo 116, Lei nº 6.404/76)[574].

A dúvida é se, para fins de verificação do controle do Estado sobre determinada empresa, devemos nos contentar com o critério formal da exclusividade ou maioria das ações com direito a voto ou se devemos adotar o critério material proposto pelo Direito Privado, o qual se fixa na efetiva direção da atividade social.

Entendemos, nas palavras de Toshio Mukai, que devemos "evitar que, pela aplicação exagerada de teorias formalistas, se olvidem as realidades fenomênicas que estão na base de cada caso concreto, e que não podem deixar de ser consideradas pelo jurista"[575]. Igualmente, acerca da definição da natureza jurídica de entes administrativos, Rafael Bielsa leciona: "não são as palavras usadas, mas o regime legal da instituição o que define o seu caráter"[576].

É por isso que sustentamos ser inevitável a adoção do critério material previsto, no Direito Brasileiro, na Lei das Sociedades por Ações (artigo 116) e no Código Civil (artigo 1098, I). Afinal, como visto no capítulo 4, há muito já se reconhece que o real controle da companhia independe da propriedade da maioria das ações[577], tendo em vista a existência de

---

[574] O artigo 116, da Lei nº 6.404, de 15.12.1976 (Lei das Sociedades por Ações) estabelece que: Art. 116. Entende-se por acionista controlador a pessoa, natural ou jurídica, ou o grupo de pessoas vinculadas por acordo de voto, ou sob controle comum, que:
a) é titular de direitos de sócio que lhe assegurem, de modo permanente, a maioria dos votos nas deliberações da assembléia-geral e o poder de eleger a maioria dos administradores da companhia; e
b) usa efetivamente seu poder para dirigir as atividades sociais e orientar o funcionamento dos órgãos da companhia.

[575] MUKAI, Toshio. O Direito Administrativo e os Regimes Jurídicos das Empresas Estatais. Op. cit., p. 18.

[576] BIELSA, Rafael. Derecho Administrativo, tomo 2º, p. 376. Apud SCHILLING, Arno. "Sociedades de Economia Mista". In: Revista de Direito Administrativo, v. 50, 1957, p. 40.

[577] "À primeira vista, o controle interno, isto é, aquele cujo titular atua no interior da própria sociedade, parece fundar-se, unicamente, na propriedade acionária. Sua legitimidade e intensidade dependeriam, em última análise, do número de ações ou votos de que se é titular, proporcionalmente à totalidade dos sufrágios possíveis. No entanto, um dos fenômenos básicos da sociedade anônima moderna, já anunciado ante litteram por Karl Marx e largamente demonstrado, pela primeira vez, na célebre pesquisa de Berle e Means nos Estados Unidos, com base em dados estatísticos de 1929, é a possibilidade de dissociação entre propriedade acionária e poder de comando empresarial" (COMPARATO, Fábio Konder e SALOMÃO FILHO, Calixto. O Poder de Controle na Sociedade Anônima. Op. cit., pp. 51-52).

LIMITES DA ATUAÇÃO DO ESTADO COMO ACIONISTA MINORITÁRIO

diversos mecanismos societários (restrições ou limitações do direito de voto, ações preferenciais, *golden shares* etc.) que permitem que o controle interno seja exercido por detentores de apenas uma parcela minoritária do capital social.

Nesse sentido, se o Estado, ainda que possuindo apenas a minoria das ações com direito a voto, dirige de fato as atividades de determinada companhia de forma permanente por conta da dispersão acionária, de previsões estatutárias, de acordos de acionistas ou mesmo de *golden shares* que lhe garantam a preponderância nas deliberações sociais e a prerrogativa de indicação da maioria dos administradores, não vemos como aceitar que essa empresa não seja considerada uma empresa estatal e, consequentemente, submetida ao regime jurídico híbrido aplicável a essas companhias.

Desse modo, o dado essencial para a classificação de uma sociedade como empresa estatal não é a titularidade da maioria do seu capital votante, mas sim o fato de a efetiva direção da atividade social estar nas mãos da Administração Pública. Por sua vez, as empresas público-privadas caracterizam-se pela preponderância de sócios privados no controle da companhia, isto é, o Estado pode deter uma participação relevante na empresa, chegando até mesmo a integrar seu bloco de controle, mas a preponderância no exercício do controle interno deve permanecer com a iniciativa privada[578].

A aplicação de um critério material para fins de definição do controle estatal sobre certa empresa também encontra amparo no Direito Comparado, sendo a solução adotada, por exemplo, pelo Direito Comunitário

---

[578] "(...) a caracterização das empresas público-privadas diz respeito não propriamente à posição do sócio estatal como acionista minoritário, e sim ao fato de a preponderância do poder de controle estar nas mãos do sócio privado. O sócio estatal, evidentemente, poderá deter uma participação relevante na empresa, inclusive no que se refere ao poder de controle interno (poderá integrar o bloco de controle). Entretanto, para que se configure uma empresa público-privada, a preponderância do controle deverá estar em mãos do sócio privado" (SCHWIND, Rafael Wallbach. *Participação estatal em empresas privadas: as "empresas público-privadas"*. Op. cit., p. 112).

A ATUAÇÃO DO ESTADO NA ECONOMIA COMO ACIONISTA MINORITÁRIO

europeu[579]e pelo Direito Português[580]. Da mesma forma, o já citado Ante-projeto da Nova Lei Orgânica da Administração Pública Federal prevê que:

Art. 10. As entidades estatais podem:

I - participar, quando autorizadas por lei específica, do capital de empresa não estatal, **desde que isso não lhes confira, de modo permanente, preponderância nas deliberações sociais ou poder para eleger a maioria dos administradores;**

Art. 15. Empresa estatal é a pessoa jurídica de direito privado, de fins econômicos, controlada direta ou indiretamente por entidade ou entidades estatais, que executa serviços públicos ou explora atividade econômica caracterizada pela produção ou comercialização de bens ou pela prestação de serviços em geral.

§ 1º Controlada por entidade estatal é a empresa em que esta é titular de direitos que lhe asseguram, de modo permanente, preponderância nas deliberações ou o poder de eleger a maioria dos administradores.

---

[579] O artigo 2º, b, da Diretiva 2006/111/CE, relativa à transparência das relações financeiras entre os Estados-Membros e as empresas públicas, bem como à transparência financeira relativamente a certas empresas, define empresa pública como qualquer empresa em que os poderes públicos possam exercer, direta ou indiretamente, uma influência dominante em consequência da propriedade, da participação financeira ou das regras que a disciplinam, presumindo-se a existência de influência dominante quando os poderes públicos, direta ou indiretamente, relativamente à empresa: i) tenham a maioria do capital subscrito da empresa; ii) disponham da maioria dos votos atribuídos às partes sociais emitidas pela empresa, ou iii) possam designar mais de metade dos membros do órgão de administração, de direção ou de fiscalização da empresa.

[580] Os artigos 5º e 9º do Decreto-Lei nº 133/2013 afirmam que "1- São empresas públicas as organizações empresariais constituídas sob a forma de sociedade de responsabilidade limitada nos termos da lei comercial, nas quais o Estado ou outras entidades públicas possam exercer, isolada ou conjuntamente, de forma direta ou indireta, influência dominante, nos termos do presente decreto-lei. (...)1 - Existe influência dominante sempre que as entidades públicas referidas nos artigos 3.º e 5.º se encontrem, relativamente às empresas ou entidades por si detidas, constituídas ou criadas, em qualquer uma das situações seguintes: a) Detenham uma participação superior à maioria do capital; b) Disponham da maioria dos direitos de voto; c) Tenham a possibilidade de designar ou destituir a maioria dos membros do órgão de administração ou do órgão de fiscalização; d) Disponham de participações qualificadas ou direitos especiais que lhe permitam influenciar de forma determinante os processos decisórios ou as opções estratégicas adotadas pela empresa ou entidade participada.

Sobre o projeto, Carlos Ari Sundfeld, um dos seus autores, comenta que "o anteprojeto buscou sobretudo uma modernização dos conceitos do velho Decreto-Lei nº 200, de 1967, que são anteriores ao advento da legislação das sociedades por ações, a qual deve agora ser considerada. Assim, o caráter estatal da sociedade de economia mista não mais deve estar vinculado à titularidade da metade mais um do capital votante, como no Decreto-Lei nº 200, de 1967, e sim ao *controle estatal estável*", caracterizado "pela titularidade de direitos que lhe assegurem, de modo permanente, preponderância nas deliberações ou o poder de eleger a maioria dos administradores"[581].

A exposição de motivos do anteprojeto acrescenta que, para a qualificação de determinada sociedade empresária como empresa estatal, não se exige que as ações com direito a voto pertençam, em sua maioria, à União ou entidade da Administração indireta, "tendo em vista o entendimento, aceito desde longa data, de que é possível existirem sociedades de economia mista ditas minoritárias, em que o controle estatal é assegurado estatutariamente, independentemente da maioria das ações ser de titularidade dos particulares".

Embora o anteprojeto não tenha força normativa, trata-se de reconhecimento doutrinário da total inadequação e insuficiência do critério formal de controle previsto no Decreto-Lei nº 200/1967 para a efetiva ordenação e controle da atividade empresarial pública.

Em sentido contrário, existe entendimento de que, no plano do Direito Constitucional e do Direito Administrativo, não se deve adotar o conceito de controle material previsto na legislação privada, mas sim o critério da maioria do capital votante. Isso porque existem diversos normativos infraconstitucionais que fazem referência a esse critério formal[582] e pelo fato de que somente o controle majoritário conferiria ao Estado autonomia absoluta de comando sobre a empresa e à sociedade segurança jurídica quanto à caracterização do controle estatal, pois o controle minoritário depende

---

[581] SUNDFELD, Carlos Ari. Uma lei de normas gerais para a organização administrativa brasileira: o regime jurídico comum das entidades estatais de direito privado e as empresas estatais. In: MODESTO, Paulo (Coord.). *Nova organização administrativa brasileira*. Belo Horizonte: Fórum, 2009, pp. 64-65.

[582] Cf., por exemplo, o artigo 2º, II e III da Lei Complementar nº 101/2000 (Lei de Responsabilidade Fiscal), artigo 5º da Lei nº 10.101/2000 e o artigo 1º, I do Decreto nº 6.021/2007.

A ATUAÇÃO DO ESTADO NA ECONOMIA COMO ACIONISTA MINORITÁRIO

da análise da situação fática e pode ser transitório, o que possibilitaria que uma sociedade seja considerada ora estatal ora privada[583].

Não concordamos com esses argumentos ou, pelo menos, não os temos como insuperáveis. Em relação às referências legislativas ao controle estatal como detenção da maioria do capital votante de determinada sociedade, cabe apontar que existe legislação de mesma hierarquia apontando em sentido oposto, ou seja, pela aplicação de um critério material[584]. Dessa maneira, é possível a existência de conceitos legais diferentes para fins distintos.

Ademais, embora a Constituição não tenha contemplado nenhuma definição expressa de controle societário, seus princípios e sua sistemática exigem a aplicação de um critério material em diversas situações. Os princípios gerais da Administração Pública, por exemplo, não podem deixar de ser aplicados a sociedades empresárias que são controladas de forma permanente e incontrastável pelo Estado, sob pena de fuga aos controles incidentes sobre a atuação e ao patrimônio estatal[585].

Em relação à instabilidade do conceito material de controle societário, não negamos as dificuldades de aplicá-lo às empresas estatais. Certamente trata-se de critério menos objetivo que o da maioria das ações com direito a voto, tendo em vista sua natureza fática e, por conta disso, seu caráter fluido e mutável. Isso traz problemas na medida em que o controle estatal implica a aplicação de um regime jurídico híbrido, o qual consiste na imposição de procedimentos que não podem ser aplicados parcial ou contingencialmente, tais como concursos e licitações.

---

[583] PIRES, Beatriz Calero Garriga. "As empresas estatais e o controle societário do Estado". In: *Revista Justiça & Cidadania - JC*, n. 145 , 2012. Disponível em http://www.editorajc.com.br/2012/09/as-empresas-estatais-e-o-controle-societario-do-estado/. Acesso em junho de 2014.

[584] É o caso dos já citados artigo 116 da Lei nº 6.404/1976 e do artigo 1098, I, do Código Civil. Também no campo do Direito Público, as Leis nº 8.031/1990 e nº 9.491/1997, definem a desestatização como a alienação, pela União, de direitos que lhe assegurem, diretamente ou através de outras controladas, preponderância nas deliberações sociais e o poder de eleger a maioria dos administradores da sociedade.

[585] Imagine o caso de uma empresa que, controlada de forma permanente e incontrastável pelo Estado de forma minoritária, pretendesse eximir-se da obrigação de realizar concursos e licitações para a contratação de pessoal e aquisição de bens e serviços, respectivamente. Ou pior, que almejasse contratar apadrinhados e aliados políticos, tendo em vista a pretensa "natureza privada" da companhia.

No entanto, o critério material baseado na preponderância nas deliberações e no poder de eleger a maioria dos administradores é aquele que mais se aproxima da realidade da atuação estatal. Além disso, existem parâmetros que podem ser empregados a fim de garantir maior estabilidade a esse conceito de controle. O próprio Direito Societário exige que, para a configuração do controle interno nos termos do artigo 116, da Lei das Sociedades por Ações, esse seja exercido de modo permanente.

Afinal, é necessário "um mínimo de estabilidade política para a execução da política de gestão desejada pelo controlador"[586]. Nessa direção, a Resolução nº 401/1976, do Conselho Monetário Nacional, considerava como controlador a pessoa ou grupo de pessoas que detinha a maioria absoluta dos votos dos acionistas presentes nas três últimas assembleias gerais.

Não obstante a revogação da referida resolução, a doutrina ainda defende a pertinência da aplicação do critério nela empregado[587]. Por sua vez, José Edwaldo Tavares Borba[588] entende que a predominância nas duas últimas assembleias já indicaria permanência[589].

---

[586] MENEZES, Maurício Moreira Mendonça de. *O Poder de Controle nas Companhias em Recuperação Judicial*. Rio de Janeiro: Forense, 2012, p. 61.

[587] Ibidem, p. 61.

[588] BORBA, José Edwaldo Tavares. *Direito Societário*. Op. cit., p. 336.

[589] Não ignoramos que a manifestação do controle societário pode ocorrer e, normalmente ocorre, fora da assembleia geral, através de outros meios formais e informais de influência. Sobre isso, Mário Engler Pinto Junior afirma "A Lei nº 6.404/1976 consagra o princípio da ampla competência da assembleia geral para decidir todos os negócios relativos ao objeto da companhia e tomar as resoluções que julgar convenientes à sua defesa e desenvolvimento (cf. art. 121). Daí porque a assembleia geral, convocada e realizada com as formalidades pertinentes, constitui o foro adequado para manifestação formal do acionista controlador sobre os rumos da companhia. (...) No entanto, a influência dominante do acionista majoritário também se faz sentir fora do ambiente assemblear, tanto de fato quanto de direito. É a própria Lei nº 6.404/76 que reconhece expressamente no controlador a capacidade de dirigir as atividades sociais e orientar o funcionamento dos órgãos da companhia (cf. art. 116, alínea "b"). O poder de comando pode se expressar no interior da companhia por outros meios mais ou menos sutis, com o propósito de obter o alinhamento dos administradores aos desígnios do titular do controle" (PINTO JUNIOR, Mario Engler. *Empresa Estatal: função econômica e dilemas societários*. Op. cit., pp. 337-339). No mesmo sentido, Nelson Eizirik afirma que "Verificamos, atualmente, no entanto, um gradual "esvaziamento" da assembleia geral como o *locus* onde se exerce, de fato, o poder de controle. Ainda que legalmente continue a ser o órgão que expressa a vontade social, seus poderes vêm sendo "transferidos" cada vez mais para o conselho de administração, nas companhias abertas, assim como para a chamada "reunião prévia" dos acionistas integrantes de acordos de acionistas, que se caracteriza como

A ATUAÇÃO DO ESTADO NA ECONOMIA COMO ACIONISTA MINORITÁRIO

O Anteprojeto da Nova Lei Orgânica da Administração Pública Federal também traz solução interessante, prevendo, em seu artigo 18, §3º, que as empresas cujo controle seja assumido pelo Estado mediante a aquisição de ações ou cotas "devem adaptar-se gradualmente ao regime das empresas estatais até o final do exercício subsequente ao da aquisição".

Em vista do exposto, conclui-se que o controle societário do Estado deve ser aferido pelo critério da preponderância no exercício do poder de controle interno, caracterizado pela titularidade de direitos de sócio que lhe assegurem, de modo permanente, a maioria dos votos nas deliberações sociais e o poder de eleger a maioria dos administradores.

Falamos aqui em "preponderância" no exercício do poder de controle porque é possível que o Estado integre o bloco de controle da companhia, exercendo, portanto, poder de controle interno nessa sociedade, mas não detenha o predomínio na condução dos negócios sociais. Nesses casos, portanto, em que a participação majoritária dentro do bloco de controle permanece nas mãos dos sócios privados, estaremos diante de uma empresa público-privada e não de uma empresa estatal[590].

Questão relevante surge da figura do controle compartilhado. O controle compartilhado é aquele que é exercido por várias pessoas em conjunto, as quais se encontram, usualmente, vinculadas por acordos de acionistas da espécie "acordo de voto em bloco"[591], obrigando-se a votar

---

"órgão" não institucionalizado, mas de fundamental importância no processo decisório das companhias que apresentam uma estrutura de controle compartilhado" (EIZIRIK, Nelson. *A Lei das S/A Comentada*, v. 1. Op. cit, p. 677).

[590] SCHWIND, Rafael Wallbach. *Participação estatal em empresas privadas: as "empresas público-privadas"*. Op. cit., p. 118.

[591] "A Lei n. 10.303, de 2001, alterou de forma significativa a disciplina do acordo de acionistas, com a redação dada ao caput do art. 118 e o acréscimo dos § § 6º a 11 desse mesmo artigo. Estabeleceu a lei de 2001 a tipificação legal do acordo de controle. Essa qualificação leva à distinção entre acordo de controle e acordo de voto também constante daquela norma (art. 118). A nova modalidade – acordo de controle – dá feição inédita ao direito brasileiro, bastante assemelhada à dos acordos de voto em bloco, ou *pooling agreements*, consagrados, há mais de um século, pela doutrina e jurisprudência norte-americanas. Por meio do acordo de controle os signatários comprometem-se a instituir uma comunhão para, assim, exercer o controle societário. Para tanto, convencionam realizar uma reunião prévia a cada futura deliberação relevante dos órgãos sociais. Nessa reunião prévia os acordantes, pelo critério de maioria absoluta, deliberam sobre o sentido dos votos a serem proferidos por eles na próxima assembleia geral e ainda, o sentido dos votos dos conselheiros representantes da comunhão de controle nas matérias relevantes ou extraordinárias previstas no acordo, a serem proferidos

LIMITES DA ATUAÇÃO DO ESTADO COMO ACIONISTA MINORITÁRIO

em bloco as matérias atinentes ao exercício do poder de controle. Embora nenhum dos acionistas detenha, individualmente, o poder de eleger a maioria dos administradores e a preponderância nas deliberações sociais, a união de suas ações assegura o controle acionário, mediante o chamado "bloco de controle"[592].

No âmbito das empresas estatais, não há que se falar em controle compartilhado, tendo em vista a exigência de plenitude do Estado no exercício do poder de controle, o qual deve ter caráter incondicional, não se sujeitando a nenhuma limitação de ordem estatutária ou contratual que possa obstar a discricionariedade estatal de orientar as atividades sociais em prol do atendimento do fim público que justificou a criação da sociedade empresária[593-594].

---

nas reuniões seguintes do Conselho de Administração ou da diretoria, se não houver aquele primeiro órgão. Essa vinculação de voto de administradores também poderá servir para o exercício do direito de veto previsto no acordo de controle, no caso de estabelecimento de maioria qualificada a favor de determinado acionista estratégico signatário do acordo" (CARVALHOSA, Modesto. *Comentários à Lei de Sociedades Anônimas*, v. 2, Op. cit., p. 567). "O mais das vezes, caracterizam o controle compartilhado a combinação de algumas das seguintes modalidades de cláusulas constantes do acordo de acionistas: (i) acordo de voto conjunto para determinadas matérias, que somente podem ser objeto de aprovação, em assembleia geral ou em reunião de conselho de administração, se aprovadas em reunião prévia dos integrantes do acordo de acionistas; (ii) direito de preferência para aquisição das ações do signatário que deseja retirar-se da companhia; (iii) direito de eleger um número determinado de membros da diretoria e do conselho de administração; (iv) necessidade de aprovação, por parte de todos ou de maioria qualificada dos signatários, para o ingresso de novos sócios; e (v) direito de veto sobre matérias relevantes para o desenvolvimento dos negócios da companhia, como aumento de capital, distribuição de dividendos, investimentos ou empréstimos acima de certo valor, incorporação, fusão e cisão, etc." (EIZIRIK, Nelson. *A Lei das S/A Comentada*, v. 1. Op. cit., pp. 670-671).

[592] EIZIRIK, Nelson. *A Lei das S/A Comentada*, v. 1. Op. cit., p. 670 e LEÃES, Luiz Gastão Paes de Barros. *Pareceres*, v. 2, Op. cit., pp. 1309-1312.

[593] PINTO JUNIOR, Mario Engler. *Empresa Estatal: função econômica e dilemas societários*. Op. cit., pp. 344-346.

[594] Nesse sentido, também foi decidido o Caso CEMIG (Companhia Energética de Minas Gerais), no qual se discutiu a validade de acordo de acionistas celebrado, em 1997, entre o Estado de Minas Gerais e a Southern Eletric Brasil Participações Ltda., pelo qual o Estado, após a alienação de 33% do capital da referida sociedade de economia mista para a Southern, atribuiu a essa empresa o direito de indicar quatro dos onze membros do conselho de administração e três dos oito diretores, bem como o direito de veto sobre alterações estatutárias envolvendo o objeto social, capital e ações, competências internas, composição e funcionamento dos órgãos de administração, apuração de resultados e distribuição de dividendos diversa da

A ATUAÇÃO DO ESTADO NA ECONOMIA COMO ACIONISTA MINORITÁRIO

Isso não significa que não poderão existir acordos de acionistas no âmbito das sociedades de economia mista, pelo contrário, a legislação, expressamente, os admite[595]. Tais ajustes, como lhes são inerentes, implicam a mitigação ou condicionamento dos poderes do acionista estatal em prol dos acionistas particulares minoritários. Não há problemas nisso, desde

prevista em estatuto, operações societárias, dissolução e liquidação da companhia, ou seja, matérias atinentes à administração da companhia, sua política operacional e sua estratégia de ação. Após as eleições estaduais de 1998, o novo governo do Estado, por meio da Procuradoria Geral do Estado de Minas, ajuizou ação declaratória de nulidade do referido acordo, sob o argumento que o mesmo implicava a perda de controle societário estatal sem a devida autorização legal. A referida ação foi julgada procedente em 1ª instância e confirmada pelo Tribunal de Justiça do Estado de Minas Gerais na Apelação Cível nº 000.199.781-6/00, assim ementada: EMENTA: ADMINISTRATIVO - AÇÕES DE ECONOMIA MISTA - ALIENAÇÃO - NULIDADE DE ACORDO DE ACIONISTAS. O acordo celebrado entre as partes, com violação à Lei Estadual n.º 11.069/95 e à Constituição do Estado de Minas Gerais, deve ser anulado por configurar perda do controle acionário. Houve tentativa de submissão do caso à instância superior, mas os recursos especial e extraordinário não foram admitidos nem na origem e nem por meio de agravo, tendo a ação transitado em julgado. Em sentido contrário, Adílson Abreu Dallari sustenta que a celebração do referido acordo de acionistas não implicou a transferência do controle acionário da CEMIG. Em suas palavras: "Não houve transferência do poder de controle, dado que o Estado de Minas Gerais continua detendo a preponderância nas deliberações sociais e o poder de eleger a maioria dos administradores da sociedade, não havendo qualquer possibilidade de que o acionista estratégico minoritário imponha sua vontade ou determine condutas ao acionista majoritário. Este apenas perdeu o poder absoluto que detinha apenas de fato, mas que não é compatível com a ordem jurídica vigente" (DALLARI, Adílson Abreu. "Acordo de Acionistas – Empresa Estadual Concessionária de Serviço Público Federal – Manutenção da qualidade de acionista controlador". In: *Revista Trimestral de Direito Público*, n. 28, 1999, p. 108).

[595] Decreto nº 1.091/1994: Art. 1º As empresas públicas, as sociedades de economia mista e suas subsidiárias, controladas direta ou indiretamente pela União, somente poderão realizar os atos de natureza societária de que trata o presente decreto, mediante decisão de assembléia geral de acionistas, especialmente convocada para deliberar sobre as seguintes matérias: (...) Art. 2º As entidades de que trata o caput do artigo anterior somente poderão firmar acordos de acionistas ou renunciar a direitos neles previstos, ou, ainda assumir quaisquer compromissos de natureza societária referentes ao disposto no art. 118 da Lei nº 6.404, de 15 de dezembro de 1976, mediante prévia anuência do Ministério da Fazenda. Parágrafo único. O disposto neste artigo não se aplica à BNDES Participações S.A. - BNDESPAR, ao BB - Banco de Investimento S.A., à BB Aliança Participações S.A., à BB Seguros Participações S.A., à CAIXA Participações S.A. - CAIXAPAR e ao Instituto de Resseguros do Brasil - IRB. (Redação dada pelo Decreto nº 7.160, de 2010).

que o Estado não seja privado do poder-dever de direcionar a empresa para os fins de interesse público que motivaram sua criação[596][597][598].

[596] "Quero deixar bem vincada esta assertiva, expressiva de uma constatação que, conquanto evidente, teima em escapar de nossa mente quando analisamos o fenômeno do poder empresarial: o controlador não exerce necessariamente todo o poder no interior da companhia, pois deve naturalmente dividi-lo com terceiros; o que o caracteriza como tal são as circunstâncias de "eleger a maioria dos administradores" e de ter, "de modo permanente, preponderância nas deliberações sociais". A idéia de preponderância não nos remete às de "senhoria" ou de "concentração total de poder", mas às de "peso" ou "dimensão": o poder do controlador não é o único dentro da empresa; é – isto, sim – o mais amplo, que tem maior consistência, maior densidade. É perfeitamente normal que, sem deixar de sê-lo, o controlador da companhia tenha que dividir o poder interno com acionistas ou grupos minoritários – os quais também exercerão poder, mas nem por isso serão controladores. (...) Não há impropriedade no reconhecimento, a sócios minoritários de empresas de economia mista, de direitos de que decorram condicionamentos aos poderes do acionista estatal. Ao submeter-se à forma empresarial – e é disto que se trata nas sociedades mistas – o Estado conscientemente opta por um modelo de organização em que, à diferença do autárquico, seus poderes de controle, conquanto existentes e necessários, serão condicionados, à vista da necessidade de composição de interesses. (...) É natural, portanto, que a alienação de importante bloco de ações em sociedade de economia mista – como, de resto, em qualquer outra companhia – tenha como reflexo a criação de mais um foco de influência na sociedade, com os respectivos poderes. Mas isso não alterará o caráter do ente, nem importará perda do controle pelo Estado, se este conservar a influência dominante, sem que precise ter a influência exclusiva" (SUNDFELD, Carlos Ari. "A Participação Privada nas Empresas Estatais". In: SUNDFELD, Carlos Ari (coord.). *Direito Administrativo Econômico*. Op. cit., pp. 273 e 278-280).

[597] Ainda que sem apreciar o mérito, o Superior Tribunal de Justiça manteve a vigência de acordo de acionistas celebrado entre o Estado do Paraná e a Dominó Holdings para regular o exercício do controle acionário no âmbito da sociedade de economia mista Companhia de Saneamento do Paraná – SANEPAR, reformando, por meio de recurso ordinário em mandado de segurança, decisão do Tribunal de Justiça do Paraná que havia anulado o acordo de acionistas (STJ, *DJ* 02 dez. 2004, RMS 18769/PR, Rel. Min. Eliana Calmon).

[598] "Sem embargo da correição do posicionamento de que a perda do controle da empresa pelo Estado acarreta a descaracterização da sociedade como sociedade de economia mista, entendemos que o compartilhamento da gestão da empresa com o particular por meio da celebração de acordo de acionistas não se traduz, necessariamente, em transferência do controle. Poderá haver transferência do controle se da celebração do acordo de acionistas redundar que o Estado não possa mais influenciar na sociedade para lhe dar o direcionamento que o interesse público exige, o que terá que ser avaliado casuisticamente, mas é certo que o simples compartilhamento da gestão através de acordo de acionistas não deve levar, aprioristicamente, à conclusão de que houve a transferência do controle" (RODRIGUES, Bruno Leal. *Formas de Associação de Empresas Estatais* - Acordo de Acionistas, Formação de Consórcios e Participação em Outras Empresas. Op. cit., pp. 124-125).

A ATUAÇÃO DO ESTADO NA ECONOMIA COMO ACIONISTA MINORITÁRIO

Por outro lado, admite-se, ao menos teoricamente, o controle compartilhado no interior das empresas público-privadas, pelo qual haveria paridade absoluta entre o Estado e seus parceiros privados no exercício do comando societário. Nesses casos, onde existe efetiva direção conjunta da companhia, não estaremos diante de empresas estatais, mas sim de empresas privadas, pela impossibilidade de a Administração Pública, isoladamente, indicar a maioria dos administradores e assegurar a preponderância nas deliberações sociais.

Ocorre que, na prática, a existência de um efetivo controle compartilhado, com "paridade absoluta"[599] ou direção conjunta é de difícil verificação. A delimitação desse compartilhamento é tão difícil que, normalmente, "o que se observa é que o tal controle compartilhado não é efetivamente compartilhado, pois determinados poderes de um acionista se sobressaem sobre os dos outros, ou seja, sempre pendem com mais força para um dos lados, ainda mais quando observamos que um dos ditos co-controladores é uma pessoa jurídica vinculada ao Estado"[600].

Desse modo, o que acaba ocorrendo é que o sócio privado assume o papel de "mero expectador da gestão estatal"[601], atuando, de fato, como um simples sócio investidor, satisfazendo-se em ter uma participação figurativa no controle e apenas colher os benefícios financeiros de ser parceiro estatal.

Nessas hipóteses, é o Estado quem detém a aptidão de comandar, em última instância, as atividades empresariais. Trata-se de verdadeiro controle societário estatal disfarçado, sendo a participação pública minoritária ou paritária no capital da empresa apenas uma forma de burla ao regime jurídico aplicável às sociedades empresárias controladas pela Administração Pública.

Esse parece ser o caso da participação do Banco do Brasil, por meio de sua subsidiária BB Seguridade Participações S.A., em outras empresas dos setores de seguros, previdência e capitalização. Nessas companhias, o

---

[599] "A paridade absoluta será uma situação de difícil verificação prática e de evidentes dificuldades para sua operacionalização, ante os potenciais conflitos, que seriam de complexa resolução" (SCHWIND, Rafael Wallbach. *Participação estatal em empresas privadas: as "empresas público-privadas"*. Op. cit., p. 118).

[600] SANTOS, Diogo Jorge Favacho. "Poder de controle societário do Estado nas sociedades privadas". In: *Jus Navigandi*, n. 3022, 2011. Disponível em <http://jus.com.br/artigos/20170>. Acesso em junho de 2014.

[601] PIRES, Beatriz Calero Garriga. *As Sociedades sob Controle Compartilhado do Estado*. Op. cit., p. 172.

LIMITES DA ATUAÇÃO DO ESTADO COMO ACIONISTA MINORITÁRIO

banco estatal, indiretamente, costuma deter 49,99% do capital ordinário e a maioria ou totalidade do capital preferencial. Formalmente, cuida-se de empresas público-privadas de controle compartilhado entre o BB Seguros e Participações S.A. (subsidiária da BB Seguridade) e parceiros privados[602].

Na prática, por meio de acordos de acionistas, disposições estatutárias e outros mecanismos formais e informais de influência, o Banco do Brasil acaba assegurando a sua preponderância na direção das referidas empresas[603]. Assim, suas participações nessas companhias, como já reconheceu o Tribunal de Contas da União (TCU), "constituíam, na verdade, a solução de que o Banco do Brasil valera-se para garantir o acesso a novos segmentos de mercado considerados estratégicos e, ao mesmo tempo, evitar o cumprimento da exigência de autorização do Poder Legislativo estam-

---

[602] É o caso, por exemplo, da BRASILPREV SEGUROS E PREVIDÊNCIA S.A., cujo capital ordinário é dividido entre o BB Seguros e Participações S.A. (49,99%) e a PFG do Brasil Ltda (50,01%) e cujo capital preferencial pertence 100% ao BB Seguros e Participações S.A. Da mesma forma, a BB MAPFRE SH1, *joint venture* formada com seguradora espanhola, tem seu capital ordinário dividido entre o BB Seguros e Participações S.A. (49,99%) e a Mapfre (50,01%), com 100% do capital preferencial pertencente ao BB Seguros e Participações S.A. Nas duas empresas referidas, o Banco do Brasil, indiretamente, detém 74,99% do capital total.

[603] A análise dos estatutos, acordos de acionistas e acordos de *joint ventures* entre as subsidiárias do Banco do Brasil e suas várias empresas participadas, bem como a verificação das deliberações sociais e eleições de administradores dessas últimas, dão fortes indícios de que se trata de controle societário estatal disfarçado. Para o acesso a esses documentos, cf. http://www.bb.com.br/portalbb/ home2, 102,102,1,0,1,6.bb. Acesso em junho de 2014. Os próprios dirigentes do Banco do Brasil, em entrevistas para diversos meios de comunicação, costumam admitir, talvez em ato falho, que a criação de uma empresa em parceria com a iniciativa privada, por meio de acordos operacionais ou *joint ventures*, tem como intenção escapar do regime jurídico aplicável às empresas estatais. É o caso do projeto do BB de criar um banco de investimentos, no qual, dirigentes do banco afirmam que a intenção de criar uma empresa público-privada tem como motivação contratar empregados no mercado sem concurso público. Como já expusemos, não vemos problema na opção pela técnica de intervenção na economia por meio de participações minoritárias com fundamento na aplicação do regime jurídico privado, mais flexível e dinâmico. O que nos preocupa, é a segunda parte do discurso desses agentes públicos, os quais dão a entender que uma empresa público-privada funcionaria como mero braço da Administração Pública, tais como as empresas estatais. Isso não é verdade, como já tratamos nessa obra. O Estado pode utilizar sua participação minoritária para influenciar a atuação das empresas participadas em prol do interesse público, mas a natureza dessas continua privada, devendo atender, em maior medida, aos interesses particulares de seus controladores privados. Sobre o projeto de criação de um banco de investimentos pelo BB, cf. BB pode criar banco de investimento. Valor Econômico. Publicado em 04 jan. 2012, p. C1.

pada na Carta Magna para a ampliação do espectro da intervenção estatal na economia"[604]-[605].

Outro caso em que parece existir controle societário estatal simulado é o da Norte Energia S.A., sociedade de propósito específico constituída para explorar a concessão da Usina Hidrelétrica de Belo Monte, no Pará, sendo responsável pela implantação, construção e operação da usina pelo prazo de 35 anos.

A SPE tem como acionistas o Grupo Eletrobrás, com 49,98% das ações[606]; a Amazônia Energia Participações S.A. (empresa na qual a Light S/A detém 51% das ações ordinárias e 25,50% do capital total e a CEMIG detém 49% das ações ordinárias e 74,50% do capital total), com 9,77% das ações; os fundos de pensão da Caixa Econômica Federal (FUNCEF) e da Petrobrás (PETROS), com 10% cada; a Belo Monte Participações S.A., subsidiária da Neoenergia S.A.[607], com 10%; a Vale com 9%; a SINOBRAS com 1% e a J. Malucelli Energia com 0,25%.

Em suma, a União, por meio da Eletrobrás, possui 49,98% da empresa. A Amazônia Energia Participações S.A., com participação de 9,77%, é empresa em que a Light S/A detém o controle formal, por meio da maior parte das ações com direito a voto, mas na qual a condução das atividades empresariais parece estar a cargo da CEMIG, sociedade de economia mista do Estado de Minas Gerais, que, por sua vez, figura no bloco controlador

---

[604] TCU, *DS* 24 jun. 2009, Acórdão 1374/2009, Rel. Min. Raimundo Carreiro.

[605] Além disso, a participação da sociedade de economia mista federal Banco do Brasil nas referidas empresas, dentro das quais se incluem a BRASILPREV, BRASILCAP e BB MAPFRE, envolve a exploração da marca BB, a negociação dos produtos por elas comercializados na rede de agências do banco estatal, a instalação da sede de algumas dessas empresas participadas em imóveis do Banco do Brasil e a gestão dos investimentos e aplicações das empresas participadas pelo banco federal. Diante disso, a Corte de Contas também apontou a impropriedade da "vinculação da imagem do Banco do Brasil aos produtos e serviços das empresas do segmento da seguridade, que são apenas coligadas do BB-BI, face à possibilidade de vir a ser caracterizada como publicidade enganosa, na forma definida no Código de Defesa do Consumidor (art. 37, § 1º, da Lei nº 8.078/90), haja vista ser capaz de induzir em erro o consumidor a respeito da origem do produto ou serviço, levando-o a crer que seriam do próprio BB (fls. 183, item 335)" (TCU, *DS* 24 jun. 2009, Acórdão 1374/2009, Rel. Min. Raimundo Carreiro).

[606] A Eletrobrás tem 15%, a Chesf tem 15% e a Eletronorte tem 19,98% das ações.

[607] Por sua vez, a Neoenergia S.A. tem como acionistas a Caixa de Previdência dos Funcionários do Banco do Brasil – PREVI com 49,01%, o Banco do Brasil Investimentos com 11,99% e a empresa espanhola Iberdrola com 39%.

LIMITES DA ATUAÇÃO DO ESTADO COMO ACIONISTA MINORITÁRIO

da própria Light S/A[608]. Desse modo, a maioria do capital votante da Norte Energia S.A. estaria nas mãos da Administração Pública, não obstante de entes federados distintos, no caso a União e o Estado de Minas Gerais.[609]-[610]

Isso sem contar com a participação dos fundos de pensão das empresas estatais, pois o Direito Brasileiro, de modo diverso da legislação estrangeira[611], não reconhece o controle societário externo, pelo qual se exerce

---

[608] Cf. http://ri.light.com.br/static/ptb/composicao-acionaria.asp?idioma=ptb. Acesso em junho de 2014.

[609] Dessa forma, mesmo pela aplicação do critério formal de controle, caracterizado pela maioria do capital votante, estaríamos diante de uma empresa estatal. Não vemos empecilhos quanto à participação de entes federativos diferentes no capital de empresas estatais, formando entidades administrativas plurifederativas. Nesse sentido, Floriano de Azevedo Marques Neto afirma "(...) a ninguém nunca atinou desconsiderar a viabilidade da participação de mais de uma pessoa de direito público na constituição do capital de uma sociedade de economia mista ou de uma empresa pública, a exemplo do que ocorre com a Companhia do Metropolitano de São Paulo – METRÔ -, de cujo capital participam o Estado de São Paulo e o Município da capital" (MARQUES NETO, Floriano de Azevedo. "Os Consórcios Públicos". In: *Revista Eletrônica de Direito do Estado*, nº 3, 2005, p. 28. Disponível em http://www. direitodoestado.com.br /artigo/floriano-de-azevedo-marques-neto/os-consorcios-publicos. Acesso em junho de 2014).

[610] A razão para o exercício de um controle societário estatal disfarçado na Norte Energia S.A. pode ser explicada pela entrevista do diretor de engenharia e obras da Chesf acerca da construção de outra hidrelétrica (a Usina Hidrelétrica de Sinop, no Mato Grosso). Em suas palavras, "a necessidade de termos um sócio privado majoritário se impõe. É praticamente impossível construir uma hidrelétrica no Brasil sob a égide da Lei nº 8.666. Poderíamos tocar toda a hidrelétrica sozinhos, temos dinheiro para isso, mas buscamos um sócio privado para substituir a Alupar porque de outra forma a operação seria muito mais lenta" (Chesf e Eletronorte recebem três propostas para hidrelétrica no MT. Estadão. Publicado em 17 fev. 2014. Disponível em http://economia.estadao.com.br/noticias/negocios,chesf-e-eletronorte--recebem-tres-propostas-para-hidreletrica-no-mt,177992e. Acesso em junho de 2014). Como já afirmamos mais de uma vez, não vemos empecilhos na escolha estatal de intervenção na economia por meio de participações públicas minoritárias, ao invés da constituição de empresas estatais, com base na aplicabilidade de um regime jurídico com menos restrições. Acreditamos que o artigo 37 da Constituição concede essas duas opções. O que não se pode achar é que se tratam de instrumentos equivalentes. Não o são. O comando estatal incontrastável da empresa só encontra-se presente nas empresas estatais. Nas empresas públicos-privadas, o controle é privado, não obstante a possibilidade de coincidência de objetivos entre a iniciativa privada e o Estado e a existência de mecanismos societários que garantam maior influência do Poder Público na gestão da empresa.

[611] É o caso, por exemplo, da Alemanha e dos Estados Unidos, cf. CARVALHOSA, Modesto. *Comentários à Lei de Sociedades Anônimas*, v. 2, Op. cit., p. 593. Na mesma direção, no âmbito do Direito Comunitário Europeu, cf. a já citada Diretiva 2006/111/CE.

A ATUAÇÃO DO ESTADO NA ECONOMIA COMO ACIONISTA MINORITÁRIO

uma influência dominante sobre determinada companhia através de outros meios que não o direito de voto, tais como contratos de financiamento e disposições legais ou regulamentares.

Não obstante isso, como essas entidades, ainda que formalmente não integrem a Administração Pública, estão sujeitas a uma inequívoca influência determinante da União[612], tendo em vista que a própria lei que estabelece a sua criação e funcionamento (Lei Complementar nº 108/2001) permite às empresas estatais patrocinadoras a nomeação de metade dos membros do Conselho Deliberativo, incluindo o seu presidente, o qual terá o voto de qualidade, têm crescido as preocupações sobre a interferência estatal na eco-

---

[612] Nesse sentido, o Tribunal de Contas da União afirmou: "Afigura-se inadequado afirmar que se possa deter, direta ou indiretamente, controle de entidades fechadas de previdência complementar. Preliminarmente, como já comentado acima, os fundos de pensão dos empregados de empresas estatais invariavelmente assumem a forma de fundação ou de sociedade civil sem fins lucrativos, ex vi do art. 8º, parágrafo único, da Lei Complementar 108/2001. De acordo com a legislação vigente, as fundações contam com instituidores (art. 62, caput, do Código Civil) e não têm o patrimônio dividido em cotas ou ações: em verdade, consistem as fundações justamente em universitas bonorum ao qual se confere personalidade jurídica para consecução de determinado fim (in casu, assistencial – art. 62, parágrafo único, in fine, do Código Civil). Não contando as associações com 'controladores', tem-se que, de todo modo, o ordenamento jurídico reserva a figura do controle societário às sociedades anônimas (arts. 116 e 243, § 2º, da Lei 6.404/1976), excluindo-se, portanto, a possibilidade de que entidades de previdência privada, tais como as integrantes do FIP, sejam objeto de controle direto ou indireto. Por outro lado, apesar dos pontos levantados acima – no sentido de que os chamados fundos de pensão das estatais não fazem parte da Administração Pública; sujeitam-se a regime de direito privado; são geridos e administrados por particulares; visam à consecução de objetivos particulares; e não se sujeitam a controle societário – deve-se reconhecer que as entidades fechadas de previdência complementar vinculadas às empresas estatais sujeitam-se a uma influência diferenciada e notória da União, mormente por intermédio da entidade patrocinadora, como se discutirá a seguir. Os fundos de pensão das estatais podem até ser entidades privadas e, formalmente, autônomas, mas, na prática, a influência do Governo Federal é notória. Essa influência tem origem na própria legislação que regulamenta sua criação e funcionamento, mais especificamente na Lei Complementar 108/2001" (TCU, DS 29 mai. 2013, Acórdão 1306/2013, Rel. Min. Valmir Campelo).

nomia exercida por meio dos fundos de pensão[613]-[614], o que têm provocado reações do Congresso Nacional[615] e de determinados órgãos reguladores[616]. Diante do exposto, a fim de verificar quem é o real controlador de uma sociedade empresária, enquadrando-a como empresa estatal (no caso de controle estatal estável) ou empresa público-privada (no caso de controle privado ou controle compartilhado efetivo) e, evitando burla ao regime jurídico aplicável à Administração Pública, é imprescindível analisar o caso concreto, examinado a participação dos acionistas na composição

---

[613] Sobre o assunto, Sérgio G. Lazzarini afirma que, especialmente após o movimento de desestatização brasileiro dos anos 90, os fundos de pensão tornaram-se atores pivôs na economia brasileira. Nas suas palavras: "A influência do governo também se observa, indiretamente, pela ascendente centralidade dos fundos de pensão de estatais. A diretoria desses fundos é, em geral, composta por representantes eleitos dos funcionários (contribuintes) e executivos indicados pelas empresas patrocinadoras (estatais). Como o alto escalão das estatais normalmente envolve "pessoas de confiança" (leia-se integrantes da coalizão política reinante), o canal de influência do governo sobre os fundos é facilmente estabelecido. Esse entrelaçamento é ainda maior quando a coalizão política do governo tem penetração junto a sindicatos e associações de trabalhadores, como foi o caso do governo Lula" (LAZZARINI, Sérgio G.. *Capitalismo de Laços: os donos do Brasil e suas conexões*. Op. cit., p. 35).

[614] Emblemático é o caso da Vale, companhia que, embora privatizada pelo governo federal em 1997, permanece sob a influência estatal por meio de participações minoritárias diretas e indiretas e, sobretudo, através dos fundos de pensão das empresas estatais. Nesse contexto, o governo federal, em 2011, insatisfeito com as decisões empresariais da Vale de privilegiar a exportação de minérios em detrimento do investimento em siderurgias, bem como contrariado com a demissão de empregados da empresa, forçou a demissão do então presidente da Vale, Roger Agnelli, e a eleição de uma diretoria favorável às políticas governamentais, usando sua influência sobre os fundos de pensão sócios da Vale. Sobre esse caso, cf. o já citado estudo em *Leviathan's Temptation: the case of Vale* (MUSACCHIO, Aldo e LAZZARINI, Sergio G. *Reinventing state capitalism: Leviathan in business, Brazil and beyond*. Op. cit., pp. 218-232).

[615] Cf. http://www12.senado.gov.br/noticias/materias/2014/04/30/ana-amelia-quer-maior--controle-nos-fundos-de-pensao-das-estatais. Acesso em junho de 2014.

[616] É o caso da Comissão de Valores Mobiliários que, em fevereiro de 2014, emitiu o OFÍCIO--CIRCULAR/CVM/SEP/N° 01/2014, afirmando que as vagas nos Conselhos de Administração e Fiscal reservadas aos minoritários, não podem ser ocupadas por acionistas minoritários ou preferencialistas cuja vontade pode ser determinada, de forma direta ou indireta, pelo acionista controlador ou por entidades em que ele, direta ou indiretamente, exerça influência determinante. Essas determinações tiveram por base conflitos ocorridos no seio de assembleias-gerais realizadas em sociedades de economia mista, notadamente a Petrobrás, em que empresas controladas indiretamente pela União e fundos de pensão votaram como acionistas minoritários. Cf. CVM investiga supostas irregularidades na Petrobrás. Estadão. Publicado em 12 abr. 2013. Disponível em http://economia.estadao.com.br/noticias/negocios,cvm-investiga--supostas-irregularidades-na-petrobras,150529e. Acesso em junho de 2014.

A ATUAÇÃO DO ESTADO NA ECONOMIA COMO ACIONISTA MINORITÁRIO

do capital social[617], sua posição nos órgãos de administração e na direção da empresa, seus poderes estatutários e sua atuação nas assembleias e nas eleições de administradores.

7.2.2 Simulação de contratações administrativas

Uma das consequências mais marcantes advindas do regime jurídico aplicável à Administração Pública é o dever de realização de prévio procedimento licitatório para a contratação de bens e serviços. Isso decorre do fato de que, ao contrário dos particulares, o agente público não é proprietário do patrimônio sob sua responsabilidade, mas mero administrador de recursos públicos.

Assim, o princípio republicano exige que as contratações públicas atendam ao interesse público, determinando a seleção da proposta mais vantajosa para o Estado e garantindo a isonomia entre os interessados em contratar com o Poder Público[618]. O dever de licitar está consagrado na Constituição de 1988 nos seguintes dispositivos:

> Art. 22. Compete privativamente à União legislar sobre: (...)
> XXVII - normas gerais de licitação e contratação, em todas as modalidades, para as administrações públicas diretas, autárquicas e fundacionais da União, Estados, Distrito Federal e Municípios, obedecido o disposto no art. 37, XXI, e para as empresas públicas e sociedades de economia mista, nos termos do art. 173, § 1°, III;
> Art. 37. A administração pública direta e indireta de qualquer dos Poderes da União, dos Estados, do Distrito Federal e dos Municípios obe-

---

[617] É plenamente possível o Estado deter a maioria do capital social de uma empresa e, ainda assim, essa empresa não ser estatal. Afinal, o poder de controle societário funda-se na preponderância nas deliberações sociais e no poder de eleger a maioria dos administradores, o que não está, necessariamente, ligado à propriedade acionária, mas sim nos poderes que cada sócio detém. Assim, se o Estado tem a maior parte do capital, mas a minoria do capital votante, havendo acionista privados que façam prevalecer sua vontade nas assembleias, não há que se falar em controle estatal. Nesse caso, o Estado seria minoritário em termos de controle, mas não na composição do capital total da empresa. No entanto, a proporção do capital detido pelo Estado no interior de uma companhia não deixa de ser um indício de sua influência.

[618] Eros Roberto Grau afirma que "Ainda que a Constituição nada dispusesse a respeito da exigência de prévia licitação para que a Administração possa contratar. Ainda assim, algum processo seletivo, informado pelos princípios da isonomia e do interesse público, impor-se-ia em razão do princípio republicano" (GRAU, Eros Roberto. "As licitações e as empresas estatais após a Emenda 19". In: *Revista Trimestral de Direito Público*, n. 23, 1998, p. 71).

decerá aos princípios de legalidade, impessoalidade, moralidade, publicidade e eficiência e, também, ao seguinte: (...)

XXI - ressalvados os casos especificados na legislação, as obras, serviços, compras e alienações serão contratados mediante processo de licitação pública que assegure igualdade de condições a todos os concorrentes, com cláusulas que estabeleçam obrigações de pagamento, mantidas as condições efetivas da proposta, nos termos da lei, o qual somente permitirá as exigências de qualificação técnica e econômica indispensáveis à garantia do cumprimento das obrigações.

Art. 173. (...)

§ 1º A lei estabelecerá o estatuto jurídico da empresa pública, da sociedade de economia mista e de suas subsidiárias que explorem atividade econômica de produção ou comercialização de bens ou de prestação de serviços, dispondo sobre: (...)

III - licitação e contratação de obras, serviços, compras e alienações, observados os princípios da administração pública;

Pela redação dos referidos artigos, depreende-se que a regra da licitação é aplicável a toda Administração Pública, direta e indireta. Contudo, a Constituição prevê a existência de dois regimes licitatórios distintos, um aplicável às administrações púbicas diretas, autárquicas e fundacionais da União, Estados e Municípios e outro aplicável às empresas públicas, sociedades de economia mista e suas subsidiárias, exploradoras de atividade econômica.

A finalidade dessa distinção é dotar as empresas estatais de um regime de compras mais dinâmico e flexível do que aquele aplicado aos outros entes administrativos. Afinal, a exploração da atividade empresarial exige a tomada de decisões rápidas, o que não se coaduna com um procedimento rígido e formalista.

No entanto, até o presente momento, não foi aprovado o estatuto jurídico das empresas estatais a que o artigo 173, § 1º faz referência. O diploma normativo central das contratações públicas permanece sendo a Lei nº 8.666/1993, a qual regulamenta o artigo 37, XXI, da Constituição, estabelecendo normas gerais sobre licitações e contratos administrativos para todos os órgãos e pessoas jurídicas integrantes da Administração Pública, inclusive empresas públicas e sociedades de economia mista[619].

---

[619] "Assim, enquanto não for elaborada essa nova legislação, todas as entidades da Administração Pública direta, autarquias, fundações públicas, empresas públicas e sociedades de economia mista de todas as esferas de governo (federal, estadual e municipal) devem continuar

A ATUAÇÃO DO ESTADO NA ECONOMIA COMO ACIONISTA MINORITÁRIO

Ocorre que a Lei nº 8.666/1993, não obstante constituir inegável avanço em direção à moralização do procedimento de contratações públicas, combatendo a corrupção e garantindo maior isonomia entre os concorrentes, valeu-se, para tanto, "de rígidas regras procedimentais uniformemente aplicáveis à Administração direta e à indireta da União, dos Estados e dos Municípios, praticamente anulando a esfera de liberdade da Administração Pública para moldar as licitações às peculiaridades do caso concreto"[620].

Diante disso, a Lei nº 8.666/1993 tem sido criticada por ser "prolixa e minudente", amarrando a Administração Pública com detalhes excessivos[621], tendo como resultado, a existência de procedimentos licitatórios pouco ágeis e muito custosos[622]-[623].

Esse problema torna-se especialmente grave no âmbito das empresas estatais, as quais necessitam de um sistema diferenciado de licitação e contratação condizente com a natureza empresarial de suas atividades, marcadas pela agilidade, flexibilidade e compromisso com os resulta-

---

a seguir as regras contidas na Lei nº 8.666/93. (...) É relevante consignar que a questão da aplicação da Lei nº 8.666/93 às empresas estatais (empresas públicas e sociedades de economia mista) exploradoras de atividades empresariais vem sendo reiteradamente enfrentada no âmbito do Tribunal de Contas da União (TCU), a exemplo de dois importantes acórdãos (Acórdão nº 1.390/04, Plenário e Acórdão nº 549/06, Plenário)" (FURTADO, Lucas Rocha. *Curso de Licitações e Contratos Administrativos*, 5ª ed.. Belo Horizonte: Fórum, 2013, pp. 21-22).

[620] ROSILHO, André. O Regime Diferenciado de Contratações/RDC e seu Controle. In: SUNDFELD, Carlos Ari (org.). *Contratações Públicas e seu Controle*. São Paulo: Malheiros, 2013, p. 145.

[621] BORGES, Alice Gonzáles. "Aplicabilidade de normas gerais de lei federal aos Estados". In: *Revista de Direito Administrativo*, v. 194, 1993, p. 98.

[622] FERNANDES, Ciro Campos Christo. *Políticas de compras e contratações: trajetória e mudanças na administração pública federal brasileira*. Tese de doutorado apresentada a Escola Brasileira de Administração Pública e de Empresas como parte dos requisitos para a obtenção do título de Doutor em Administração, 2010, p. 178.

[623] Em reação às falhas da Lei nº 8.666/1993, foram editados diversos atos normativos com o objetivo de criar regras próprias de licitação para determinados setores e situações ou, simplesmente, afastar a incidência da referida lei, inserindo hipóteses de dispensa de licitação no rol previsto no artigo 24 da própria Lei nº 8.666/1993. Nesse sentido, cf. a Lei nº 8.958/1994 (Lei das Fundações de Apoio), a Lei nº 8.987/1995 (Lei de Concessões), a Lei nº 9.472/1997 (Lei Geral de Telecomunicações), a Lei nº 9.478/1997 (Lei do Petróleo) e a Lei nº 12.462/2011 (Regime Diferenciado de Contratações).

dos, sobretudo quando essas empresas atuam em concorrência com o setor privado[624].

Desse modo, a obrigatoriedade de aplicação da Lei nº 8.666/1993 pelas empresas estatais, em virtude da não edição do estatuto jurídico das empresas públicas e sociedades de economia mista previsto no artigo 173, § 1º, da Lei Maior, tem causado consideráveis dificuldades à atuação empresarial do Estado na economia, comprometendo ou inviabilizando a mesma[625].

Tendo isso em conta, não é de se espantar que a Administração Pública e, especialmente, as empresas estatais, busquem escapar do dever de licitar nos moldes da Lei nº 8.666/1993. Nesse contexto, a constituição de uma empresa público-privada pode configurar, na verdade, uma efetiva contratação administrativa disfarçada. Isto é, ao invés de realizar um certame licitatório, com todas suas formalidades, custos e demora, o Estado cria, junto com o fornecedor escolhido, uma companhia, a qual será responsável por disponibilizar os bens ou serviços de que a Administração necessita.

Entendemos que tal conduta é inadmissível. Não se trata, aqui, da legítima opção estatal pela participação minoritária em uma empresa privada, a qual, como demonstramos ao longo desse livro, encontra previsão constitucional (artigo, 37, XX, CF) e pode ser utilizada para a realização de diversos objetivos públicos. Cuida-se, ao revés, de verdadeira simulação[626].

---

[624] Cf., por todos, SUNDFELD, Carlos Ari e SOUZA, Rodrigo Pagani de. "Licitação nas Estatais: Levando a Natureza Empresarial a Sério". In: SUNDFELD, Carlos Ari (org.). *Contratações Públicas e seu Controle*. Op. cit., pp. 79-101.

[625] "A verdade é que a aplicação da Lei 8666/93 às empresas estatais exploradoras de atividades econômicas sempre se revelou problemática na prática, seja pela excessiva lentidão e onerosidade de seus ritos, como pela baixa economicidade de seus resultados. Inseridas, muitas vezes, em ambientes de livre concorrência, a Lei de Licitações sempre representou um ingrediente importante da baixa competitividade das estatais brasileiras vis-à-vis de empresas privadas libertas dos mesmos entraves burocráticos" (BINENBOJM, Gustavo. Regulamentos simplificados de licitações das empresas estatais: o caso da Petrobrás. In: *Temas de Direito Administrativo e Constitucional*. Op. cit., p. 309).

[626] A simulação aproxima-se das figuras do abuso de forma e do abuso de direito. Sobre elas, Luciano Amaro leciona: "O abuso de forma consistiria na utilização, pelo contribuinte, de uma forma jurídica atípica, anormal ou desnecessária, para a realização de um negócio jurídico que, se fosse adotada a forma "normal", teria um tratamento tributário mais oneroso. Em certa medida confundindo-se com o abuso de forma, o abuso de direito traduzir-se-ia em procedimentos que, embora correspondentes a modelos abstratos legalmente previstos, só estariam sendo concretamente adotados para fins outros que não aqueles que normalmente decorreriam de sua prática. Já a simulação seria reconhecida pela falta de correspondência entre o negócio que as partes realmente estão praticando e aquele que elas formalizam. (...)

A ATUAÇÃO DO ESTADO NA ECONOMIA COMO ACIONISTA MINORITÁRIO

A simulação caracteriza-se pela falta de correspondência entre os negócios que as partes realmente estão praticando e aqueles que elas formalizam, ou seja, "entre a forma extrínseca e a essência íntima há um contraste flagrante: o negócio que, aparentemente, é sério e eficaz, é, em si, mentiroso e fictício, ou constitui uma máscara para ocultar um negócio diferente"[627].

Dessa forma, embora as partes possam escolher o tipo de negócio que desejam celebrar entre si dentre as opções previstas em lei[628], isso não contempla a possibilidade de simulação, que é vedada pelo ordenamento jurídico[629] por ofender o interesse público de correção e veracidade das relações negociais[630]. Com muita mais razão, a Administração Pública, adstrita aos princípios da publicidade e da transparência, não pode praticar

O problema resvala, em última análise, para a apreciação do fato concreto e de sua correspondência com o modelo abstrato (forma) utilizado. Se a forma não refletir o fato concreto, aí sim teremos campo para a desqualificação da forma jurídica adotada. Isso nos leva, com Sampaio Dória, para o campo da simulação. Esta, uma vez comprovada, autoriza o Fisco a determinar os efeitos tributários decorrentes do negócio realmente realizado, no lugar daqueles que seriam produzidos pelo negócio retratado na forma simulada pelas partes. (...) Por fim, se o ordenamento jurídico consagra a teoria da simulação (CC/2002, art. 167, § 1º), é desnecessário o esforço do intérprete na tentativa de sustentar a teoria do abuso de forma, viciada por ilogicidade congênita, já que parte da premissa de que o indivíduo teria usado ilicitamente uma forma jurídica (portanto, uma forma lícita)" (AMARO, Luciano. *Direito Tributário Brasileiro*. São Paulo: Saraiva, 2009, pp. 231-234).

[627] FERRARA, Francesco. *A simulação dos negócios jurídicos*. São Paulo: Saraiva, 1939, p. 51.

[628] Ressalte-se que os particulares gozam de autonomia privada, ao passo que a liberdade de escolha negocial do Estado deve ser exercida dentro dos limites previstos pelo princípio da legalidade, ou, melhor dizendo, pelo princípio da juridicidade.

[629] Vedando expressamente a simulação no Direito brasileiro, cf., no Código Civil: Art. 167. É nulo o negócio jurídico simulado, mas subsistirá o que se dissimulou, se válido for na substância e na forma.

§ 1º Haverá simulação nos negócios jurídicos quando:

I - aparentarem conferir ou transmitir direitos a pessoas diversas daquelas às quais realmente se conferem, ou transmitem; II - contiverem declaração, confissão, condição ou cláusula não verdadeira; III - os instrumentos particulares forem antedatados, ou pós-datados.

§ 2º Ressalvam-se os direitos de terceiros de boa-fé em face dos contraentes do negócio jurídico simulado.

No Código Tributário Nacional: Art. 116. (...)

Parágrafo único. A autoridade administrativa poderá desconsiderar atos ou negócios jurídicos praticados com a finalidade de dissimular a ocorrência do fato gerador do tributo ou a natureza dos elementos constitutivos da obrigação tributária, observados os procedimentos a serem estabelecidos em lei ordinária.

[630] MATTIETTO, Leonardo. "Negócio Jurídico Simulado (notas ao art. 167 do Código Civil)". In: *Revista de Direito da Procuradoria Geral do Estado do Rio de Janeiro*, vol. 61, 2006, pp. 219-220.

atos dissimulados, disfarçando suas verdadeiras intenções com o objetivo de escapar de obrigações legais.

Por conta disso, diante de uma forma jurídica aparente ou simulada, deve-se promover uma desqualificação dessa em prol da forma jurídica real[631], desconsiderando-se a aparência em prol da realidade.

Em relação às contratações administrativas simuladas, é importante atentar para o caso da constituição da MGHSPE Empreendimentos e Participações S/A, *joint venture* formada pela Caixa Participações S/A - CaixaPar, subsidiária integral da empresa pública Caixa Econômica Federal, pela Fundação dos Economiários Federais (FUNCEF) e pela IBM Brasil Indústria Máquinas e Serviços Ltda (IBM) em 2012, atualmente em curso perante o Tribunal de Contas da União (TCU)

A formação dessa companhia está inserida dentro do plano de expansão e modernização tecnológica da Caixa Econômica Federal, focado na criação de uma nova plataforma digital para o crédito imobiliário[632]. Assim, para modernizar o seu processamento de crédito imobiliário, a Caixa precisava recorrer a uma empresa de tecnologia de informação com expertise para efetuar as reformas necessárias em seu sistema. Após pesquisa de mercado, a IBM foi a parceira escolhida.

Posteriormente, foi constituída a sociedade MGHSPE Empreendimentos e Participações S/A, cujo capital é detido em 51% pela IBM, 2% pela Caixapar diretamente e 47% pelo Fundo de Investimento em Participações Veneza (FIP), dos quais 35,25% pertencem a CaixaPar e 11,75% a FUNCEF.

Também foi celebrado acordo de acionistas entre os sócios, pelo qual, embora a IBM detenha a maioria do capital votante, a CaixaPar e o FIP asseguram uma influência significativa na companhia, indicando uma parcela dos membros do Conselho de Administração e da Diretoria e possuindo poder de veto em determinadas questões estratégicas.

Diante disso, a Caixa Econômica Federal alegou que o controle da MGHSPE seria compartilhado entre ela e a IBM, razão pela qual poderia contratar diretamente a MGHSPE, mediante dispensa de licitação funda-

---

[631] DÓRIA, Antônio Roberto Sampaio. *Elisão e evasão fiscal*. São Paulo: Bushatsky, 1977, pp. 116-117.

[632] Cf. Caixa vai criar banco de investimento. Valor Econômico. Publicado em 30 ago. 2012.

mentada no artigo 24, XXIII[633], da Lei nº 8.666/1993, para a prestação de serviços de operacionalização da originação e processamento de crédito imobiliário pelo valor estimado de R$ 1.190.000.000,00 (um bilhão, cento e noventa milhões de reais).

Ocorre que o TCU, em janeiro de 2013, determinou, em sede de medida cautelar, que a Caixa Econômica Federal abstenha-se de adotar quaisquer atos relativos ao contrato em questão até que o Tribunal delibere, no mérito, sobre a regularidade dos procedimentos em causa[634].

Isso se deu porque, em análise perfunctória, a Corte de Contas concluiu que a MGHSPE não seria controlada pela Caixa, nem mesmo de forma compartilhada, tendo em vista que a IBM detém, isoladamente, o poder de controle sobre a companhia. Apesar de o acordo de acionistas conceder à CaixaPar e ao FIP alguma habilidade de influenciar o controle operacional da companhia, o comando continua sendo exercido de forma preponderante pela IBM. Não haveria que se falar, assim, na aplicação da hipótese de dispensa do artigo 24, XXIII, da Lei nº 8.666/1993.

Além disso, o TCU questionou a legalidade da transação com base na suspeição de que a Caixa Econômica Federal e a IBM teriam se articulado, antecipadamente, com o propósito de criar uma companhia que assumiria, sem licitação, um contrato bilionário de prestação de serviços, o que configuraria uma operação simulada[635]. Nas palavras do TCU:

> A par da questão do conceito de controlada, já tratado nesta instrução, salta aos olhos outra questão, ainda não abordada nos presentes autos: **o fato de a Caixa Econômica Federal estar na verdade contratando serviços da IBM.**
>
> A MGHSPE é uma companhia recém-criada, com o objetivo de atuar no segmento de tecnologia da informação, na prestação de serviços especificamente para a Caixa, com foco na modernização de processos empresariais, provendo serviços de TI e de modernização para a instituição, auxiliando na otimização do processamento de aplicações de créditos imobiliários.

---

[633] Art. 24. É dispensável a licitação: (...)
XXIII - na contratação realizada por empresa pública ou sociedade de economia mista com suas subsidiárias e controladas, para a aquisição ou alienação de bens, prestação ou obtenção de serviços, desde que o preço contratado seja compatível com o praticado no mercado.

[634] TCU, Processo nº 029.884/2012-8, Rel. Min. Valmir Campelo.

[635] Cf. TCU suspende contrato entre Caixa e IBM. Valor Econômico. Publicado em 05 fev. 2013.

Foi estabelecida com capital social inicial de R$ 500,00, na forma jurídica de uma Sociedade de Propósito Específico (SPE), à qual a Caixa terceirizará parte do processo de concessão de crédito imobiliário, mercado o qual a instituição tem ampla vantagem em relação a seus concorrentes, com mais de 80% de market share, em um negócio de cerca de R$ 1,2 bilhão ao longo de cinco anos.

Resta evidente que na verdade a Caixa pretende adquirir os serviços e a expertise da IBM na prestação dos serviços. (grifamos)

Em suma, o TCU suspendeu a realização de quaisquer pagamentos e operações relativos ao contrato celebrado entre a Caixa Econômica e a MGHSPE fundado na suspeita de simulação por ocasião da constituição da própria MGHSPE Empreendimentos e Participações S/A, a qual seria mera fachada para a contratação de prestação de serviços da IBM pela Caixa, sem a realização do devido processo licitatório. Até o presente momento o TCU ainda não se pronunciou sobre o mérito da questão[636].

Portanto, é totalmente inadmissível a simulação de contratações administrativas por meio da constituição de parcerias com empresas privadas, independentemente das dificuldades trazidas pela aplicação do procedimento licitatório. Até porque o ordenamento jurídico prevê solução para essas dificuldades, permitindo a contratação direta em determinadas hipóteses nos termos da Lei nº 8.666/1993.

Além disso, a Constituição autoriza expressamente, desde 1998, a edição de um regulamento de compras e alienações específico para as empresas estatais exploradoras de atividade econômica em concorrência com a iniciativa privada, o que não foi feito até hoje, em grande medida, por falta de vontade política da própria Administração Pública[637].

---

[636] Cf. https://contas.tcu.gov.br/etcu/AcompanharProcesso?p1=29884&p2=2012&p3=8. Acesso em junho de 2014.

[637] Nas democracias representativas modernas, o Chefe do Poder Executivo acaba por ter papel preponderante no processo legislativo, dominando a pauta do Poder Legislativo seja diretamente, quando a Constituição lhe garante o poder de iniciativa (como é o caso do Brasil, cf. art. 61, *caput*, da Constituição), seja indiretamente, por meio de congressistas que formam a base de apoio do governo.

7.3 A escolha do sócio privado

Uma questão importante atinente à atuação do Estado na economia como acionista minoritário diz respeito à forma de escolha dos seus parceiros privados. Discute-se, em suma, se tal escolha é livre ou se ela depende da realização de procedimento licitatório, pois, afinal de contas, a participação estatal no capital de uma empresa privada constitui uma concessão de benefício público a particular, tendo em vista que envolve não só o aporte de recursos públicos, como também a atribuição do apoio institucional[638] do Estado a essa sociedade empresária.

A seleção das empresas privadas em cujo capital o Poder Público irá participar traz, portanto, um elevado risco de abusos e favorecimentos, considerando que a escolha dos parceiros privados pode ocorrer levando em conta conexões políticas e não critérios técnicos, dando espaço para práticas clientelistas e patrimonialistas[639], violadoras dos princípios da impessoalidade e da moralidade.

---

[638] "O apoio institucional do Estado ganha nuances diversas quando um ente estatal se associa a uma pessoa privada na qualidade de sócio. Ao se tornar sócio de uma pessoa privada, o Estado reconhece formalmente que aquela pessoa apresenta determinadas qualidades que justificaram essa associação e que as atividades a serem realizadas pela empresa público-privada são consideradas relevantes pelo Estado, tanto é que se decidiu por integrar o empreendimento como sócio. Esse apoio institucional do Estado na qualidade de sócio é muito mais intenso do que outras formas de reconhecimento ou de distinção. O apoio do ente estatal como sócio de um particular significa que o Estado (i) reconhece que a atividade é relevante a ponto de se associar a ela, inclusive assumindo os riscos inerentes ao empreendimento, e (ii) empreenderá seus esforços para que as atividades desempenhadas pela sociedade de que participa atinjam os melhores resultados possíveis, inclusive assumindo os riscos do negócio. Trata-se de uma sinalização ao mercado em geral (i) de que o sócio privado possui qualidades que o Estado reputa relevantes, as quais possivelmente outros particulares não detêm, e (ii) que a atividade a ser desempenhada é de interesse do Estado, que assim optou por incentivá-la, associando-se a ela, e não a outras possíveis atividades eventualmente concorrentes. (...) Outro fator relevante é que o apoio institucional do Estado é único. Nenhum grupo econômico, por mais poderoso que seja, terá condições de agregar a um empreendimento o apoio que o Estado é capaz de proporcionar. Somente o Estado possui legitimidade institucional para a consecução de certos fins, e apenas ele detém poderes para a execução de certas tarefas (regula a economia, edita regras de observância obrigatória, entre outras)" (SCHWIND, Rafael Wallbach. *Participação estatal em empresas privadas: as "empresas público-privadas"*. Op. cit., pp. 146-148).

[639] Musacchio e Lazzarini apontam que existe evidência empírica dando suporte a hipótese de que a escolha de empresas privadas a serem apoiadas pelo Estado é influenciada por fatores políticos, tais como períodos eleitorais e doações para campanhas. Desse modo, o governo

No entanto, uma parte da doutrina entende que a seleção de sócios privados pelo Estado prescinde de licitação, fundando-se, essencialmente, em dois argumentos. O primeiro sustenta que, de acordo com o artigo 37, XXI, da Constituição e o artigo 1º da Lei nº 8.666/1993, a licitação só seria exigível na contratação de obras, serviços, compras e alienações, hipóteses em que estaremos diante de contratos administrativos.

Por outro lado, naquelas avenças que a doutrina denomina de contratos privados[640] da Administração, não existiria o dever de licitar, sendo esses acordos regidos, predominantemente, pelo Direito Privado. Nesse sentido, Antônio Carlos Cintra do Amaral afirma que:

> No Direito brasileiro, a licitação precede a realização de contratos administrativos, que são os contratos de obras, serviços, compras, alienações e concessões e permissões de serviço público, celebrados pelo Poder Público (União, Estados, Municípios e Distrito Federal). A Lei 8.666/93, ao regular expressamente o art. 37, XXI, da Constituição, estabeleceu (art. 1º): "normas gerais sobre licitações e contratos administrativos pertinentes a obras, serviços, inclusive de publicidade, compras, alienações e locações no âmbito dos Poderes da União, dos Estados, do Distrito Federal e dos

apoiaria determinadas empresas, seja por meio de participações minoritárias ou por crédito subsidiado, em troca de doações para sua coalizão política ou investimentos que beneficiem seus aliados. Além disso, apontam que o potencial de clientelismo (*cronyism*) potencializa-se com a política de criação de campeões nacionais, pois a escolha de determinados setores e/ou empresas como destinatários preferenciais de investimentos normalmente é feita por critérios obscuros e influenciadas por fatores políticos. Dessa forma, apontam que, a fim de se ter uma política industrial eficiente, é essencial que as decisões sobre onde o dinheiro público deve ser investido estejam nas mãos de um corpo técnico qualificado e profissional, além de existirem critérios claros acerca dos objetivos e das metas estatais que permitam a reavaliação e descontinuidade dos apoios públicos (MUSACCHIO, Aldo e LAZZARINI, Sergio G. *Reinventing state capitalism: Leviathan in business, Brazil and beyond*. Op. cit., pp. 63 e 289).

[640] A doutrina tradicional refere-se a contratos da Administração como gênero do qual os contratos administrativos e os contratos privados da Administração seriam espécie. Cf., por todos CARVALHO FILHO, José dos Santos. *Manual de Direito Administrativo*, Op. cit., pp. 151-152, que diferencia as duas espécies afirmando que contrato administrativo é "o ajuste firmado entre a Administração Pública e um particular, regulado basicamente pelo direito público, e tendo por objeto uma atividade que, de alguma forma, traduza interesse público". Já os contratos privados da Administração são aqueles regidos pelo Direito Civil ou Empresarial, no qual a Administração "situa-se no mesmo plano jurídico da outra parte, não lhe sendo atribuída, como regra, qualquer vantagem especial que refuja às linhas do sistema contratual comum. Na verdade, considera-se que, nesse caso, a Administração age no seu *ius gestionis*, com o que sua situação jurídica muito se aproxima da do particular".

Municípios." Ao elenco constitucional acrescentou, apenas, "locações", por ela incluídas, a exemplo do que faz a legislação tributária, na categoria de "serviço" (art. 6º, II). Quanto às concessões e permissões, foram elas previstas nos arts. 2º e 124. **Os demais contratos celebrados pelo Poder Público não são considerados, pelo Direito brasileiro, contratos administrativos. Não se exige, para sua celebração, a realização prévia de licitação.** (...) O contrato de sociedade é tipicamente um contrato **civil** ou **comercial**. Não é um contrato **administrativo**, mesmo quando uma das partes seja uma empresa estatal. Como se viu acima, no Direito brasileiro são contratos administrativos os contratos celebrados pelo Poder Público para realização de obras públicas, obtenção de serviços a serem prestados, compras, alienações e concessões ou permissões. Somente esses. Ao constituir uma nova pessoa jurídica, o Poder público não está contratando com um construtor, um prestador de serviços, um vendedor, um comprador ou um concessionário ou permissionário. Está contratando com um sócio (...) Para contratar uma obra pública uma compra ou alienação, ou, ainda, uma concessão ou permissão (na qualidade de concedente ou permitente), o Poder público deve licitar. Para contratar uma sociedade, **não tem o dever de licitar**. Isso em face da Constituição e das leis vigentes no País, ou seja, em face do Direito brasileiro[641].

Nessa mesma linha, Luís Roberto Barroso[642] e Arnoldo Wald[643] entendem ser inaplicável o dever de licitação para os casos de associação, parceria ou consórcio, por ausência de enquadramento na tipificação constitucional, a qual se refere, somente, a obras, serviços, compras e alienações.

---

[641] AMARAL, Antônio Carlos Cintra do. "Formação de consórcio – Escolha de parceiro por empresa estadual – Desnecessidade de licitação". In: *Revista Eletrônica de Direito Administrativo Econômico*, nº 11, 2007, pp. 4 e 6-7. Disponível em http://www.direitodoestado.com/revista/REDAE-11-AGOSTO-2007-ANTONIO%20CARLOS%20CINTRA.pdf. Acesso em junho de 2014.

[642] "É bem de ver, no entanto, que o inciso XXI do art. 37 não se aplica ao contrato de associação celebrado entre a OPP e a Petrobras, por razões que se cumulam. Em primeiro lugar porque não se enquadra ele na tipificação constitucional, uma vez que não tem por objeto obra, serviço, compra ou alienação" (BARROSO, Luís Roberto. "Intervenção no domínio econômico – sociedade de economia mista – Abuso do poder econômico". In: *Revista de Direito Administrativo*, v. 212, 1998, p. 314).

[643] WALD, Arnoldo. "Do regime legal do contrato de parceria entre a OPP petroquímica e a Petrobras – Parecer – 1ª parte". In: *Cadernos de Direito Tributário e Finanças Públicas*, v. 24, 1998, p. 167.

Ocorre que, não obstante o fato de o contrato de sociedade celebrado pelo Estado ser um contrato regido pelo Direito Privado, "isso não significa que o procedimento pré-contratual da Administração Pública seja, também ele, um procedimento de natureza privada"[644].

Pelo contrário, a maior parte da doutrina administrativista sufraga a tese de Jean Lamarque de que a formação dos contratos privados da Administração é, em todos os pontos, semelhante à dos contratos administrativos[645]. É por isso que, como aponta Alexandre Santos de Aragão, "mesmo em contratos de direito privado, a Administração Pública, se houver critérios objetivos de seleção, deve sem dúvida licitá-los"[646].

O segundo argumento a favor da desnecessidade da realização de licitação para a escolha de sócios privados pelo Estado baseia-se na noção da *affectio societatis*, elemento que identifica a afinidade entre as partes e a motivação pela qual decidem somar esforços para constituir uma sociedade. Nessa direção, Marcos Juruena Villela Souto afirma:

> (...) deve ser considerada a *affectio societatis*, inafastável das reuniões de esforços para a obtenção de resultados que, isoladamente, ou sem a afinidade indispensável, seriam de impossível alcance. (...) É a afinidade na associação que definirá a escolha do melhor parceiro, e não a licitação, que não representa o único meio de se atingir a moralidade e a eficiência nas contratações. Por falta de homogeneidade de bens e parâmetros objetivos de aferição, trata-se de típica hipótese de inexigibilidade de licitação, diante da inviabilidade de auferir, com critérios objetivos inerentes à licitação, a adequação da proposta ou a maior afinidade em face dos objetivos almejados[647]. (...) A confiança legítima, a identidade de objetivos e de propósitos, não são licitáveis. Embora a disciplina regedora da sociedade de economia mista seja de direito público, não se vê como se obrigar à licitação para a escolha do parceiro da Administração. Afinal, não está em jogo apenas o maior aporte de recursos financeiros em favor da sociedade; entram em questão outros aspectos relacionados ao capital como a questão política e a estratégia comercial

---

[644] RODRIGUES, Nuno Cunha. *"Golden-Shares". As empresas participadas e os privilégios do Estado enquanto accionista minoritário.* Op. cit., p. 189.

[645] LAMARQUE, Jean. *Recherches sur l'application du droit privé aux services publics administratifs.* Paris: L.G.D.J., 1960, pp. 21-34. *Apud* SCHWIND, Rafael Wallbach. *Participação estatal em empresas privadas: as "empresas público-privadas".* Op. cit., p. 216.

[646] ARAGÃO, Alexandre Santos de. "Empresa público-privada". Op. cit., p. 66.

[647] SOUTO, Marcos Juruena Villela. *Licitações – Contratos Administrativos.* Rio de Janeiro: Adcoas Esplanada, 1999, p. 369.

A ATUAÇÃO DO ESTADO NA ECONOMIA COMO ACIONISTA MINORITÁRIO

e o know how, os parceiros que aquele sócio traz, à experiência, ao domínio de uma tecnologia ou de um determinado mercado, etc., que constituem manifestações do capital no mundo moderno[648].

Da mesma forma, Alexandre Santos de Aragão declara que a escolha de um sócio privado constitui uma decisão estratégica da Administração Pública, não podendo ser comparada à contratação de um particular selecionado anonimamente por meio de certame licitatório, pois é necessário existir afinidade entre as partes para a realização de um objetivo comum[649]. Igualmente, Luís Roberto Barroso remarca que "tal como ocorre nos convênios e consórcios administrativos, a união de esforços e objetivos idênticos, a confiança e a lealdade recíproca não são licitáveis, via de regra"[650]. Não concordamos inteiramente com esses argumentos. De fato, a constituição de uma sociedade público-privada, muitas vezes, irá constituir uma hipótese de inexigibilidade de licitação, conforme previsto no artigo 25 da Lei nº 8.666/1993. Mas isso vai ocorrer muito mais pela inviabilidade ou inadequação da realização do procedimento licitatório no caso concreto do que pela referência ao conceito genérico de *affectio societatis*.

Na verdade, a noção de *affectio societatis* vem sendo questionada dentro do próprio Direito Societário, de onde se origina, sendo criticada em relação à sua conceituação, utilidade e aplicabilidade às modernas sociedades anônimas. Erasmo França e Marcelo Von Adamek relatam que a noção de *affectio*, bem como a sua previsão como elemento constitutivo e caracterizador do contrato de sociedade, são praticamente ignoradas nos sistemas jurídicos mais modernos, tendo sido deixadas de lado na Alemanha, Suíça, Itália, Espanha e Portugal[651].

---

[648] SOUTO, Marcos Juruena Villela. *Direito administrativo em debate*. Rio de Janeiro: Lumen Juris, 2004, p. 156.

[649] ARAGÃO, Alexandre Santos de. "Empresa público-privada". Op. cit., p. 59.

[650] BARROSO, Luís Roberto. "Intervenção no domínio econômico – sociedade de economia mista – Abuso do poder econômico". Op. cit., p. 316.

[651] FRANÇA, Erasmo Valladão Azevedo e Novaes e VON ADAMEK, Marcelo Vieira. "Affectio societatis": um conceito jurídico superado no moderno direito societário pelo conceito de fim social. In: FRANÇA, Erasmo Valladão Azevedo e Novaes. (Org.). *Direito Societário Contemporâneo I*. São Paulo: Quartier Latin, 2009, pp. 135-136.

LIMITES DA ATUAÇÃO DO ESTADO COMO ACIONISTA MINORITÁRIO

Mesmo no Brasil, onde o conceito ainda é invocado pela doutrina[652] e pela jurisprudência[653] como elemento constitutivo das sociedades e distintivo de outros tipos de contrato, além de critério que permite identificar sociedades em que as características pessoais dos sócios são importantes (sociedades de pessoa), em oposição às sociedades nas quais a relevância do sócio encontra-se na sua contribuição para formação do capital (sociedades de capital)[654], a noção de *affectio societatis* parece ser empregada como

---

[652] Por todos, cf. Rubens Requião, que leciona: "Esse elemento característico do contrato societário é altamente útil na prática da vida comercial, para distinguir a sociedade de outros tipos de contrato, que tendem a se confundir, aparentemente, com a sociedade de fato presumida. O conceito é subjetivo, o elemento é intencional, e se deve perquirir dos reflexos aparentes e exteriores, se a intenção do agente foi de unir seus esforços para obter resultados comuns, que isoladamente não seriam tão plenamente conseguidos" (REQUIÃO, Rubens. *Curso de Direito Comercial*, v. 1. São Paulo: Saraiva, 1995, p. 289).

[653] O Superior Tribunal de Justiça (STJ) expressamente reconheceu a *affectio societatis* como um "elemento específico do contrato de sociedade", que se caracteriza "como uma vontade de união e aceitação das áleas comuns do negócio", sendo perfeitamente possível a dissolução parcial da sociedade quando a *affectio societatis* não mais existe em relação a algum dos sócios (STJ, *DJ* 15 abr. 1996, AGA 90995/RS, Rel. Min. Cláudio Santos).

[654] "Dependendo da sua estruturação econômica, na qual se irá verificar a influência maior ou menor da condição pessoal do sócio, podem as sociedades ser divididas em sociedades de pessoa e sociedades de capital. Nas primeiras, a figura do sócio é o elemento fundamental da formação societária. A sociedade se constitui tendo por referência a qualidade pessoal do sócio. Fica ela, nesse contexto, subordinada à figura do sócio (conhecimento e confiança recíproca, capacitação para o negócio, etc.). Nas segundas, o ponto de gravidade da sociedade não reside na qualificação subjetiva do sócio, mas sim na sua capacidade de investimento. A importância está na contribuição do sócio para a formação do capital social, sendo relegado a um plano secundário a sua qualidade pessoal" (CAMPINHO, Sérgio. *O direito de empresa à luz do novo código civil*. Op. cit., p. 53).

A ATUAÇÃO DO ESTADO NA ECONOMIA COMO ACIONISTA MINORITÁRIO

sinônimo imperfeito de *intuitu personae* e de confiança legítima e identidade de propósitos[655], sendo objeto de fortes críticas doutrinárias[656].

[655] "(...) a invocação da ideia de *affectio societatis* como elemento justificador da aplicação de regras próprias das sociedades de pessoas em nada contribui para a compreensão do fenômeno. Nesse âmbito, a noção de *affectio societatis* parece ser empregada como um sinônimo imperfeito de *intuitu personae*. Além disso, trata-se a toda evidência de uma noção meramente descritiva, e não propriamente instrumental, o que não auxilia o intérprete a solucionar os problemas concretos. Confiança legítima e identidade de propósitos não se confundem com *affectio societatis*, tanto é que o ânimo de se associar e de permanecer associado não estará necessariamente presente quando houver identidade de propósitos. É possível haver uma comunhão de objetivos sem que dois ou mais sujeitos se associem. Além disso, a *affectio societatis* não é o resultado da existência de uma identidade de propósitos nem da confiança legítima. Dois sócios podem ter uma relação conflituosa, sem qualquer tipo de confiança recíproca, e ainda assim permanecer com o ânimo associativo" (SCHWIND, Rafael Wallbach. *Participação estatal em empresas privadas: as "empresas público-privadas"*. Op. cit., pp. 208-210).

[656] "Várias são as críticas à noção de *affectio societatis*. A primeira delas é a de que se trata de um conceito equívoco e obscuro. Utiliza-se a obscura expressão latina para se fazer referência ao consenso exigido dos sócios para a constituição de uma sociedade, ao elemento constitutivo e essencial do contrato de sociedade, e ainda se emprega a expressão quando se trata dos deveres do sócio. (...) Não se trata de uma noção que propicie segurança a fim de que dela se possam extrair determinadas decorrências jurídicas. A segunda crítica é a de que a *affectio societatis* não representa uma especial forma de consentimento, necessariamente diversa daquele necessário para a celebração de qualquer outro tipo de contrato que não o de sociedade. Indica-se que, na realidade, não há um caráter peculiar do consentimento que caracterize o contrato de sociedade. Todo e qualquer contrato depende de um *animus contrahende*. Do contrário, existiriam tantos tipos de consentimento quantos diversos forem os negócios jurídicos – o que, evidentemente, seria um paradoxo e retiraria qualquer significação especial em relação à *affectio societatis*. A terceira crítica é a de que a *affectio societatis* não representa um elemento verdadeiramente constitutivo do contrato de sociedade. Ainda que o contrato de sociedade seja plurilateral e, por decorrência, possua como um de seus traços distintivos a comunhão de escopo, a *affectio societatis* não deixa de ser uma simples manifestação do consentimento exigido para a celebração de qualquer contrato. (...) A quarta crítica é a de que a *affectio societatis* não é elemento que, caso desapareça ao longo da execução do contrato de sociedade, possa determinar a sua automática extinção. Na realidade, a *affectio societatis* não é um elemento essencial à manutenção da sociedade – como não o é, em regra, para qualquer outro contrato em que não se admita o arrependimento. (...) A verdade é que, se o desaparecimento da *affectio societatis* fosse justificativa por si só para a extinção do vínculo societário, ter-se-ia de admitir que (i) a exclusão de sócio não dependeria de falta grave – o que contraria os artigos 1.030 e 1.085 do Código Civil e que (ii) o direito de retirada não poderia ter condicionantes – o que seria incompatível com os artigos 1.029 e 1.077 do Código Civil, e o artigo 137 da Lei nº 6.404. A quinta crítica é a de que a *affectio societatis* não é elemento de determinação da extensão dos deveres dos sócios. É equivocado, assim, sustentar que os deveres de boa-fé e de respeito seriam mais intensos à medida que fosse maior a *affectio societatis*" (Ibidem, pp. 204-205).

LIMITES DA ATUAÇÃO DO ESTADO COMO ACIONISTA MINORITÁRIO

Além disso, até os autores que vislumbram utilidade jurídica na noção de *affectio societatis* reconhecem que não são todas as sociedades que possuem sócios vinculados pela *affectio* e mesmo nas empresas na qual esse liame é presente, nem sempre todos os sócios estão ligados por ele. Nas sociedades anônimas, por exemplo, pela sua natureza institucional, o elemento pessoal nas relações entre os sócios é, em regra, afastado[657].

Mesmo nas sociedades limitadas, tipicamente *intuitu personae*, verifica-se a existência de casos em que somente um ou alguns dos sócios trabalham efetivamente para o fim social, limitando-se os demais a entrar com a sua cota para a formação do fundo social[658].

Diante do exposto, fica claro que, ainda que se confira alguma consequência jurídica à noção de *affectio societatis*, esta não se encontra presente em todos os laços societários[659]. Por isso, o afastamento do dever de licitar não pode fundar-se em argumentos genéricos e abstratos ligados à *affec-*

---

[657] Dizemos "em regra" porque é possível que o elemento pessoal também seja relevante nas sociedades anônimas. Nesse sentido, Uinie Caminha afirma que na maioria das companhias fechadas brasileiras, o *intuitu personae* ainda é muito importante, pois "a maioria dessas sociedades é constituída com uma base familiar muito forte, e, embora se trate supostamente de uma sociedade de capitais, a quebra do vínculo de *affectio societatis* constitui forte empecilho à prosperidade da empresa e um grande desconforto para os sócios". (CAMINHA, Uinie. "Dissolução parcial de S.A. Quebra da *affectio societatis*. Apuração de haveres". In: *Revista de Direito Mercantil, Industrial, Econômico e Financeiro*, v. 114, 1999, pp. 174-182). Mesmo nas companhias abertas alguns autores vislumbram a *affectio societatis*, como é o caso de Maurício Moreira Mendonça de Menezes, que afirma "(...) o reconhecimento da *affectio societatis* em companhia aberta restringe-se a certos grupos de acionistas, formados por acionistas-empreendedores (aqueles que efetivamente participam da direção social) e por acionistas-investidores (aqueles que, embora não tenham assento na administração ou não participem das decisões tomadas pelo grupo de controle, mantêm sua participação com vistas ao exercício de direitos de sócio e, em certos casos, podem se organizar para que elejam um representante na administração, nos termos do art. 141, § 4º, Lei 6.404/1976, com a redação dada pela Lei 10.303/2001). Nessa hipótese, estariam excluídos da *affectio societatis* os chamados acionistas especuladores (aqueles que compram e vendem ações no mercado com o exclusivo escopo de auferir ganho na atividade especulativa)" (MENEZES, Maurício Moreira Mendonça de. "Resolução de Acordo de Acionistas com base na quebra da affectio societatis". In: *Revista Trimestral de Direito Civil*, v. 23, 2005, p. 160).

[658] RODRIGUES JUNIOR, Álvaro. "Análise dos conceitos de *affectio societatis* e *ligabilidade* como elementos de caracterização das sociedades comerciais". In: *Revista de Direito Privado*, v. 14, 2003, p. 11, versão digital.

[659] "Como visto, nem toda participação acionária estatal será necessariamente caracterizada pela afeição para com os demais sócios, tampouco há consenso na doutrina com relação a própria configuração e utilidade desse critério. E também é certo que a *affectio* pode se apre-

A ATUAÇÃO DO ESTADO NA ECONOMIA COMO ACIONISTA MINORITÁRIO

tio, mas sim em circunstâncias concretas que conduzam à inviabilidade ou inadequação da realização do procedimento licitatório. Afinal, a licitação possui um caráter instrumental, devendo ser realizada somente na medida em que permita o melhor atendimento do interesse público.

É por isso que "hipóteses existem em que, precisamente para cumprir a Constituição, não se deverá proceder à licitação, sob pena de tolher-se a Administração e frustrar seus fins. Admite-se, assim, na própria cláusula inicial do inciso XXI do art. 37, situações de contratação direta, desde que especificadas na legislação. A Lei 8.666, de 21.06.93, integra o comando constitucional enunciando as hipóteses em que é possível a dispensa de licitação – figura legal que permite ao administrador, nos casos preestabelecidos, deixar de lado a realização de certame público, por conveniência e oportunidade (art. 24) – e as de inexigibilidade de licitação, por inviabilidade de competição (art. 25)"[660].

A inexigibilidade de que trata o artigo 25 da Lei nº 8.666/1993 aplica-se às situações nas quais há inviabilidade de competição, seja por que: a) só existe uma pessoa capaz de atender à necessidade da Administração Pública; b) não é possível indicar critérios minimamente objetivos para a escolha do contratado[661] e c) a realização da licitação mostre-se desnecessária[662] ou inviável, como na situação em que o certame licitatório implique a inviabilização ou comprometimento do interesse público que justifica a contratação.

---

sentar em diversos graus em uma determinada sociedade" (FIDALGO, Carolina Barros. "As sociedades de capital público-privado sem controle estatal". Op. cit., p. 227).

[660] BARROSO, Luís Roberto. "Intervenção no domínio econômico – sociedade de economia mista – Abuso do poder econômico". Op. cit., p. 314.

[661] Segundo Marçal Justen Filho, quando "existem diferentes alternativas, mas a natureza personalíssima da atuação do particular impede o julgamento objetivo. É impossível definir com precisão uma relação custo-benefício. Ainda que seja possível determinar o custo, os benefícios que serão usufruídos pela Administração são relativamente imponderáveis. Essa incerteza deriva basicamente da natureza subjetiva da avaliação, eis que a natureza da prestação envolve fatores intelectuais, artísticos, criativos e assim por diante. Não há critério de julgamento para escolher o melhor. Quando não houver critério objetivo de julgamento, a competição perde o sentido" (JUSTEN FILHO, Marçal. *Comentários à lei de licitações e contratos administrativos*, 11ª ed., São Paulo: Dialética, 2005, p. 273).

[662] Como no caso de "haver uma pluralidade de possíveis contratados, mas existir a possibilidade e até mesmo o interesse da Administração Pública em contratar todos eles – ilimitação do número dos possíveis contratados (ex: as situações de credenciamento)" (ARAGÃO, Alexandre Santos de. *Curso de Direito Administrativo*. Op. cit., p. 310).

É o caso, por exemplo, da atuação das empresas estatais que exploram atividade econômica em concorrência com a iniciativa privada, em que a realização de certame licitatório poderia inviabilizar o próprio exercício da empresa[663]. Nesse cenário, Nuno Cunha Rodrigues aponta que "a aquisição, por parte de ente público, de participações sociais em empresas que actuem num mercado concorrencial dificilmente se compadece com prolongados procedimentos administrativos, existindo razões para, sem pôr em causa os princípios gerais da atividade administrativa, permitir à entidade pública concretizar essa aquisição, independentemente da realização de concurso público"[664].

O TCU já proferiu decisão, em caso envolvendo a celebração de contrato de parceria entre a Petrobrás e empresas privadas do setor petroquímico, no sentido da liberdade da sociedade de economia mista escolher seus parceiros independentemente de licitação, estatuindo que:

> 5.1.Diante dos fatos relatados e dos exames procedidos por esta equipe de auditoria, concluímos:
>
> a) não existir irregularidade ou impedimento para que a Petrobrás celebre ou venha a celebrar contratos de parceria ou associação com outras empresas; b) que tais contratos representam legítima ação estratégica da Companhia Estatal na ramificação e, paralelamente, verticalização de suas atividades, de modo a obter maior sinergia para seus investimentos e maior valor agregado para seus produtos, permitindo ganho de escala e maximização do resultado, além de preço final competitivo, considerando em especial: b.1) o cenário atual e futuro, sob o efeito da globalização e de uma maior competitividade no setor; b.2) os mandamentos da Emenda Constitucional n° 9/95 e o disposto na Lei 9.478/97, que retiraram da Petrobrás a exclusividade na execução do monopólio do abastecimento

---

[663] "(...) a obrigação, por vezes imposta à empresa, de realizar licitação para firmar tais contratos, muitas vezes acaba inviabilizando o projeto, pois: i) o tempo imprescindível para a realização de uma licitação é incompatível com a agilidade necessária pela disputa de mercado; e ii) o cumprimento das formalidades intrínsecas à licitação (mormente a publicidade dos atos) acarreta a antecipação, aos seus concorrentes, de sua estratégia negocial (por exemplo, desvelando os contornos de um novo produto em gestação na empresa)" (MARQUES NETO, Floriano Azevedo. As Contratações Estratégicas das Estatais que Competem no Mercado. In: OSÓRIO, Fábio Medina e SOUTO, Marcos Juruena Villela (coords.). *Direito Administrativo – Estudos em Homenagem a Diogo de Figueiredo Moreira Neto.* Op. cit., p. 576).

[664] RODRIGUES, Nuno Cunha. *"Golden-Shares". As empresas participadas e os privilégios do Estado enquanto accionista minoritário.* Op. cit., p. 194.

do País e do atendimento a todas as demandas de derivados de petróleo.
c) que os aludidos contratos observam as condições de mercado, não esta-belecendo qualquer privilégio de preço, firmando, somente, a garantia de fornecimento de matéria-prima (...)

5.2.Entendemos que as ilações acima revela-nos que são legítimas as associações levadas a efeito, pois permitem que a Petrobrás se torne mais sólida, maximizando a utilização de seu potencial sinérgico, aumentando sua eficiência, de modo a se firmar com mais capacidade, tornando-a apta a enfrentar as exigências de um mercado altamente competitivo[665].

Assim, como a intervenção direta do Estado na economia, a fim de con-correr em pé de igualdade com o setor privado, precisa ser marcada pela celeridade e flexibilidade, a celebração de um contrato de sociedade ou parceria por uma empresa estatal, por normalmente envolver negociações longas, complexas e sigilosas, nas quais as condições da relação são com-binadas em termos fluidos e secretos, é incompatível com modelos estan-ques e procedimentalizados de seleção[666].

Do mesmo modo, a atuação do Estado Investidor (cf. item 3.4), pela qual a Administração Pública compra e vende participações societárias mino-ritárias com o escopo de rentabilidade financeira, não se coaduna com a realização de licitação, tendo em vista que o mercado de capitais exige a tomada de decisões rápidas e dinâmicas, inconciliáveis com as formalida-des e exigências dos processos administrativos.

É por essa razão que Paulo Otero alerta que "a urgência ou a utilidade eficaz da medida referente à aquisição ou alienação de participações sociais num sistema concorrencial de mercado pode ser seriamente prejudicada por um prévio e demorado procedimento administrativo"[667].

Isso não significa, contudo, que nos casos em que a realização do cer-tame licitatório mostrar-se inviável ou contraproducente, a escolha estatal sobre seus sócios privados seja completamente livre, desprovida de qual-quer tipo de parâmetro. Pelo contrário, essa decisão deve observar todos os critérios e princípios aplicáveis à atividade administrativa, tais como

---

[665] TCU, *DS* 18 nov. 1998, Decisão 803/1998, Rel. Min. Bento Bugarin.

[666] ARAGÃO, Alexandre Santos de. "Empresa público-privada". Op. cit., p. 59.

[667] OTERO, Paulo. *Vinculação e Liberdade de Conformação Jurídica do Sector Empresarial do Estado.* Op. cit., p. 261.

os princípios da legalidade, impessoalidade, moralidade, publicidade, eficiência, razoabilidade e motivação[668].

Ou seja, não é porque o dever de licitar foi afastado que é possível selecionar parceiros privados na base do compadrio ou da corrupção, em flagrante atentado aos princípios da impessoalidade e da moralidade, por exemplo. Da mesma forma, todas as decisões estatais precisam ser motivadas e justificadas à luz do interesse público.

Aqui, entendemos que deve ser aplicado, no que couber, o artigo 26 da Lei nº 8.666/1993[669], o qual estabelece que qualquer contratação sem licitação deve ser justificada, explicitando-se a razão de escolha do contratado e a justificativa do preço, acompanhadas dos documentos comprobatórios pertinentes. Trata-se de medida que, ao mesmo tempo em que permite a celebração do contrato em tempo hábil a cumprir sua finalidade pública, possibilita a fiscalização pelos órgãos de controle e pela sociedade como um todo.

---

[668] Evidentemente, a aplicação dos princípios gerais da Administração Pública nesses casos deve ser realizada de forma adaptada à atuação estatal. Aplica-se, aqui, o que Rafael Wallbach Schwind chamou de "filtragem" dos princípios administrativos que incidem sobre a Administração Pública empresarial. Isto é, embora os princípios em questão devam incidir sobre a atuação do Estado na economia, eles o fazem de maneira temperada (SCHWIND, Rafael Wallbach. *Participação estatal em empresas privadas: as "empresas público-privadas"*. Op. cit., pp. 43-47). Dessa maneira, o princípio da publicidade, por exemplo, não deve ser encarado da mesma forma que o é no âmbito dos atos administrativos. A publicidade na atuação empresarial do Estado deve conviver com as normas de sigilo empresarial, além de permitir também o diferimento da divulgação dos atos de contratação de forma a não prejudicar o exercício da empresa estatal em regime de concorrência com o setor privado.

[669] Art. 26. As dispensas previstas nos §§ 2º e 4º do art. 17 e no inciso III e seguintes do art. 24, as situações de inexigibilidade referidas no art. 25, necessariamente justificadas, e o retardamento previsto no final do parágrafo único do art. 8º desta Lei deverão ser comunicados, dentro de 3 (três) dias, à autoridade superior, para ratificação e publicação na imprensa oficial, no prazo de 5 (cinco) dias, como condição para a eficácia dos atos.

Parágrafo único. O processo de dispensa, de inexigibilidade ou de retardamento, previsto neste artigo, será instruído, no que couber, com os seguintes elementos:

I - caracterização da situação emergencial ou calamitosa que justifique a dispensa, quando for o caso;

II - razão da escolha do fornecedor ou executante;

III - justificativa do preço;

IV - documento de aprovação dos projetos de pesquisa aos quais os bens serão alocados.

A ATUAÇÃO DO ESTADO NA ECONOMIA COMO ACIONISTA MINORITÁRIO

Nessa mesma linha, o artigo 32 da Lei nº 9.074/1995[670] prevê que, a fim de que uma empresa estatal participe, na qualidade de licitante, de concorrência para a concessão e permissão de serviço público, ela poderá assinar pré-contratos com empresas privadas com dispensa de licitação. Afinal, a obrigatoriedade de realização de procedimento licitatório prévio, pela sua duração e formalidades, inviabilizaria a participação da empresa estatal no certame. Contudo, uma vez que a empresa estatal seja declarada vencedora, os contratos, agora tornados definitivos, deverão ser submetidos à apreciação dos competentes órgãos de controle externo e de fiscalização.

Em suma, quando presentes, no caso concreto, requisitos que tornem a licitação para a escolha de sócios privados inviável ou prejudicial aos interesses públicos, como nas hipóteses em que se exige flexibilidade, sigilo e celeridade ou outras características atinentes à exploração da atividade econômica em concorrência com a iniciativa privada, o Estado fica autorizado a selecionar seus parceiros por meio de contratação direta.

No entanto, tal contratação deve observar os princípios gerais da Administração Pública, bem como deve ser realizada no âmbito de um procedimento formal no qual fiquem registradas as motivações e justificativas da escolha estatal, de modo que seja possível a realização do controle posterior dessas decisões pelos órgãos de controle e pela sociedade civil.

Ocorre que nem sempre a escolha estatal de sócios privados será incompatível com a realização de licitação. Ao revés, existem mesmo hipóteses legais em que o certame é exigível, como nas parcerias púbico-privadas tratadas na Lei nº 11.079/2004.

O artigo 9º da referida lei prevê que deverá ser constituída sociedade de propósito específico (SPE) para implantar e gerir o objeto da parceria, da qual o Estado poderá ser sócio sem, contudo, deter a maioria do capital votante. Nesse caso, a Administração Pública só poderá se associar com o particular que se sagrar vencedor do procedimento licitatório, a ser rea-

---

[670] Art. 32. A empresa estatal que participe, na qualidade de licitante, de concorrência para concessão e permissão de serviço público, poderá, para compor sua proposta, colher preços de bens ou serviços fornecidos por terceiros e assinar pré-contratos com dispensa de licitação.
§ 1º Os pré-contratos conterão, obrigatoriamente, cláusula resolutiva de pleno direito, sem penalidades ou indenizações, no caso de outro licitante ser declarado vencedor.
§ 2º Declarada vencedora a proposta referida neste artigo, os contratos definitivos, firmados entre a empresa estatal e os fornecedores de bens e serviços, serão, obrigatoriamente, submetidos à apreciação dos competentes órgãos de controle externo e de fiscalização específica.

Lizado na modalidade de concorrência, nos termos do artigo 10 da Lei nº 11.079/2004.

Além disso, na prática, a Administração Pública já se utilizou de procedimentos licitatórios para a escolha de sócios privados, tendo obtido bons resultados, o que nos leva a concluir que não é sempre impossível estabelecer critérios objetivos para escolher parceiros comerciais.

Em 1997, o Estado de Minas Gerais, com o apoio do BNDES, estruturou um processo de desestatização no qual se alienou 33% do capital votante da Companhia Energética de Minas Gerais (CEMIG) acompanhado do direito de celebração de acordo de acionistas que concedia poder de influência na gestão da companhia ao comprador. O objetivo desse processo era a atração de um sócio estratégico para a sociedade de economia mista, que, não só aportasse capital, mas contribuísse para sua modernização. Tal procedimento foi feito por meio de leilão, precedido de uma fase de pré-qualificação com o estabelecimento de requisitos técnicos e financeiros para a participação no certame[671].

Da mesma forma, a União Federal concedeu os serviços públicos aeroportuários dos aeroportos de Brasília, Viracopos, Guarulhos, Confins e Galeão, em 2012 e 2013, por meio de procedimento licitatório na modalidade de leilão, nos termos da Lei nº 9.491/1997. Nessa hipótese, o consórcio vencedor do leilão teve que constituir uma SPE que tem como sócia obrigatória a INFRAERO.

A escolha do sócio privado levou em consideração os critérios previstos pela Agência Nacional de Aviação Civil (ANAC) nos editais do leilão, os quais previam requisitos objetivos de qualificação econômico-financeira e técnica como, por exemplo, a obrigatoriedade de uma participação mínima no consórcio de operadores aeroportuários internacionais, com experiência em aeroportos que tenham processado uma quantidade mínima de passageiros por ano[672].

---

[671] FIDALGO, Carolina Barros. "As sociedades de capital público-privado sem controle estatal". Op. cit., p. 228. Ressalte-se que apesar do sucesso do referido procedimento licitatório, mudanças no governo do Estado de Minas Gerais levaram ao questionamento judicial desse processo, conforme referido na nota de rodapé nº 594.

[672] Edital do Leilão nº 01/2013. Concessão para ampliação, manutenção e exploração dos aeroportos internacionais Rio de Janeiro/Galeão – Tancredo Neves/Confins. Subseção IV – Da Habilitação Técnica. 4.45. É requisito de qualificação técnica para apresentação de propostas que o Operador Aeroportuário possua experiência mínima de 5 (cinco) anos na operação de um mesmo aeroporto que tenha processado, no mínimo: (i) Para o aeroporto de Confins: 12

A ATUAÇÃO DO ESTADO NA ECONOMIA COMO ACIONISTA MINORITÁRIO

Igualmente, o Estado da Bahia editou decreto (Decreto estadual nº 14.452/2013) no qual regulamenta o processo de seleção pública de acionista ou grupo de acionistas privados que comporão, com esse ente federativo, SPE responsável pela construção, operação e exploração de Zona de Apoio Logística e Terminal de Uso Privativo na área do Porto Sul.

Por conta de tudo isso, deve ser rejeitado o entendimento de que a escolha de sócios privados pela Administração Pública nunca deve ser submetida a procedimentos licitatórios, com base na inexistência de critérios objetivos de julgamento e na necessidade da *affectio societatis* entre os parceiros.

Existem diversas situações, como a prática demonstra, em que é plenamente possível a realização de algum tipo de certame público, mesmo que não nos estritos termos da Lei nº 8.666/1993. E mesmo nos casos nos quais a contratação direta se justifique, é imprescindível que essa seja realizada em conformidade com os princípios gerais da Administração Pública e no âmbito de um processo formal, onde fiquem consignadas as motivações e justificativas daquela decisão estatal, permitindo o controle público.

(doze) milhões de passageiros em pelo menos 1 (um) ano civil, nos últimos 5 (cinco) anos anteriores ao da publicação deste Edital, considerado o somatório de passageiros embarcados, desembarcados e em trânsito

(ii) Para o aeroporto do Galeão: 22 (vinte e dois) milhões de passageiros em pelo menos 1 (um) ano civil, nos últimos 5 (cinco) anos anteriores ao da publicação deste Edital, considerado o somatório de passageiros embarcados, desembarcados e em trânsito.

7.4 O controle do Tribunal de Contas da União

Uma das características do regime jurídico de Direito Público que, em maior ou menor grau, incide sobre todas as pessoas jurídicas integrantes da Administração Pública, é a existência do controle do Tribunal de Contas da União (TCU), cuja competência encontra-se prevista nos artigos 70 e 71 da Constituição:

> Art. 70. A fiscalização contábil, financeira, orçamentária, operacional e patrimonial da União e das entidades da administração direta e indireta, quanto à legalidade, legitimidade, economicidade, aplicação das subvenções e renúncia de receitas, será exercida pelo Congresso Nacional, mediante controle externo, e pelo sistema de controle interno de cada Poder.
>
> Parágrafo único. Prestará contas qualquer pessoa física ou jurídica, pública ou privada, que utilize, arrecade, guarde, gerencie ou administre dinheiros, bens e valores públicos ou pelos quais a União responda, ou que, em nome desta, assuma obrigações de natureza pecuniária.
>
> Art. 71. O controle externo, a cargo do Congresso Nacional, será exercido com o auxílio do Tribunal de Contas da União, ao qual compete:
>
> I - apreciar as contas prestadas anualmente pelo Presidente da República, mediante parecer prévio que deverá ser elaborado em sessenta dias a contar de seu recebimento;
>
> II - julgar as contas dos administradores e demais responsáveis por dinheiros, bens e valores públicos da administração direta e indireta, incluídas as fundações e sociedades instituídas e mantidas pelo Poder Público federal, e as contas daqueles que derem causa a perda, extravio ou outra irregularidade de que resulte prejuízo ao erário público;
>
> III - apreciar, para fins de registro, a legalidade dos atos de admissão de pessoal, a qualquer título, na administração direta e indireta, incluídas as fundações instituídas e mantidas pelo Poder Público, excetuadas as nomeações para cargo de provimento em comissão, bem como a das concessões de aposentadorias, reformas e pensões, ressalvadas as melhorias posteriores que não alterem o fundamento legal do ato concessório;
>
> IV - realizar, por iniciativa própria, da Câmara dos Deputados, do Senado Federal, de Comissão técnica ou de inquérito, inspeções e auditorias de natureza contábil, financeira, orçamentária, operacional e patrimonial, nas unidades administrativas dos Poderes Legislativo, Executivo e Judiciário, e demais entidades referidas no inciso II;

A ATUAÇÃO DO ESTADO NA ECONOMIA COMO ACIONISTA MINORITÁRIO

V - fiscalizar as contas nacionais das empresas supranacionais de cujo capital social a União participe, de forma direta ou indireta, nos termos do tratado constitutivo;

VI - fiscalizar a aplicação de quaisquer recursos repassados pela União mediante convênio, acordo, ajuste ou outros instrumentos congêneres, a Estado, ao Distrito Federal ou a Município;

VII - prestar as informações solicitadas pelo Congresso Nacional, por qualquer de suas Casas, ou por qualquer das respectivas Comissões, sobre a fiscalização contábil, financeira, orçamentária, operacional e patrimonial e sobre resultados de auditorias e inspeções realizadas;

VIII - aplicar aos responsáveis, em caso de ilegalidade de despesa ou irregularidade de contas, as sanções previstas em lei, que estabelecerá, entre outras cominações, multa proporcional ao dano causado ao erário;

IX - assinar prazo para que o órgão ou entidade adote as providências necessárias ao exato cumprimento da lei, se verificada ilegalidade;

X - sustar, se não atendido, a execução do ato impugnado, comunicando a decisão à Câmara dos Deputados e ao Senado Federal;

XI - representar ao Poder competente sobre irregularidades ou abusos apurados.

O objeto central do controle externo exercido pela Corte de Contas é a Administração Pública direta e indireta, contudo, o parágrafo único do artigo 70, com a redação dada pela Emenda Constitucional nº 19/1998, também estendeu a jurisdição da Corte para qualquer pessoa privada que "utilize, arrecade, guarde, gerencie ou administre dinheiros, bens e valores públicos ou pelos quais a União responda, ou que, em nome desta, assuma obrigações de natureza pecuniária".

Diante disso, há de se verificar se o controle do TCU abrange as empresas privadas com participação pública minoritária tratadas nessa obra. Entendemos que não. Afinal, essas empresas não utilizam ou administram recursos públicos. Trata-se de pessoas jurídicas integrantes do setor privado, cujos bens possuem natureza privada.

Muito embora haja um aporte de recursos públicos nessas empresas participadas, essa transferência se dá a título de integralização do capital social ou aquisição de cotas ou ações, passando esses bens a integrar o patrimônio da companhia privada. Como contrapartida a sua contribuição, o Estado passa a deter participações societárias minoritárias nessas sociedades.

Cuida-se de hipótese similar a transferência de recursos estatais para empresas contratadas pela Administração Pública para a prestação de serviços ou fornecimento de bens, em que, a partir do momento que o Estado faz o pagamento, "o recurso transferido perde qualquer característica de afetação pública (...), não havendo mais que se falar em controle do TCU sobre esses recursos, tendo em vista que não se trata de recursos públicos"[673].

Com efeito, quando o artigo 70, parágrafo único da Constituição fala em controle de contas sobre pessoas privadas, ele quis referir-se às situações em que particulares atuam como administradores de bens e verbas públicas, os quais devem ser aplicados para finalidades públicas.

É o caso, por exemplo, das pessoas jurídicas integrantes do terceiro setor, como os serviços sociais autônomos[674] e das entidades qualificadas como organizações sociais ou organizações da sociedade civil de interesse público[675], as quais recebem recursos públicos oriundos de contribuições parafiscais e de convênios celebrados com o Estado[676]para o desempenho de atividades de interesse público.

---

[673] ARAGÃO, Alexandre Santos de. "Empresas estatais e o controle pelos Tribunais de Contas". In: *Revista de Direito Público da Economia - RDPE*, op. cit., p. 19, versão digital.

[674] Os serviços sociais autônomos são entidades de direito privado, instituídas sob formas privadas comuns (associações ou fundações) após autorização legal, com vistas a prestar assistência a determinados grupos sociais ou categorias profissionais, razão pela qual são financiadas por dotações orçamentárias públicas e por contribuições sociais cobradas compulsoriamente da iniciativa privada, nos termos do artigo 240 da Constituição. Trata-se do chamado "Sistema S", integrado por entidades como o SENAC, o SENAI, o SESC e o SESI, por exemplo. A Lei nº 8.443/1992 (Lei Orgânica do Tribunal de Contas da União) é clara ao estabelecer a jurisdição do tribunal sobre "os responsáveis por entidades dotadas de personalidade jurídica de direito privado que recebam contribuições parafiscais e prestem serviço de interesse público ou social" (art. 5º, V).

[675] As Organizações Sociais (OS) e as Organizações da Sociedade Civil de Interesse Público (OSCIPs) são entidades privadas sem fins lucrativos que recebem uma qualificação especial da Administração Pública, na forma da Lei nº 9.637/1998 e da Lei nº 9.790/1999, respectivamente, pelo qual podem celebrar convênios com o Poder Público em que recebem recursos e bens públicos a fim de desempenharem atividades de interesse público.

[676] Sobre o repasse de verbas públicas para o terceiro setor e seu controle, Maria Sylvia Di Pietro leciona: "Essa necessidade de controle se justifica em relação aos convênios precisamente por não existir neles a reciprocidade de obrigações presente nos contratos; as verbas repassadas não têm a natureza de preço ou remuneração que uma das partes paga à outra em troca de benefício recebido. Dessa distinção resulta uma consequência: no contrato, a Administração paga uma remuneração em troca de uma obra, um serviço, um projeto, um bem, de que necessita; essa obra, serviço, projeto ou bem entra para o patrimônio público e o valor pago pela Administração entra para o patrimônio do contratado; a forma como este vai utilizar esse valor deixa de interessar ao Poder Público; aquele valor deixou de ser dinheiro

A ATUAÇÃO DO ESTADO NA ECONOMIA COMO ACIONISTA MINORITÁRIO

Por outro lado, como vimos no item 7.1, as empresas participadas, por não fazerem parte da Administração Pública indireta, não estão diretamente vinculadas à prossecução do interesse público, mas sim à busca de objetivos privados, como a obtenção de lucro. Não há que se falar, portanto, em um controle direto do Tribunal de Contas sobre essas companhias, tendo em vista a ausência de recursos públicos a serem fiscalizados.

Na década de 70, por força da redação original do artigo 7º da Lei nº 6.223/1975, o TCU passou a deter competência para fiscalizar empresas privadas nas quais havia forte participação acionária estatal, tendo em vista que o referido dispositivo submetia à jurisdição do tribunal todas as empresas nas quais a Administração Pública detivesse a maior parte do capital, independentemente de possuir o seu controle[677].

Ocorre que tal fato gerou vigorosa reação dos setores empresariais, críticos dessa intervenção estatal. Tais críticas foram bem-sucedidas, resultando na edição apressada da Lei nº 6.525/1978[678], a qual alterou a redação

público no momento em que entrou para o patrimônio privado; vale dizer que o interesse do Poder Público se exaure com a entrega definitiva do objeto do contrato nas condições estipuladas. Já no caso do convênio, se o conveniado recebe determinado valor, este fica vinculado ao objeto do convênio durante toda sua execução, razão pela qual o executor deverá demonstrar que referido valor está sendo utilizado em consonância com os objetivos estipulados. Como não há comutatividade de valores, não basta demonstrar o resultado final obtido; é necessário demonstrar que todo o valor repassado foi utilizado na consecução daquele resultado. Vale dizer que o dinheiro assim repassado não muda sua natureza por força do convênio; ele é transferido e utilizado pelo executor do convênio, mantida sua natureza de dinheiro público (no sentido de que está destinado a fim público). Tanto assim que o § 6º do art. 116 da Lei n 8.666/93 prevê a devolução dos saldos financeiros remanescentes ao órgão repassador quando da conclusão, denúncia, rescisão ou extinção do ajuste; essa devolução deve ser feita no prazo de 30 dias, sob pena da imediata instauração da tomada de contas especial do responsável, providenciada pela autoridade competente do órgão ou entidade titular dos recursos. Por essa razão, o executor do convênio é visto como alguém que administra dinheiro público; como tal, está obrigado a prestar contas não só ao ente repassador da verba, como também ao Tribunal de Contas, com base no art. 70, parágrafo único, da Constituição Federal, e art. 32, parágrafo único, da Constituição do Estado de São Paulo" (DI PIETRO, Maria Sylvia Zanella. *Parcerias na Administração Pública*. Op. cit., p. 235).

[677] Art 7º As entidades públicas com personalidade jurídica de direito privado, **cujo capital pertença, exclusiva ou majoritariamente à União,** a Estado, ao Distrito Federal, a Município ou a qualquer entidade da respectiva administração indireta, ficam submetidas à fiscalização financeira do Tribunal de Contas competente, sem prejuízo do controle exercido pelo Poder Executivo. (grifamos)

[678] Como nos relata Nelson Eizirik: "A questão da fiscalização de contas de empresas privadas pelo TCU tornou-se pública com o caso da Engesa, uma companhia privada fabricante de

da Lei nº 6.223/1975, de modo a deixar claro que a competência fiscalizatória do TCU incidiria apenas sobre as sociedades nas quais o Estado fosse detentor da totalidade ou da maioria das ações ordinárias (portanto, com direito a voto)[679].

Ademais, foi acrescentado o § 3º ao artigo 7º da referida lei dispondo que o ente administrativo que detivesse apenas a metade ou a minoria das ações ordinárias de uma companhia exerceria sobre ela, apenas, o direito de fiscalização assegurado ao acionista minoritário pela Lei das Sociedades por Ações, afastando, de forma expressa, a fiscalização da Corte de Contas sobre as empresas privadas participadas[680].

Embora existam dúvidas acerca da vigência da Lei nº 6.223/1975, com a redação dada pela Lei nº 6.525/1978, em face da edição da Lei nº 8.443/1992 (Lei Orgânica do Tribunal de Contas da União)[681], atualmente, o Tribunal de Contas da União somente tem se considerado competente para fiscalizar empresas em que a União detenha, direta ou indiretamente, a maioria absoluta do capital votante, ainda quando o exercício do controle seja

---

armamentos, com capital pertencente majoritariamente à União, através da EMBRAMEC (subsidiária do BNDE), a qual detinha 40,15% de suas ações ordinárias e 100% das preferenciais. O Tribunal de Contas, seguindo sua interpretação do art. 7º da Lei nº 6.223, de 14.07.1975, resolveu fiscalizar as contas da Engesa, que se recusou a apresentá-las, alegando não estar incluída na categoria de entidade pública. (...) Tal posição (a do TCU) foi contestada vigorosamente sobretudo por setores empresariais que identificavam no exercício da fiscalização mais uma ingerência – segundo eles indevida – do Estado nos negócios dos particulares. (...) As pressões, porém, foram bem-sucedidas, resultando na promulgação apressada da Lei nº 6.525/78." (EIZIRIK, Nelson. As Sociedades Anônimas com Participação Estatal e o Tribunal de Contas. In: *Questões de Direito Societário e Mercado de Capitais*. Op. cit., pp. 29-30).

[679] Art. 7º - As entidades com personalidade jurídica de direito privado, de cujo capital a União, o Estado, o Distrito Federal, o Município ou qualquer entidade da respectiva administração indireta **seja detentor da totalidade ou da maioria das ações ordinárias**, ficam submetidas à fiscalização financeira do Tribunal de Contas competente, sem prejuízo do controle exercido pelo Poder Executivo. (grifamos)

[680] Art. 7º, § 3º - A União, o Estado, o Distrito Federal, o Município ou entidade da respectiva administração indireta que participe do capital de empresa privada detendo apenas a metade ou a minoria das ações ordinárias exercerá o direito de fiscalização assegurado ao acionista minoritário pela Lei das Sociedades por Ações, não constituindo aquela participação motivo da fiscalização prevista no *caput* deste artigo.

[681] O próprio TCU tem emitido decisões contraditórias sobre o tema, ora reconhecendo a vigência da Lei nº 6.223/1975 (Acórdão nº 1924-39/07 - Plenário), ora considerando-a derrogada pela Lei Orgânica do TCU (Acórdão nº 1374 – 25/09 – Plenário).

compartilhado com acionistas privados, por meio de mecanismos institucionais consagrados no Direito Societário[682].

Ficam excluídas, portanto, da jurisdição da Corte de Contas, as companhias em que o Estado figure como acionista dominante com capacidade para influir nas decisões empresariais, porém, não detém, de forma isolada, a maioria do capital votante[683]. Em outras palavras, poderemos ter vários casos de empresas que são controladas de fato pelo Estado, mas que não se submetem à fiscalização do órgão de controle externo.

Cremos que o entendimento de que a competência do TCU estende-se, somente, às sociedades cuja totalidade ou maioria do capital votante pertença à Administração Pública é equivocado. Como sustentamos ao longo desse livro, o controle estatal sobre determinada companhia deve ser caracterizado não pelo critério formal da maioria do capital votante, mas sim pelo fato de a efetiva direção da empresa estar nas mãos do Estado, configurada pela preponderância nas deliberações sociais e pelo poder de eleger a maioria dos administradores.

Parece-nos que a posição do TCU peca pelo formalismo, fechando os olhos para a crescente realidade da intervenção direta do Estado na economia por meio de sociedades controladas independentemente da propriedade da maioria das ações com direito a voto. Esse entendimento conservador pode ser explicado por um apego excessivo às classificações e categorias do Direito Administrativo e por certo desconhecimento ou desprezo dos institutos do Direito Societário[684], bem como por considerações pragmáticas relativas à capacidade de atuação do tribunal[685].

---

[682] PINTO JUNIOR, Mario Engler. "A estrutura da administração pública indireta e o relacionamento do Estado com a companhia controlada". In: *Revista de Direito Público da Economia*, n. 28, 2009, p. 7, versão digital.

[683] Ibidem, p. 7, versão digital.

[684] Sobre o entendimento do TCU acerca do conceito de controle societário das empresas estatais, Diogo Santos critica "a obtusa posição adotada de forma recorrente ao longo de diversos anos pelos tribunais de contas, principalmente o Tribunal de Contas da União, e por outros órgãos de controle das estatais, que se fazem cegos, de propósito ou não, para as novas tendências do Direito Societário, por vezes pelo desconhecimento de sua necessária e evidente interdisciplinaridade com o Direito Administrativo" (SANTOS, Diogo Jorge Favacho. "Poder de controle societário do Estado nas sociedades privadas". In: *Jus Navigandi*, n. 3022, 2011. Disponível em <http://jus.com.br/artigos/20170>. Acesso em junho de 2014).

[685] Embora falando, especificamente, sobre o controle do TCU sobre as sociedades sob controle compartilhado do Estado e de sócios privados, Beatriz Pires chega à conclusão que entendemos ser plenamente aplicável ao caso em questão: "Temos que qualquer entendimen-

LIMITES DA ATUAÇÃO DO ESTADO COMO ACIONISTA MINORITÁRIO

Evidentemente, em relação às empresas privadas participadas, nas quais o Estado é somente acionista minoritário, sem deter o controle societário, não haverá fiscalização direta do Tribunal de Contas, considerando o não enquadramento dessas companhias na Administração Pública e a ausência de recursos públicos a serem fiscalizados, conforme já exposto acima.

Isso não quer dizer que inexiste qualquer tipo de fiscalização da Corte de Contas sobre as empresas participadas. Afinal de contas, as participações públicas minoritárias são contrapartidas ao aporte de recursos públicos nessas companhias. Trata-se, portanto, de investimento estatal, que resultou na aquisição e posterior incorporação dessas participações ao patrimônio público.

É a partir da perspectiva da Administração Pública como aplicadora e gestora de recursos públicos que irá incidir o controle externo sobre a atuação do Estado na economia como acionista minoritário. Ou seja, o controle do TCU sobre as empresas participadas é indireto, sendo o seu foco as entidades administrativas proprietárias de participações minoritárias em sociedades privadas[686].

Dessa maneira, o Tribunal de Contas, conforme previsto no artigo 70, *caput*, da Constituição, poderá exercer a fiscalização contábil, financeira, orçamentária, operacional e patrimonial da participação estatal sem controle em empresas privadas, avaliando sua legalidade, legitimidade e economicidade[687], mas sem adentrar nas decisões de caráter discricionário do

---

to no sentido de submeter uma sociedade com participação minoritária do Estado, porém sob o controle compartilhado deste com um sócio privado, à fiscalização e controle do TCU representaria uma enormidade de novos processos de contas, os quais o próprio Tribunal não teria condições materiais de promover" (PIRES, Beatriz Calero Garriga. *As Sociedades sob Controle Compartilhado do Estado*. Op. cit., p. 171).

[686] Nesse sentido, a jurisdição do TCU estende-se sobre toda a Administração Pública e seus agentes públicos. Especificamente sobre as empresas nas quais o Estado possui participação minoritária, a Lei nº 8.443/1992 (Lei Orgânica do Tribunal de Contas da União) estabelece que a jurisdição do tribunal abrange os representantes da União na assembleia-geral de sociedades anônimas de cujo capital o Poder Público participe, bem como, solidariamente, os membros dos conselhos fiscal e de administração, pela prática de atos de gestão ruinosa ou liberalidade à custa das respectivas sociedades (art. 5º, IX).

[687] Foi o que ocorreu no já citado caso das participações de subsidiárias do Banco do Brasil em empresas de previdência, seguros e capitalização, em que o TCU verificou a inexistência de autorização legal para a participação nas referidas companhias e o desvio de objeto social do banco público, razão pela qual multou os agentes públicos responsáveis e determinou a

A ATUAÇÃO DO ESTADO NA ECONOMIA COMO ACIONISTA MINORITÁRIO

Poder Público[688], tendo em vista que o TCU não pode fazer as vezes de "órgão revisor geral da atividade administrativa federal"[689].

adoção de providências a fim de regularizar as referidas participações. Cf. TCU, *DS* 24 jun. 2009, Acórdão 1374/2009, Rel. Min. Raimundo Carreiro.

[688] Em decisão relativa à 1ª fase da concessão do aeroporto de Guarulhos, o TCU manifestou-se no sentido de ser desnecessária e desarrazoada a exigência de participação da INFRAERO no capital da SPE vencedora da concessão na proporção de 49% do capital, pelo potencial de conflito de interesses com o sócio privado e de prejuízos ao andamento da concessão. No entanto, reconheceu que a decisão acerca da modelagem da concessão encontra-se na esfera de discricionariedade do administrador público, emitindo sua opinião apenas com o caráter de recomendação, nos seguintes termos: "92. Além dos pontos discutidos com maior detalhe neste voto, merece reflexão a obrigatoriedade da participação da Infraero na composição acionária da futura Sociedade de Propósito Específico (SPE). Conforme destacou a Sefid-1, a automática inclusão da Infraero como participante da SPE gerenciadora da concessão surge desarrazoada, não se encontrando, nos autos, argumentação que a sustente. Regidos por lógicas distintas, vislumbra-se que a coexistência da empresa pública e do agente privado na SPE responsável pela gestão do aeroporto ostenta significativa possibilidade de extenso prejuízo à capacidade decisória da concessionária, em detrimento da eficiência originalmente almejada pelo instituto da concessão. Sublinha-se, assim, que a obrigatoriedade de participação da Infraero potencializa os riscos quanto à governança corporativa da SPE. 93. As atividades da futura empresa concessionária resultariam, portanto, mais bem alinhadas aos interesses públicos em decorrência da diligente atuação da agência reguladora do setor do que pela pretendida participação direta de empresa estatal na SPE, representando a injustificada permanência da Infraero no arranjo societário um desnecessário risco à concessão para prestação do serviço público nos aeroportos. 94. Em face de a decisão da Anac quanto à participação da Infraero na futura concessionária encontrar-se dentro de sua esfera de atuação discricionária e dos riscos supramencionados, entendo pertinente formular a recomendação sugerida pela Sefid-1, no sentido de recomendar à Agência Nacional de Aviação Civil que reconsidere a obrigatoriedade de participação da Infraero na futura SPE ou que seja estabelecido, na minuta de contrato, mecanismo que possibilite e estimule a diminuição gradativa dessa participação no capital social da concessionária" (TCU, *DS* 07 dez. 2011, Acórdão 3232/2011, Rel. Min. Aroldo Cedraz).

[689] SUNDFELD, Carlos Ari e CÂMARA, Jacintho Arruda. Competências de Controle dos Tribunais de Contas – possibilidades e limites. In: SUNDFELD, Carlos Ari (org.). *Contratações Públicas e seu Controle. Op. cit.*, p. 186.

LIMITES DA ATUAÇÃO DO ESTADO COMO ACIONISTA MINORITÁRIO

Enfim, a atuação da Corte de Contas consiste em verificar se a Administração Pública, no trato de suas participações societárias minoritárias, está agindo em conformidade com os princípios e regras que regem a atividade administrativa. Por sua vez, a fiscalização do Estado sobre as empresas privadas nas quais detém participação será realizada dentro das normas de Direito Societário que garantem o direito dos acionistas minoritários fiscalizarem a gestão dos negócios sociais[690].

---

[690] Lei nº 6.404/1976 (Lei das Sociedades por Ações) Art. 109. Nem o estatuto social nem a assembléia-geral poderão privar o acionista dos direitos de: (...) III - fiscalizar, na forma prevista nesta Lei, a gestão dos negócios sociais.

CONCLUSÃO

Mesmo após os movimentos de reforma do Estado ocorridos no mundo a partir do final da década de 70 e início dos anos 80, os quais aportaram no Brasil nos anos 90, a influência estatal na economia não diminuiu verdadeiramente. Isso porque, apesar dos programas de desestatização, o Poder Público, além do aumento de seu poder regulatório, manteve sob seu controle um número considerável de empresas estatais, além de ter recorrido a novas técnicas interventivas.

Dentre essas técnicas, destaca-se o uso de participações societárias minoritárias no capital de empresas privadas como forma de consecução de diversos objetivos da política econômica estatal. Afinal, não é necessário que o Estado detenha o controle acionário de determinada companhia para que sua participação financeira atenda ao interesse público.

Desse modo, embora a propriedade pública de parcelas minoritárias do capital de empresas privadas não seja novidade, a utilização sistemática dessas participações como meio de influenciar a atuação da iniciativa privada em prol de objetivos governamentais apresenta um caráter relativamente novo, datando do final do século XX e início do século XXI.

Trata-se de uma forma de reinvenção do capitalismo de Estado, pelo qual se adota um modelo de capitalismo híbrido, caracterizado por um arranjo societário entre o Poder Público e parceiros privados. Essas sociedades privadas nas quais o Estado detém participação minoritária com vistas à realização de determinado fim público têm sido denominadas de empresas público-privadas, empresas semiestatais ou empresas participadas.

A ATUAÇÃO DO ESTADO NA ECONOMIA COMO ACIONISTA MINORITÁRIO

No Brasil, a Constituição de 1988 prevê a possibilidade de participação estatal no capital de companhias privadas, seja diretamente, seja indiretamente por meio de outras entidades da Administração Pública indireta, desde que haja autorização legislativa, nos termos do artigo 37, XX.

Ressalte-se que, embora estejamos falando da propriedade estatal sobre parcelas do capital social de empresas privadas, essas participações não configuram, somente, forma de exploração direta da atividade econômica. Na verdade, as participações públicas minoritárias devem ser compreendidas como uma técnica jurídica ou uma ferramenta da qual o Estado pode se valer para realizar as diferentes modalidades de atuação estatal na economia.

Assim, tais participações possibilitam ao Estado atuar como empresária, regulador, fomentador ou investidor. Como empresária, a Administração Pública pode constituir parcerias societárias com particulares nas quais detém, apenas, uma parcela minoritária do capital, mas figura como acionista estratégica. É o caso das participações da Petrobrás em sociedades privadas que exercem atividades ligadas à indústria do petróleo.

Sob o aspecto regulatório, as participações minoritárias prestam-se a garantir a influência estatal no interior de determinada empresa, induzindo o seu comportamento em prol dos objetivos públicos, como no exemplo da participação da INFRAERO no capital das sociedades de propósito específico que irão explorar os aeroportos concedidos. Ademais, ao conformar o comportamento de determinado agente econômico, a atuação intrassocietária estatal pode gerar reflexos sobre os demais participantes do mercado.

Em relação ao fomento, as participações públicas minoritárias são uma alternativa às formas tradicionais de apoio financeiro (como subvenções e empréstimos), passando o Estado a colaborar com as empresas privadas pela aquisição de parte de suas ações. É o que faz, por exemplo, a BNDES PARTICIPAÇÕES S/A – BNDESPAR, empresa estatal que, por meio de suas participações societárias minoritárias e transitórias, capitaliza empresas brasileiras a fim de contribuir para o desenvolvimento econômico nacional.

Como investidor, em busca de rentabilidade para suas aplicações financeiras, o Estado atua no mercado de capitais adquirindo valores mobiliários representativos do capital social de companhias privadas, sendo remunerado pela valorização de suas participações e pela distribuição de dividendos. Nesse contexto, destaca-se a atuação das entidades previdenciárias

CONCLUSÃO

estatais e dos fundos soberanos, os quais administram uma enorme quantia de recursos cujos rendimentos serão destinados ao financiamento das obrigações estatais e das políticas públicas.

A atuação do Estado na economia como acionista minoritário também se baseia na utilização de mecanismos societários que lhe permitem, mesmo como minoritário, influenciar na direção das empresas participadas. Assim, a Administração Pública lança mão de instrumentos previstos na legislação de Direito Privado para a organização do poder de controle interno da companhia, tais como espécies e classes de ações, acordos de acionistas e *golden shares*.

Em relação à natureza jurídica da atuação por meio de participações públicas minoritárias, verificamos que essa pode configurar-se, a depender do caso concreto, em modalidade de intervenção direta ou indireta na economia. A distinção deve ser feita com base no critério da finalidade imediata perseguida, tendo em vista que a mesma técnica (as participações minoritárias) serve a diversas possibilidades de ação estatal.

A escolha das participações públicas minoritárias como instrumento de atuação na ordem econômica exige que essa ferramenta mostre-se vantajosa em comparação com as outras técnicas interventivas. Para isso é necessário recorrer aos princípios da eficiência e da proporcionalidade.

Dessa forma, é possível identificar situações em que a intervenção estatal é mais bem realizada por meio da propriedade pública dos bens de produção do que através dos mecanismos tradicionais de atuação indireta, tais como a edição de normas regulatórias no molde de comando e controle e a concessão de subsídios para o setor privado.

Além disso, o uso das participações minoritárias em oposição à criação de empresas estatais também pode mostrar-se vantajoso, sendo uma forma de eliminar ou mitigar as falhas normalmente associadas às empresas públicas, além de permitir uma divisão de custos e riscos com os sócios particulares.

Por fim, tratamos de apontar os limites da atuação estatal como acionista minoritário, assinalando a necessidade de autorização legislativa e a adstrição ao interesse público e aos princípios gerais da atividade administrativa. Fizemos a distinção entre o uso das participações minoritárias como opção legítima de ferramenta interventiva versus sua aplicação como burla ao regime jurídico aplicável às empresas estatais, mediante o controle societário disfarçado e a simulação de contratações administrativas.

A ATUAÇÃO DO ESTADO NA ECONOMIA COMO ACIONISTA MINORITÁRIO

Quanto ao problema da escolha dos parceiros privados pela Administração Pública, vimos que nem sempre a realização de licitação é inviável, pelo contrário, existem hipóteses em que ela é exigível por lei, como no caso das parcerias público-privadas. E mesmo nos casos nos quais a contratação direta se justifique, é imprescindível que essa seja realizada em conformidade com os princípios gerais da Administração Pública e no âmbito de um processo formal, onde fiquem consignadas as motivações e justificativas da seleção do sócio privado, permitindo o controle público.

Apesar de envolverem um substancial aporte de recursos em sociedades privadas, as participações públicas minoritárias não têm o condão de submeter as empresas participadas ao controle direto do Tribunal de Contas da União, tendo em vista que essas fazem parte da iniciativa privada e não administram recursos públicos.

No entanto, a fiscalização contábil, financeira, orçamentária, operacional e patrimonial sobre tais companhias é exercida de forma indireta, pois cabe a Corte de Contas avaliar se o Estado está administrando suas participações minoritárias conforme os princípios e regras aplicáveis à Administração Pública. Por sua vez, a fiscalização do Estado acionista sobre as empresas participadas será realizada dentro das normas de Direito Societário que garantem o direito dos acionistas minoritários fiscalizarem a gestão dos negócios sociais.

REFERÊNCIAS BIBLIOGRÁFICAS

ABRAÃO, Eduardo Lysias Maia. *Acordos de Acionistas:* típicos e atípicos. Curitiba: Juruá Editora, 2011.

AGUILLAR, Fernando Herren. *Controle Social de Serviços Públicos.* São Paulo: Max Limonad, 1999.

AHARONI, Yair. The Performance of State-Owned Enterprises. In: TONINELLI, Pier Angelo. (Ed.). *The Rise and Fall of State-Owned Enterprise in the Western World.* Cambridge: Cambridge University Press, 2000, p. 49 – 72.

ALBUQUERQUE, Pedro de; PEREIRA, Maria de Lurdes. *As "Golden Shares" do Estado Português em Empresas Privatizadas:* Limites à Sua Admissibilidade e Exercício. Coimbra: Coimbra Editora, 2006.

ALESSI, Renato. *Principi di diritto amministrativo: i soggetti attivi e l'esplicazione della funzione amministrativa.* 4. ed. Milano: Giuffrè, 1978.

AMARAL, Antônio Carlos Cintra do. Formação de consórcio – Escolha de parceiro por empresa estadual – Desnecessidade de licitação. In: *Revista Eletrônica de Direito Administrativo Econômico,* Salvador, nº 11, 2007, ago/set/out, 2007.

AMARO, Luciano. *Direito Tributário Brasileiro.* São Paulo: Saraiva, 2009.

ARAGÃO, Alexandre Santos de. *Agências Reguladoras e a Evolução do Direito Administrativo Econômico.* Rio de Janeiro: Forense, 2005.

A ATUAÇÃO DO ESTADO NA ECONOMIA COMO ACIONISTA MINORITÁRIO

_____. O conceito jurídico de regulação da economia. In: *Revista de Direito Mercantil, Industrial, Econômico e Financeiro*, São Paulo, v. 122, ano XL, abr/jun 2001, p. 38-48.

_____. *Curso de Direito Administrativo*, 2. ed., Rio de Janeiro: Forense, 2013.

_____. *Direito dos Serviços Públicos*. Rio de Janeiro: Forense, 2008.

_____. Empresas estatais e o controle pelos Tribunais de Contas. In: *Revista de Direito Público da Economia - RDPE*, n. 23 , 2008.

_____. Empresa público-privada. In: Revista dos Tribunais, ano 98, v. 890, dez. 2009, p. 33-68.

_____. Interpretação Consequencialista e Análise Econômica do Direito Público à Luz dos Princípios Constitucionais da Eficiência e da Economicidade. In: SOUZA NETO, Cláudio Pereira de; SARMENTO, Daniel; BINENBOJM, Gustavo (Coords.). *Vinte Anos da Constituição Federal de 1988*. Rio de Janeiro: Lumen Juris, 2009, p. 295-310.

_____. (coord.). *O Poder Normativo das Agências Reguladoras*. Rio de Janeiro: Forense, 2011.

_____. O Princípio da Proporcionalidade no Direito Econômico. In: *Revista de Direito da Procuradoria Geral do Estado do Rio de Janeiro*, Rio de Janeiro: vol. 55, 2002, p. 137-174.

ARBIX, Glauco; MARTIN, Scott B. *Beyond Developmentalism and Market Fundamentalism in Brazil*: Inclusionary State Activism without Statism. 2010. Disponível em:< http://www.law.wisc.edu/gls/documents/paper_arbix.pdf>. Acesso em: 02 set. 2012.

ATALIBA, Geraldo; GONÇALVES, J. A. Lima. Excedente Contábil – Sua Significação Nas Atividades Pública e Privada. In: *Revista Trimestral de Direito Público*, n. 6, 1994.

ÁVILA, Ana Paula Oliveira; SILVA, Raphael Bernardes. Ordem econômica, Lei Antitruste e a exclusividade dos bancos oficiais na gestão das disponibilidades de caixa da Administração Pública. In: *Revista de Direito Público da Economia*, v. 10, n. 40, out/dez 2012, p. 33-65.

BACKER, Larry Catá. The Private Law of Public Law: Public Authorities as Shareholders, Golden Shares, Sovereign Wealth Funds, and the Public Law Element in Private Choice of Law. In: *TULANE Law Review*, v. 82, 2008.

BALDWIN, Robert; CAVE, Martin; LODGE, Martin (ed.). *The Oxford Handbook of Regulation*. Oxford: Oxford University Press, 2010.

_____. *Understanding Regulation:* theory, strategy and practice. Oxford: Oxford University Press, 2012.

REFERÊNCIAS BIBLIOGRÁFICAS

BARBI FILHO, Celso. *Acordo de Acionistas*. Belo Horizonte: Del Rey, 1993, p. 42.

BARCELLOS, Ana Paula de. *A eficácia jurídica dos princípios constitucionais:* o princípio da dignidade da pessoa humana. Rio de Janeiro: Renovar, 2002.

BARNETT, Andy H; YANDLE, Bruce. Regulation by Taxation. In: BACKHAUS, Juergen G.; WAGNER, Richard E. (ed.). *Handbook of Public Finance*. Boston: Kluwer, 2004.

BARROSO, Luís Roberto. Agências Reguladoras. Constituição, Transformações do Estado e legitimidade democrática. In: *Temas de Direito Constitucional*. Rio de Janeiro: Renovar, 2003, t. II.

_____. *Curso de Direito Consitucional Contemporâneo:* os conceitos fundamentais e a construção do novo modelo. São Paulo: Saraiva, 2009.

_____. *Interpretação e Aplicação da Constituição:* fundamentos de uma dogmática constitucional transformadora. São Paulo: Saraiva, 2004.

_____. Intervenção no domínio econômico – sociedade de economia mista – Abuso do poder econômico. In: *Revista de Direito Administrativo*, v. 212/303, 1998.

_____. A Ordem Econômica Constitucional e os Limites à Atuação Estatal no Controle de Preços. In: *Temas de Direito Constitucional*, Rio de Janeiro: Renovar, 2003, t. II.

BATALHA, Wilson de Souza Campos. *Sociedades Anônimas e mercados de capitais*. Rio de Janeiro: Forense, 1973, v. 1.

BELLINI, Nicola. The Decline of State-Owned Enterprise and the New Foundations of the State-Industry Relationship. In: TONINELLI, Pier Angelo. (Ed.). *The Rise and Fall of State-Owned Enterprise in the Western World*. Cambridge: Cambridge University Press, 2000.

BENSOUSSAN, Fábio Guimarães. *A participação do Estado na atividade empresarial através das "golden shares"*. 2006. 128f. Dissertação (Mestrado em Direito) – Faculdade de Direito Milton Campos, Nova Lima. Disponível em: <http://www.mcampos.br/posgraduacao/Mestrado/dissertacoes/2011../fabioguimaraesbensousnatividadeempresarial atravesdasgoldeshares.pdf.> Acesso em: 13 dez. 2013.

BERCOVICI, Gilberto. Os Princípios Estruturantes e o Papel do Estado. In: CARDOSO JR., José Celso (org.). *A Constituição Brasileira de 1988 Revisitada:* recuperação histórica e desafios atuais das políticas públicas nas áreas econômicas e sociais. Brasília: Ipea, 2009, v. 1.

A ATUAÇÃO DO ESTADO NA ECONOMIA COMO ACIONISTA MINORITÁRIO

BERLE, Adolf A. e MEANS, Gardiner C. *A moderna sociedade anônima e a propriedade privada.* Tradução de Dinah de Abreu Azevedo. São Paulo: Nova Cultural, 1987.

BIELSA, Rafael. *Derecho Administrativo*, [S.l.: S.n., 19--], t. 2. *apud* SCHILLING, Arno. Sociedades de Economia Mista. In: *Revista de Direito Administrativo*, v. 50, 1957.

BINENBOJM, Gustavo. Direitos humanos e justiça social: as ideias de liberdade e igualdade no final do século XX. In: *Temas de Direito Administrativo e Constitucional.* Rio de Janeiro: Renovar, 2008.

_____. Regulamentos simplificados de licitações das empresas estatais: o caso da Petrobrás. In: *Temas de Direito Administrativo e Constitucional.* Rio de Janeiro: Renovar, 2008.

_____. *Uma teoria do direito administrativo.* Rio de Janeiro: Renovar, 2006.

BOBBIO, Norberto. *A era dos direitos.* Rio de Janeiro: Campus, 1992.

BORBA, José Edwaldo Tavares. *Direito Societário*, 9. ed., Rio de Janeiro: Renovar, 2004.

BORGES, Alice Gonzáles. Aplicabilidade de normas gerais de lei federal aos Estados. In: *Revista de Direito Administrativo*, v. 194, 1993.

BORGES, Luiz Ferreira Xavier. O Acordo de Acionistas como Instrumento de Política de Fomento do BNDES: O Pólo de Camaçari. In: *Revista do BNDES*, v. 14, n. 28, dez. 2007, p. 55-92.

BORTOLOTTI, Bernardo e SINISCALCO, Domenico. *The Challenges of Privatization:* an international analysis. Oxford: Oxford University Press, 2003.

_____; FACCIO, Mara. Government Control of Privatized Firms. In: *Review of Financial Studies*, v. 22, 2009.

BREMMER, Ian. *O fim do livre mercado:* quem vence a guerra entre Estado e corporações? Tradução de Luiz Euclydes T. Frazão Filho. São Paulo: Saraiva, 2011.

BRUNETTI, Antonio. *Trattato del Diritto delle Società*, Milão: A. Giuffré, 1948, v. II.

BUTLER, Nicholas Murray. *Why should we change our form of government?* New York: C. Scribner Sons, 1912. *Apud* SANTOS, Theophilo de Azeredo. *As Sociedades de Economia Mista no Direito Brasileiro.* Rio de Janeiro: Forense, 1964, p.13.

BUGARIN, Paulo Soares. Reflexões sobre o princípio constitucional da economicidade e o papel do TCU. In: *Revista do Tribunal de Contas da União*, v. 29, 1998.

REFERÊNCIAS BIBLIOGRÁFICAS

BULGARELLI, Waldirio. *Manual das Sociedades Anônimas*, 9. ed. São Paulo: Atlas, 1997.

_____. *Tratado de Direito Empresarial*, 2. ed. São Paulo: Atlas, 1995.

CALABRESI, Guido; BOBBIT, Philip. *Tragic Choices. The conflicts society confronts in the allocation of scarce resources.* New York: Norton, 1978.

CÂMARA, Jacintho Arruda. O lucro nas empresas estatais. In: *Revista Brasileira de Direito Público*, n. 37, abr/jun. 2012, p. 9-18.

CAMARGO, Sérgio Alexandre. Tipos de Estatais. In: SOUTO, Marcos Juruena Villela (Coord.). *Direito Administrativo Empresarial.* Rio de Janeiro: Lumen Juris, 2006.

CAMINHA, Uinie. "Dissolução parcial de S.A. Quebra da *affectio societatis*. Apuração de haveres". In: *Revista de Direito Mercantil, Industrial, Econômico e Financeiro*, n. 114, ano XXXVII (nova série), abril-junho/99, São Paulo: Malheiros, p. 174-182.

_____. *Securitização.* São Paulo: Saraiva, 2005.

CAMPINHO, Sérgio. *O direito de empresa à luz do novo código civil.* Rio de Janeiro: Renovar, 2006.

CAPARICA, Rodrigo Ferreira de Carvalho. *O Papel dos Fundos Soberanos na Economia Mundial.* 2010. 50f. Dissertação (Mestrado em Finanças e Economia Empresarial) – Fundação Getúlio Vargas, Rio de Janeiro, 12 de abril de 2010.

CARTIER-BRESSON, Anémone. *L'Ètat Actionnaire.* Paris: L.G.D.J, 2010.

CARVALHO, Vinícius Marques de. Desregulação e Reforma do Estado no Brasil: Impactos sobre a Prestação de Serviços Públicos. In: DI PIETRO, Maria Sylvia Zanella (org.). *Direito Regulatório:* temas polêmicos. Belo Horizonte: Fórum, 2004.

CARVALHO FILHO, José dos Santos. *Manual de Direito Administrativo.* 16. ed. Rio de Janeiro: Lumen Juris, 2006.

CARVALHOSA, Modesto. *Acordo de Acionistas.* São Paulo: Saraiva, 1984.

_____. *Comentários à Lei de Sociedades Anônimas.* São Paulo: Saraiva, 2011.

CHÉRON, Albert. *De l'Actionnariat des Collectivités Publiques.* Paris: Recueil Sirey, 1928.

COMPARATO, Fábio Konder. O Indispensável Direito Econômico. In: COMPARATO, Fábio Konder. *Ensaios e Pareceres de Direito Empresarial.* Rio de Janeiro: Forense, 1978.

_____. Monopólio público e domínio público. In: COMPARATO, Fábio Konder. *Direito Público: estudos e pareceres*. São Paulo: Saraiva, 1996

COOTER, Robert e ULEN, Thomas. *Direito & Economia*. Porto Alegre: Bookman, 2010.

COSTA, Judith Martins. "As cláusulas gerais como fatores de mobilidade do sistema jurídico". In: *Revista dos Tribunais*, v. 680, jun 1992, p. 47-58.

COUTINHO, Diogo R. "O direito no desenvolvimento econômico". In: *Revista Brasileira de Direito Público*, n. 38, 2012.

_____e MATTOS, Paulo Todescan Lessa. LANDS- Law and the New Developmental State. Disponível em: http://www.cebrap.org.br/v2/researches/view/271. Acesso em março de 2013.

CRETELLA JÚNIOR, José. *Comentários à Constituição brasileira de 1988*. Rio de Janeiro: Forense Universitária, 1992.

_____. *Empresa Pública*. São Paulo: Bushatsky, 1973.

CYRINO, André Rodrigues. *"Até onde vai o empreendedorismo estatal? Uma análise econômica do artigo 173 da Constituição"*. Mimeografado, 2012.

_____. *Direito Constitucional Regulatório – Elementos para uma interpretação institucionalmente adequada da Constituição econômica brasileira*. Rio de Janeiro: Renovar, 2010.

D'ALBERTI, Marco. Administrative law and the public regulation of markets in a global age. In: ROSE-ACKERMAN, Susan e LINDSETH, Peter (ed.). *Comparative Administrative Law*. Cheltenham: Edward Elgar, 2010.

DALLARI, Adílson Abreu. "Acordo de Acionistas – Empresa Estadual Concessionária de Serviço Público Federal – Manutenção da qualidade de acionista controlador". In: *Revista Trimestral de Direito Público*, n. 28, 1999, p. 84-108.

D'ALTE, Sofia Tomé. *A Nova Configuração do Sector Empresarial do Estado e a Empresarialização dos Serviços Públicos*. Coimbra: Almedina, 2007.

DAVIDOFF, Steven M. e ZARING, David. "Regulation by Deal: The Governement's Response to the Financial Crisis". In: *Administrative Law Review*, v. 61, 2009.

DAVIS, M. T. de Carvalho Britto. *Tratado das Sociedades de Economia Mista*. Rio de Janeiro: José Konfino, 1969, v. I.

DELGADO, Maurício Godinho. *Curso de Direito do Trabalho*, 6. ed., São Paulo: LTr, 2007.

REFERÊNCIAS BIBLIOGRÁFICAS

DERBLI, Felipe. Inovação na Gestão de Ativos Imóveis dos Regimes Próprios de Previdência Social: Uma Proposta de Securitização. In: SOUTO, Marcos Juruena Villela (Coord.). *Direito Administrativo: estudos em homenagem a Francisco Mauro Dias*. Rio de Janeiro: Lumen Juris, 2009.

DI PIETRO, Maria Sylvia Zanella. *Direito Administrativo*. 17. ed., São Paulo: Atlas, 2004.

_____. *Do Direito Privado na Administração Pública*. São Paulo: Atlas, 1989.

_____. Limites da Função Reguladora das Agências diante do Princípio da Legalidade. In: DI PIETRO, Maria Sylvia Zanella (org.). *Direito Regulatório: temas polêmicos*. Belo Horizonte: Fórum, 2004.

_____. *Parcerias na Administração Pública*, 7. ed., São Paulo: Atlas, 2009.

DÓRIA, Antônio Roberto Sampaio. *Elisão e evasão fiscal*. São Paulo: Bushatsky, 1977.

EIZIRIK, Nelson. *A Lei das S/A Comentada*. São Paulo: Quartier Latin, 2011.

_____. As Sociedades Anônimas com Participação Estatal e o Tribunal de Contas. In: *Questões de Direito Societário e Mercado de Capitais*. Rio de Janeiro: Forense, 1987.

_____; GAAL, Ariádna B.; PARENTE, Flávia e HENRIQUES, Marcus de Freitas. *Mercado de Capitais – regime jurídico*. Rio de Janeiro: Renovar, 2008.

ELALI, André. *Tributação e Regulação Econômica:* um exame da tributação como instrumento de regulação econômica na busca da redução das desigualdades regionais. São Paulo: MP Editora, 2007.

ESTORNINHO, Maria João. *A fuga para o direito privado: contributo para o estudo da actividade de direito privado da Administração Pública*. Coimbra:Almedina, 2009.

EVANS, Peter. *A tríplice aliança:* as multinacionais, as estatais e o capital nacional no desenvolvimento dependente brasileiro. Tradução de Waltensir Dutra. Rio de Janeiro: Zahar, 1982.

FAIRFAX, Lisa M. "Achieving the double bottom line: a framework for corporations seeking to deliver profits and public services". In: *Stanford Journal of Law, Business & Finance*, v. 2, 2003-2004.

FERNANDES, Ciro Campos Christo. *Políticas de compras e contratações:* trajetória e mudanças na administração pública federal brasileira. Tese de doutorado apresentada a Escola Brasileira de Administração pública e de Empresas como parte dos requisitos para a obtenção do título de Doutor em Administração, 2010, 285 p.

A ATUAÇÃO DO ESTADO NA ECONOMIA COMO ACIONISTA MINORITÁRIO

FERRARA, Francesco. *A simulação dos negócios jurídicos*. São Paulo: Saraiva, 1939.

FERRAZ, Luciano. Função Regulatória da Licitação. In: *Revista Eletrônica de Direito Administrativo Econômico*, nº 19, 2009. Disponível em: <http://www.direitodoestado.com/revista/REDAE-19-AGOSTO-2009-LUCIANO-FERRAZ.pdf>. Acesso em: ago. 2013.

FERREIRA, Daniel. *A Licitação Pública no Brasil e sua Nova Finalidade Legal: a promoção do desenvolvimento nacional sustentável*. Belo Horizonte: Fórum, 2012.

FERREIRA, Sérgio de Andréa. *Comentários à Constituição*, vol. III, Rio de Janeiro: Freitas Bastos, 1991.

FERREIRA, Waldemar Martins. *A sociedade de economia mista em seu aspecto contemporâneo*. São Paulo: Max Limonad, 1956.

FIDALGO, Carolina Barros. *O Estado Empresário: regime jurídico das tradicionais e novas formas de atuação empresarial do Estado na economia brasileira*. Dissertação de mestrado apresentada ao Programa de Pós-Graduação em Direito da Universidade do Estado do Rio de Janeiro como requisito parcial para a obtenção do título de Mestre em Direito, 2012, 370 p.

_____. As sociedades de capital público-privado sem controle estatal. In: *Revista dos Tribunais*, ano 101, v. 922, ago 2012, p. 197-250.

FIGUEIREDO, Lúcia Valle. *Direito Público: Estudo*. Belo Horizonte: Fórum, 2007.

FGV, A Era Vargas: dos anos 20 a 1945. Disponível em http://cpdoc.fgv.br/producao/dossies/AEraVargas1/anos37-45/AGuerraNoBrasil/NegociacaoAlinhamento. Acesso em março de 2013.

FONTES FILHO, Joaquim Rubens e PICOLIN, Lídice Meireles. Governança corporativa em empresas estatais: avanços, propostas e limitações. In: *Revista de Administração Pública*, vol. 42, nº 6, 2008. Disponível em http://www.scielo.br/scielo.php?pid=S0034-76122008000600007&script=sci_arttext. Acesso em março de 2013.

FRANÇA, Erasmo Valladão Azevedo e Novaes; VON ADAMEK, Marcelo Vieira. "Affectio societatis": um conceito jurídico superado no moderno direito societário pelo conceito de fim social. In: FRANÇA, Erasmo Valladão Azevedo e Novaes. (Org.). *Direito Societário Contemporâneo I*. São Paulo: Quartier Latin, 2009.

FURTADO, Lucas Rocha. *Curso de Licitações e Contratos Administrativos*, 5. ed.. Belo Horizonte: Fórum, 2013.

GAUDIN, Jean-Pierre. *Gouverner par contrat*. Paris: Les Presses de Sciences Po, 2007.

REFERÊNCIAS BIBLIOGRÁFICAS

GLAESER, Edward L. e SHLEIFER, Andrei. The Rise of the Regulatory State. In: *NBER Working Paper Series*, nº 8650, 2001. Disponível em: <http://www.nber.org/papers/w8650.pdf?new_window=1>. Acesso em: ago. 2013.

GONÇALVES, Pedro Costa. *Reflexões sobre o Estado Regulador e o Estado Contratante*. Coimbra: Coimbra Editora, 2013.

_____. Regulação administrativa e contrato. In: *Revista de Direito Público da Economia*, nº 35, jul/set. 2011.

GRAU, Eros Roberto. Constituição e Serviço Público. In: GRAU, Eros Roberto e GUERRA FILHO, Willis Santiago (Orgs.). *Direito Constitucional: estudos em homenagem a Paulo Bonavides*. São Paulo: Malheiros, 2003.

_____. As licitações e as empresas estatais após a Emenda 19. In: *Revista Trimestral de Direito Público*, n. 23, 1998.

_____. Lucratividade e função social nas empresas sob controle do Estado. In: *Revista de Direito Mercantil, Industrial, Econômico e Financeiro*, n. 55, jul./set.1984, p. 35-59.

_____. *A Ordem Econômica na Constituição de 1988 (Interpretação e Crítica)*, 15. ed., São Paulo: Malheiros, 2012.

GROTTI, Dinorá Adelaide Musetti. *O Serviço Público e a Constituição Brasileira de 1988*. Malheiros: São Paulo, 2003.

GUEDES, Filipe Machado. As Empresas Estatais e o Direito Societário. In: *Revista de Direito Administrativo Contemporâneo*, v. 3, nov/dez 2013, p. 293-315.

GUERRA, Sérgio. Neoempreendedorismo Estatal e os Consórcios com Empresas do Setor Privado. In: MARSHALL, Carla (Org.). *Direito Empresarial Público II*. Rio de Janeiro: Lumen Juris, 2004.

GUIMARÃES, Ruy Carneiro. *Sociedades por Ações*. Rio de Janeiro: Forense, 1960, v.1.

HAYDEN, Grant M. e BODIE, Matthew T.. One Share, One Vote and the False Promise of the Shareholder Homogeneity. In: Cardozo Law Review, v. 30:2, 2008.

HELLER, Léo; COUTINHO, Marcelo Libânio e MINGOTI, Sueli Aparecida. Diferentes modelos de gestão de serviços de saneamento produzem os mesmos resultados? Um estudo comparativo em Minas Gerais com base em indicadores. In: *Engenharia Sanitária e Ambiental*, v. 11, nº 4, 2006. Disponível em http://www.scielo.br/pdf/esa/v11n4/a05v11n4. Acesso em maio de 2014.

A ATUAÇÃO DO ESTADO NA ECONOMIA COMO ACIONISTA MINORITÁRIO

IMF. Sovereign Wealth Funds — *A Work Agenda*. Disponível em http://www.imf.org/external/np/pp/eng/2008/022908.pdf. Acesso em março de 2014.

INSTITUTO BRASILEIRO DE GOVERNANÇA CORPORATIVA. *Código das Melhores Práticas de Governança Corporativa*. Disponível em www.ibgc.org.br/Download. aspx?Ref=Codigos&CodCodigo=47. Acesso em outubro de 2013.

IORIO, Ubiratan Jorge. Dez lições de economia austríaca – Segunda lição: o que é economia, escassez, escolhas e valor. Disponível em http://www.mises.org.br/Article. aspx?id=1404. Acesso em janeiro de 2014.

JANNET, Claudio. *Le capital, la spéculation et la finance au XIX siècle*. Paris: Plon, 1892, p.159. *Apud* VALVERDE, Trajano de Miranda. "Sociedades Anônimas ou Companhias de Economia Mista". In: *Revista Forense*, vol. 102, 1945, p.418.

JORNAL O GLOBO. PT reforça Estado na economia e cria 40 estatais. Jornal O Globo. Publicado em 30 out. 2011, p. 41.

JUSTEN FILHO, Marçal e JORDÃO, Eduardo Ferreira. "A contratação administrativa destinada ao fomento de atividades privadas de interesse coletivo". In: *Revista Brasileira de Direito Público - RBDP*, n. 34, jul. 2011, p. 47-71.

JUSTEN FILHO, Marçal. *Comentários à lei de licitações e contratos administrativos*, 11. ed., São Paulo: Dialética, 2005.

_____. *Curso de Direito Administrativo*, 6. ed., Belo Horizonte: Fórum, 2010.

_____. "As empresas privadas com participação estatal minoritária. In: *Revista de Direito Administrativo Contemporâneo*, set/out. 2013, v. 2, p 271-284.

_____. O Regime Jurídico das Empresas Estatais e a Distinção entre "Serviço Público" e "Atividade Econômica". In: *Revista de Direito do Estado*, nº 1, 2006, p.119-136.

KAHAN, Marcel; ROCK, Edward B.. "When the Government is the Controlling Shareholder". In: Texas Law Review, Volume 89:1293, 2011.

LAMARQUE, Jean. *Recherches sur l'application du droit privé aux services publics administratifs*. Paris: L.G.D.J., 1960. *Apud* SCHWIND, Rafael Wallbach. *Participação estatal em empresas privadas: as "empresas público-privadas"*.

LAZZARINI, Sérgio G.. *Capitalismo de Laços*: os donos do Brasil e suas conexões. Rio de Janeiro: Elsevier, 2011.

LEÃES, Luiz Gastão Paes de Barros. *Pareceres*, São Paulo: Singular, 2004, v.1.

REFERÊNCIAS BIBLIOGRÁFICAS

LEAL, Fernando. Propostas para uma abordagem teórico-metodológica do dever constitucional de eficiência. In: *Revista Brasileira de Direito Público*, n. 14, jul./set. 2006, versão digital.

LEITE, Carina Lellis Nicoll Simões. O Lucro nas Sociedades de Economia Mista. Mimeografado, 2012.

LIMA, Paulo B. de Araújo. *Sociedades de Economia Mista e a Lei das S.A.* Rio de Janeiro: IBMEC, 1980.

LOBEL, Orly. The Renew Deal: the fall of regulation and the rise of governance in contemporary legal thought. In: *Minnesota Law Review*, v. 89, 2004.

LOBO, Jorge Joaquim. *Direitos dos Acionistas.* Rio de Janeiro: Elselvier, 2011.

MAJONE, Giandomenico. Do Estado Positivo ao Estado Regulador: causas e conseqüências da mudança no modo de governança. In: MATTOS, Paulo Todescan L. (Coord.). Regulação Econômica e Democracia, São Paulo: Singular, 2006.

_____. As transformações do Estado regulador. In: *Revista de Direito Administrativo*, v. 262, jan./abr. 2013, p. 11-43.

MANKIW, N. Gregory. *Introdução à economia: princípios de micro e macroeconomia.* Tradução de Maria José Cyhlar Monteiro. Rio de Janeiro: Elsevier, 2001.

MARCON, Giuseppe. *Le imprese a partecipazione pubblica: finalitá pubbliche ed economicità.* Padova: Cedam, 1984.

MARQUES NETO, Floriano de Azevedo. Os Consórcios Públicos. In: *Revista Eletrônica de Direito do Estado*, nº 3, 2005.

_____. As Contratações Estratégicas das Estatais que Competem no Mercado. In: OSÓRIO, Fábio Medina e SOUTO, Marcos Juruena Villela (coords.). *Direito Administrativo – Estudos em Homenagem a Diogo de Figueiredo Moreira Neto.* Rio de Janeiro: Lumen Juris, 2006.

_____. O fomento como instrumento de intervenção estatal na ordem econômica. In: *Revista de Direito Público da Economia - RDPE*, n. 32, out./dez. 2010, p. 57-71.

_____. Limites à abrangência e à intensidade da regulação estatal. In: *Revista Eletrônica de Direito Administrativo Econômico*, nº 4, 2005, p. 13. Disponível em http://www.direitodoestado.com/revista/REDAE-4-NOVEMBRO-2005-FLORIANO_AZEVEDO.pdf. Acesso em agosto de 2013.

A ATUAÇÃO DO ESTADO NA ECONOMIA COMO ACIONISTA MINORITÁRIO

_____. A Nova Regulação Estatal e as Agências Independentes. In: SUNDFELD, Carlos Ari (coord.). *Direito Administrativo Econômico*. São Paulo: Malheiros, 2002.

MARTINS, Ricardo Marcondes. *Regulação administrativa à luz da Constituição Federal*. São Paulo: Malheiros, 2011.

MAS, Joaquín Tornos. *Las Autoridades de Regulación de lo Audiovisual*. Madrid: Marcial Pons, 1999.

MATTIETTO, Leonardo. "Negócio Jurídico Simulado (notas ao art. 167 do Código Civil)". In: *Revista de Direito da Procuradoria Geral do Estado do Rio de Janeiro*, vol. 61, 2006.

MATTOS, Paulo Todescan Lessa. Agências reguladoras e democracia: participação pública e desenvolvimento. In: SALOMÃO FILHO, Calixto (coord.). *Regulação e Desenvolvimento*. São Paulo: Malheiros, 2002.

_____. *O Novo Estado Regulador no Brasil*: eficiência e legitimidade. São Paulo: Singular, 2006.

_____. "O sistema jurídico-institucional de investimentos público-privados em inovação no Brasil". In: *Revista de Direito Público da Economia*, n. 28, out./dez. 2009, versão digital.

MAXIMILIANO, Carlos. *Hermenêutica e Aplicação do Direito*. Rio de Janeiro: Forense, 1999.

MAZZUCATO, Mariana. *The Entrepreneurial State: debunking public vs. private sector myths*. London: Anthem Press, 2013.

MCCRUDDEN, Christopher. *Buying Social Justice: equality, government procurement and legal change*. Oxford: Oxford University Press, 2007.

MEDEIROS, Alice Bernardo Voronoff de. *Racionalidade e otimização regulatórias: um estudo a partir da teoria das falhas de regulação*. Dissertação de mestrado apresentada ao Programa de Pós-Graduação em Direito da Universidade do Estado do Rio de Janeiro como requisito parcial para a obtenção do título de Mestre em Direito, 2012.

MEIRELLES, Hely Lopes. "Poder de polícia e segurança nacional". In: *Revista dos Tribunais*, v. 61, 1972.

MELLO, Celso Antônio Bandeira de. *Curso de Direito Administrativo*, 26ª ed., São Paulo:Malheiros, 2009.

_____. As Novas Formas de Atuação do Estado. In: *Prestação de Serviços Públicos e Administração Indireta*, 2ª ed, São Paulo: Revista dos Tribunais, 1987.

REFERÊNCIAS BIBLIOGRÁFICAS

_____. Privatização e Serviços Públicos. In: *Revista Trimestral de Direito Público*, n. 22, 1998.

MENDES, Gilmar Ferreira; COELHO, Inocêncio Mártires e BRANCO, Paulo Gustavo Gonet. *Curso de Direito Constitucional*. São Paulo: Saraiva, 2008.

MENDONÇA, José Vicente Santos de. *A captura democrática da Constituição Econômica: uma proposta de releitura das atividades públicas de fomento, disciplina e intervenção direta à luz do pragmatismo e da razão pública*. Tese de doutorado apresentada ao Programa de Pós-Graduação em Direito da Universidade do Estado do Rio de Janeiro como requisito parcial para a obtenção do título de Doutor em Direito, 2010.

_____. Estatais com poder de polícia: por que não?. In: *Revista de Direito Administrativo*, v. 252, set./dez. 2009, p. 77-118..

MENEZES, Maurício Moreira Mendonça de. *O Poder de Controle nas Companhias em Recuperação Judicial*. Rio de Janeiro: Forense, 2012.

_____. Resolução de Acordo de Acionistas com base na quebra da affectio societatis. In: *Revista Trimestral de Direito Civil*, v. 23, jul./set. 2005, p. 153-167.

MITNICK, Barry M. *The Political Economy of Regulation*. New York: Columbia University Press, 1980.

MODESTO, Paulo. Notas para um debate sobre o princípio da eficiência. Disponível em http://www.planalto.gov.br/ccivil_03/revista/Rev_18/Artigos/art_paulomo.htm. Acesso em abril de 2014.

MONCADA, Luís S. Cabral de. *Direito Econômico*. Coimbra: Coimbra Editora, 2012.

MOREIRA, Egon Bockmann. Passado, presente e futuro da regulação econômica no Brasil. In: *Revista de Direito Público da Economia - RDPE*, n. 44, 2013.

MOREIRA, Vital. *Auto-Regulação Profissional e Administração Pública*. Coimbra: Almedina, 1997.

_____. *A ordem jurídica do capitalismo*. Coimbra: Centelha, 1973.

MOREIRA NETO, Diogo de Figueiredo. Administração pública consensual. In: MOREIRA NETO, Diogo de Figueiredo. *Mutações do Direito Administrativo*. Rio de Janeiro: Renovar, 2007.

_____. *Curso de Direito Administrativo*. Rio de Janeiro: Forense, 2006.

_____. *Direito Regulatório:* a alternativa participativa e flexível para a administração pública de relações setoriais complexas no Estado Democrático. Rio de Janeiro: Renovar, 2003.

MUKAI, Toshio. *O Direito Administrativo e os Regimes Jurídicos das Empresas Estatais*. Belo Horizonte: Fórum, 2004.

MUSACCHIO, Aldo; LAZZARINI, Sérgio G.. Leviathan in Business: Varieties of State Capitalism and Their Implications for Economic Performance (30 mai. 2012). Disponível em: SSRN: http://ssrn.com/abstract=2070942 or http://dx.doi.org/10.2139/ssrn.2070942. Acesso em setembro de 2012.

_____. Leviathan as a Minority Shareholder: A Study of Equity Purchases by the Brazilian National Development Bank (BNDES), 1995-2003 (Nov. 2010). Disponível em: http://papers.ssrn.com/sol3/papers.cfm?abstract_id=1745081. Acesso em setembro de 2012)

_____. *Reinventing state capitalism: Leviathan in business, Brazil and beyond*. Cambridge: Harvard University Press, 2014.

NABAIS, José Casalta. *O princípio do Estado Fiscal*. In: Estudos Jurídicos e Económicos em Homenagem ao Professor João Lumbrales. Coimbra: Coimbra Editora, 2003.

OGUS, Anthony I. *Regulation: Legal Form and Economic Theory*. Oxford: Hart Publishing, 2004.

OECD. Corporate governance of state-owned assets in OECD countries. Disponível em http://www.planejamento.gov.br/secretarias/upload/Arquivos/dest/080707_GEST_SemInter_corporate.pdf. Acesso em março de 2013.

_____. *Privatization:* competition and regulation. Paris: OECD Publications, 2000.

_____.*Understanding Economics Statistics*: an OECD perspective. Disponível em http://www.oecd.org/std/41746768.pdf. Acesso em agosto de 2013.

OLIVEIRA, Fernando A. Albino de. Limites e Modalidades da Intervenção do Estado no Domínio Econômico. In: *Revista de Direito Público*, v. 37-38, 1976.

ORTIZ, Gaspar Ariño. *Principios de Derecho Público Económico: modelo de Estado, gestión pública, regulación económica*. Bogotá: Universidad Externado de Colômbia, 2003.

OTERO, Paulo. *Legalidade e Administração Pública*. Coimbra: Almedina, 2011.

_____. *Vinculação e Liberdade de Conformação Jurídica do Sector Empresarial do Estado*. Coimbra: Coimbra Editora, 1998.

PENTEADO, Mauro Rodrigues. As sociedades de economia mista e as empresas estatais

REFERÊNCIAS BIBLIOGRÁFICAS

perante a Constituição de 1988. In: *Revista de Informação Legislativa*, v. 26, n. 102, 1989.

PEREIRA, Luiz Carlos Bresser. O caráter cíclico da intervenção estatal. In: *Revista de Economia Política*, vol. 9, nº 3, julho-setembro/1989, p. 115-130.

PEREIRA JUNIOR, Jessé Torres e DOTTI, Marinês Restelatto. *Convênios e outros instrumentos de "Administração Consensual" na gestão púbica do século XXI*. Belo Horizonte: Fórum, 2012.

PINHEIRO, Armando Castelar. Privatização no Brasil: Por quê? Até onde? Até quando?. Disponível em http://www.bndes.gov.br/SiteBNDES/export/sites/default/ bnd es_ pt/Galerias/Arquivos/conhecimento/livro/eco90_05.pdf. Acesso em março de 2013.

PINTO, Bilac. O declínio das sociedades de economia mista e o advento das modernas empresas públicas. In: *Revista de Direito Administrativo*, v. 32, abr./jun.1953, p. 1-15.

PINTO, Henrique Motta. *Empresa Estatal*: modelo jurídico em crise? Dissertação de mestrado apresentada ao Programa de Mestrado da Faculdade de Direito da PUC/SP como requisito parcial para a obtenção do título de Mestre em Direito, 2010, 200 p.

PINTO JUNIOR, Mario Engler. *Empresa Estatal*: função econômica e dilemas societários. São Paulo: Atlas, 2010.

_____. A estrutura da administração pública indireta e o relacionamento do Estado com a companhia controlada. In: *Revista de Direito Público da Economia*, n. 28, out./dez. 2009, p. 44-62.

_____. Regulação econômica e empresas estatais. In: *Revista de Direito Público da Economia*, n. 15, jul./set. 2006, p. 131-148.

PIRES, Beatriz Calero Garriga. As empresas estatais e o controle societário do Estado. In: *Revista Justiça & Cidadania - JC*, n. 145 , 2012. Disponível em http://www.editorajc. com.br/2012/09/as-empresas-estatais-e-o-controle-societario-do-estado/. Acesso em junho de 2014.

_____. *As Sociedades sob Controle Compartilhado do Estado*. Dissertação de mestrado apresentada ao Programa de Mestrado em Direito da Universidade Cândido Mendes como requisito parcial para a obtenção do título de Mestre em Direito, 2012, 189 p.

POZAS, Luis Jordana de. Ensayo de una Teoria General del Fomento en el Derecho Administrativo. In: *Estudios de Administración local y general. Homenage al professor Jordana de Pozas*, Madrid: Instituto de Estudios de Administración Local, 1961.

PUTEK, Christine O'Grady. Limited but not lost: a comment on the ECJ's golden share

A ATUAÇÃO DO ESTADO NA ECONOMIA COMO ACIONISTA MINORITÁRIO

decisions. In: *Fordham Law Review*, v. 72, 2004.

RAGAZZO, Carlos Emmanuel Joppert. Regulação Jurídica, racionalidade econômica e saneamento Básico. Rio de Janeiro: Renovar, 2011.

REALE, Miguel. O Plano Collor II e a a intervenção do estado na ordem econômica. In: *Temas de Direito Positivo*, São Paulo: Revista dos Tribunais, 1992.

REQUIÃO, Rubens. *Curso de Direito Comercial*, v. 1. São Paulo: Saraiva, 1995.

REUTER, Paul. *Les Participations financières: la societé anonyme au service des collectivités publiques*. Paris: Recueil Sirey, 1936.

REVISTA THE ECONOMIST. New masters of the universe. The Economist. Publicado na edição de 21-27 de jan . 2012, Special Report, p. 6

_____. The Visible Hand. The Economist. Publicado na edição de 21-27 de jan . 2012, Special Report, p. 3.

RIBEIRO, Marilda Rosado de Sá. *Direito do Petróleo: as joint ventures na indústria do petróleo*. Rio de Janeiro: Renovar, 2003.

RIBEIRO, Maurício Carlos. Atividade Econômica Estatal, Subsidiariedade e Interesse Público. In: *Revista de Direito da Procuradoria Geral do Estado do Rio de Janeiro*, vol. 64, 2009.

RIBEIRO, Maurício Portugal e PRADO, Lucas Navarro . *Comentários à Lei de PPP – parceria público-privada:* fundamentos econômico-jurídicos. Malheiros: São Paulo, 2010.

RIVA, Ignacio M. de la. *Ayudas públicas: incidencia de la intervención estatal en el funcionamento del mercado*. Buenos Aires: Hammurabi, 2004.

RIVOIR, Ignacio Aragone. *Participación Accionaria del Estado em Sociedades Consessionarias: tendencias, problemas y desafios*. Palestra proferida no III Congresso Iberoamericano de Regulação Econômica, 2008. Apresentação disponível em http://www.direitodoestado. com/palestras/PROTEGIDO%20-%20NO%20ALTERA%20-%20SOCIEDADES%20 CONCESIONARIAS.pdf. **Acesso em setembro de 2013.**

RODRIGUES JUNIOR, Álvaro. Análise dos conceitos de *affectio societatis* e *ligabilidad* como elementos de caracterização das sociedades comerciais. In: *Revista de Direito Privado*, v. 14, abr. 2003, p. 87.

RODRIGUES, Ana Carolina e DAUD, Felipe Taufik. O Estado como acionista minoritário. In: *Revista de Direito Público da Economia*, n. 40, out./dez. 2012, p. 9-31.
RODRIGUES, Bruno Leal. Formas de Associação de Empresas Estatais - Acordo de Acio-

REFERÊNCIAS BIBLIOGRÁFICAS

nistas, Formação de Consórcios e Participação em Outras Empresas. In: SOUTO, Marcos Juruena Villela (Coord.). *Direito Administrativo Empresarial*. Rio de Janeiro: Lumen Juris, 2006.

RODRIGUES, Nuno Cunha. *Golden-Shares*. As empresas participadas e os privilégios do Estado enquanto accionista minoritário. Coimbra: Coimbra Editora, 2004.

ROSILHO, André. O Regime Diferenciado de Contratações/RDC e seu Controle. In: SUNDFELD, Carlos Ari (org.). *Contratações Públicas e seu Controle*. São Paulo: Malheiros, 2013.

ROZANOV, Andrew. Who holds the wealth of nations?. In: *Central Banking Journal*, v. 15, n. 4, 2005.

SALOMÃO FILHO, Calixto. "Golden Share": utilidade e limites. In: *O Novo Direito Societário*. São Paulo: Malheiros, 2002.

_____. *Regulação da Atividade Econômica (Princípios e fundamentos jurídicos)*. São Paulo: Malheiros, 2008.

_____. Regulação e desenvolvimento. In: SALOMÃO FILHO, Calixto (coord.). *Regulação e Desenvolvimento*. São Paulo: Malheiros, 2002.

SANTOS, António Carlos; GONÇALVES, Maria Eduarda e MARQUES, Maria Manuel Leitão. *Direito Económico*. Coimbra: Almedina, 2006.

SANTOS, Diogo Jorge Favacho. Poder de controle societário do Estado nas sociedades privadas. In: *Jus Navigandi*, n. 3022, 2011. Disponível em http://jus.com.br/artigos/20170. Acesso em junho de 2014.

SANTOS, Theophilo de Azeredo. *As Sociedades de Economia Mista no Direito Brasileiro*. Rio de Janeiro: Forense, 1964.

SAPPINGTON, David E. M. e STIGLITZ, Joseph. Privatization, Information and Incentives. In: *Journal of Policy Analysis and Management*, v. 6, 1987.

SARLET, Ingo Wolfgang. *A eficácia dos direitos fundamentais:* uma teoria geral dos direitos fundamentais na perspectiva constitucional. Porto Alegre: Livraria do Advogado, 2009.

SARMENTO, Daniel. Interesses Públicos vs. Interesses Privados na Perspectiva da Teoria e da Filosofia Constitucional. In: SARMENTO, Daniel (Org.). *Interesses Públicos versus Interesses Privados: Desconstruindo o Princípio da Supremacia do Interesse Público*. Rio de Janeiro: Lumen Juris, 2007.

SCAFF, Fernando Facury. Ensaio sobre o Conteúdo Jurídico do Princípio da Lucratividade. In: *Revista de Direito Administrativo*, v. 224, abr./jun.2001, p. 323-347.

SCHAPIRO, Mario Gomes. *Novos parâmetros para a intervenção do Estado na economia*. São Paulo: Saraiva, 2010.

_____. Rediscovering the Developmental Path? Development Bank, Law, and Innovation Financing in the Brazilian Economy. In: TRUBEK, David M.; GARCIA, Helena Alviar; COUTINHO, Diogo Rosenthal e SANTOS, Alvaro (Eds.). *Law and the New Developmental State: The Brazilian Experience in Latin American Context*. Cambridge: Cambridge University Press, 2013.

SCHIRATO, Vitor Rhein. Instituições financeiras públicas: entre a necessidade e a inconstitucionalidade. In: *Revista de Direito do Estado*, nºs 17 e 18, janeiro/junho 2010, p. 275-308.

SCHUARTZ, Luis Fernando. O Direito da Concorrência e Seus Fundamentos. In: POSSAS, Mario Luiz (coord.). *Ensaios sobre Economia e Direito da Concorrência*. São Paulo: Singular, 2002.

SCHWIND, Rafael Wallbach. *Participação estatal em empresas privadas:* as "empresas público--privadas". Tese de doutorado apresentada ao Programa de Pós-Graduação da Faculdade de Direito da Universidade de São Paulo – USP como requisito parcial para a obtenção do título de Doutor em Direito do Estado, 2014, 370 p.

SELZNICK, Philip. Focusing Organisational Research on Regulation. In: NOLL, Roger G. (ed.). *Regulatory Policy and the Social Sciences*. Berkley: University of California Press, 1985.

SHLEIFER, Andrei. State versus Private Ownership. In: *The Journal of Economic Perspectives*, v. 12, 1998.

_____e VISHNY, Robert. A Survey of Corporate Governance. In: *The Journal of Finance*, v. 52, 1997.

SIAS, Rodrigo. O Fundo Soberano Brasileiro e suas Implicações para a Política Econômica. In: *Revista do BNDES*, v. 15, n. 30, 2008.

SILVA, Almiro do Couto e. Poder discricionário no direito administrativo brasileiro. In: *Revista de Direito Administrativo*, v. 179-180, 1990.

SOLEDADE, Durval; PENNA, Estela; SÁ, Eduardo e GORGULHO, Luciane . Fundos de empresas emergentes: novas perspectivas de capitalização para as pequenas e médias empresas. In: *Revista do BNDES*, n. 6, dez. 1996, versão digital.

SOUSA FRANCO, António L. e MARTINS, Guilherme D'Oliveira. *A Constituição Econó-*

REFERÊNCIAS BIBLIOGRÁFICAS

mica Portuguesa: ensaio interpretativo. Coimbra: Almedina, 1993.

SOUTO, Marcos Juruena Villela. Desestatização: privatização, concessões, terceirizações e regulação. 4. Ed,. Rio de Janeiro: Lumen Juris, 2001.

_____. *Direito Administrativo da Economia*. Rio de Janeiro: Lumen Juris, 2003.

_____. *Direito administrativo em debate*. Rio de Janeiro: Lumen Juris, 2004.

_____. *Direito Administrativo Estadual*. Rio de Janeiro: Lumen Juris, 2008.

_____. *Licitações – Contratos Administrativos*. Rio de Janeiro: Adcoas Esplanada, 1999.

_____. "Outras Entidades Públicas" e os Serviços Sociais Autônomos. In: *Revista de Direito do Estado*, nº 1, jan./mar. 2006, p. 137-153.

_____. Parceria do mercado com o Estado. In: OSÓRIO, Fábio Medina e SOUTO, Marcos Juruena Villela (Coords.). *Direito Administrativo: estudos em homenagem a Diogo de Figueiredo Moreira Neto*. Rio de Janeiro: Lumen Juris, 2006.

SOUZA, Washigton Peluso Albino de. *Direito Econômico*. São Paulo: Saraiva, 1980.

SOUZA JÚNIOR, Lauro da Gama e VELLOSO, João Manoel de Almeida. Parecer conjunto nº 01/2001. In: *Revista de Direito da Procuradoria Geral do Estado – PGE/RJ*, n. 54, 2001.

SOUZA NETO, Cláudio Pereira de e SARMENTO, Daniel. *Direito Constitucional: teoria, história e métodos de trabalho*. Belo Horizonte: Fórum, 2013.

_____; MENDONÇA, José Vicente Santos de. Fundamentalização e Fundamentalismo na Interpretação do Princípio Constitucional da Livre Iniciativa. In: SOUZA NETO e Cláudio Pereira de; SARMENTO, Daniel (Coord.). *A Constitucionalização do Direito: fundamentos teóricos e aplicações específicas*. Rio de Janeiro: Lumen Juris, 2007.

STIGLITZ, Joseph E.. *The Economic Role of the State*. Cambridge: Basil Blackwell, 1989.

_____. *Whither Socialism?* Massachusetts: MIT Press, 1994.

STRICK, John C. *The Economics of Government Regulation: theory and Canadian practice*. Toronto: Thompson, 1993.

STUBER, Walter Douglas. Natureza jurídica da subsidiária de sociedade de economia mista. In: *Revista de Direito Administrativo*, v. 150, out./dez. 1982, p. 18-34.

SUNDFELD, Carlos Ari. *Chega de axé no direito administrativo*. Disponível em

A ATUAÇÃO DO ESTADO NA ECONOMIA COMO ACIONISTA MINORITÁRIO

http://www.brasilpost.com.br/carlos-ari-sundfeld/chega-de-axe-no-direito-administrativo_b_5002254.html. Acesso em abril de 2014.

_____. Entidades Administrativas e Noção de Lucro. In: *Revista Trimestral de Direito Público*, n. 6, abr./jun. 1994, p. 263-268.

_____. Introdução às Agências Reguladoras. In: SUNDFELD, Carlos Ari (coord.). *Direito Administrativo Econômico*. São Paulo: Malheiros, 2002.

_____. Uma lei de normas gerais para a organização administrativa brasileira: o regime jurídico comum das entidades estatais de direito privado e as empresas estatais. In: MODESTO, Paulo (Coord.). *Nova organização administrativa brasileira*. Belo Horizonte: Fórum, 2009.

_____. A Participação Privada nas Empresas Estatais. In: SUNDFELD, Carlos Ari (coord.). *Direito Administrativo Econômico*. São Paulo: Malheiros, 2002.

_____ e CÂMARA, Jacintho Arruda. Competências de Controle dos Tribunais de Contas – possibilidades e limites. In: SUNDFELD, Carlos Ari (org.). *Contratações Públicas e seu Controle*. São Paulo: Malheiros, 2013.

_____; SOUZA, Rodrigo Pagani de e PINTO, Henrique Motta. "Empresas Semiestatais". In: *Revista de Direito Público da Economia*, n. 36, out./dez. 2011, 9. 75-99.

_____ e SOUZA, Rodrigo Pagani de. Licitação nas Estatais: Levando a Natureza Empresarial a Sério. In: SUNDFELD, Carlos Ari (org.). *Contratações Públicas e seu Controle*. São Paulo: Malheiros, 2013.

_____ e SOUZA, Rodrigo Pagani de. "Parcerias para o desenvolvimento produtivo em medicamentos e a Lei de Licitações". In: *Revista de Direito Administrativo*, v. 264, set./dez. 2013, p. 91-133.

SUNSTEIN, Cass R. *After the rights revolution:* reconceiving the regulatory state. Cambridge: Harvard University Press, 1993.

_____. O Constitucionalismo após o New Deal. In: MATTOS, Paulo (coord.). *Regulação Econômica e Democracia: o debate norte-americano*. São Paulo: Editora 34, 2004.

_____. The Partial Constitution. Cambridge: Harvard University Press, 1994.

_____. e HOLMES, Sthepen. *The Cost of Rights: Why Liberty Depends on Taxes*. New York: W. W. Norton & Company, 2000.

TÁCITO, Caio. Controle das Empresas do Estado (públicas e mistas). In: *Revista de Direito*

REFERÊNCIAS BIBLIOGRÁFICAS

Administrativo, v. 111, 1973.

_____. Desapropriação de ações no direito brasileiro. In: *Revista de Direito Público*, n. 37/38, jan./jun. 1976, p. 7-18.

_____. Evolução Histórica do Direito Administrativo. In: *Revista do Serviço Público*, vol. 66, mar. 1955.

_____. Loterias estaduais (criação e regime jurídico). In: *Revista dos Tribunais*, n. 838, ago.2005, p. 747-753.

_____. Regime Jurídico das Empresas Estatais. In: *Revista de Direito Administrativo*, v. 195, jan./mar. 1994, p. 1-8.

_____. O retorno do pêndulo: serviço público e empresa privada. O exemplo brasileiro. In: *Revista Forense*, Ano 92, v. 334, abr/jun 1996.

TEIXEIRA, Francisco Lima C. A dinâmica empresarial e tecnológica das empresas do complexo petroquímico de Camaçari. In: *Revista de Administração de Empresas*, v. 28, n. 1, 1988.

THE WORLD BANK. *World development report 1997: the state in a changing world*. New York: Oxford University Press, 1997.

TONINELLI, Pier Angelo. The rise and fall of public enterprise: the framework . In: TONINELLI, Pier Angelo. (Org.). *The Rise and Fall of State-Owned Enterprise in the Western World*. Cambridge: Cambridge University Press, 2000.

TORRES, Ricardo Lobo. *Curso de Direito Financeiro e Tributário*. Rio de Janeiro: Renovar, 2006.

TORRES, Silvia Faber. *O Princípio da Subsidiariedade no Direito Público Contemporâneo*. Rio de Janeiro: Renovar, 2001.

TREBAT, Thomas J. *Brazil's State-Owned Enterprises:* a case study of the State as entrepreneur, Cambridge: Cambridge University Press, 1983.

TRUBEK, David M.. Developmental States and the Legal Order: Towards a New Political Economy of Development and Law (Oct. 2010). Disponível em: http://www.law.wisc.edu/gls/documents/developmental_states_legal_order_2010_trubek.pdf. Acesso em setembro de 2012.

VALADÃO, Haroldo. Sociedade de economia mista – Atividades Industriais e Comerciais do Estado. In: *Revista de Direito Administrativo*, v. 48, abr./jun. 1957, p. 541-550.

A ATUAÇÃO DO ESTADO NA ECONOMIA COMO ACIONISTA MINORITÁRIO

VALVERDE, Trajano de Miranda. Sociedades Anônimas ou Companhias de Economia Mista. In: *Revista Forense*, vol. 102, junho 1945, p. 417-422.

VELASCO JR., Licinio. A Privatização no Sistema BNDES. In: *Revista do BNDES*, nº 33, jun. 2010, p. 307-382.

VENÂNCIO FILHO, Alberto. *A intervenção do Estado no domínio econômico:* O Direito Público Econômico no Brasil. Rio de Janeiro: Renovar, 1998.

VICKERS, John e YARROW, George. *Privatization: An Economic Analysis.* Massachusetts: MIT Press, 1988.

WALD, Arnoldo. Do regime legal do contrato de parceria entre a OPP petroquímica e a Petrobras – Parecer – 1ª parte. In: *Cadernos de Direito Tributário e Finanças Públicas*, v. 24, set. out. 1998, versão digital.

_____. As sociedades de economia mista e as empresas públicas no direito comparado. In: *Revista Forense*, v. 152, mar./abr. 1954, p. 510-522.

_____. As sociedades de economia mista e a nova lei de sociedades anônimas. In: *Revista Forense*, v. 268, out/dez 1979, p. 395-404.

WENGENROTH, Ulrich. The Rise and Fall of State-Owned Enterprise in Germany. In:TONINELLI, Pier Angelo. (Ed.). *The Rise and Fall of State-Owned Enterprise in the Western World* , Cambridge: Cambridge University Press, 2000.

WERNECK, Rogério L. Furquim. Uma contribuição à redefinição dos objetivos e das formas de controle das empresas estatais no Brasil. In: *Texto para discussão nº 196*, Departamento de Economia PUC-RJ, 1988, p. 8. Disponível em www.econ.puc-rio.br/ biblioteca.php/trabalhos/download/236. Acesso em abril de 2014.

WHITE, Eduardo. A ação internacional das empresas públicas na América Latina. In: *Revista de Administração Pública*, v. 11, n. 1, 1977, p. 5-64.

ZAMBÃO DA SILVA, Rodrigo Crelier. A captura das estatais pelo regime jurídico de Direito Público: algumas reflexões. Mimeografado, 2012.

ÍNDICE

AGRADECIMENTOS 9

PREFÁCIO 11

SUMÁRIO 15

INTRODUÇÃO 17

1 FORMAS DE ATUAÇÃO DO ESTADO NA ECONOMIA 23

2 AS PARTICIPAÇÕES SOCIETÁRIAS ESTATAIS 39

3 O ESTADO COMO ACIONISTA MINORITÁRIO 75

4 MECANISMOS SOCIETÁRIOS DE INFLUÊNCIA 151

5 A NATUREZA JURÍDICA DA ATUAÇÃO DO ESTADO NA ECONOMIA
   POR MEIO DE PARTICIPAÇÕES SOCIETÁRIAS MINORITÁRIAS 169

6 VANTAGENS COMPARATIVAS DA ATUAÇÃO DO ESTADO COMO
   ACIONISTA MINORITÁRIO 185

7 LIMITES DA ATUAÇÃO DO ESTADO
   COMO ACIONISTA MINORITÁRIO 205

CONCLUSÃO 269

REFERÊNCIAS BIBLIOGRÁFICAS 273